庆祝西南大学汉语言文献研究所
成立四十周年论文集

薪火相傳

孟蓬生　王化平　主编

西南大学出版社

图书在版编目(CIP)数据

薪火相传：庆祝西南大学汉语言文献研究所成立四十周年论文集 / 孟蓬生，王化平主编. -- 重庆：西南大学出版社，2024. 11. -- ISBN 978-7-5697-2682-4

Ⅰ. H1-53

中国国家版本馆CIP数据核字第2024KL2365号

薪火相传——庆祝西南大学汉语言文献研究所成立四十周年论文集

XINHUO XIANGCHUAN:QINGZHU XINAN DAXUE HANYUYAN WENXIAN YANJIUSUO CHENGLI SISHI ZHOUNIAN LUNWENJI

孟蓬生　王化平　主编

书名题字：徐海东

责任编辑：张昊越　段小佳

责任校对：黄　璜

装帧设计：殳十堂_未 氓

排　　版：吕书田

出版发行：西南大学出版社

重庆·北碚　　邮编：400715

印　　刷：重庆美惠彩色印刷有限公司

成品尺寸：185 mm×260 mm

插　　页：6

印　　张：25.75

字　　数：480千字

版　　次：2024年11月第1版

印　　次：2024年11月第1次印刷

书　　号：ISBN 978-7-5697-2682-4

定　　价：98.00元

汉语言文献研究所首任所长李运益教授编撰
《汉语大字典》期间的工作照

全国高等院校古籍整理研究工作委员会主任安平秋、副主任杨忠来校视察
左起：喻遂生、杨忠、安平秋、南京师范大学教授钟振振、西南大学文学院教授刘明华
2006年12月

李运益教授与文献所部分首届硕士生合影
一排左起：周碧和、李运益
二排左起：吴泽顺、汪启明、顾之川
三排左起：李岗、吴福祥
2013 年 8 月

刘重来教授与中国历史文献研究会会长周国林教授等合影
左起：吴国升、刘固盛、刘重来、周国林
2008 年 10 月

首届博士学位答辩
一排左起为喻遂生教授、汪启明教授、赵振铎教授、雷汉卿教授、张显成教授、李建平博士、龙仕平博士、何山博士
2010 年 5 月

喻遂生教授和学生在一起
一排左起：郭婷婷、喻遂生、周寅
二排左起：高会彬、张月、金洋、蒋红、李亚茹、韩胜伟
2015 年 6 月

张显成教授率学生访学
一排左起：张显成、北京大学罗新教授、中国社科院孟彦弘研究员
二排左起：陈荣杰、沈祖春、何丽敏、杨艳辉、周群丽、武晓莉、胡东成
2006 年 5 月

毛远明教授与博士生合影
左起：张海艳、邱亮、毛远明、郭洪义
2015 年 5 月

孟蓬生教授与研究生合影
一排左起：谢林津、向倩、孟蓬生、银茂娟、连忆芸
二排左起：姜黎心、刘逍遥、衡文、孙凤蕾、夏淑敏、叶磊、叶美玲、康菱、周小旭
2024 年 6 月

教工支部部分成员合影
一排左起：何山、郭丽华、杨亦花、李学渊、苏文英、李明晓、高魏
二排左起：马超、胡波、孟蓬生、王化平、李晓亮
2021 年 5 月

汉语言文献研究所建所三十周年合影
2014 年 11 月

文献所全体成员合影
一排左起：吴燕林、郭丽华、苏文英、李发、王化平、孟蓬生、朱华忠、袁伦强、史淑琴、杨亦花
二排左起：李明晓、邓飞、杜锋、李晓亮、胡波、马超、王子鑫、王远杰、黄程伟、李学渊

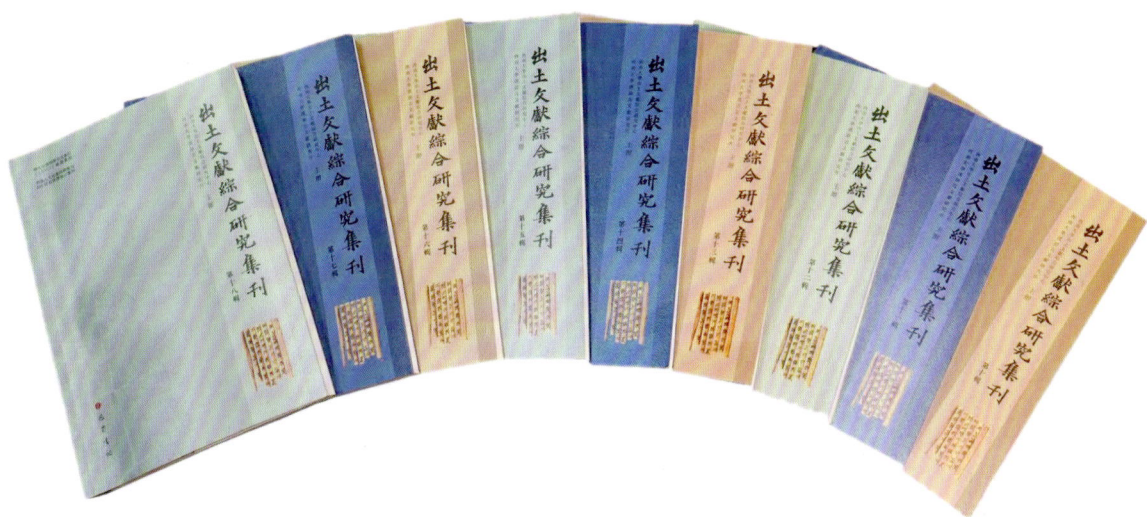

《出土文献综合研究集刊》书影
2014 年创刊，由巴蜀书社出版，一年两期，迄今已经出版 20 辑

《出土文献综合研究集刊》于 2023 年首次被中国社会科学评价研究院评定为"2022 年度中国人文社会科学集刊 AMI 综合评价"核心集刊

《出土文献综合研究集刊》于 2023 年第二次被南京大学中国社会科学研究评价中心遴选为"中文社会科学引文索引来源集刊"（CSSCI）

第二十一教学楼
2008—2014 年，汉语言文献研究所在此楼办公

文化村二舍
汉语言文献研究所现在的办公场地

序

2024年10月,西南大学汉语言文献研究所(简称"文献所")将迎来她四十周年的生日。

文献所成立于1984年,是西南大学校管科研和教学机构,也是全国高等院校古籍整理研究工作委员会(简称"高校古委会")直接联系和资助的高校古籍整理研究单位。四十年来,文献所在高校古委会指导下和西南大学各级领导的支持下,经过几代同仁的不懈努力,已经由《汉语大字典》的一个编写组发展成为拥有20名专职科研人员、聚焦出土文献语言文字研究和少数民族语言文字研究,梯队合理、特色鲜明的科研和教学机构。

四十年来,文献所一步一个脚印,度过了一段不平凡的岁月,书写了一段辉煌且难忘的历史。

文献所成立以来的历史可以粗分为四个阶段:

1984—1994年为初创阶段,是以传世文献为研究重点,语言学文献、文学文献、历史学文献研究并重的时期。这一时期的标志性事件是获批汉语史硕士学位授予权。重要科研成果有大型工具书《汉语大字典》(第六、七卷,李运益任副主编)、《东坡选集》(曹慕樊主编)、《明实录类纂·四川史料卷》(刘重来等整理)等。

1995—2004年为转型阶段,是由传世文献为主转向传世文献和出土文献并重,由多学科并重转向出土文献语言文字研究和少数民族语言文字研究为主的阶段。标志性事件是获批中国古典文献学(1995年)、中国少数民族语言文学(2004年)两个学科硕士学位授予权,汉语言文字学学科被评为重庆市重点学科(2001年),"汉语史方向研究生课程的改革和创新"获重庆市教学成果一等奖、国家级教学成果二等奖(2001年)。重要学术成果有专著《简帛药名研究》(张显成),学术论文《中国二十世纪文献辨伪学述略》(刘重来,1999)、《纳西东巴文形声字研究》(系列论文,喻遂生)、《纳西东巴文研究丛稿》(喻遂生,2003年)等。

2005—2014年为勃兴阶段,是文献所出土文献语言文字研究和少数民族语言文字研究的鼎盛期。标志性事件是汉语言文字学学科获得博士学位授予权(2006年)、与文学院和新诗所联合申报获得中国语言文学一级学科博士学位授予权(2011年)、与文学院和新诗所联合申报获批中国语言文学学科博士后流动站、"石刻文字搜集与整理(中华字库第八包)"获新闻出版署重大文化工程项目(毛远明主持,2011年)、"纳西东巴文字释合集"(喻遂生主持)获批国家社科基金重大项目(2011年)、"简帛医书综合研究"(张显成主持)获批国家社科基金重大项目(2012年)。重要科研成果有《简帛文献学通论》(张显成)、《尹湾汉墓简牍校理》(张显成等,2011年)、《汉魏六朝碑刻校注》(毛远明,2008年)、《汉魏六朝碑刻异体字研究》(毛远明,2012年)、《汉魏六朝碑刻异体字典》(毛远明,2014年)、《殷卜辞所见"夷方"与帝辛时期的夷商战争》(李发,2014)等。

2015—2024年为持续发展阶段,标志性事件为《出土文献综合研究集刊》改版(2019年)并连续两次成为CSSCI(2021—2022、2023—2024)收录集刊、入选中国社会科学评价研究院AMI综合评价核心集刊、联合文学院和历史文化学院共同成立"西南大学古文字与出土文献信息处理"文科实验室(2020年9月)、国家社科基金重大项目"汉字谐声大系"转入西南大学(孟蓬生主持,2018年)、"基于数据库技术的殷商甲骨刻辞事类排谱、整理与研究"获批教育部哲学社会科学研究重大课题攻关项目(李发主持,2022年)。重要科研成果有《东巴文与水文比较研究》(邓章应,2015年)、《俄亚、白地东巴文化调查研究》(喻遂生、杨亦花、李晓亮,2016年)、《纳西东巴文字释合集》(喻遂生、杨亦花、李晓亮,2024年)、《简帛量词研究》(张显成,2017年)、《甲骨军事刻辞整理与研究》(李发,2018年)、《出土文献释读与先秦史研究》(马超,2019年)、《纳西东巴文献字释合集》(喻遂生、杨亦花、李晓亮,2024年)、《副词"颇"的来源及其发展》(孟蓬生,2015)、《"匹""正"同形与古籍校读》(孟蓬生,2021年)、《英汉定中结构的韵律组配共性》(王远杰,2019年)等。

文献所的四十年是经世致用、服务国家的四十年。文献所科研人员曾先后参与《汉语大字典》、"中华字库"、《中华大典》、中希文明互鉴等国家重大文化工程,先后主持"石刻文字搜集与整理(中华字库第八包)""纳西东巴文献字释合集""简帛医书综合研究""汉字谐声大系""基于数据库技术的殷商甲骨刻辞事类排谱、整理与研究"等国家重大科研项目,为弘扬和宣传中华优秀传统文化做出了重要贡献。

文献所的四十年是扬长避短、追求特色的四十年。文献所的研究从以传世文献为主过渡到以出土文献为主,所以更强调出土文献和传世文献并重的重要性;文献所师资更为多元,结构更为合理,所以更强调出土文献综合研究(不同载体文献的综合研究)的重要性;文献所地处西南,所以更强调少数民族语言文字研究(汉语言文献和少数民族语言文献的综合研究)的重要性。

文献所的四十年是厚积薄发、打造精品的四十年。据不完全统计,建所以来,文献所科研人员共承担国家级、省部级项目146项,出版专著100余部,发表核心期刊以上论文300多篇,获得省部级科研奖励50余项。其中,多人次在"王力语言学奖"、教育部"高等学校科学研究优秀成果奖"和重庆市"社会科学优秀成果奖"等权威学术评奖中获得殊荣。尤其是最近十几年来,已经有多项重大课题的结项成果得到出版,有望成为经得起历史检验的学术精品。

文献所的四十年是滋兰树蕙、广植桃李的四十年。文献所与西南大学文学院、中国新诗研究所共有中国语言文学一级学科硕士、博士点和博士后流动站,目前本所硕博士招生专业有汉语言文字学、中国古典文献学、历史文献学、中国少数民族语言文学、语言学及应用语言学,汉语言文字学2001年、2006年两次被评为重庆市重点学科。研究生课程教学改革曾获得教育部二等奖、重庆市一等奖。截至2024年,文献所已毕业博士研究生95名(15届)、硕士研究生641名(33届),高师硕士38名(共6届),合计774人。这些学生主要分布在科研单位、大专院校、文博出版等各条战线,其中有不少人已经成为知名学者和各单位的业务骨干,为国家文化建设做出了应有的贡献。

文献所的四十年是历尽坎坷、薪火相传的四十年。文献所的发展并不是一帆风顺的,中间有低谷,有高峰;有挫折,有成功;有痛苦,有欢乐。难得的是几代文献所同仁凭着对国家和民族的无限忠诚,对学术和事业的满腔热忱,顶住了生活和学术发展的双重压力,最终坚持了下来,通过共同努力获得了生存和发展的动力。我们相信学术的薪火一定会传承下去,文献所的未来一定会更加美好。

在文献所成立四十周年之际,我们精选了近十年来所内同仁的一些重要学术成果呈现给大家,并重新修改了"所志",作为近十年来所里工作的检阅和所庆四十周年的献礼,也希望借此向关心和爱护文献所的学校各级领导、广大校友以及国内外学界同仁表示衷心的感谢!

西南大学汉语言文献研究所所长　孟蓬生
2024年9月

目录

甲金文的"皮""革"和东巴文的"皮"*

喻遂生

摘　要：甲金文"革"字象形性较差，其构形众说纷纭，难以定夺。东巴文形貌原始，更接近事物的原形。本文通过甲金文的"皮""革"与东巴文的"皮"的比较，证明甲金文"革"字象兽类头角及身躯、四肢、尾巴外皮展开之形。

关键词：甲骨文；金文；东巴文；皮革

一、小引

表示动物外皮的字，古汉字主要有"皮"和"革"。两个字在甲骨文中已经出现，但出土较晚，仅见于花东甲骨，亦未见其本义用例。关于"皮"的构形，前人没有大的分歧，关于"革"，则有不同的看法。

纳西东巴经中表示动物外皮的词主要有两个，$\gamma\mathrm{w}^{33}$为一般的皮，so^{55}为全皮，即从动物身上剥下的完整的皮。但两词所用的东巴文，在经书中是一样的。甲金文的"皮""革"和东巴文的"皮"形义相当，东巴文的形貌更加原始，更加接近事物的原形，对于甲金文"革"字字源研究和构形分析，有重要的参考价值。本文拟对甲金文的"皮""革"和东巴文的"皮"进行初步的比较研究。

本文所用东巴文实用例字均取自东巴文化研究所《纳西东巴古籍译注全集》[①]，例字出处用两节式数码表示，如"65.30"，表示出自该书第65卷第30页。

*本文为"纪念甲骨文发现120周年国际学术研讨会"（2019年10月·安阳）论文，刊于《甲骨文与殷商史》新十辑。承蒙西南大学汉语言文献研究所纳西族博士生和根茂同学提供剥鸡皮祭祀的照片，谨致谢忱！
① 参见东巴文化研究所（1999）。

二、甲金文的"皮"和"革"

《说文·皮部》："（字形），剥取兽革者谓之皮。从又，为省声。""皮"的本义是剥皮，如《战国策·韩策二》："聂政大呼，所杀者数十人。因自皮面抉眼，自屠出肠，遂以死。"鲍彪注："去面之皮。"《广雅·释言》："皮，剥也。"外皮是剥皮的引申义。

甲骨文"皮"仅见于《花东》，共2例：（字形）（《花东》149）、（字形）（《花东》550）。卜辞中当用作地名：

丁未卜，其御自祖甲祖乙至妣庚，曹二牢，麦（来）自皮鼎酌兴？用。　　（《花东》149）

……曹……麦（来）自皮鼎酌……　　（《花东》550）

两周金文"皮"共43例（含同铭器用例）（吴镇烽，2011）。其字形有：（字形）（叔皮父簋）、（字形）（九年卫鼎）、（字形）（郑义伯罐）、（字形）（者减钟）、（字形）（徐韶尹钲）、（字形）（盉壶）、（字形）（皮氏戟）等。其词义用为动物皮的有9次，其中九年卫鼎5次（羝皮、鼓皮等）、霸伯簋1次（虎皮）、霸伯盂2次（虎皮、鱼皮）、殷敖簋盖1次（豹皮），值得注意。

关于"皮"的构形，清人饶炯《说文解字部首订》（丁福保，1982:3606）说："皮从古文（字形）、籀文（字形）推之，篆本象剥取之形。左从厂，即兽也。右上从彐，周君席珍云，象手持皮形，与'巨'说'象手持之'意同。下从又，取其剥也。"林义光（1920:26）《文源》据金文字形说："按皮、为不同音，古作（字形）（叔皮父敦），从尸，象兽头角尾之形，冂象其皮，又象手剥取之。"[1]此后学界基本无异议。

甲骨"革"也仅见于花东甲骨，共3例：（字形）（字形）（花东474）、（字形）（花东491）。卜辞中"革"的词义难以判定：

己巳卜，子裸告其（字形）革于妣庚？率酌革？不用。　　（《花东》474）

庚午，酌革妣庚二小宰又岜一，狄来自兽？　　（《花东》491）

关于甲骨文"革"的构形，因花东甲骨出土较晚，学者发表意见的不多，仅见陈年福先生（2017:23）《甲骨文字新编》说："革，皮也，构意未详。"

---

① 又参见刘庆柱等（2005:510）。

两周金文"革"共9例(吴镇烽,2011)。其字形有:▨(康鼎)、▨(害簋)、▨(鄂君启车节)。其中鄂君启车节用为皮革义,其铭文为:"毋载金革黾箭。"

《说文·革部》:"革,兽皮治去其毛,革更之。象古文革之形。凡革之属皆从革。▨,古文革从三十,三十年为一世,而道更也。臼声。"《说文》对词义的解释是对的,但将字的上下看作"廿"和"十",以"廿"加"十"为"三十",三十年为一世,世道更革来解释字的构意,那就是根据后世"革"的更革义而敷衍出的附会之说了。

清人已对《说文》的说法提出批评,朱骏声(1984:212)《说文通训定声》"革"字下说:"或曰,古文象首足尾具之形,非三十字,中象残毛,非臼字。"林义光(1920:33)《文源》根据金文字形,说得更明晰:"按从卅非革之义,廿十亦不为卅,古作▨(毛公鼎勒字偏旁),▨象兽头角足尾之形,与皮从▨形近,▨即▨,象手治之,变作▨(师兑敦勒字偏旁)。"[①]

林义光对字形的说解,除▨"象手治之"外,都是对的,但也有学者有不同意见。如杨树达先生(1983:48)说:"寻四篇上羽部云:'翱,翅也,从羽,革声。'愚以革古文审之,上象鸟口,与燕字同,十象鸟身及尾,两旁象鸟翅,盖翱之初字也。字义为鸟翅,字若偏举鸟翅,则形义不显,故于翅之外并举口与身尾。"[②]

汉字甲金文"革"的象形性较差,难以描写。各家异说,在所难免,评判起来也比较困难。若比较东巴文的"皮"字,甲金文的字形就容易理解了。

三、东巴文的"皮"

东巴文的"皮",方国瑜、和志武先生《纳西象形文字谱》(2005)338号作:"▨ɣɯ³³皮也,象兽皮。又作▨。"象已剥下的带四肢、尾巴的皮革之形。又说"各种兽皮,画其特征",如▨tshʅ⁵⁵ɣɯ³³山羊皮、▨le³³ɣɯ³³獐皮、▨la³³ɣɯ³³虎皮等。李霖灿(1972)先生《么些象形文字字典》863号:"▨ɯ³³皮也。画动物之皮。"865号:"▨so⁵⁵全皮也。杀一动物,不剖开其皮,而将其内部取空,留其空壳,以备装物,此种剥皮方法,名之曰so⁵⁵。"东巴经中,ɣɯ³³(或标ɯ³³)是皮的泛称,so⁵⁵指动物剥开的全皮,不限于剥成口袋状的"皮桶"和剥的动作。

---

① 又参见刘庆柱等(2005:514)。

② 杨之前,章太炎《文始》已有革象鸟羽的说法,参见丁福保(1982:3292)。

东巴经中说到的具体动物皮有约40种,往往带有这种动物的头部,但多有目无睛,表示已死去。兽类如:🐅 虎皮(65.30)、🐆 豹皮(8.83)、🐻 熊皮(17.57)、🐴 马皮(19.54)、🐂 牛皮(51.70)、🐃 牦牛皮(67.309)、🐃 犏牛皮(99.219)、🐂 野牛皮(17.57)、🐐 山羊皮(68.158)、🐑 绵羊皮(68.158)、🐏 岩羊皮(98.79)、🐖 猪皮(51.84)、🐕 狗皮(68.291)、🦌 鹿皮(20.113)、🦌 麂皮(17.57)、🦌 獐皮(99.219)、🦊 狐狸皮(33.76)、🐱 狸猫皮(95.219)、🐒 猴皮(29.264)、🐰 兔皮(84.43)、🐀 鼠皮(84.32)、🦇 蝙蝠皮(41.218)。

兽类之外,鸟类也"依样画皮",如:🐔 鸡皮(67.265)、🐔 鸡皮(92.39)、🐔 鸡皮(88.57)、🦅 鹰皮(30.90)、🦢 鹤皮(20.113)、🦅 花吸风鹰皮(41.218)、🐓 野鸡皮(17.57)、🐓 菁鸡皮(17.57)、🕊 白鹇鸟皮(70.187)。鸟皮有三种表示方式,如上面3例鸡皮所示,第一例是仿兽类四足形,第二例是鸟垂翅形(比较活鸡作🐔84.22),第三例是去头的鸡身形。

虫鱼类有:🐉 龙皮(100.142)、🐉 龙皮(68.291)、🐉 龙皮(27.76)、🐍 蛇皮(27.79)、🐍 蛇皮(84.48)、🐍 蛇皮(54.8)、🐟 鱼皮(70.212)。龙皮都是仿兽类四足形;蛇皮后两例明显受兽皮类化,画蛇而添足(比较活蛇作🐍84.48)。鱼皮不好表现,以鱼有目无睛来表示。

人皮和鬼皮:🧍 人皮(29.264)、👹 术鬼皮(72.123)。人皮也因类化而添上了尾巴。

以上我们还没有把东巴文的动物皮字例举完,为什么东巴文中会有这么多专门的"皮"字,而且还有一些日常生活中很难用到的如鼠皮、蝙蝠皮之类呢?可能有以下原因:一是因为东巴经反映古代纳西先民的渔猎农牧生活,其猎杀屠宰动物,制作皮革用具,必然要涉及大量的动物皮。二是因为东巴经中有用不同的动物皮向不同的鬼神祭祀禳灾的情节,这就会导致不同的动物皮排比式地出现,如《纳西东巴古籍译注全集》第68卷第291页就罗列了12种动物皮,第17卷第57页就罗列了14种动物皮。文末附云南省香格里拉市三坝纳西族乡吴树湾村2019年2月以鸡皮作祭牲举行顶灾仪式的照片三张,可见其实际使用的一斑。

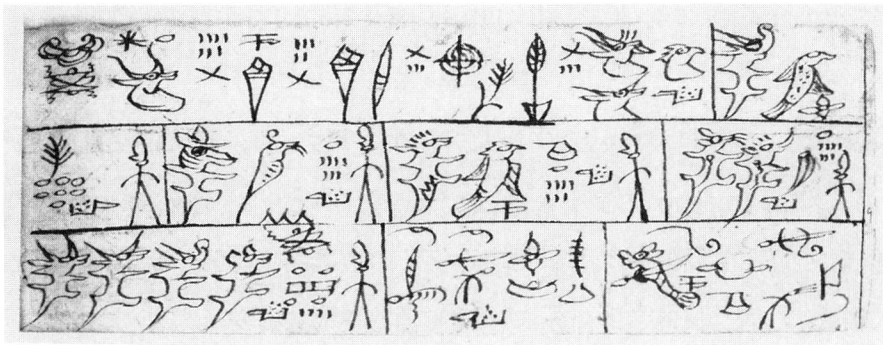

图1 《纳西东巴古籍译注全集》第68卷第291页

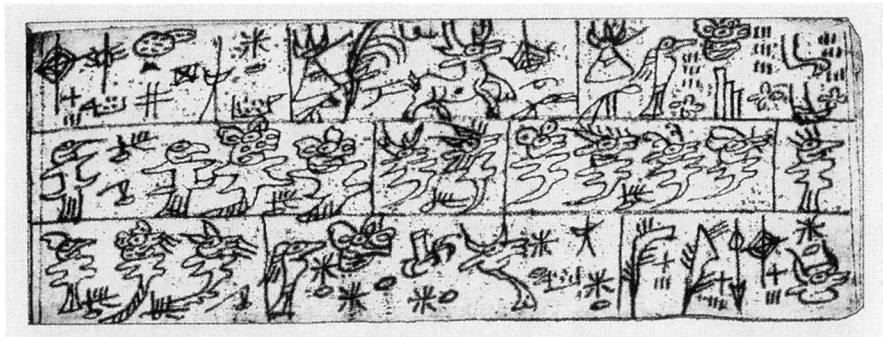

图2 《纳西东巴古籍译注全集》第17卷第57页

　　东巴文的"皮"字也在逐渐抽象化，其结果就是去掉动物头，产生了泛义的"皮"，如 🐾(67.38)、🐾(69.152)、🐾(76.159)，均指一般的兽皮。这样，表示具体的动物皮，就可将动物头形和皮分开，成为"动物+皮"的分析式的写法，如羊皮写作🐾(73.194)，鸡皮写作🐾(88.77)、蛙皮写作🐾(100.202)。随着词义的引申，一些非动物的外皮，也使用了兽皮字，如🌿扁柏皮(100.240)、🌿用杉树枝做除秽火把的皮(84.88)。

　　东巴文表示剥皮有几种方式：一是画以刀杀动物，同时写出皮字，刀和皮并不直接组合，如"🐾杀牲口，剥兽皮"(9.23)。二是写作人以手执皮形，如"🐾女子剥兽皮"(23.96)。三是写一皮字，读作剥皮。三种中第二种与甲金文"🐾、🐾皮"的构意最接近，只不过甲金文是以🐾手接近🐾兽体，会"🐾皮"的剥义；东巴文虽也是人以手执皮形，但🐾读女子，🐾读皮，剥是通过二者的位置关系来表示的，🐾的意义还是皮。

四、结语

通过以上分析可以看出，金文康鼎"革"的字形![字形],和东巴文兽皮字的![字形]牛皮(51.70)、![字形]羊皮(51.70)等最为接近,都是兽类头角及身躯、四肢、尾巴外皮展开之形。甲金文"革"的其他字形,都只是康鼎字形的增减变化而已。至于鄂君启车节中的![字形],被《说文》视为"臼声"的部分,其实是兽体身躯部分的变形。

附:云南省香格里拉市三坝纳西族乡吴树湾村顶灾仪式照片(2019年2月)

图3　剥鸡皮

图4　悬挂鸡皮

图5　东巴念诵《顶灾经》

【参考文献】

陈年福　2017　《甲骨文字新编》,线装书局。

丁福保　1982　《说文解字诂林》,中华书局。

东巴文化研究所　1999　《纳西东巴古籍译注全集》,云南人民出版社。

方国瑜　和志武　2005　《纳西象形文字谱》,云南人民出版社。

李霖灿　1972　《么些象形文字字典》《么些标音文字字典》(合印本),文史哲出版社。

林义光　1920　《文源》,自写影印本。

刘庆柱等　2005　《金文文献集成》,线装书局。

吴镇烽　2011　《商周金文资料通鉴》(电子版)。

杨树达　1983　《积微居小学述林》,中华书局。

[清]朱骏声　1984　《说文通训定声》,中华书局。

甲骨卜辞上午时称的个性分布研究*

邓 飞

摘 要:早在殷商时期,人们就已经建立了周全的计时系统。各个层级的计时概念通过语言中的时间表达式来进行映现。其中,"时称"是最低的时间层级、最小的时间单位,在商代卜辞中使用很频繁。对它们的研究不仅有助人们对当时思维、哲学、文化观念的理解,而且有助于对卜辞本身的精细考察。在一百多年的甲骨卜辞研究历程中,不少学者对它们进行了卓有成效的研究,但这些研究基本上还停留在字形和文献意义考释上,对于其自身个性系统特征以及对该系统隐含的造词规律和文化思维特征的揭示都还远远不足。本文将从组类语团分布、历时断代分布、南北两系系属分布三个方面探讨"时称"的个性分布特征,可以在此基础上厘清殷商时期人们在时间语用上的特点和规律。

关键词:甲骨卜辞;时称分布;时间思维

从殷商甲骨卜辞可见,商人把一天的时间分成一个个小的时间段落,每一个段落用一个专名来指称它,这就是"时称"。时称是殷商甲骨卜辞时间范畴中最小也是最低一级的时间称谓,记录的是最小的时间量。在甲骨学兴起的一百多年里,学界对卜辞中时称的研究一直给予了很大的关注。董作宾(1977)从历法角度系统梳理了甲骨卜辞包括时称在内的时间系统;陈梦家(1988)从卜辞研究综述的角度考察了卜辞时

*本文为国家社会科学基金项目"以甲金文树库建构为基础的商代汉语句法体系的描写与阐释"(项目批准号:18BYY164,项目负责人:邓飞)、重庆市社科规划一般项目"英汉断定构式的句法语义界面研究"(项目批准号:2014YBYY088,负责人:杨坤)、中央高校基本科研业务费重大项目"严可均辑《全上古三代文》之青铜器铭文的校理和注译"(项目批准号:SWU1809008,项目负责人:邓飞)、中央高校基本科研业务费创新团队项目"文字学"(项目批准号:SWU1709128,项目负责人:邓章应)的阶段性成果。

称的意义;李宗焜(1994:173-208)从甲骨卜辞中一日内时称称谓的语义考释入手,详细论述了一日内时称的意义;常玉芝(1998)继承董作宾的研究思路,再次从历法视角对时称系统进行了梳理和论述;黄天树(2005:447-453,2006:178-193)在更进一步占有甲骨卜辞材料的基础上,对其中涉及时称的语料进行系统整理,补充了一些学界忽视了的时称称谓词;邓飞(2013)把商代甲骨文和青铜器铭文视作商代整体语料的有机组成部分,从时间语义范畴的角度来把握甲骨卜辞中的时称称谓,把时称还原到整个时间制度中来考察,关注了时间语义范畴的系统性特征。

学界目前对甲骨卜辞时称研究取得的成果,主要体现为整理和揭示甲骨卜辞时称的整体面貌及探讨时称的语义内容。相对于甲骨学整理研究进展而言,对时称的研究明显滞后:一是甲骨学的字体分组理论、分期断代理论、南北两系理论已逐渐成熟,基于这些理论对时称的个性研究,即时称语言表达式的组类语团分布、历时断代分布、南北两系系属分布等的研究目前还处于初步探索阶段,未见到较有深度的研究成果面世;二是甲骨学对社会学、心理学、认知科学、哲学的价值已经为社会所公认,但时称系统对上述学科的研究价值却很少论及。

商朝人对一天中最小时间片段的认识,映射到卜辞时称语言表达式中,这项研究因此具有非常重要的学术价值,在探讨人们的时间思维、时间认知哲学、观念演化等方面具有其他材料难以匹敌的优势,而且对于时称时间表达形式在语义框架中的个性分析也将有助于对语用规律的探析,并有助于卜辞语义系统的精细研究。本文从对《甲骨文合集》(简称《合集》)、《小屯南地甲骨》(简称《屯南》)、《英国所藏甲骨集》(简称《英》)、《殷墟花园庄东地甲骨》(简称《花东》)、《甲骨文合集补编》(简称《补编》)、《怀特氏等所藏甲骨文集》(简称《怀》)、《东京大学东洋文化研究所藏甲骨文字》(简称《东文研》)、《〈殷虚文字乙编〉补遗》(简称《乙补》)、《甲骨拼合三集》(简称《拼三》)、《甲骨缀合汇编》(简称《汇编》)、《甲骨拼合集》(简称《拼合集》)、《甲骨缀合集》(简称《蔡缀》)、《上海博物馆藏甲骨文字》(简称《上博》)、《甲骨拼合续集》(简称《拼续》)、《甲骨拼合四集》(简称《拼四》)等原始资料的调查入手,以甲骨卜辞中表示上午时称的词为考察对象,从当前甲骨字体分组、断代分期、南北两系等多方面的理论视角,从语义、语团分布、历时分布和系属分布四个方面进行总结和分析上午时称的相应特征,探讨其造词、文化和思维规律,有助于推进甲骨卜辞朝着精细化研究方向发展,从而有助于人们加深对甲骨卜辞的理解。对时称的精细化研究,也有助于对甲骨卜辞时间系统的纵深研究,有助于对殷商时期相关时间思维、时间哲学、时间文化的理解。

一、甲骨卜辞精密繁复的上午时称系统

殷商甲骨数量在15万片以上,主要是殷王室和地方大宗主的占卜记录,其内容涉及当时社会生活的方方面面。时间是这些内容必不可少的要素,而时称是时间系统中记载时间量最小、作用最基础的层级。时称系统中以上午时称最为繁复,上午时称包括夙、湄日、旦、出日、早、明、朝、采日、大采、日柸、晒、羞中日、食日、日中、昼、督、暹等,共17组。

(一)夙

罗振玉(1927:5)认为"夙"象一个人在月下做事情。赵诚(1998:235)认为字形象跪拜向月亮祷祝。《说文·夕部》:"夙,早敬也。"黄天树(2006:165-177)认为"夙"为一日起点。卜辞如:

(1)……寽庚子夙鸟晴。七月。

(《合集》11500正+《合集》1351甲乙+《合集》1668+《合集》13484+《合集》15637正+乙1386+乙2808+乙8155+乙补1872+乙补3033[①],典宾组)

(2)夙入,不雨。

(《合集》33514+《合集》33528+《合集》27772=《拼三》634,无名组)

(二)湄日

"湄日"时称或用"湄""爽""妹"表示。裘锡圭(1992:85-89)认为"爽"在甲骨文中从月丧声,可以读为"昧爽"之"爽"。于省吾(1979:121-123)认为卜辞晚期以"妹"为"昧"。《说文·日部》:"昧爽,且明也。"段玉裁注:"且明者,将明未全明也。《牧誓》:'时甲子昧爽,王朝至于商郊牧野。'言昧爽起行,朝旦至牧野。《左传》,晏子述谗鼎之铭曰:'昧旦丕显。'伪《尚书》演其辞曰:'昧爽丕显,坐以待旦。'。"董作宾(1977:7)亦认为"昧"之时"晚于鸡鸣,早于午旦"。黄天树(2006:178-193)认为"昧爽"在"旦明"之前。"湄日"卜辞如:

(1)翌日戊王其[田],湄日不雨。

(《合集》29172,何组)

---

① 张秉权缀合,参见《汇编》(244+256)补遗。

(2)戊寅卜:王其田惠盂,湄亡灾。侃王。吉。

(《合集》29155+《合集》29086=《拼三》736)

(3)辛未卜,大贞:夕卜不同,惠其□。王占曰:惠□,唯其妹□于癸……

(《合集》24118/《合集》31680)

(4)王占曰:其雨。乙丑夕雨,小;丙寅爽雨,多;丁……　　　　　(《合集》6037反)

(三)旦

《说文·旦部》:"旦,明也。从日在一上,一,地也。"段玉裁注:"明当作朝。下文云'朝者,旦也',二字互训。"《公羊传·哀公十三年》:"见于旦也。"何休《公羊解诂》释"旦"为"日方出"。《尔雅·释诂》:"旦,早也。"《说文·日部》:"早,晨也。"段玉裁注:"晨者,早昧爽也。"卜辞如:

(1)祝惠今旦酒,正,王受又。吉用。　　　　　　　　(《合集》27453,无名组)

(2)旦至于昏不雨。大吉。　　　　　　　　　　　　　(《合集》29272,无名组)

(四)明

《说文·朙部》:"朙,照也。从月囧。""囧"为窗户之象形。从"囧"与从"日"的"明"为异体,《说文》也指出"明"古文从"日"。董作宾(1977:4)认为取义于夜间室内黑暗,只有窗前月光射入来会意"明"意,进而引申为以天明之时为"明"。李孝定(2004:2268)认为"明"字形隐含了两种含义:月光入窗可为"明",日月当空"明"亦至。郭沫若(1933:89)谓"明者,晨也",小盂鼎有"昧爽,三左三右多君入服酉,明,王各于周庙"铭文,"明"与"昧爽"同现,且在"昧爽"之后。卜辞如:

(1)贞:翌乙卯酒我雗伐于斤。乙卯允酒,明阴。　　　(《合集》721正,典宾组)

(2)丙申卜:翌丁酉酒伐,启。丁明阴,大食日启。一月。

(《合集》993+《英》1101(《合集》40341)=《拼合集》57,师宾间组)

(五)朝

罗振玉(1927:6)认为此"朝暮"之"朝"字,其字形构意是"日已出艸中而月犹在天"。后"朝"形失,《说文》作"鞉"字,《说文·倝部》:"鞉,旦也。"段玉裁注:"旦者,朝也。以形声会意分别。""从旦至食时为终朝,此谓至食时乃终其朝。其实朝之义主谓日出地时也。"卜辞如:

(1)癸丑卜,行贞,翌甲寅毓祖乙岁,朝酒。兹用。

(《合集》23148+上海博物馆藏品两片,出二组)

(2)丙寅卜,狄贞:盂田,其遘散,朝有雨。 (《合集》29092,何组)

(六)早

甲骨文多种字形,分别见于《合集》6543、6483正、11633等,该字释读繁复。从陈剑(2006:55-100)读作"早"。黄天树(2005:447-453)认为加在祭祀动词"祭"前的可能也是时间词,读为"早晨"之"早"。卜辞如:

(1)丁丑卜,㱿贞:今早王比沚馘伐土方,受屮又。 (《英》581,典宾组)

(2)贞:今早[王]比仓侯虎伐莞方,受屮又。

(《英》667+《合集》6554+《合集》7549,典宾组)

(3)甲辰卜,早祭祖甲,惠子祝。 (《花东》267,花东子组)

(七)中日

"中日"或称"日中"。《睡虎地秦墓竹简·日书甲种》135:"日中行,有五喜。"《睡虎地秦墓竹简·日书乙种》156:"日中午。"《尚书·无逸》:"自朝至于日中、昃,不遑暇食。"《左传·昭公元年》:"旦及日中不出。"卜辞如:

(1)食日至中日不雨。 (《屯南》42,无名组)

(2)中日至昃不雨。 (《屯南》42,无名组)

(八)食日

又称"大食",偶称"大食日""食人"或"食"。董作宾(1977)考定卜辞中"大食"相当于后世"朝食""蚤食"。陈邦怀(1982:126-130)考定卜辞"食日"与先秦典籍"食时"

薪火相传——庆祝西南大学汉语言文献研究所成立四十周年论文集

相当,是"大食"的另一种称法。陈年福(2007:55)认为甲骨卜辞"食日"也可称"食"。李宗焜(1994:173-208)认为甲骨卜辞"食人"应为时称。黄天树(2005:447-453)认为"食人"在"中日"之前,指"大食",相当于现在的上午十时。卜辞如:

(1)癸丑卜,贞:旬。[甲]寅大食雨[自]北。乙卯小食大启。丙辰中日大雨自南。

（《合集》21021主体+《合集》21316+《合集》21321+《合集》21016,师小字组）

(2)食日至中日不雨。吉。 （《屯南》624,无名组）

(九)晨

常正光(1982:141-146)认为《说文》所录"农"古文中从"艸""林"的字并不是"农",而是"晨",表示大辰星在草丛中,是天色将晓的天象。《说文·晶部》:"晨,房星。为民田时者。从晶辰声。"段玉裁注:"《周语》曰:'农祥晨正。'韦云:'农祥,房星也。晨正,谓立春之日,晨中于午也。农事之侯,故曰农祥。'。"卜辞如:

(1)贞:中丁岁,惠莀(晨)。 （《合集》22859,出二组）

(2)己酉卜,即贞:告于母辛,惠莀(晨)。十一月。 （《合集》23419,出二组）

(十)晒

饶宗颐(1959:865)认为甲骨文中该字与曙、昕并列,指旦明时候。陈年福(2007:55)认为表示"日明之时"。卜辞如:

(1)甲申卜,出贞,翌辛未子弘其侑于妣辛,晒岁其至凡□。

（《合集》23717,出一组）

(2)……辛卯……侑于妣辛晒岁,其至凡。

（《合集》34582+《补编》7021甲乙/《蔡缀》324(《合集》10119+《合集》23395),出一组）

(十一)日柜

陈年福(2007:55)认为乃"日照屋檐高之时"。卜辞如:

(1)壬寅卜,王贞:翌甲辰日框启。允……十一月。 （《合集》9816反,师小字组）

(十二)羞中日

"羞中日"或作"日羞中""羞中"。李宗焜(1994:173-208)认为《合集》20908的"羞中日"和《合集》20922中的"羞中"可能是相同的时间。又"日羞中"中"羞"字或从"牛""又"。唐兰(1981:241)说:"凡义相近的字,在偏旁里可以通转,像'巾'和'衣'通。""羊""牛"二形在偏旁里可以通转,黄天树(2004:20-24)认为从"牛"从"又"的字亦为"羞"字的异体。《说文·丑部》:"羞,进献也。"由本义"进献"引申为"逼近""靠近"。黄天树(2005:447-453)认为"羞中日""日羞中""羞中"是表示时间的词组,时间为"接近正午时分"。卜辞如:

(1)戊寅卜,阴。其雨今日。羞中日允雨。 （《合集》20908,师小字组）

(2)己卜:于日羞中杀三牛姽庚。 （《花东》286,花东子组）

(3)癸卯,贞:旬。甲辰雨,乙巳阴,丙羞中启。 （《合集》20922,师小字组）

(十三)大采

"大采"或称"大采日""采日""采"。董作宾(1977:4-5)以武丁和文武丁两世的卜辞为例,总结其纪时之法,一日分为七段:明、大采、大食、中日、昃、小食、小采,夜则总称为"夕",并指出"大采"略当于"朝","小采"大略当于"暮"。于省吾(1943:33)认为卜辞之大采、小采,就云色言之。三色以上,四色、五色、六色谓之大采。其二色、三色者谓之小采。李孝定(2004:2012)赞同董作宾、于省吾意见,说:"至何以名之曰大采,窃谓当以日出入时光彩之强弱及云色变化之多寡别之。"罗振玉(1927:61)认为象取果实于林木之形。采果为"采",引申为凡"采摘"之"采"。卜辞如:

(1)乙卯卜,㱿贞:今日王往于……之日大采雨,王不[步]。

（《合集》12813正+《合集》3529(=《蔡缀》16/《补编》3643正)+《蔡缀》14(《怀》956+《合集》13598),典宾组）

(2)甲子卜:勿至采用。 （《屯南》4432,师组）

(3)……启。大采日允。 （《合集》20993,师小字组）

(十四)出日

"出日"或称"日出""日再"。岛邦男认为"出日"是时间之辞[①]。饶宗颐(1959：494-495)认为殷时所谓"出日"指"朝"。于豪亮(1985：159)认为《睡虎地秦墓竹简·日书乙种》中的"日出"、《马王堆帛书》隶书本《阴阳五行》中的"日出"都是确切的时称，黄天树据此考定卜辞中的"日出"也应可作时称。陈年福(2007：55)认为"日出"指的是"日出之时"。"日再"之"再"的上部构件或从"隹"，而李学勤(1999：73)"再"训"举"，"举"可训"起"。黄天树(2005：447-453)认为"日再"跟"日出"都是时称，指的是日出之时。卜辞如：

(1)丁巳卜：又出日。　　　　　　　　　　(《合集》34163+《合集》34274[②]，历二组)

(2)壬卜：于日再杀牝妣庚，入又函于丁。用。　　　　　(《花东》106，花东子组)

(3)于大乙日出，乃射杳兕，亡[灾]。吉。　　　　　　　　(《屯南》2579，无名组)

(十五)昼

宋镇豪(1985：309)考释《屯》2392时指出："今日与昼对卜，昼必指该日的某个时间单位，《玉篇》云：'昼，知又切，日正中。'知昼为中日时分。"《说文·画部》："昼，日之出入，与夜为界。"卜辞如：

(1)□□卜，大[贞]：……　于父丁……今昼……　　　　(《合集》22942，出二组)

(2)今日//叀昼。　　　　　　　　　　　　　　　　(《屯南》2392，无名组)

(十六)督

宋镇豪(1991：41)认为是"昼"字，为"日中时分的专字"。卜辞如：

(1)贞：祷，叀督酒。　　　　　　　　　　　　　　(《合集》30599，何组)

(2)叀督酒。　　　　　(《合集》30894+《上博》21691.14=《拼续》420，无名组)

---

① 转引自于省吾：《甲骨文字诂林》，中华书局，1996年，第1091页。

② 曾毅公缀合，参见《汇编》398。

(十七)暹

李宗焜(1994:173-208)认为"暹"为日光升起之意,是表示时称的词,可能指的是天明的时候。陈年福(2007:55)认为乃"日升之时"义。卜辞如:

(1)······翌日暹其昃。 (《屯南》2505,历无名间类)

(2)于暹北对。 (《屯南》4529,无名组)

二、甲骨卜辞上午时称的组类语团差异分布

1928年,明义士(1996)为《殷虚卜辞后编》作序,提出根据甲骨刻写的字体特征对甲骨进行分类的思想。林沄(1986:25-39)认为字体是甲骨分类的唯一标准。黄天树(2007)在研究殷墟王卜辞的分类和断代时、李宗焜(2012)在对甲骨文字进行系统而全面的整理过程中,都对字体分类分组思想进行了实践,证明其可行。黄天树(2007:11,42,271)认为大致情况是师组肥笔类卜辞的刻字是"字形稍大,笔道多呈肥笔,浑圆流畅,转折处多呈圆转角",宾组典宾类"书体风格雄健、整饬、字体比较大,笔画多瘦劲有力,少数笔画肥厚",黄组"书体风格是字体细小,书法整饬,行款划一,文例严谨",等等。"组类"概念的提出,拓展了甲骨文研究的深度和广度,提升了对卜辞分析的精准度。一个"组类"基本上由一个人或者由时代接近且具有师承关系的人刻写完成,不同的刻写者会将其刻写个性和语言个性带入卜辞,为卜辞的语用研究提供了很好的观察窗口。

根据卜辞中上午时称的分布状况,本文主要分析它们在师组、子组、宾组、历组、劣体类、出组、何组、无名组和黄类等9个大组类中的用例个数,详见表1。

表1 上午时称组类语团分布表

上午时称	用例总数	师组	子组	宾组	历组	劣体类	出组	何组	无名组	黄类
夙	314	7	5	20	17		170	24	71	
湄日	316			5	1			49	248	13
旦	41	2		2	2			2	33	
明	27	6		21						

上午时称	用例总数	师组	子组	宾组	历组	劣体类	出组	何组	无名组	黄类
朝	2						1	1		
早	233	25	5	200			3			
大采	26	10		14		1				1
食日	22	6		3				2	12	
羞中日	5	3	1		1					
中日	29	4		4			1	4	16	
出日	13		5	2	4				2	
昼	2						1		1	
昼	9			2				2	5	
暹	4			3					1	
晨	21						21			
晒	4						4			
日柾	1	1								

从表1可见,卜辞上午时称表达式的分布范围很广,涉及卜辞的主要组团特别是王卜辞系列的组团,主要有以下几个类型:一是只在一个组团中出现;二是在某一个特定组团中的分布用例占据绝对优势,其他属于个案分布;三是主要倾向于在某一个特定组团中分布,在其他组团的分布为辅;四是在几个组团中的分布较为平衡,没有明显的组团选择倾向。

第一类:只选择在一个组团中分布。这类时称包括"晨、晒、日柾"三组。"晨、晒"分别拥有21例和4例,二者都只选择在出组语团中使用。"晨"时称的取义来自大辰星东升之时,这种时称确定方式为出组语团独有,而其他组类语团基本上是以"日""月"天体的运行来确定相关时称,这是殷商时期时称造词者遵循的主流传统。"日柾"目前只见到1例,出现在师组语团中。从目前已经发现的甲骨卜辞材料来看,师组语团是最早的,之后分为南北两系。最早的时称造词者,在取义上往往显示出独特的个性特征。这一个性特征能否被后来者继承,普及和认同程度具有关键作用。师组语团留下的材料较少,说明其存在的时间较短,普及和认可程度都不可能发展到较高高度,所以"日柾"这一类词自然就少见。

第二类:优势分布和个案分布相结合。属于这一类型的时称是"湄日、旦、早、明、暹、羞中日"六组,"湄日、旦"在无名组语团中分别有248例、33例,分别占据总数316例、41例的78.5%和80.5%。"湄日"组在宾组、历组、何组和黄类四个语团也有少数分布。"旦"在师组、宾组、历组、何组四个语团也有少数分布。"早、明"在宾组语团分别有200例和21例,分别占据总数233例和27例的85.8%和77.8%。"早"在师组、子组、出组三个语团中有少数用例分布,而"明"在师组语团中有少数用例分布。"暹"在历组语团有3例,占总数4例的75%,另在无名组语团中有个案分布。"羞中日"在师组语团中有3例,占总数5例的60%,另在子组和历组语团有个案分布。可见这六组有选择语团的强烈倾向,具有无名组、宾组和师组语团的个性风格。

第三类:主要分布和次要分布相结合。属于这一类型的时称是"夙、大采、食日、中日、督"五组,"夙"在出组语团有170例,占总用例314例的54.1%,另在师组、子组、宾组等六个语团中有用例分布。"大采"在宾组语团有14例,占总数26例的53.8%,另在师组、劣体类和黄类语团中有用例分布。"食日"在无名组语团有12例,占总数22例的54.5%,另在师组、宾组、何组三个语团中有用例分布。"中日"在无名组语团有16例,占总数29例的55.2%,另在师组、宾组、出组和何组四个语团中有用例分布。"督"在无名组语团有5例,占总数9例的55.6%,另在历组和何组语团有用例分布。由上可见,出组语团有选择"夙"的较强的个性倾向,宾组语团有选择"大采"的较强的个性倾向,无名组语团有选择"食日、中日、督"三组较强的个性倾向。

第四类:均衡分布是常态。属于这一类的时称是"朝、昼"。二者用例太少,平均分布在两个语团。

排除语料本身之丰富程度的差异之外,本文认为每个组类语团的造词者有其个性特征,但也有共性特征,总体上看还是共性特征占主流,这也是语言得以在长时段维系相对稳定以发挥沟通作用的前提。个性特征凸显的原因主要有两个:一是造词者有意识偏离主流的造词参照系,从而选择近似的参照系,这就使得一旦离开这个语团,其造词就显得标新立异,不为人们所接受;二是在词汇草创时期,由于参照体系较少或不具有参照系,造词者往往使用当时的群体生活体验为参照,随着社会生活的变化,生活体验也随之变化,这类词也就停留在那个特定的时代了,这也就成为一个组类语团的个性特征。

三、甲骨卜辞上午时称的时间断代分布

明义士(1996)在1928年发现了甲骨的组类和分期特点,希望对甲骨进行分期断代的工作。董作宾(1933)用贞人、坑位、文法、事类等十个标准把卜辞断代为五期,即武丁为第一期,祖庚、祖甲为第二期,廪辛、康丁为第三期,武乙、文丁为第四期,帝乙、帝辛为第五期,开启了甲骨系统性的分期时代。陈梦家(1988:137-138)对董作宾的断代标准进行了分层细化,认为世系、称谓和占卜者是第一标准,字体、词汇和文例是第二标准,祀典、历法、史实以及其他制度是断代的第三标准,以这三个标准把甲骨卜辞分为九期。胡厚宣(1945)把董作宾的三、四期合并,在《甲骨六录》提出了四期断代理念。李学勤与彭裕商(1996)在坚持董作宾基本分期理论基础上,对甲骨分期断代的工作提出新的见解,尤其是对历组卜辞的特点和时代进行了深入的论证,把它提前到第一期后段。裘锡圭(1981:290)也对"历组卜辞"进行了详细论证,认为"面对上引这些历组卜辞与宾组或出组早期卜辞所卜事项相同的实例,除了承认历组与宾组和出组早期时代相同之外,是没有其他办法的"。黄天树(2007:189)从"×"形锯痕、卜骨的截锯、钻凿形态、不同组类的字体见于同版、记事刻辞五个方面补充讨论了历组的时代,认为"历类卜辞是武丁晚年到祖庚时期的卜辞这一说法是可信的"。

关于甲骨的分期问题是复杂的,尤其是对历组卜辞的时代争论较大。对甲骨卜辞的分期,分得过于粗疏则无法观察语言词汇的细微变化过程,也不易观察语言现象发展变化的界限;分得过于精细,标准本身不易把握,对甲骨卜辞进行时代切分时很难操作。基于此,本文在坚持董作宾建立的传统五期分类基础上,吸收最新研究成果,对历组卜辞作了提前处理,把它置于武丁至祖庚时期,在实际操作时把它置于第一期的晚段,由此得出上午时称的时间断代分布,详见表2。

表2 上午时称时间断代分布表

上午时称	用例总数	第一期	第二期	第三期	第四期	第五期
湄日	316	6		49	248	13
夙	314	49	170	24	71	
中日	29	8	1	4	16	
督	9	2		2	5	
食日	23	9		2	12	
旦	41	6		2	33	

上午时称	用例总数	第一期	第二期	第三期	第四期	第五期
朝	2		1	1		
早	233	230	3			
出日	13	11			2	
大采	26	25				1
昼	2		1		1	
暹	4	3			1	
日桓	1	1				
羞中日	5	5				
明	27	27				
晨	21		21			
晡	4		4			
总计	1070	382	201	84	389	14

从表2可见，卜辞中上午时称断代个性分布可分为四种类型：一是只分布在一个时间断代上，呈现在特定时间段上分布；二是分布在一个时间断代占绝对优势，在其他分期中有零星分布，呈现延展式的延续分布；三是集中分布在一个时间断代上，在其他分期中有零星分布，呈现延展式的延续分布；四是用例较少，平均分布于两期之中。

第一类：分布于特定时间段。属于第一种分布情况的时称是"日桓、羞中日、明、晨、晡"五组。其中前三个分别拥有用例数是1例、5例、27例，所有用例只分布在第一期卜辞之中。"日桓"时称只出现1例，在师组卜辞中，"羞中日"有3例分布在师组，另外两例分别分布在子组和历组。"明"有6例分布在师组，21例分布于宾组。师组、子组和历组都属于第一期，所以"日桓、羞中日、明"这三组时称具有只分布在第一期卜辞的个性特征。"晨、晡"两个时称分别出现21例和4例，都分布在出组卜辞之中，它们具有只分布在第二期卜辞的个性特征。

第二类：绝对优势分布和延续性分布相结合。属于第二种分布情况的时称是"湄日、旦、早、出日、大采、暹"六组。"湄日、旦"在第四期的用例分别是248例和33例，分别占据其总用例316例和41例的78.5%和80.5%。而"湄日"在第一期、第三期和第五期都有分布，"旦"在第一期和第三期都有分布，所以两组应该是以第四期的绝对优势分布和延续性分布相结合的一种类型。"早、出日、大采、暹"在第一期的用例分别是230例、11例、25例、3例,分别占其总用例233例、13例、26例和4例的98.7%、84.6%、96.2%和75%。而"早"在第二期,"出日"在第四期,"大采"在第五期,"暹"在第四期有少数分布,可见,"早、出日、大采、暹"这四组应该是以第一期的绝对优势分布和另外几期的延续个案分布相结合的类型。

第三类:集中分布和延续性分布相结合。属于第三类的是"昃、中日、督、食日"四组。"昃"在卜辞第二期中的用例170例,"中日、督、食日"在第四期中的用例分别是16例、5例、12例,四组分别占其总用例314例、29例、9例、23例的54.1%、55.2%、55.6%、52.2%。可见这四组分别在第二期和第四期中的分布具有一定的优势。"昃"在第一期、第三期、第四期还有相当数量的用例分布。"中日"在第一、二、三期有相当数量用例分布。"督"和"食日"在第一、三期有相当数量用例分布。可见"昃、中日、督、食日"四组是以第二期和第四期集中分布和其他几期延续性分布相结合为主要分布特征。

第四类:个案均衡分布。属于第四种情况的是"朝、昼"两个时称。分别只有两例,"朝"的两例分布于第二、三期中,"昼"的两例分布于第二、四期之中。限于有限材料,"朝、昼"的分布目前只具有个案均衡分布性质。

甲骨卜辞上午时称的断代分布就其实质而言,与组类语团分布有着密切联系。组类语团分布是共时分布,同一个共时平面上的语团构成一个分期,不同共时平面上的语团构成不同的历时分期,从而构成历时链条。五期历时链条中,第一期和第四期具有偏爱使用上午时称的个性特征,分别拥有382例和389例带有上午时称的卜辞用例,占据总数1070例的35.7%和36.4%。第五期用例最少,只有14例,占总数的1.3%,具有最不倾向使用上午时称的个性特征。第五期主要是"旬卜辞",基本上用不着使用上午时称,也是第五期上午时称用例较少的主要原因。

四、甲骨卜辞上午时称南北两系的系属分布

李学勤(1986)提出卜辞具有"南北两系"风格,其后李学勤(1990:37-44)进行了详细论证。林沄(1984:111-154)从考古学的类型学和地层学角度,丁军伟(2017:45-50)从字形演变规律的角度,张志强(2016:46-58)从整理排比新出版的小屯村中村南甲骨资料的角度,对"南北两系说"提供了支持证据。甲骨"两系说"为精细化研究卜

辞的内在规律提供了一个很有价值的视角和窗口。在卜辞两系的划分中,属于村北系的组类主要是:子组、宾组、出组、何组等,属于村南系的主要是师历间组、历组、历无名组、无名组。由于考虑到师组是两系共同的源头,黄类具有南北两系合流的特征,故统计南北两系的特征时,暂时不统计师组、黄类数据。同时,还要注意的是,"日栻"目前只发现一例,分布在师组卜辞之中。本文对卜辞上午时称系统的系属分布特征进行统计整理,详见表3。

表3 上午时称系属分布表

上午时称	用例总数	村北系	村南系	分布特征	个性风格
明	21	21	0		
朝	2	2	0		
晨	21	21	0	只分布在村北系的上午时称	村北系个性风格
晞	4	4	0		
大采	15	15	0		
夙	307	219	88	村北系分布占据绝对优势的上午时称	
早	228	208	20		
日栻	0	0	0		
出日	13	7	6	南北两系分布势均力敌的时称	
昼	2	1	1		
羞中日	2	1	1		
湄日	303	54	249		
旦	39	4	35		
食日	17	5	12	村南系分布占据绝对优势的时称	村南系个性风格
中日	25	9	16		
督	9	2	7		
暹	4	0	4	只分布在村南系的上午时称	

从南北两系分布规律看,卜辞上午时称系统可以分为五个大类。

第一类:只分布在村北系卜辞中。这类时称有"明、朝、晨、晞、大采"五组:"明"21例,"朝"2例,"晨"21例,"晞"4例,"大采"15例。全部分布在村北系卜辞中,在林料确定的村南系卜辞中不见用例分布。也要注意到,"朝"总共才两条用例,"晞"只有4条用例,二者用例稀少,不能完全排除"朝、晒"有不分布在村北系卜辞的可能性,这有待出土更多甲骨卜辞语料来进行验证。

第二类:村北系分布数量占据绝对优势。这类时称有"夙、早"两组,在村北系卜辞中分布的数量分别是219例和208例,二者分别占其总用例307例和228例的71.3%和91.2%。"夙"有倾向于在出组卜辞中使用的个性特征,其用例高达170例。"早"有倾向于在宾组卜辞中使用的个性特征,其用例高达200例。出组和宾组是典型的村北系,从整体上看,"夙""早"在村北系中的分布占据绝对优势地位。

第三类:只分布在村南系卜辞中。这类时称只有"暹"一个,目前只发现4例,全部分布在村南系卜辞之中。有3例分布在历组卜辞中,1例分布在无名组卜辞中,这都是典型的村南系卜辞。但用例较少并不能完全排除有分布在村北系卜辞中的可能性,这有待更多出土语料来进行验证。

第四类:村南系分布占绝对优势。这种时称有"湄日、旦、食日、中日、督"五组。五组在村南系卜辞中的用例分别是249例、35例、12例、16例、7例,分别占其总用例303例、39例、17例、25例、9例的82.2%、89.7%、70.6%、64%、77.8%。从这五组时称记录卜辞的事类来看,它们基本上都是气象卜辞,一是关心天气是否会有变化,二是关心每个时称是否会有雨,这可能跟属于南系的历组、无名组等卜辞多狩猎事类卜辞有比较直接的关联。

第五类:在南北两系卜辞中的分布比较平衡。这种时称有"日柢、昼、出日、羞中日"四组。四组的总用例数量都不多,在村南、村北两系中的分布特征较为一致。要么都没有用例分布,要么分布的用例数量比较接近。

总之,从对甲骨卜辞上午时称的系属分布的考察来看,"明、朝、晨、晒、大采、夙、早"七组上午时称表达式具有明显的村北系个性风格,即它们仅仅或者主要出现在村北系的卜辞之中。"暹、湄日、旦、食日、中日、督"六组上午时称表达式具有明显的村南系个性风格,即它们仅仅或者主要出现在村南系的卜辞之中。具有村南系倾向和村北系倾向的上午时称在数量基本上持平,有北系倾向的七组,有南系倾向的六组。此外,南北两系的上午时称词汇关注的时间节点还是有明显的差异,北系的上午时称关注的重心在从月落到日出前后,而南系更关注日出之后到日中时刻。

五、对甲骨卜辞中上午时称的进一步思考

商代甲骨卜辞是今天能看到的最早的成系统的书面文献材料,记录着远古社会生活的整体面貌,反映出当时人们的造词选择、语言哲学规律、日常生活以及思维特征。

(一)重视程度和相关性是考量是否造词的重要参考

从甲骨卜辞上午时称可以窥见早期人们造词的规律,重视程度和直接相关是两个重要参考标准。如果一个概念在生活中具有很高的重视程度或与生活直接相关,人们就总是力图从各个视角对其进行形式化,往往可以通过其初创阶段在语言中的多样性表现形式来体现。如"羊""牛""埋""沉"在殷商时期具有重要的意义,其异体符号众多。一日内的时称与人们生活息息相关,是指导人们生活、生产的参照指标。

从甲骨卜辞使用上午时称来看,殷商时期人们对不同时段的时称的重视程度是不一样的,这充分体现于对同一个时段所进行的不同命名过程,比如:靠近"日中"的一个时段既可以称为"大食",也可以称为"大食日""食日""食人""食",一共有五个表达形式;上午靠近中午的另一个段时间既可以说"采日",也可以说"大采""大采日""采";中午时称既可以说"日中",也可以说"中日"。"朝食"这一概念也一样,"大食"用"大"说明该"食"行为的时间和规模程度,"大食日""食日"增加了"日"表示该概念与"时间"的紧密联系。"食人"是一个使动结构,既体现生动的饮食活动,也揭示了这一活动所具有的自然规律性,在该时间段饮食是生物生命周期规律的要求,也是物质生产力水平低下的时代里人们社会生活的一种必然。

(二)语言词汇是词义的普遍性和语用个性相结合的统一体

在对甲骨卜辞中上午时称称谓的系统考察中,本文意识到语言词汇是词义的普遍性和语用个性相结合的统一体。

同一个时称使用的范围比较广,不同的组类中都关注它、使用它,体现的是词义的普遍性。如"日中""中日"这个时段在七个组类中都有分布;"大食""大食日""食日""食人""食"这个时段在六个组类中有分布;"早"这个时称在八个组类中都有分布。

有些时称具有比较明显的分布个性。一是一些时称只出现在某一两组类之中。如"夙"在出组和无名组中的分布占据绝对优势;"早"主要出现在宾组中,具有宾组的

薪火相传——庆祝西南大学汉语言文献研究所成立四十周年论文集

风格;"湄日""旦"基本上只出现在无名组中,在其他组类中只是零星分布;"晒"只在出组有用例分布;"日柜"只在师组有分布。二是有些时称只出现在某一段时间之内。如"日明、明""羞中日、日羞中、羞中"两组时称只出现在第一期卜辞之中,应该是第一期卜辞的风格;"晨"只出现的第二期卜辞之中,应该是第二期卜辞的风格。三是一些时称基本上只出现在某一系的卜辞中。如"暹""湄日""旦""中日""食日""督"这六组时称基本上分布在村南系卜辞之中,应该具有村南系卜辞的风格。

(三)在饮食文化中"朝食"占有特殊的地位

本文研究发现,在饮食文化中"朝食"占有特殊的地位,上午吃饭时间段有"大食""大食日""食日""食人""食"五个语言表达形式来记录,这一组词表示同一个时间段的上午时称,可见当时人们对这一个时间段的重视程度。马云霞(2018:84—91)认为这是一种"一对多"的对立哲学思维的体现,构成了一种"语篇中立意义建构模式"。"食"就是"饮食"之意。甲骨卜辞中这五个语言表达形式中的"食"是"朝食"。

杨竣淇(2016:134)认为"在饮食制度上,汉代之后开始形成了一日三餐的饮食习惯,在此之前,饮食生活在先秦时期主要是一日两餐制"。邱庞同(1996:1—16)"在食制问题上,殷商、周代,乃至战国时期大体实行两餐制"。殷商甲骨卜辞中称两餐为"大食""小食"。《孟子·滕文公上》:"贤者与民并耕而食,饔飧而治。"赵岐注:"饔飧,熟食也。朝曰饔,夕曰飧。"民以食为天,在生产力不够发达、物质生活水平低下的时代,饮食时段无疑是人们关注的重中之重。两餐之中,上午的"大食"即后来的"朝食"无疑显得更为重要,在"大食"前后均是长时间的劳作,需要更多的食物来及时补充身体的消耗。

(四)隐喻和转喻思维是上午时称造词的主导思维模式

时间造词主要运用的是转喻和隐喻思维。在普通语言学理论中,转喻和隐喻一直被视作两种重要的修辞格式,是为了达到特定和实现特定语用目的的话语手段。在认知语言学理论中,隐喻和转喻被认为是两种认知模式,是创造和产生新概念的思维形态。这极大地提升了隐喻和转喻的地位。从商代甲骨卜辞来看,隐喻思维和转喻思维创造了时称词汇。

时间是非常抽象的,所以早期人们感受时间并非直接使用"小时""分""秒"等抽象概念,而是将抽象的时间转化为具象,这样更容易把握。这就是使用隐喻和转喻两种思维形式的内在动因。隐喻思维把握的是事物之间的相似性,而转喻关注的是事物之间的相关性。潘艳艳（2017:127-131）认为"作为人类基本的认知机制,转喻在人类的概念系统、思维和推理方面有着重要的作用"。时称记录的是一日之内时间的规律性变化。一日之内太阳或月亮在天空中的空间位置关系也是规律性变化的,二者之间具有相似性,所以特定的空间位置关系的规律性变化可以表示特定的时间规律性变化,让时间具体化。空间是时间的隐喻,隐喻让时间具象化从而变得可感知。如"旦""日中"分别表示太阳位于地平线之上和天宇正中。另外,抽象的概念为人所理解,最直接的方式就是与人熟知的事件紧密相关。事件是时间的转喻。特定的事件总是占据特定的时间,二者具有同一性、同维度、同量度、同矢量。如"食"本是当时人们每天必须经历的"饮食"事件,由于"饮食"事件在每日的固定时间进行,二者具有同一性和相关性,所以"食"可以表示每天上午的吃饭时间。

赵继政,陈春菲,周榕（2018:81-87）认为"隐喻表征中语言表征和概念表征有分离特征",但是隐喻和转喻思维二者之间似可以融合。一般认为隐喻和转喻两种思维是独立的,从甲骨卜辞上午时称词汇可见二者很多时候是融合而用的,很难将二者分割开来。如"夙"的造字意义是人在月光之下危坐,手有所劳作之意。既有月亮运行来标示时间位置,也有每日人们早起劳作的特定事件。隐喻和转喻融合为一个整体来对其进行概念化。

总之,语言文字是社会生活的镜像,商代甲骨卜辞中的上午时称正是这一镜像的良好写照。饮食文化生活中"朝食"具有特殊的重要地位,受到关注程度极高,是概念化的核心和重要内容,所以这一概念有多个语言形式。这也说明重视程度和相关性是考量是否造词的重要参考。从共时和历时两个层面看,语言词汇是词义的普遍性和语用个性相结合的统一体。从思维模式上看,隐喻和转喻思维是上午时称造词的主导思维模式,也提升了隐喻和转喻的哲学地位。

【参考文献】

蔡哲茂　2011　《甲骨文缀合汇编》,花木兰文化出版社。

常玉芝　1998　《殷商历法研究》,吉林文史出版社。

常正光　1982　《辰为商星解》,《四川大学学报丛刊》(第10辑),四川人民出版社。

陈邦怀　1982　《〈小屯南地甲骨〉中所发现的若干重要史料》,《历史研究》第2期。

陈　剑　2006　《释造》,《出土文献与古文字研究》(第1辑),复旦大学出版社。

陈梦家　1988　《殷虚卜辞综述》,中华书局。

陈年福 2007 《甲骨文词义论稿》，上海古籍出版社。

邓 飞 2013 《商代甲金文时间范畴研究》，人民出版社。

丁军伟 2017 《由字形演变看殷墟甲骨两系说》，《中国文字研究》(第25辑)，上海书店出版社。

董作宾 1933 《甲骨文断代研究例》，史语所。

董作宾 1977 《殷历谱》，艺文印书馆。

郭沫若 1933 《卜辞通纂》，文求堂书店。

胡厚宣 1945 《甲骨六录》，齐鲁大学国学研究所。

黄天树 2004 《释殷墟甲骨文中的"羞"字》，《古文字研究》(第25辑)，中华书局。

黄天树 2006 《殷代的日界》，《黄天树古文字论集》，学苑出版社。

黄天树 2005 《殷墟甲骨文白天时称补说》，《中国语文》第5期。

黄天树 2006 《殷墟甲骨文所见夜间时称考》，《黄天树古文字论集》，学苑出版社。

黄天树 2007 《殷墟王卜辞的分类与断代》，科学出版社。

[清]焦 循 1987 《孟子正义》，中华书局。

李孝定 2004 《甲骨文字集释》，史语所。

李学勤 彭裕商 1990 《殷墟甲骨分期新论》，《中原文物》第3期。

李学勤 彭裕商 1996 《殷墟甲骨分期研究》，上海古籍出版社。

李学勤 1999 《夏商周年代学札记》，辽宁大学出版社。

李学勤 1986 《殷墟甲骨分期的两系说》，《第六届古文字学年会论文集》，中国社会科学院历史研究所。

李宗焜 1994 《卜辞所见一日内时称考》，《中国文字》(新18期)，艺文印书馆。

李宗焜 2012 《甲骨文字编》，中华书局。

林 沄 1986 《无名组卜辞中父丁称谓的研究》，《古文字研究》(第13辑)，中华书局。

林 沄 1984 《小屯南地发掘与殷墟甲骨断代》，《古文字研究》(第9辑)，中华书局。

罗振玉 1927 《增订殷虚书契考释三卷:卷中》，东方学会。

马云霞 2018 《语篇视角下的对立意义建构》，《外国语文》第2期。

[加拿大]明义士 1996 《甲骨研究》，齐鲁书社。

潘艳艳 2017 《论转喻思维与外语专业学生思辨能力的培养》，《外国语文》第2期。

邱庞同 1996 《商周战国饮食史纲》，《中国烹饪研究》第3期。

裘锡圭 1981 《论"历组卜辞"的时代》，《古文字研究》(第6辑)，中华书局。

裘锡圭 1992 《释"木月""林月"》，《古文字论集》，中华书局。

饶宗颐 1959 《殷代贞卜人物通考》，香港中文大学出版社。

宋镇豪 1985 《试论殷代的记时制度》，《全国商史学术讨论会论文集》，殷都学刊编辑部。

宋镇豪 1991 《释督昼》，《甲骨文与殷商史》(第3辑)，上海古籍出版社。

唐 兰 1981 《古文字学导论》，齐鲁书社。

杨竣淇 2016 《中国古代饮食文化研究》，《艺术科技》第4期。

于豪亮　1985　《于豪亮学术文存》，中华书局。

于省吾　1996　《甲骨文字诂林》，中华书局。

于省吾　1943　《释大采小采》，《双剑誃殷契骈枝三编》，北京大业出版局。

于省吾　1979　《释湄日》，《甲骨文字释林》，中华书局。

张志强　2016　《〈殷墟小屯村中村南甲骨〉所见新材料与"两系说"的运用》，《古汉语研究》第 1 期。

赵　诚　1998　《甲骨文简明词典———卜辞分类读本》，中华书局。

赵继政　陈春菲　周　榕　2018　《概念隐喻对中英双语者隐喻表达理解的中介效应探析》，《外国语文》第 1 期。

甲骨文中两组义近祭名辨析*

李 发

摘 要：论文就甲骨文"祭"与"祀"、"告"与"酓"两组义近祭名进行辨析。研究发现，"祭"主要用作祭名，为某种祭祀方式的专称；"祀"超过一半的用例为纪年词，近于一半的用例是祭名，为祭祀方式的通称。从分别由二者构成的先秦复音词语来看，含"祭"的词语较含"祀"的多，但随着词义的演变，偏正式合成词"祭祀"的使用逐渐盛行，"祭"的专名性得以泛化，变成了与"祀"一样的通称，"祭祀"最终成为并列式合成词。"告""酓"为近义词，统言之无别，均为告祭；析言之则"告"指报告、禀告，重在口头，"酓"则指称册以告，重在书面。二者带祭祀对象时，语法形式也有差异，"酓"后一般直接加神祇，但是"告"往往作"告于某神祖"，不加介词"于"是少数。就其宾语来看，"酓"多是册告用牲情况，而"告"多是告祭事由。此外，"告"祭中所用祭牲包含牛、羊、豭、穀牲，以牛为主要祭牲，且以一头牛为常，最多的"告"祭用牛九头；"酓"祭中所用祭牲数量大、规格高，既有物牲，又有人牲。

关键词：甲骨文；祭与祀；告与酓

涉及甲骨文同/近义词辨析的论著已有不少，如陈炜湛《甲骨文同义词研究》、陈年福《甲骨文动词词汇研究》、赵诚《甲骨文简明词典——卜辞分类读本》、岛邦男《甲骨文字同义举例》等；研究祭名、祭祀动词的论著也有不少，如陈梦家《殷虚卜辞综述》、周国正《卜辞两种祭祀动词的语法特征及有关句子的语法分析》、张新俊《殷墟卜辞祭

*本文系教育部重大课题攻关项目"基于数据库技术的殷商甲骨事类刻辞排谱、整理与研究"（项目批准号：22JZD036）、"甲骨文字词合编"（项目批准号：G3021）的阶段性成果。论文草成后，蒙武亚帅学棣校对材料和纠正疏谬，并蒙雷缙碚先生审阅指正，谨此一并申谢。

名祭法考》、李立新《甲骨文中所见祭名研究》、刘源《商周祭祖礼研究》等。这些研究都涉及对甲骨文动词同/近义词的辨析或对"祭""祀""告""啻"作为祭名或谓之为祭祀动词的个体意义的考察。但毋庸讳言,这些成果并未从近义辨析的角度厘清"祭"与"祀"、"告"与"啻"这两组义近祭名之间的异同,且对其词义的认识还存在一些误解或争议。因此,我们不揣谫陋,专门对此进行研究,不当之处,尚祈方家教正。

一、祭与祀

《说文·示部》:"祭,祭祀也。从示,以手持肉。"段玉裁注:"此合三字会意也。"又《示部》:"祀,祭无已也。从示,巳声。"段注:"统言则祭、祀不别也。""析言则祭无已曰祀。从巳而释为无已,此如治曰乱、徂曰存,终则有始之义也。《释诂》曰:'祀,祭也。'"从《说文》来看,"祭""祀"统言无别,均为祭祀;析言则有异,"祭"为以手持肉献于神主,"祀"则表明祭祀长久不停息之意。许慎的训释是基于他对小篆字形的说解。

"祭祀"作为一个复合结构,大概较早可追溯到《周礼》[①],如《天官·大宰》"以八则治都鄙:一曰祭祀,以驭其神"。春秋晚期的《邾公华钟》铭文算是目前所见最早将"祭祀"连用的出土文献,其铭文云:"余毕龏畏忌……铸其龢钟,以恤其祭祀盟祀……"(《集成》245)但其意义与现代所理解的"祭祀"可能有所不同,这里的"祭祀盟祀"或可指"祭之祀"与"盟之祀"(理由详后)。此前的甲骨文,则仅有单音词"祭"与"祀"。"祭"在甲骨文中的字形作[②],象以手持肉状,肉还带有小点,或为血液之象,金文中始增"示"形,以表持肉于神主前献祭之意。"祀"的字形为 祀、𤔲,按《说文》分析为形声结构,其实造字之初,可能就以"巳"代表"祀",后来才加上形符"示"[③]。或以为"祀"之字形象人跪于神示之前(郭沫若,1982:42;陈炜湛,1983/2013:60),徐中舒则谓"巳"旁为小儿之象形,表示古代祭祖以小儿为尸之事[④],徐先生的意见更可信从。

综合香港中文大学"汉达文库"及陈年福先生《殷墟甲骨文摹释全编》,我们统计出甲骨文中含"祭"的辞例有306例,除了用作地名外,用作祭名的辞例有294例。祭

---

① 经初步统计,《周礼》全书有"祭祀"182例。

② 雷缙碚(2019)释此字为"有",与我们的看法不同。

③ 参赵诚(2009:243)。赵先生指出卜辞中还保留有以"巳"指"祀"的用法,张玉金(2018:1-19)认为卜辞"巳宾""勿巳宾"中的"巳"当为"祀",可从。2023年11月17日补记:现已改从沈培先生读"巳"为"改",参见沈培(2015)。

④ 参徐中舒(1983)。谢明文(2017:42)谓子、巳为一字分化。郑张尚芳(2017:159)从音韵角度论证了子、巳同源。

名用法主要有以下几种情况:

第一,祭+(于)祖先名。对先王用"祭"的祭祀情况很普遍,辞例如:

甲戌卜,行贞:翌乙亥祭于祖乙,无害。在八月。

(《合》22931+《合》23128=《缀集》81,出二①)

癸亥卜,贞:王旬无忧。在二月。甲子祭大甲。 (《合》35745+②,黄类)

这类用法几乎涉及各个先王,如祭大乙(《合》27128)、祭于大丁(《合》22767)、祭于大甲(《天理》680)、祭于大庚(《合》22800)、祭[于]大戊(《合》23191+)、祭于中丁(《合》22863)、祭祖乙至[于]多[毓](《合》1652)、祭于祖丁(《合》22931+)、祭于祖乙(《合》22931+)、祭毓祖丁(《合》27316)、祭祉祖庚(《合》22045+)等。偶见对先公用祭,如[祭]上甲(《合》21517),对诸妇用祭,如祭妇好(《缀汇》614+)。

第二,王宾+祖先名+祭。在出组和黄组的"王宾"卜辞中,"祭"几乎用于各位先王。辞例如:

乙卯[卜],□贞:王[宾]祖乙祭,亡□。 一 (《合》22934,出二)③

甲申卜,贞:王宾祖甲祭,亡咎。 (《合》35889,黄类)

其他如:王宾大乙祭(《合》22630、《合》35491)、王宾大丁祭(《合》35507)、王宾大甲祭(《合》35531+)、王宾卜丙(《合》35547)、王宾大庚祭(《合》35560)、王宾小甲祭(《合》22811)、王宾大戊祭叙(《合》22838)、王宾雍己祭(《合》35612)、王宾中丁祭(《合》22862)、王宾三祖丁祭(《合》38255+《北图》1171)、王[宾]祖乙祭(《合》22934)、王宾祖丁祭(《合》23034+)、王宾兔甲(阳甲)[祭](《合》23087)、[王宾]般庚[祭](《合》35774)、王宾小辛祭(《合》35784)、王宾小乙祭(《合》23129)、王[宾]祖丁祭(《合》35853)、王宾康祖丁祭(《合》35889)等。也有少量"祭"于先公的情况,如王宾上甲祭

---

① 文中引用的卜辞若为A+B,表示该版由AB两片缀合而成,如果只列A+,表示该版有缀合,在不影响卜辞完整的情况下,只省写其中一版的片号。卜辞所见引书简称见文末。卜辞出处后的"组类名",参见黄天树(2007:9)、蒋玉斌(2006)的《各类子卜辞本文用名与各家命名对照表》。

② 《英》2508+《合》35745+《合补》12872。《合》35745+《合补》12872为门艺先生缀,见蔡哲茂《缀汇》722,王恩田先生再加缀《英》2508,见中国社会科学院历史语言研究所先秦史研究室网站,2014年6月19日,http://www.xianqin.org/blog/archives/4099.html。

③ 凡引卜辞,可据文例或残辞补出的文字用"[ ]"标明,能确定残去字数但不能补出的用"□"标明,不能确定残去字数的用"☑"标明。

（《东文研》678）、王宾报乙祭（《合》22692、《合》27081、《合》35441）、王宾示壬祭（《合》35470）等例。

第三，与其他祭名或用牲法相伴进行。相伴祭祀之辞例如：

氚上甲遘示癸祭　　　　　　　　　　　　　　　　　　（《合》22644，出二）

酌祭［自］上甲　　　　　　　　　　　　　　　　　　　（《合》22672，出二）

酌祭于上甲　　　　　　　　　　　　　　　　　　　　（《合》24280，出二）

父丁岁其先祭　　　　　　　　　　　　　　　　　　　（《合》23229，出二）

酌大庚大戊中丁其告祭　　　　　　　　　　　　　　　（《合》27168，何二）

畴（祷）祭于祖乙　　　　　　　　　　　　　　　　　（《合》27223＋，何一）

升岁于祭菁　　　　　　　　　　　　　　　　　　　　（《合》34615＋，历二）

升岁于祭菁　　　　　　　　　　　　　　　　　　　　（《合》34614，历二）

升岁叀祭菁　　　　　　　　　　　　　　　　　　　　（《合》34616，历二）

祭大甲咎上甲　　　　　　　　　　　　　　　　　　　（《合》35407，黄类）

酌彡些［祭］上甲　　　　　　　　　　　　　　　　　（《合》35408＋，黄类）

武丁祭王其遘侑升其牢又一牛　（《合》38258＋《东文研》788＝《拼三》666，黄类）

祭于祖乙侑升岁　　　　　　　　　　　　　　　　　　（《屯南》1131，历二）

岁祖甲小宰祖乙小宰叞（登）自西祭　　　　　　　　　　　　（《花东》214）

由上揭三类辞例来看，"祭"支配神祇作为宾语，不以祭牲作为支配对象。

再来看"祀"在卜辞中的用例情况。"祀"的辞例有115例，其中用作纪年的"唯王某祀"有近60例，"祀"神祇的辞例仅如下13例（有1例即《合》30437，将神祇"河"置于"祀"前作为受事主语）：

庚寅卜，争贞：我其祀于河。　　　　　　　　　　　（《合》14549正，典宾）

☑祀［于］河。　　　　　　　　　　　　　　　　　　（《合》14550，宾一）

丁丑卜，争贞：乎雀祀于河。　　　　　　　　　　　　（《合》14551，宾一）

庚子卜，争贞：其祀于河，以大示至于多毓二□。　　　（《合》14851，宾三）

□酉卜，扶：王宾祀河。　　　　　　　　　　　　　（《合》20278，师肥笔）

□□卜：河祀隹（唯）☑　　　　　　　　　　　　　　（《合》30437，无名）

辛巳卜，亘贞：祀岳，祷，来岁受年。 一 二 二告 三 四 不在（再）蛛（蹰）① 五 六 二
告 七　　　　　　　　　　　　　　　　　　　　　　　　　（《合》9658 正，典宾）

☑申卜，☑祀岳。　　　　　　　　　　　　　　　　　　　（《合》22153，妇女类）

☑祀于𢀛（稷）②。　　　　　　　　　　　　　　　　　　　（《合》14676，宾三）

☑[祀]于父乙一牛　　　　　　　　　　　　　　　　　　　（《合》2214，典宾）

癸卯王卜，贞：其祀多先[祖]☑余受有佑。王占曰：引吉。唯☑（《合》38731＋，黄类）

☑祀祖乙　　　　　　　　　　　　　　　　　　　　　　　（《合》32533，历二）

☑不祀于祖☑　　　　　　　　　　　　　　　　　　　　　（《合》32661，历一）

上揭卜辞涉及祀河神6例，祀岳神2例，祀稷神1例，祀祖先神4例，与妇好有关的
"祀"1例（《殷拾》10.2＋，历二）。其他也有占问是否"祀若"的辞例，如《合》9613正、
15492、15493、15494正等。与此义近的占卜，是问"祀"是否"作王忧"，如：

乙卯卜，丙贞：祀，作王忧。　　　　　　　　　　　　　（《合》16463甲＋，宾一）

贞：祀，弗作王忧。　　（《合》16463乙＋《乙补》6207＋《乙补》2197＝《醉古》194，宾一）

也有几例不记祭祀对象的"祀"祭，如：

戊戌卜，㲋贞：㸤祀六〈今〉③来秋彡。 一　　　　　　　　（《合》9185，宾一）

壬辰卜，王：余禘兹亡祀。六月　　　　　　　　　　　　（《合》15959正，师宾间）

从梳理辞例来看，"祀"支配的也是神祇，不以祭牲作为支配对象。

比较上述有关"祭""祀"的辞例可知，二者在使用上有同有异，且异大于同。相同
之处有：（1）都可作为祭名，充当祭祀对象的神祇，大多居于"祭"或"祀"之后作为宾
语，偶有用在动词之前作为受事主语的情况，仅见1例"☑☑卜：河祀隹（唯）☑"（《合》

----

① 兆辞"不再蹰"释文众说纷纭，此据唐兰（2015：262-265）释𢀛为"在"，读作"再"，据刘钊（2004：13-
14）将"𧍙"释蛛，读作蹰。"不再蹰"的意思，大概是指据兆璺来看，该卜当施行，不再犹豫。
② 蔡哲茂先生释。参蔡哲茂（2007/2011：697-712），又见于中国社会科学院先秦史研究室网站，
2013年4月23日，http://www.xianqin.org/blog/archives/2944.html。
③ 本例中"六"当为"今"之误刻。经匿名审稿专家指出，沈培先生曾在《关于殷墟甲骨文的"今"》
（待刊稿）中指出《花东》28之"六"系"今"字之误刻，这一点姚萱（2006：238）有指出，但沈培（2006）删
去了这个例子。

30437)。(2)祭祀对象都涉及祖先,都以神祇作为支配对象,不以祭牲作为宾语。不同之处有:(1)二者使用数量存在很大差异。用作祭名的"祭"近300例;而"祀"有约110例,其中含有祭祀对象的祭名用法仅10余例,超过一半例子都用作纪年。(2)二者用作祭名时,其祭祀对象上存在差异。"祭"的绝大多数祭祀对象为先王,少数为先公;含有祭祀对象的"祀"仅有10多例,超过一半的辞例以"河""岳""稷"为祭祀对象,以先王为祭祀对象的辞例不足十分之四。(3)"祭"可大量用于"王宾先王祭",一般是将祭祀对象"先王"置于"祭"前;"祀"有1例用于"王宾",即"王宾河祀(《合》20278)",将祭祀对象"河"置于"祀"前①。

通过上述比较,结合二者的形义关系,我们可以对"祭""祀"二者在祭名上存在的意义差异做些推测。我们认为,"祭"当为某种具体的祭礼,"祀"当为向神祇陈物供奉以显示崇拜的信仰仪式的通称。理由如下:

第一,"祭"为五种周祭祀典之一,而"祀"不具备此功能。上文列举"祭"的第三类用法时举到一些例子说"祭"与别的祭名同时出现,意思是一次祭祀活动中有"祭"与别的祭祀方式同时举行的情况。仅凭上述几条卜辞还看不出系统的祭祀规律,但熟悉商代周祭的读者应该知道其显著的特点,即它是"商王及王室贵族用翌(日)、祭、壹、叠(日)、彡(日)五种祀典对其祖先轮番和周而复始地进行的祭祀。这种祭祀是一个王世接着一个王世,连绵不断地举行下去的,因此它是商王朝一种非常重要的祭祀制度"(常玉芝2009:前言)。而"祭"正好是其中之一,因此,它是商王朝非常重要的祭祀礼仪,只是很遗憾,其具体的仪式规程并没有流传下来。

第二,"祀"为纪年辞,而"祭"不具备此功能。

第三,根据文献记载,"祀"有对鬼神、先祖举行祭礼的统称之意,而"祭"没有这样的功能。《书·洪范》:"八政:一曰食,二曰货,三曰祀。"孔传:"敬鬼神以成教。"《左传·僖公三十一年》:"鬼神非其族类,不歆其祀。"《国语·鲁语上》:"夫祀,国之大节也。"《韩非子·难三》:"或曰:齐晋绝祀,不亦宜乎?"早期文献中作为祭礼统称的"祀"是不能用"祭"来替换的。

第四,根据"祭"与"祀"在上古汉语中分别构成的复音词语,也可辨别二者在早期意义上的差别。由"祭"构成的复音词语主要有七类:

(1)祭+主祭人。"祭史""祭主""祭仆"等即是此种结构,文例如:

九月丁卯,晋荀吴帅师涉自棘津,使祭史先用牲于雒。 (《左传·昭公十七年》)

---

① 从拓片来看,该版"河"字为补刻,而一些释文将"河"置于"祀"后,当非是。

出可以守宗庙社稷,以为祭主也。 （《易·震》）

祭仆掌受命于王,以视祭祀,而警戒祭祀有司,纠百官之戒具。

（《周礼·夏官·祭仆》）

(2)祭＋祭祀行为。“祭祀”“祭享”等即是此种结构,文例如:

以八则治都鄙:一曰祭祀,以驭其神。 （《周礼·天官·大宰》）

至于敬授民时,巡狩祭享,犹自夏焉。 （《逸周书·周月》）

(3)祭＋祭祀对象。“祭天”“祭土”“祭地”“祭日”“祭月”等即是这种结构,文例如:

鲁郊何以非礼? 天子祭天,诸侯祭土。 （《公羊传·僖公三十一年》）

燔柴于泰坛,祭天也;瘗埋于泰折,祭地也。 （《礼记·祭法》）

天子东出其国四十六里而坛,服青而绲青,搢玉揔,带玉监;朝诸侯卿大夫列士,循于百姓,号曰祭日。 （《管子·轻重己》）

埋少牢于泰昭,祭时也;相近于坎坛,祭寒暑也;王宫,祭日也。 （《礼记·祭法》）

天子祀于大惢,西出其国百三十八里而坛,服白而绲白,搢玉揔,带锡监,吹埙篪之风,凿动金石之音;朝诸侯卿大夫列士,循于百姓,号曰祭月。

（《管子·轻重己》）

王宫,祭日也;夜明,祭月也。 （《礼记·祭法》）

(4)祭＋祭祀牲品。“祭肉”“祭牲”“祭脂”“祭酒”“祭韭”等即是此种结构,文例如:

祭肉不出三日,出三日,不食之矣。 （《论语·乡党》）

脤者何也,俎实也,祭肉也。 （《穀梁传·定公十四年》）

牺牷祭牲,必于是取之,敬之至也。 （《礼记·祭义》）

载谋载惟,取萧祭脂。 （《诗·大雅·生民》）

获者南面坐,左执爵,祭脯醢。执爵兴,取肺坐祭,遂祭酒。 （《仪礼·乡射礼》）

二之日凿冰冲冲,三之日纳于凌阴,四之日其蚤,献羔祭韭。 （《诗·豳风·七月》）

(5)祭＋祭祀器具。"祭豆""祭器"等即是此种结构,文例如:

祝左执角祭豆。 （《仪礼·特牲馈食礼》）

祭器未成,不造燕器。 （《礼记·王制》）

(6)祭＋祭祀场所。"祭门""祭墓"等即是此种结构,文例如:

礼,送女,父不下堂,母不出祭门,诸母兄弟不出阙门。 （《谷梁传·桓公三年》）

凡祭墓为尸。 （《周礼·春官·冢人》）

(7)祭＋祭祀规则。"祭典""祭礼"等即是此种结构,文例如:

[孟春之月]是月也,命乐正入学习舞,乃修祭典。 （《礼记·月令》）

祭礼与其敬不足而礼有余也,不若礼不足而敬有余也。 （《礼记·檀弓上》）

　　由"祭"构成的词语,在上古汉语中主要可以分成上述七类。而这些类别正反映出整个祭祀事件中的语义角色,即主祭人、祭祀方式、祭祀对象、祭祀牲品、祭祀工具、祭祀场所、祭祀规则等,实际上从新近完成的对商代祭祀事件进行整理和研究的硕士论文来看①,大体也符合这样的语义角色。

　　再来看由"祀"构成的复音词语。跟甲骨文中使用"祀"的情况一样,上古汉语中由"祀"构成的复音词语也远少于由"祭"构成的复音词语,其类别主要有三类:

　　(1)祀＋祭祀对象。"祀天""祀社""祀灶"等即是此种结构,文例如:

司裘掌为大裘,以共王祀天之服。 （《周礼·天官·司裘》）

故祭帝于郊,所以定天位也;祀社于国,所以列地利也。 （《礼记·礼运》）

[孟夏之月]其祀灶,祭先肺。 （《礼记·月令》）

---

① 曹甜甜《殷墟YH127坑子卜辞祭祀资料的整理与研究》(2020年5月,西南大学)、龚家琦《花东卜辞祭祀方式整理与研究》(2020年5月,西南大学)、冉苒《历组祭祀卜辞整理与研究》(2020年5月,西南大学),从不同角度呈现了系统的甲骨文祭祀事件。

(2)祀+祭祀牲品。"祀物""祀贡""祀牲"等即是此种结构,文例如:

邦畿千里,其外方五百里,谓之侯服。岁壹见。其贡祀物。

(《周礼·秋官·大行人》)

以九贡致邦国之用,一曰祀贡。 (《周礼·天官·大宰》)

郑玄注引郑司农曰:"祀贡,牺牲包茅之属。"

王问于观射父,曰:"祀牲何及?" (《国语·楚语下》)

(3)祀+祭祀规则。"祀典""祀礼""祀命"等即是此种结构,文例如:

凡禘、郊、祖、宗、报,此五者国之典祀也……非是,不在祀典。

(《国语·鲁语上》)

民之所不欲废者而复兴之,曲加其祀礼。是以贤者荣其名,而长老说其礼,民怀其德。

(《吕氏春秋·怀宠》)

不可以闲成王、周公之命祀,请改祀命。 (《左传·僖公三十一年》)

上古汉语中由"祀"构成的复音词语主要是上述三类,涉及祭祀对象、祭祀牲品和祭祀规则,缺少由"祭"构成的主祭人、祭祀方式、祭祀器具和祭祀场所。因此,从这个角度也能区分出二者之间存在的意义差别。之所以出现这样的差别,很大一部分原因是"祭"早期用作祭名的专称,而"祀"则用作祭名的通称,做专称的"祭"可以与祭祀事件的诸方面语义角色构成复合词语,而做通称的"祀"则缺乏这一功能。汉语复音词中大量的偏正式结构,充当修饰成分的语素居于前,被修饰成分居于后,而专称通常是修饰成分,通称则是被修饰成分,因此"祭某"自然就会多于"祀某"。

但需要补充说明的是,语言是发展变化的。我们认为,早期将"祭"与"祀"结合在一起,可能是偏正关系,即"祭之祀",如上文所举《邾公华钟》的"祭祀盟祀"当理解为"祭之祀""盟之祀",如果将"祭祀"看作并列结构的话,"盟祀"就不好理解了。其实,偏正式的"祭祀"与现在说的"血祭""燎祭"一样,商周之际"祀"是通称,后世改"祀"用"祭",将"祭"变成了通称。在语言发展过程中,"祭某"渐渐等同于"祀某"。如上文的"祭天"与"祀天"、"祭牲"与"祀牲"、"祭典"与"祀典"、"祭礼"与"祀礼"等。尤其是原本只有"祭某"或"祀某"的词语,到汉以后则"祭某""祀某"无别了。如祭祀土神始称"祀社",后称"祭社"。《礼记·礼运》:"故祭帝于郊,所以定天位也;祀社于国,所以列地利也。"唐孔颖达疏:"天子至尊而犹自祭社,欲使报恩之礼达于下也。地出财,故云列地利也。"又如"祀灶"与"祭灶"后世一直并行不悖。《礼记·月令》:"[孟夏之月]其祀灶,祭先肺。"郑玄注:"灶在庙门外之东。祀灶之礼,先席于门之奥,东面设主于灶陉。"汉班固《白虎通·五祀》:"夏祭灶,灶者火之主,人所以自养也。"《汉书·孙宝传》:"宝徙入舍,祭灶请比邻。"汉董仲舒《春秋繁露·求雨》:"夏求雨,令县邑以水日家人祀灶。"宋苏轼《初到杭州寄子由》诗:"莫上冈头苦相望,吾方祭灶请比邻。"范成大《腊月村田乐府》诗序:"腊月二十四夜祀灶,其说谓灶神翌日朝天,白一岁事,故前期祷之。"

综上,我们对上述讨论做一简短小结。从甲骨文来看,"祭"字的使用频率几乎是"祀"字的三倍。"祭"主要用作祭名,为某种祭祀方式的专名;"祀"超过一半的用例为纪年词,近于一半的用例是祭名,为祭祀方式的通称。从分别由二者构成的复音词语来看,含"祭"的词语也较含"祀"的多,但随着词义的演变,当偏正式合成词"祭祀"逐渐被广泛使用,"祭"的专名性逐渐得以泛化,变成了与"祀"一样的通称,"祭祀"最终成为并列式合成词。

二、告与嚳

"告"祭指将重要事宜向祖先神祇禀告,祈求福佑。以《礼记》中所记载的告祭为例,男女婚姻需告祭,国君死后太子出生要告祭,诸侯朝见天子出发前和返回后都要告祭,等等,且告祭之前有斋戒、盛服、厚质等要求。如:

故日月以告君,齐戒以告鬼神,为酒食以召乡党僚友,以厚其别也。

(《礼记·曲礼上》)

曾子问曰:"(君薨)如已葬而世子生,则如之何?"孔子曰:"大宰、大宗从大祝而告于祢。三月,乃名于祢,以名遍告及社稷宗庙山川。" (《礼记·曾子问》)

孔子曰:"诸侯适天子,必告于祖,奠于祢。冕而出视朝,命祝史告于社稷、宗庙、山川。乃命国家五官而后行,道而出。告者,五日而遍,过是,非礼也。凡告,用牲币。反,亦如之。诸侯相见,必告于祢,朝服而出视朝。命祝史告于五庙所过山川。亦命国家五官,道而出。反,必亲告于祖祢。乃命祝史告至于前所告者,而后听朝而入。"

(《礼记·曾子问》)

同样地,甲骨文中"告+神祇"的卜辞很多,主要是向祖先禀告重要事宜①,目的在于感恩戴德或祈求保佑,但大多没有记录告祭的原因。经我们初步统计,从关于告祭祖先的卜辞中总结出如下五类主要原因:(1)疾病或灾咎。如"有疾,告羌甲"(《合》869)、"告王孽于丁"(《合》1956)、"告于妣癸孽王"(《合》2500正)、"告王目于祖丁"(《合》13626)、"日戠(异)②,其告于河""其告于父丁"(《合》33698)、"告蚰上甲二牛"(《合》28206)。由于有疾疫或灾咎,也向神祇求祛疾或灾。如"其有告于母丙御"(《合》2525反)、"告于丁彭无害"(《合》23065)。(2)出行。如"王其去,告于祖辛"(《合》1724正)、"王其往出省从西,告于祖丁"(《合》5113反)。(3)命令。"沚(洗)彧再册,告于大甲"(《合》6134+)、"令㞢伐东土,告于祖乙于丁"(《合》7084)、"王其令望乘归,其告于祖乙"(《合》32896+)。(4)田猎。"王其田其告妣辛"(《合》27558)、"其告于父丁其狩一牛"(《合》32680)。(5)战争。如"舌方卫,率伐。不。王告于祖乙其征勾佑"(《合》6347)、"臿其挞③象方,告于大甲""告于丁""告于祖乙"(《合》6667)、"召方来,告于父丁"(《合》33015)。

"告"祭卜辞中也能看到祭牲的种类或数量。从现有卜辞的掌握情况来看,牛、羊、豟、穀牲都有用到,以牛为主要祭牲,且以一头牛为常,最多的"告"祭用牛九头。辞例如"告于上甲豟一穀一"(《合》1166甲+)、"告于妣庚惠羊用"(《合》5995)、"告于唐一牛"(《合》1291)、"告于上甲二牛"(《屯南》2032)、"告于上甲三牛"(《合》32332)、"告于父丁用牛九"(《合》33698)等。

与"告"义相近的祭名有"曹"。罗振玉(1915/2001:46)最早将"曹"与《说文》中的"曹"字联系起来。《说文·曰部》:"曹,告也。"段注:"下云从曰从册,会意,则当作'册告也'三字。简牍曰册,以简告诫曰曹。册行而曹废矣。"因此,"曹"义为以册报告。"告""曹"偶见同版,辞例为:

(a)贞:㞢(侑)妣庚羊,告其御。 一 二告

(b)乙卯卜,殻贞:曹妣庚瓜(夫)④。 一

(c)贞:曹妣庚五瓜(夫)。 一

(d)三瓜(夫)。 一　　　　　　　　　　　　　　(《合》772正+,典宾)

---

① 偶有向河神告祭的辞例,如《合》33698、33699等。尽管有学者将"河""岳"视作先公名,本文仍从一般看法,将其视作自然神。
② "戠"据陈剑(2017:414—427)释。
③ 对辞意理解,参李发(2018:253—257)。
④ 瓜,字形一般作，据陈剑先生释,作人牲时读为"夫"。参陈剑(2020)。

上揭卜辞被刻在一小龟版上,虽残去左后甲,但四条卜辞构成一套,依据省略通例(李发,2019),其占卜目的、事项都较为清楚且完整。辞(a)大意是占问告祭妣庚,献上羊牲,能否消灾。辞(b)(c)(d)构成一组选贞,大意是在乙卯日贞人殻占问酓祭妣庚,献祭品一夫、三夫还是五夫。这版卜辞"告""酓"并见,惜仍看不出二者的细微差别。

学界有另一种意见,认为"酓"作用牲法,读作删,训为砍杀。[①]对这种意见,何琳仪、黄锡全(1984:376-377)进行了回应,并赞成罗振玉的意见,从字形演变的角度论证了"酓"乃"册"之分化字,谓"酓从册得声,音义相因。甲骨文删或作酓,亦可资左证"[②]。陈剑(2018:4)已明确指出在征伐卜辞中"'酓'字之义,研究者公认即'以简册报告'"。为了消除人们的"酓"在祭祀卜辞中作用牲法的误解,我们对有关"酓"的390余条卜辞作了全盘清理,进一步考察其用法和隐含的深层意义。其用例大致可以分成两类:

第一,酓祖先名+祭牲(+用牲)。"(+用牲)"表示处置祭牲的动词及其后的祭牲时隐时显,如:

贞:酓妣庚十反,卯十宰。 一
酓妣庚十反,卯十宰。 二 (《合》698正,典宾)
酓祖丁十伐十宰。 一 二
勿酓祖丁。 一 (《合》914正,典宾)

第二,祭名+祖先名(+用牲)+酓祭牲。这类辞例在祖先名前有别的祭名。如:

癸丑卜,宾[贞]:翌甲寅王屮(侑)于大甲,盍三牛,酓三十宰、伐十九月三 (《合》908+《合补》1624,师宾间)
癸未卜,殻:燎黄尹一豕、一羊,卯一牛,酓五十牛。 二 (《合》6945,宾一)

第一类容易将"酓"看作祭名,因为其后边直接可接祭祀对象做宾语,且"神祇"与"祭牲"做"酓"的双宾语。而仅做用牲法的动词如"卯"则不接祭祀对象做宾语,偶有

---

① 见于省吾(1979:172-174)、于省吾(1996:2964-2969)。蒋玉斌(2012:66)认为"酓反""酓若干反"指杀而烹之类义。谢明文(2012:653;2022:621)、刘源(2021)也认为祭祀卜辞中的"酓"是一种用牲法。

② [2023年10月31日补记]董作宾早已指出"酓牛""不过是把牛登记在册子上,送册子给鬼神罢了"(董作宾:《殷代的羌与蜀》,载《说文月刊》1942年第3卷7期)。这个意见很正确。

"卯于上甲羌"(屯南665)这样的用例,仍以祭牲"羌"做"卯"的受事对象宾语,"上甲"则以介词"于"构成介宾短语做"卯"的补语①。这种情况下,"酭"的功能与"告"相同。先秦汉语中,"告"带双宾语的情况较为普遍。如:

公语之故,且告之悔。　　　　　　　　　　　　　　　(《左传·隐公元年》)

于是逡巡而却,告之海曰……　　　　　　　　　　　　(《庄子·秋水》)

　　第二类辞例则容易把"酭"看作用牲法,因它直接支配祭牲宾语。如何证明它不是用牲法呢? 不妨将同一条卜辞中"酭"后所接祭品(称"祭品 A")与用牲法后的祭品(称"祭品 B")进行逐一比较。列表如下②:

表1

序号	出处	祭品 A	祭品 B(用牲法)
1	《合》271 正 +	十宰	羊又豕(盅③)
2	《合》271 正	五宰	羊又豕(盅)
3	《合》698 正	十殳	十宰(卯)
4	《合》702 正 +	十宰十殳彀	宰又彀(盅)
5	《合》709 正	殳瓜(夫)	宰(卯)
6	《合》710	三殳瓜(夫)	彀(侑);宰(卯)
7	《合》713	殳	羊(盅)

---

① 《古汉语研究》匿名审稿专家提出:"如何理解《合》22295:'卯犬子庚'、《花东》286:'卯三牛妣庚',而且明确可以用为用牲法的'岁''燎'等很多字都可以直接跟祭祀对象作宾语?"其实这个问题,我们可以用"语义指向"理论来解释(李向华 2019:314-319)。尽管从结构上看,《合》22295 与《花东》286的"卯"后都接的是祭牲与神祇做宾语,是卜辞中常见的双宾结构,但从语义指向来看,"卯"语义指向则是祭牲,从我们整理出的数据来看,"卯 + 神祇 + 祭牲"或"卯 + 神祇"的数量是非常有限的,如"卯 + 父某"(无)、"卯 + 祖某"(仅《合》707 正一例)、"卯 + 妣某"(仅《花东》31 一例),当然,这里的统计未计算不含"父""祖""妣"字的祖先。至于"岁""燎"的情况,"岁"与"卯"颇为类似,确实有"岁 +神祇"或"岁 + 神祇 + 祭牲",但"岁"的语义指向仍是祭牲,且"岁 + 神祇"这类结构完全可以理解成省略了"祭牲",因此严格来讲,"岁"仅是用牲法。"燎"因为不仅施于祭牲,也可施于别的祭品,且焚燎本身就是一种祭祀方式,故我们将"燎"归于燔柴类祭名(参李发:《甲骨文祭名新研》,待刊)。
② 《古汉语研究》匿名审稿专家建议:本文表述重点在于说明"酭"字后面跟有酒鬯之类的非祭牲,所以此表格似乎没有必要列,只需要举出33、34、42 三例即可,我们主要是想通过表格凸显两个问题:一是"祭品 A"既有祭牲,也有非祭牲;二是"祭品 A"的数量和规格都远高于"祭品 B"。而这两点正是我们判定"酭"非用牲法的关键,故仍不厌其烦地以表格形式列出。
③ 关于"盅"的考释与讨论,见裘锡圭(2012:391-403)和谢明文(2019)。

续表

序号	出处	祭品A	祭品B(用牲法)
8	《合》716正	反瓜(夫)	羊(宜)
9	《合》718正+	反	宰(卯)
10	《合》719正	反	宰(卯)
11	《合》728+	小宰又反女十	豩(宜)
12	《合》740	反瓜(夫)	宰(卯)
13	《合》784	反瓜(夫)	二牝(宜)
14	《合》886	卅伐卅宰	三牛(宜)
15	《合》893正	十反十宰十彀	一牛(宜)
16	《合》908+	卅宰伐十	三牛(宜)
17	《合》915反+《合》16133反	十伐	十牛(卯)
18	《合》924正	反三瓜(夫)五宰	宰(宜)
19	《合》924正	三宰又反	宰(宜)
20	《合》1513+	卅牛	三宰(用牲法缺)
21	《合》3169正	小宰	羊(宜)
22	《合》5522正	三牛	三羊(沈)
23	《合》6945	五十牛	一豕一羊(燎) 一牛(卯)
24	《合》6947正	十物宰	一牛(用牲法缺)
25	《合》6947正	十物宰	宰(用牲法缺)
26	《合》7026	十宰九	宰(用牲法缺)
27	《合》10116+	百物牛	十物牛(宜)
28	《合》10117+	卅物牛	三物牛(宜)
29	《合》898+	十伐屮五	十宰又五(卯)
30	《合》14807正	五牛	二犬（召）
31	《合》15337	十宰屮九	三宰(用牲法缺)
32	《合》15338	十宰	一牛(宜)
33	《合》22229+	伐廿邑卅宰卅反三多	三羊(宜)
34	《合》22231	伐廿邑卅宰卅反三多	三羊(宜)

序号	出处	祭品A	祭品B（用牲法）
35	《合》32181	五十五牢	三羊（盅）
36	《合》32182	艮	牛一（卯）
37	《合补》6925＋	小宰	豕（盅）
38	《英》1977	五羌五□	五牛（盅）
39	《花东》27	百牛又五	三牡（岁）
40	《花东》32	百牛又五	三牡（岁）
41	《花东》88	三小宰	牡一（岁）
42	《花东》181	宰又鬯	一牛（杀）
43	《花东》226	伐一人	宰（卯）
44	《花东》320	百牛又五	三牡（岁）
45	《花东》455	三小宰	牡一（岁）

比较同一条卜辞的"酚＋祭品A"与"用牲法＋祭品B"，发现这样几个特点：第一，"酚"后所接"祭品A"既有人牲，也有动物牲，甚至还有酒鬯（上表第33、34、42条），而"祭品B"后通常只有祭牲。这样就不能将"酚"释作删、杀一类用牲法了，因为"祭品A"包含非祭牲。第二，同一次占卜，《合》6945作"酚五十牛""卯一牛"，《合》10116作"酚百物牛""盅十物牛"，相较而言，对"牛"既然有处置方式了，"酚"就不宜再做用牲法了，因为同一条卜辞对同一种祭牲的处置方式一般就一个。基于上述两点理由，可以理解"酚"不应解释成用牲法动词，而应解释成"称册以告"；处置"祭品B"的才是用牲的方式，上表可见有"盅、卯、岁、杀、燎、沈"等用牲法。

此外，从数量来看，"祭品A"大于"祭品B"；从品种规格来看，"祭品A"也高于"祭品B"[①]。由于"酚"是称册以告，联系到其后所接的"祭品A"数量大[②]、规格高，不难清楚称册以告的祭品应该只是向神祇许愿而已[③]，属于一种可能性、将然性的事件，而"祭品B"才是祭祀时打算用的，且在卜辞中明确载有"用辞"或验辞的才真正可能用到。至于"酚千牛千人"（《合》1027正＋）之类的有关占卜用牲千牛千人，也只是一种

① 珍贵的一般原则是：人牲＞牛牲＞豕牲、羊牲或犬牲。

② 张秉权先生最早注意到一般用牲法中，"酚"往往用于数目较大的牺牲，参张秉权（1968:225）。

③ 本文定稿后，才获知来国龙（2011:364-366）有谈到类似的观点，笔者在阅读和写作中没有注意到，是很不应该的。蒙来国龙先生赐示，谨致谢忱！

空头支票,难以付诸行动①。以前将这"千牛千人"看作一次使用祭牲最多的经典案例(于省吾1996:2969,姚孝遂先生按语),现在看来是有问题的,它并未在实际中施用,仅仅是以简册的形式写下来并于告祭中提及。

综上所述,卜辞中"告""酉"为近义词,统言之无别,均为"告"祭;析言之则"告"指祝告、禀告,重在口头,"酉"则指称册以告,重在书面。二者接祭祀对象时,语法形式也有差异,"酉"后可直接接神祇,但是"告"往往作"告于某神祇",不加介词"于"是少数。就其宾语来看,"酉"多是册告用牲情况,而"告"多是告祭事由②。此外,"告"祭中所用祭牲包含牛、羊、豭、彀牲,以牛为主要祭牲,且以一头牛为常,最多的告祭用牛九头;"酉"祭中所用祭牲数量大、规格高,既有物牲,又有人牲,如"千牛千人""伐廿""三十区""百牛又五",实际上只是以简册的形式写下来并于告祭中提及,并不会杀掉如此多的人与牲畜。

附记:
本文曾刊于《古汉语研究》2021年第3期,收入本论文集时字词略有改动,并增加了两则"补记",以注释的形式补于文中。

文中引书简称表:

东文研	东京大学东洋文化研究所藏甲骨文字	屯南	小屯南地甲骨
合	甲骨文合集	英	英国所藏甲骨集
合补	甲骨文合集补编	缀集	甲骨缀合集
花东	花园庄东地甲骨	缀汇	甲骨缀合汇编
集成	殷周金文集成	天理	天理大学参考馆所藏甲骨学
殷拾	殷虚文字拾补	拼三	甲骨拼合三集
乙补	殷虚文字乙编补遗	北图	北京图书馆所藏甲骨
醉古	醉古集		

---

① [2023年10月31日补记]宋镇豪先生谓"酉牲数目至巨,达千牛,显然不是杀而用的",引日本学者白川静的意见,认为"酉"当"栅"讲,"是选择牲畜豢养于牢栅,以备他日祭祀之用",见于宋镇豪:《甲骨文牵字说》,《甲骨文与殷商史》(第2辑),1986年,第68页。

② 匿名审稿专家提示:这种区别其实就在于"告"是甲类祭祀动词,可以跟有原因宾语。甚是。

【参考文献】

蔡哲茂　2007　2011　《从战国简牍的"稷"字论殷卜辞的"凶"即是"稷"》，《2007年中国简帛学国际论坛论文集》，台湾大学中国文学系。

常玉芝　2009　《商代周祭制度》(增订本)，线装书局。

陈　剑　2007　《甲骨金文考释论集》，线装书局。

陈　剑　2018　《释甲骨金文的"彻"字异体——据卜辞类组差异释字之又一例》，《出土文献与古文字研究》(第7辑)，上海古籍出版社。

陈　剑　2020　《释瓜》，《出土文献与古文字研究》(第九辑)，上海古籍出版社。

陈炜湛　2013　《甲骨文同义词研究》，《三鉴斋甲骨文论集》，上海古籍出版社。

郭沫若　1982　《甲骨文字研究·释祖妣》，《郭沫若全集·考古编·第1卷》，科学出版社。

何琳仪　黄锡全　1984　《启卣、启尊铭文考释》，《古文字研究》(第九辑)，中华书局。

黄天树　2007　《殷墟王卜辞的分类与断代》，科学出版社。

蒋玉斌　2006　《殷墟子卜辞的整理与研究》，吉林大学博士学位论文。

蒋玉斌　2012　《甲骨文字释读札记两篇》，《中国文字研究》(第十六辑)，上海人民出版社。

来国龙　2011　《论楚卜筮祭祷简中的"与祷"——兼说楚简中的"册告"和甲骨卜辞中的"酓"祭》，《简帛》(第六辑)，上海古籍出版社。

雷缙碚　2019　《甲骨文考释六则·说甲骨文"有"》，《中国文字学会第十届学术年会论文集》，郑州大学。

李　发　2018　《甲骨军事刻整理与研究》，中华书局。

李　发　2019　《殷墟甲骨文中的省略现象》，"第七届出土文献研究视野与方法学术研讨会"论文，政治大学中文系。

李向华　2019　《现代汉语专题实用教程》，学林出版社。

刘　源　2021　《谈殷墟花东卜辞中滇字反映的禳祓之祭》，《中国史研究》第2期。

刘　钊　2004　《古文字考释丛稿》，岳麓书社。

罗振玉　2001　《殷虚书契考释》，《甲骨文献集成》(第7册)，四川大学出版社。

沈　培　2015　《甲骨文"巳"、"改"用法补议》，《古文字与古代史》(第三辑)，"中研院"历史语言研究所。

裘锡圭　2012　《释殷虚卜辞中的"𧽼""𧼪"等字》，《裘锡圭学术文集·甲骨文卷》，复旦大学出版社。

沈　培　2006　《关于殷墟甲骨文"今"的特殊用法》，《古文字研究》(第二十六辑)，中华书局。

唐　兰　2015　《天壤阁甲骨文存并考释》，《唐兰全集》(第6卷)，上海古籍出版社。

谢明文　2012　《商代金文的整理与研究》，复旦大学博士学位论文。

谢明文　2017　《商周古文字论集》，上海古籍出版社。

谢明文　2019　《甲骨文旧释"益"之字新释——兼"易"字新探》，《中国国家博物馆馆刊》第12期。

谢明文　2022　《商代金文研究》,中西书局。

徐中舒　1983　《怎样考释古文字》,《古文字学论集初编》,香港中文大学。

姚　萱　2006　《殷墟花园庄东地甲骨初步研究》,线装书局。

于省吾　1979　《甲骨文字释林》,中华书局。

于省吾　1996　《甲骨文字诂林》,中华书局。

张秉权　1968　《祭祀卜辞中的牺牲》,《历史语言研究所集刊》第38本。

赵　诚　2009　《甲骨文简明词典——卜辞分类读本》(重印本),中华书局。

郑张尚芳　2017　《子巳探源》,《古文字与汉语历史比较音韵学》,复旦大学出版社。

甲骨文"履"字补释*

袁伦强

摘　要：甲骨文"履"字的释读，还有学者持有异议。本文从字形、辞例等方面进行了详细论证，认为释"履"的意见可信从，还新考释出甲骨文中几例"履"字的表意初文。

关键词：甲骨文；履；字形；用法

甲骨文有如下诸形：①

A1. 《合集》33283

A2. 《合集》33284

A3. 《合集》35273

A4. 北图2595(《京津》3922)

---

*本文为重庆市社会科学规划项目"甲骨文异体字整理与研究"（项目批准号：2022BS022）、教育部人文社会科学青年项目"甲骨文字形全编及相关研究"（项目批准号：23YJC740084）、"古文字与中华文明传承发展工程"规划项目"甲骨文字词全编"（项目批准号：G3021）的阶段性研究成果。

① 　据卜辞文例，《屯》943右上角的也应是"A"字之残，仅存"止"下的一笔。蒙蒋玉斌先生告知，董珊先生（2012:32）将周原甲骨H11:84的也释为"履"，认为此形"象一侧立人形双手持杖踏舟，在人的足底与舟之间有一横作指示符号"，又谓"这条卜辞所见的'履'字从侧立人形，却与从'尸'形的小篆写法暗合，彼此可以互证；又因指事符号在足、履之间，所以持杖与否，似非表意的重点"。按：此形与甲金文中"履"的字形还有明显区别，释"履"可疑，与《合集》655的更接近，很可能是一字。

徐宝贵先生（1996:44-45）据西周金文"履"的字形将 A1、A2 释为"履"，李宗焜先生（2012:205）将 A3 释为"履"，[①]刘桓先生（2000:49-50）据徐说将 A4 释为"履"。[②]释"履"的意见得到了许多学者的认同（刘钊，2014:504；陈年福，2017:80；王蕴智，2017:150），但也有学者还怀有疑虑。陈剑先生（2008:138）曾指出：

其形象人的"目"形上画出眉形（这部分可能即"眉"字繁体，并非"页"上画出眉形）、下加"止（趾）"形，最下多一笔，与"象人着履形"的西周金文"履"字，或这里所说虽加上了趾形但仍从代表"履"的"舟"形的金文"履"字，都并不完全相合。释为"履"恐有问题。[③]

林宏明先生（2011:141）认为"A"与郭店残简 5 号"刚 （柔）"的"柔"字形结构近似，推测"A"当读为"柔"，"'弜柔惠丙'指不要在柔日举行，而在丙日"。陈剑先生（2013:104）认为，"也许此字（引按，即 ）和蓻本来都跟'夒'字有关"。"蓻"字即郭店简《六德》读为"刚柔"之"柔"字，作：

简31   简32

陈先生（2013:101）指出，"蓻"字所从的"韌"，"象'以刀断草'之形，就是古书多见的'刍荛'之'荛'的表意初文"，"荛""柔"古音相近，"'蓻'字以'韌（荛）'为声符，故简文中可因读音相近而用为'柔'"。邬可晶先生（2013:32-36）受陈说"跟'夒'字有关"的启发，又进一步指出，"郭店简残中读为'柔'的那个字，大概就是'夒/猱'的初文"，说：

其"甾"形与小臣俞尊、周公庙卜甲、中方鼎以及作册嗌卣、启卣"夒/猱"的头部颇似，只是省去了垂覆的双手（"人"形左边一笔有可能是省去"爪"形的手臂的残留），最下"一足"（止）特征仍予以保留。

---

① 此形下部残，《字编》摹写作 ，恐不确，下部或本应还有一笔。

② 陈剑先生（2008:138）指出，此形"尚少最下的一笔，与一般释为'眉'字繁体之形同"。按：《京津》3922 拓本不佳，字形不甚清晰，据北图 2595 的拓本，"止"下一笔清晰可见。另外，此片未收入《合集》，蔡哲茂先生（2006:426）认为此片与《合集》35273 都是伪刻，非是。

③ 2019 年 1 月听陈剑先生说，徐宝贵先生释"履"的意见可信，似已消除了疑虑。

又说：

> 甲骨文此字与"獿/猱"确很相似,卜辞中读为"柔日"之"柔"也有一定的道理。窃疑此字是在"獿/猱"所从的"止(足)"下加一指事符号,表示以足践踏之义,乃"蹂"的初文。……甲骨文这个我们怀疑是"蹂"之初文的字,亦从"獿/猱"字派生出来,并取"獿/猱"的读音。"蹂"既从"獿/猱",则《说文》所谓"兽足蹂地"的本义倒还可用。

陈剑先生将郭店简中用为"柔"的 、 与"獿"相联系是很有道理的,前者当如邬可晶先生所说是"獿/猱"的初文,后者将下部变形(或替换)作表音的"劤(荛)","獿""荛""柔"古音俱近,故可通。正因如此,就不能将甲骨文"A"与 牵扯在一起,释为"柔"或"蹂"的初文皆不可信。并且在字形方面,"A"下端的一笔显然具有突出的表意作用,这无法对应到 上。甲骨文"獿"字习见,并无作"A"类形体者(李宗焜,2012:374-376;刘钊,2014:349-350),"A"字的主体是人形,上部为"眉",可参"梦""蔑"所从,不宜看作"獿/猱"之形。从辞例来看,A1、A2跟在否定副词"弜"之后,应该是个动词,读为"柔日"之"柔"也是不合适的。A4所在的辞例为"大乙A4家",释"柔"于卜辞难通。所以,"A"与 形体上虽有相似之处,却并没有源流关系,不是一字。

根据学者的研究,金文"履"字写作:①

表1

《集成》10322	《集成》2831(瀀)	《集成》2832	《铭图》14536
《集成》10134	《集成》4299	《集成》4298	《铭图》2446
《集成》10176	《铭图》5232(醽)	《集成》356(履)	《集成》357(履)
《集成》4262.1	《集成》4262.2	《集成》4327	《铭图续》1108②

① 这些字的考释参裘锡圭先生(2012b:27-32;2012c:142-145)、陈剑先生(2008:136-138)。
② 此形蒙方稚松先生告知。

这些"履"的字形或繁或简,但主体特征和省变关系基本上是清楚的,🔲类写法应该是字形结构最完整的(但不是最原始的),其他形体大都在其基础上进行变化。裘锡圭先生(2012b:28)对西周金文中的"履"字有很详细的讨论,他指出:

可能眉形是作为"眉"字省体加注在"履"的表意字上充当音符的。"眉"、"履"二字古韵都属脂部(中古时代的等呼亦同)。"眉"是明母字,"履"是来母字,上古明、来二母的关系也比较密切。……所以以"眉"为"履"的声符是完全合理的。

其说可信。充当声符的"眉"形又可省略,金文🔲与《说文》所收"履"的古文🔲及战国楚简"履"🔲(《上博·子羔》12)、🔲(《包山》54)的形体基本相同,即🔲类形体省略"眉"形并将"舟"形的位置移动到侧边。秦文字"履"一般写作🔲(《云梦·问答》162)、🔲(《岳麓叁》152)等形,与春秋金文🔲极近,或即来源于这类形体。《说文》据小篆字形分析为"从尸从彳从夂,舟象履形",裘先生(2012b:28)已指出"篆文'履'字的'尸'旁也许就是由眉形讹变而成的","彳"应该是由"舟"形裂变而来,而所谓"象履形"的"舟"应该是"百"形的讹变,🔲即明确写作"百"。从时代更晚的字形🔲(《居新》5562)、🔲(东汉《夏承碑》)、🔲(隋《谢岳墓志》),仍旧依稀可辨各部分的来源。

由金文上溯,将甲骨文"A"释为"履"应该是正确的,字形基本相合。徐宝贵先生(1996:45)论证:

甲骨文此字"一"上边的🔲和五祀卫鼎"履"字所从之🔲,特别是九年卫鼎"履"字所从之🔲是很相近的。金文无疑是其讹变。大簋盖文"履"字下所从之一斜画与甲骨文此字之下所从的一斜画是相同的。

徐先生将甲骨文"A"与金文"履"相联系是有道理的,但字形的论证稍显简略,不够充分。甲骨文"A"皆从眉作,黄天树先生(2006b:274)指出,"其头部写作'🔲'(眉),情况跟上举'麋'字头部作'眉'一样,也是有意要让它兼充声符的"。甲骨文中"眉"参与构形,也大都有表音的作用。金文"履"多从百附加眉形,但🔲、🔲把眉毛直接写在

"百"上，尤其 、 本身就从眉，①可以看出甲金文字形的密切关系。金文"履"可能是将"目"形替换作了"百"，类似的如"须"字甲骨文从口作(《合补》6167)，而金文从百作(《集成》4370.1)。金文"履"一般都从舟，但不从舟，下端写一斜笔，也不从舟，下端写得类似白形，似反映出"舟"旁的来源与"A"下端的斜笔有关。甲骨文有如下一字：

《合集》36925　　　　　《合集》36718　　　　　《合集》36832

周忠兵先生(2015)认为此字与(《花东》205)、(《花东》349)等是一字，释为"阶"，他指出：

36718上的"阶"与36925上的"阶"相比，所从的"阜"更为简省，且与人相连的斜笔与"阜"连在一起了。这样一种形体在36832上的"阶"更是进一步讹变，与人相连的斜笔与阜结合在一起讹变为"舟"形，且人腿下加了一圆圈(此圆圈似为讹变的趾形)。这与金文中的"履"本不从"舟"，又存在讹为从"舟"的例子相似。

其说可信。"履"所从"舟"旁的由来，当与此处"阜"讹作"舟"的情况相类似。"A"下端笔画内加上几个点形饰笔，再与"止"形相连，即容易讹变出"舟"形，恰可看作"A"到的中间环节。所以，从字形来看，将"A"释为"履"是可信的。

关于"履"的本义，《说文》训为"足所依也"，即指鞋子。学者或以为小篆所从舟即履形，或以为西周金文所从舟本为履形(裘锡圭，2012c:143)，似皆不可信。前面已经论及，小篆之"舟"形应是"百"的讹变。董莲池先生(2005:12)指出："履的鞋子义产生于战国中晚期，流行于秦汉。"②先秦一般用"屦"指鞋子，如《诗·大雅·大东》"纠纠葛屦，可以履霜"，"屦"为名词，"履"为动词，二者判然有别。《说文》"屦"字段注甚详，云："履本训践，后以为屦名，古今语异耳。""履"表示名词鞋是后起义，由此也可看出西周"履"字中的"舟"不宜视为履形。董先生(2005:12)又依据甲金文"履"的字形，认为"其

①　裘锡圭先生(2012b:32)认为跟大多数"履"字一样，"也从上加眉形的'页'，不过'页'的头部写得比较接近于'目'，这大概是有意要让它兼充音符'眉'的下部的缘故"。我们认为此形即可迳视为从"眉"作。

②　胡波先生(2019)也有类似的结论。关于"屦""履"的历史替换关系，还可参王彤伟(2016)。

本义必当是表在水中行走",却也不可信。结合甲金文字形与文献用例,"履"的本义当为践。朱骏声《说文通训定声》云:"此字本训践,转注所以践之具也。"邬可晶先生虽不赞同甲骨文"履"字的释读,但认为"'止(足)'下加一指事符号,表示以足践踏之义",却是非常合理的。在先秦文献中有不少"履"用本义的例子,如《易·坤》:"履霜坚冰至。"惠栋述:"履,践也。"《诗·大雅·行苇》:"牛羊勿践履。"陈奂传疏:"履,亦践也。"西周铜器铭文中称踏勘地界的行为为"履"(裘锡圭,2012b:27),显然也是从本义引申过来的。

甲骨文"A"(履)所在的卜辞如下:

(1)辛卯贞:祷禾于河,弜履惠丙。　　　(《合集》33283+33322=《醉古》295,历二)

(2)辛[卯]贞:祷[禾]于河,弜履惠[丙]。　　　　　(《合集》33284,历二)

(3)☐我弗隹𫫇☐令↑史履☐。　　　　　　　　(《合集》35273,历草)

(4)☐庚辰小食[日有]异,翌告高☐告↑,唯口,迺唯大乙履家☐。

(北图2595=《京津》3922,历草)①

(1)(2)辞同文,徐宝贵先生(1996:45)说:

"履"字在卜辞中受否定副词"弜"的修饰、限制,无疑是作动词用的。揆度其文义,当是"践"意。

"践",《汉语大字典》有"到"的义项。《庄子·让王》:"非其义者,不受其禄,无道之世,不践其土"即其例。《清史稿·选举志五》:"耳未闻鼙鼓,足未履沙场"之"履"字与训为"到"的"不践其土"之"践"意同,也当训为"到"。甲骨文的"履"字也当训为"到"。

卜辞"辛卯贞:莑禾于河,弜履?"其大意是:"辛卯之日贞问:向河祈祷谷物的好收成,是否不要到河这个地方?"(殷人可能在通常的情况下,要到河这个地方举行这种祈祷活动)

陈年福先生(2004:131;2007:210)认为"履"当用其引申义"行",说:

由其另辞贞卜"叀丙"可知,"弜履"与"叀丙"为选贞。"叀丙"为卜日,乃贞卜是否

---

① 此辞与(3)辞中的↑,张昂先生(2017:172-173)释为"铃"字。张文已经指出"此条材料蒙蒋玉斌先生提示",《京津》3922拓本不佳,发现北图2595清晰的拓本对释"履"非常重要。

在丙日"耤禾于河"。因此,辛卯日所卜之"弜履"当释作"不能实行",即贞卜在辛卯日能否"耤禾于河"。其大意当为:辛卯日贞卜:(今日)将为庄稼之事对河神举行耤祭,不能实行吗?要在丙日举行吗?

我们也曾将"履"理解为"行",并认为卜辞的大致含义即"向河神祈祷年成,不要(在辛卯)举行,而在丙日(举行)"。后来黄天树先生告诉我,此处的"履"应当表示行走之义。徐宝贵先生根据否定副词"弜"判断"履"用为动词,将卜辞中的"履"训为"到",理解为"到河这个地方",这应该是很合理的。"履"的本义为践踏,引申而表示"前往、到"一类的意思也是很自然的。"古代对山川的祭祀有两种祭法,即'就祭'和'望祭'。'就祭'是王亲自到山川所在地去祭祀山川。""另一种是在都城的南郊等处设祭坛,遥望远方的山川(未必看得见)而进行祭祀,叫'望祭'。"(黄天树,2006a:214-215)"祷禾于河,弜履惠丙"的意思即向河祈祷年成,不要在丙(申)日前往。

(3)辞残,"令𠂤史履"的意思即命令𠂤(人名)派人前往某地,卜辞具体内容不明。
(4)辞之"大乙履家",刘桓先生(2000:50)指出:

文中的"惟某某(先王名)宀"的"宀"实即家字,乃系"宗"(宗庙)的另一种表示法。此乃商王祭祀之辞,"大乙"即成汤,"履"则其名,此为商王祭祀成汤之辞。

卜辞还有"上甲家"(《合集》13580、13581),一般认为即指上甲之宗庙。此处将"大乙履家"理解为大乙履的宗庙,应该是正确的。此"大乙履"还可与《合集》22301、《英》2271、《屯》4023所记有先妣私名的"妣乙嬕""妣辛妌""妣癸娛""妣甲孅""妣戊妌"等合观,可知将"履"看作"大乙"之名是正确的。《论语·尧曰》"予小子履",《墨子·兼爱下》引作"汤曰:惟予小子履"。《白虎通》云:"履,汤名也。"《史记·殷本纪》司马贞索隐云:"汤名履。"卜辞"大乙履"与典籍记载的成汤名为"履"相合,此亦证明甲骨文"A"释为"履"字不误。

前面分析了"履"的字形及其本义,"履"的本义是践踏,其字形在"止"下加一笔表示践踏之义,"眉"是其声符。裘锡圭先生(2012a:148)曾揭示一条"古代形声字构造的通例":

在古文字里,形声字一般由一个意符(形)和一个音符(声)组成。凡是形旁包含两个以上意符,可以当作会意字来看的形声字,其声旁绝大多数是追加的。也就是说,这种形声字的形旁通常是形声字的初文。

　　裘先生(2013:148)还曾指出:

　　最早的形声字不是用意符和音符组成,而是通过在假借字上加注意符或在表意字上加注音符而产生的。

　　根据这些规律,可以由形声的"履"字逆推其可能的表意初文。
甲骨文还有如下一字:

B1. 《合集》18982(《存上》1270)①

B2. 《合集》11651(《甲》1011)

B3. 《合集》19733 正(《北大》1775 正)

　　其所在的卜辞为:

(5)辛丑[卜],贞:今[日]B1。　　　　　　　　　　　(《合集》18982,典宾)

(6)▨贞:今日夕 B2。　　　　　　　　　　　　　　(《合集》11651,典宾)

(7)▨贞:今日昜(昜)B3。　　　　　　　　　　　　(《合集》19733 正,典宾)

　　(5)(7)辞的命辞也有可能是"今日夕",但对于"B"的判断影响不大。从辞例可以看出,这三个字形应该是一字,后两形下部均残,但是细审拓本与彩照,仍可见"止"下的残笔。还可以判断,B2与B1稍有不同,其下端笔画未向上挑出呈包围"止"形之势。这种笔画的差别,一般不构成区别特征,如A4"止"下也写作曲笔,与A1、A2写作斜笔不同,类似的再如"止"字可作 (《合集》21021)、(《合集》20398)。此字常被误释为

---

① 蒙唐英杰君告知,韩江苏先生(2018:51-53)将《合集》18982之字释为"滑",其说无据,释"滑"不可信。

"企"，[①]但其"止"下还有笔画，与"企"并不相同。

我们认为，"B"就是"履"字的表意初文。对比"A""B"两类字形，"A"去掉声符"眉"即"B"字。同样以"眉"为声符的"蔑"字，也是在表意字 (《屯》756)的基础上增加"眉"而成，[②]与"履"的情况完全相同。"A"见于历组、无名组，"B"见于宾组，两种不同写法的"履"字，恰是字形类组差异的反映。[③]

"B"所在的卜辞颇为简略，也没有同版的相关卜辞可以参照，其含义难以准确理解。但是，从"B"受"马（勿）"所修饰来看，应该和"A"一样是个动词，而且是一种可控的行为。我们认为，"B"与"A"的用法相同，也表示"前往、到"的意思，其辞贞问在今日（或今日夕）要不要前王某地。

【参考文献】

蔡哲茂　2006　《〈甲骨文合集〉辨伪举例》，《汉学研究》第24卷第1期。

陈　剑　2007　《殷墟卜辞的分期分类对甲骨文字考释的重要性》，《甲骨金文考释论集》，线装书局。

陈　剑　2008　《金文字词零释（四则）》，《古文字学论稿》，安徽大学出版社。

陈　剑　2013　《郭店简〈六德〉用为"柔"之字考释》，《战国竹书论集》，上海古籍出版社。

陈年福　2004　《甲骨文词义研究》，郑州大学博士学位论文。

陈年福　2007　《甲骨文词义论稿》，上海古籍出版社。

陈年福　2017　《甲骨文字新编》，线装书局。

董　珊　2012　《重论凤雏H11出土的殷末卜甲刻辞》，《赫赫宗周——西周文化特展》，台北故宫博物院。

董莲池　2005　《古汉字形义探索三篇》，《中国文字研究》（第四辑），广西教育出版社。

韩江苏　2018　《甲骨文"滑"字考》，《殷墟科学发掘90周年纪念大会暨殷墟发展与考古论坛论文集》。

韩江苏　石福金　2017　《殷墟甲骨文编》，中国社会科学出版社。

胡　波　2019　《先秦两汉"屦""履"更替考——基于简帛和异文材料的重新考察》，第二届汉语词汇史青年论坛。

黄天树　2006a　《说甲骨文中的"阴"和"阳"》，《黄天树古文字论集》，学苑出版社。

---

① 参李宗焜（2012:11）、刘钊（2014:475）、王蕴智（2017:175）。《殷墟甲骨文编》将B1单独收作一个字头是很正确的，但摹写作 则不准确，参韩江苏、石福金（2017:18）。

② 从陈剑先生"古文字基础形体源流研究"课程（西南大学汉语言文献研究所，2018年5月）中听得。

③ 关于甲骨文字形类组差异的相关研究，可参陈剑（2007:317-453）、王子杨（2013）。

黄天树　2006b　《殷墟甲骨文"有声字"的构造》，《黄天树古文字论集》，学苑出版社。

李宗焜　2012　《甲骨文字编》，中华书局。

林宏明　2011　《醉古集：甲骨的缀合与研究》，万卷楼。

刘　桓　2000　《甲骨文字考释（四则）》，《古文字研究》（第二十二辑），中华书局。

刘　钊　2014　《新甲骨文编》（增订本），福建人民出版社。

裘锡圭　2012a　《释殷墟甲骨文里的"远""𤞤"（迩）及有关诸字》，《裘锡圭学术文集·甲骨文卷》，复旦大学出版社。

裘锡圭　2012b　《西周铜器铭文中的"履"》，《裘锡圭学术文集·金文及其他古文字卷》，复旦大学出版社。

裘锡圭　2012c　《应侯视工簋补释》，《裘锡圭学术文集·金文及其他古文字卷》，复旦大学出版社。

裘锡圭　2013　《文字学概要》（修订本），商务印书馆。

王彤伟　2016　《"屦、履"详考》，《励耘语言学刊》第3期。

王蕴智　2017　《甲骨文可释字形总表》，河南美术出版社。

王子杨　2013　《甲骨文字形类组差异现象研究》，中西书局。

邬可晶　2019　《"𤮰"及有关诸字综理》，《商周金文与先秦史研究论丛》，科学出版社。

徐宝贵　1996　《甲骨文考释三则》，《于省吾教授百年诞辰纪念文集》，吉林大学出版社。

张　昂　2017　2021　《释甲骨文中的"铃"字》，《第七届中国文字发展论坛论文集（一）》，中国文字博物馆；《出土文献》第4期。

周忠兵　2015　《释甲骨文中的"阩"——兼说"升""祼"之别》，《中国书法》第24期。

花东卜辞中的"敄""心敄""鬼心"及相关问题*

杜 锋

摘 要：花东子组卜辞88.14、102.3、114.1、114.2、156中的"鬼心""心敄""敄""[心]敄"之"鬼""敄"，皆可读为"畏"，训为惊惧；其与宾三类王卜辞《合集》12、7182以及(《合集》13+18384+《山博》632)中的"心悳(荡)"相类，皆指心悸之证。现结合花东子组卜辞的主人"子"所患多种疾病且迁延未愈的情形来看，"子"所患心悸之证，或与《左传·庄公四年》楚武王所病"心荡"相类，很可能相当于今之临床上所见的"怔忡"，但也不排除其为"惊悸"(外受惊惧)所诱发或病情迁延转化为"怔忡"的可能性。

关键词：花东子组卜辞；心敄(畏)；心荡；心悸

1991年10月，中国社会科学院考古研究所安阳工作队在殷墟花园庄东地发掘了一个长方形的甲骨坑，编号为91花东H3，总共出土了有字甲骨689片，后汇编为《殷墟花园庄东地甲骨》。原整理者认为花东甲骨卜辞是属于武丁时期的非王卜辞，其占卜主体为"子"。①陈剑先生(2007:92)进一步推定"整个花东子卜辞存在的时间恐在武丁晚期，最多可推断其上限及于武丁中期"，确认"花东子卜辞中的'丁'即当时的商王武丁"。作为花东子组卜辞的主人(族长)"子"，亦即占卜主体，是当时活着的时王"丁"(武丁)的亲子。②

---

*国家社科基金一般项目"出土涉医文献与古医书经典化研究"(项目批准号：19BZS012)、国家社科基金重大项目"出土先秦秦汉医药文献与文物综合研究"(项目批准号：19ZDA195)。

① 关于花东卜辞占卜主体"子"的相关研究，参刘一曼、曹定云(2003:446、2006:300-307)、曹定云(2009:7-14)、李学勤(1998:123-125)、杨升南(2004:204-210)、韩江苏(2007:290-294)。

② 关于花东子组卜辞时代的相关研究，参黄天树(2006:149-156、447-453)、姚萱(2006:24-55)。

一、花东卜辞中的"敃""心敃""鬼心"

考殷墟王卜辞中的卜疾之辞几乎皆见于武丁时期(多见于宾组,少量出现在师组、出组或历组),武丁之后难见与疾病相关的卜辞。[①]花东子组非王卜辞的时代大致在武丁中晚期,与同时期王卜辞相类的是,其中亦多见卜疾之辞,如占卜花东卜辞的主人"子"之疾者,即见疾首(《花东》304.1、304.2、446.5、446.6)、"口疾"(《花东》149.8、220.2、247.3、247.6)、疾齿(《花东》395+548、163.1、163.2)、疾目(《花东》446.12、446.13、446.14)、"耳鸣"(《花东》39.21、53.25、53.26、275.5、450.1、501.1)、"疾肩"(《花东》38.1、38.2、38.3)、疾腹(《花东》241.9、240.7、187.3)、疾心(《花东》181.19)[包括"心敃(畏)"(《花东》102.3)、"鬼(畏)心"(《花东》88.14)、"[心]敃(畏)"[②](《花东》156)以及"敃(畏)"(《花东》114.1、114.2)]等。[③]

花东卜辞的占卜主体"子"罹患多种疾病,其中"心敃"应与《花东》181.19中的"心疾"同属心脏异常之类的病症,主要见于如下卜辞:

> (1)乙卜,鼎(贞):二卜又(有)求(咎),隹(唯)见(现),今又(有)心敃,亡因(忧)。一
>
> (《花东》102.3)

考《左传·襄公十年》载晋悼公因见《桑林》乐舞中的"旌夏(大旌)"而惊惧生疾,于是"卜,桑林见",晋臣荀偃、士匄"欲奔请祷焉",杜预注:"祟见于卜兆。奔走还宋祷谢。"此处"见"读为"现",是指由卜兆显现出晋悼公之病因是鬼神"桑林"作祟。[④]另外,楚国卜筮祭祷简如《望山》简1.49和1.50中的"有见敃(祟)"、《包山》简222中的"有繠(祟)见新(亲)王父殇"、《包山》简223中的"有繠(祟)见"、《包山》简249中的"有繠

---

① 关于甲骨文中的卜疾之辞相关研究,参李宗焜(2001:343)。

② 《花东》156中的"敃",后文论证其或为"心敃"之省,"敃"读为"畏"。此处"[心]敃(畏)"中前面方括号标注的"心",表示的是通过类比相关辞例所补加之字;后面圆括号标注的"畏",表示的是通假字。下同。

③ 关于花东卜辞中的卜疾之辞相关研究,参黄天树(2006:149-151、451-452)、喻遂生(2009:160)、李宗焜(2012:17-31)。

④ 《左传》中"桑林"总有三义:"宋社名;又乐舞名;又鬼神名。"董珊先生认为,"'桑林'既是乐舞名,又是宋国的社稷所在,即古书常见的商汤祷旱之地名,为祟者应该是桑林中之树神,《淮南子·说林》'桑林生臂手'高诱注'桑林,神名',所以晋臣才说要'奔走还宋祷谢'"。程少轩先生认为,九店楚简《告武夷》中见有"武夷"之父"丧綊",可读为古书中习见的"桑林"。马王堆帛画《太一祝图》亦载有左右一对神灵"武夷子""桑林",东汉以后的解注类文献中亦见与"武夷王(君)"相配的"仓林君""苍林君",即上述神灵"桑林"。参杨伯峻、徐提(1985:547)、董珊(2014:161)、程少轩(2018:440-442)。

薪火相传——庆祝西南大学汉语言文献研究所成立四十周年论文集

（祟）见于绝无后者与渐（斩）木立（位）"、《新蔡》简乙一：6中的"[有]祝（祟）见于昭王、文君、文夫人、子西君"等，皆系一种表达求祟结果的特殊句式"有祟见于某某"。①李学勤先生（1989:83）认为上述楚简实为战国时期的竹简卜辞，其与商周甲骨卜辞是一脉相承的，"在细节上虽有出入，却属于同一卜法传统"。与竹简卜辞相关的是，殷墟王卜辞中亦见"有咎，艰，有见"（《合集》7189正）、"王占曰：有咎，有见，艰，其唯丙不[吉]☑"（《合集》584反甲）、"癸酉[卜，□贞：]旬无[忧]。[王占]曰：有咎☑[有]见。五日[戊]寅夕[向己]卯☑"（《合集》16941）、"丙申卜，中贞：卜有咎，惠丁之（?）亏见"（《英藏》2186+《合集》26097=《合补》7935，蔡哲茂《甲骨缀合集》第128组）等。前引《左传》、楚国竹简卜辞和殷墟甲骨卜辞中的"见"与（1）辞中的"隹（唯）见"之"见"皆应读为"现"，意为卜兆显现②。可知，（1）辞中的"二卜又（有）求（咎），隹（唯）见（现）"，即指在第二次占卜中，卜兆显现出有不好的事情（卜辞中称"咎"③，楚简中称"祟"，二者义近）。

（1）辞中的"今又（有）心敓"之"敓"，亦见于如下花东卜辞：

（2）钾（御）敓。　　　　　　　　　　　　　　　　　　　（《花东》156）

（3a）丙卜：子其敓于岁钾（御）史（事）。一　　　　　　　（《花东》114.1）

（3b）丙卜：子弜敓于岁钾（御）史（事）。一　　　　　　　（《花东》114.2）

（2）辞位于腹甲背面的左甲桥处，原整理者认为此辞为记事刻辞，"钾"为方国名或人名，"敓"或为复合族氏名或地名。④其实，（2）辞并非记事刻辞，而是卜问占卜主体"子"御除"敓"之事；⑤王卜辞中习见为疾病灾殃举行御祭之辞，花东非王卜辞中亦见御除疾病之辞，如"戊寅卜：子钾（御）又（有）[口]疾于匕（妣）庚，眢牝"（《花东》220.2）、"子冈（腹）疾，弜钾（御）☑"（《花东》240.7）等。前举花东卜辞的占卜主体"子"体弱并患有多种疾病，亦包括（1）辞中的"心敓"，以及（2）（3）辞中的"敓"。其中，（2）辞中的"敓"或为（1）辞中的"心敓"之省，皆指心脏异常之疾。（2）辞中的"敓"为名词，作祭祀动词"钾（御）"的宾语；（1）辞中的"敓"为动词，与"心"构成主谓短语，充当"又（有）"的宾

---

①　楚国卜筮祭祷简中的此类句式"或省略动词'见'或者省略介词'于'，在'有祟见'或'有祟于'后面也加作祟的鬼物名称为介词宾语"，参董珊（2014:161）。

②　此处的释读参沈培（2008:67）、董珊（2014:161）。

③　此从裘锡圭先生释，沈培先生仍从郭沫若先生释为"祟"，参裘锡圭（2012:284）、沈培（2008:66）。

④　相关研究参刘一曼、曹定云（2004:46）。

⑤　关于此辞的相关研究，参姚萱（2006:198）。

语；(3)辞中的"敄"则用作动词谓语，指罹患心脏异常之疾，此属于甲骨文中所见的"名动相因"现象。①

（3a）（3b）辞为一对正反对贞的卜辞，其中"岁"为地名，"子敄于岁"与"卲（御）史（事）"或当分读。②沈培先生（2005:225）重考"司礼仪的'其'字规则"，认为在正反对贞卜辞中，先卜问之事代表了占卜主体的先设，其所使用的"其"字"本身有一种'很可能'的含义，也就暗含着'也有一点儿不可能'的意思"。（3a）辞中所用的"其"字，表明"子"占卜之时并不希望心疾发作，此既表明了"子"本身患有心疾的客观事实（如上举《花东》181.19、102.3、156、88.14等与心疾相关的辞例），符合"子"在占卜的时候倾向于心疾很可能发作的先设，同时也表示"子"心存"也有一点儿可能"心疾将会好转的心理情态。（3b）中的否定词"弜"一般用于占卜主体能够控制的动作行为的否定句中，但也有例外的情况。③既知（3）辞中的"敄"可释为罹患心脏异常之疾，而卜辞中用于否定与疾病有关的无法控制的动作行为，一般用否定词"不""弗""亡"等，④如"贞：王弗疾目"（《合集》456）、"庚申卜，争贞：妇好不延有疾"（《合集》13931）、"甲子卜，㱿贞：疾役（疫）不延"（《合集》13658）、⑤"［贞］：子［商］亡［疾］。六月"（《合集》13721）、"乙巳卜，㱿贞：有疾身，不其瘳"（《合集》376正）、"贞：妇好弗其肩兴有疾"（《合集》709）等。但（3b）中否定"敄"所用的否定词却为"弜"，又表明"敄"应是"子"能够控制的，此与以上所总结的卜辞中否定词的一般用法相矛盾。当然，此类矛盾的解释亦可笼统地归因为"弜"的特殊用例，或者"敄"应别有他义。沈培先生（2005:216-218）指出，卜辞中否定占卜主体无法控制的动作行为时，亦见用否定词"勿"的特例，此强调占卜主体的主观意愿是倾向于好的方面。⑥同理，（3b）辞中的"敄"既释为罹患心脏异常之疾，此为占卜主体"子"无法控制的客观行为，其用否定词"弜"来加以否定，实际上也是强调了"子"在主观意愿上希望心疾将会好转。

花东卜辞中亦见"鬼心"，辞例如下：

---

① 关于甲骨文中的"名动相因"现象，参黄天树（2014:281-293）。
② 朱歧祥先生认为（3a）（3b）二辞正反对贞，"子敄于岁"与"卲（御）史（事）""为二分句，应该分读"。此辞中的"岁"与一般花东卜辞中所习见的用作祭祀动词的"岁"字不同，"可能是用为地名的特殊写法"。参朱歧祥（2012:282）。
③ 关于甲骨文中否定词"弜"的相关研究，参裘锡圭（2012:15-19）、张玉金（1994:35-46）。
④ 关于甲骨文中否定词"不""弗""亡"等的相关研究，参裘锡圭（2012:15-19）、张玉金（1994:48-65、80-89）。
⑤ 关于此辞中"役"的相关研究，参陈汉平（1985:22）、刘钊（2015:47-48）、陈剑（2017:261-286）。
⑥ 关于甲骨文中否定词"勿"的相关研究，参裘锡圭（2012:18）、张玉金（1994:45-46）。

(4)乙丑卜，才(在)𩫡(柚京①)：[子]又(有)鬼心，其卫，戍〈我(宜)〉。②

(4)辞中占卜主体"子"之"鬼心"，亦即"心鬼(畏)"③，当与(1)辞中的"心敡"、(2)辞中的"[心]敡"以及(3)辞中的"敡"所指相类。④原整理者(2003:1599)认为"敡"义"与疾病、凶祸有关。似读为愦。愦，乱也"。彭邦炯先生(2008:208)认为(1)辞中的"敡""当释作痯。《说文》：'痯，病也。'心痯即心病。"赵林先生(2014:90)认为(3)辞中的"敡"字"象持棍击鬼"，是一种保庇护佑族人的驱鬼仪式。朱歧祥先生(2012:277)认为(1)辞中的"心敡"之"敡"，"用作动词，有灾祸意"。周忠兵先生(2019:266)认为(4)辞中的"鬼心"之"鬼"与(1)辞中的"心敡"之"敡"，以及卜辞中的"鬼梦"(《合集》17450、17451，《花东》113、349)、"鬼日"(《合集》20757、29712)之"鬼"，"表示的是同一种词义，皆表示一种不好的状态"，"又(有)鬼心""又(有)心敡"，"皆指心脏的一种不好的状态"，而(2)(3)辞中的"敡"义亦与之相类，其祭祀动词皆作"卸(御)"，与之相对的(4)辞中相关祭祀动词则作"卫"，其义与"御"祭相当，应是祈求免除灾祸的意思。⑤沈培先生(2008:67)认为上述诸卜辞中的"敡""鬼"皆当读为"畏"。古音"鬼"属见母微部，"畏"属影母微部，二者声母属喉牙音，例可互转；韵部亦相同，古音相近。如《庄子·天地》"门无鬼与赤张满稽观于武王之师"陆德明释文："无鬼，司马本作无畏。"金文中习见的"畏忌"在陈𢧾簋(《集成》4190)中作"𢝊忌"，"𢝊"从鬼声，读为"畏"。清华简《命训》简4"夫民生而痌(痛)死丧，上以魄之"、简5"道天又(有)亟(极)则不魄"、简6"事(使)身(信)身(人)魄天"、简8-9"亟(极)禍(祸)则民魄"、简12"魄之以罚"中的"魄"读为"畏"。皆是其证。

考"畏"字商代甲骨文作"🖐(《合集》17442)"、西周金文作"🀫(大盂鼎，《集成》

---

① 此从王子杨先生考释，参王子杨(2013:296-307)。

② 关于(4)辞中相关字形和辞义的考释，参周忠兵(2019:261-267)。

③ 李宗焜先生总结花东卜辞中的卜疾之辞，认为"见于花东卜辞的疾患部位，或在'疾'之前，或在'疾'之后，与王卜辞只见于'疾'之后的文例不同，这是一个特殊现象"。参李宗焜(2012:31)。

④ 相关研究参姚萱(2006:256)。朱歧祥先生认为(4)辞中的"[子]又(有)鬼心"与(1)辞中的"今又(有)心敡""相同"。"敡，用为动词，有灾祸意。'鬼心'，或即心神不宁。"参朱歧祥(2012:277)。今按，(1)辞中的"敡"与(4)辞中的"鬼"皆读为"畏"，"心敡""鬼心"指心脏搏动异常之疾。

⑤ 周忠兵先生认为(4)辞中的"戍"当为"我"之形讹，"我"读为"宜"，义为福宜；"[子]又(有)鬼心，其卫，戍〈我(宜)〉"是指"子的心脏有不好的状态(会由此带来某种灾祸)，故为子进行卫祭，以御除灾祸，得到福宜"。参周忠兵(2019:266-267)、林沄(1998:33)。

2837)"，^①其后字形见有变体。孟蓬生先生(2012:808)考证"畏"字形体的演变序列如下：^②

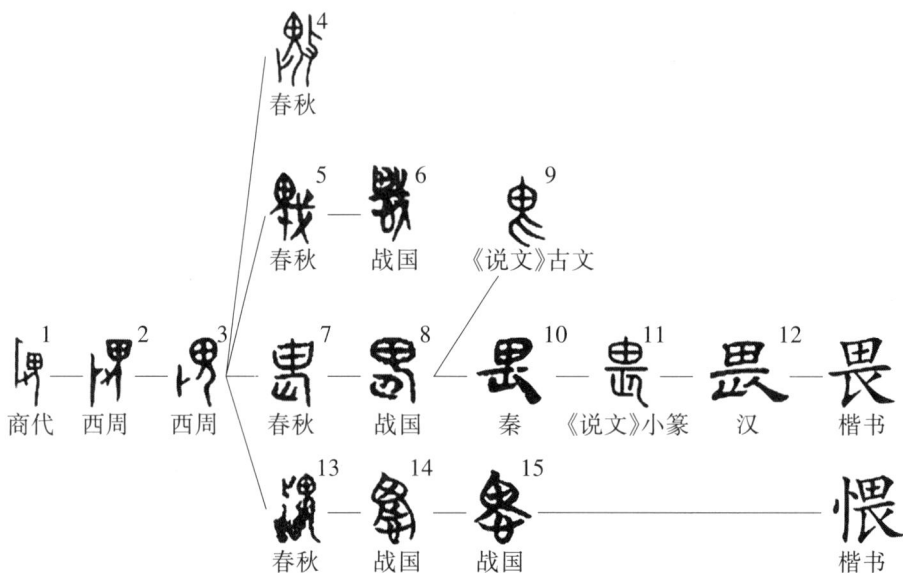

可知，甲骨、金文中"畏"字象鬼持杖形，此或为"畏"之表意初文，"畏"实从母字"鬼"分化而来。^③又(1)—(3)辞中的"敫"为花东卜辞新见字""，从鬼从攴，^④其从攴的字体构形可类比春秋晚期的"(王孙遗鼠钟)""(王孙诰钟)"^⑤等字；又上引"

---

① 甲骨、金文中"畏"字所从的杖形进一步下移，在楚文字"(郭店《五行》简36)"中讹变为"止"形，《说文》"畏"字的古文""是其讹体。参张富海(2007:129)、季旭升(2010:745-746)、张学城(2017:182)。

② "畏"字形体的演变序列中标示的数字含义如下：1：《甲骨文编》页382(中华书局，1965)；2、3、4：《金文编》页654(中华书局，1985)；5：《侯马盟书》页325(文物出版社，1976)；6：《楚文字编》页681(华东师范大学出版社，2003)；7：《甲金篆隶大字典》页636(四川辞书出版社，1991)；8：《战国文字编》页623(福建人民出版社，2002)；9、11：《说文解字》页189(中华书局，1963)；10：《睡虎地秦简文字编》页244(文物出版社，1994)；12：《隶辨》页506(中国书店，1982)；13：《殷周金文集成》(中华书局，1984-1996)第1册页303；14、15：《楚系简帛文字编》页802(湖北教育出版社，1995)，参李学勤主编(2012:808)。

③ 关于"鬼"字的相关研究，参沈兼士(1986:199-201)。

④ "攴"本从手持"棍棒一类的东西"，后来其所从的棍棒形变形声化为"卜"。参裘锡圭(2013:127)。

⑤ 相关金文字形参董莲池编著(2011:1335)。

（侯马盟书）"从鬼从戈,支旁与戈旁属义近形旁通用,亦与""字构形相类。上述""
""从鬼声,其在文例中皆读为"畏",则(1)—(3)辞中的""亦可从鬼得声,此处
"敚"以及与之意义相关的(4)辞中的"鬼",皆可读为"畏"。上引沈培先生(2008:67)之
说可从。

前举诸卜辞中的"心敚(畏)""[心]敚(畏)""敚(畏)""鬼(畏)心[心鬼(畏)]",实
与宾三类王卜辞《合集》12、7182以及[《合集》13+18384+《山博》632(蔡哲茂《甲骨缀合
集》第350组)]中的"心𢝔(荡)"相类,皆指心脏异常之疾。[①]王瑜桢(2016:232)亦认为
《花东》181.19中的"心疾"、(1)辞中的"心敚"皆指实体心脏的疾病,并总结先秦两汉传
世和出土文献中所载"'心疾'大多是指心脏方面疾病,而非神经、精神方面的疾
病"。[②]此说与本文所论大致相合。

二、宾三类卜辞中的"心𢝔"

甲骨文中的"心𢝔",见于如下宾组三类王卜辞:

(5)贞:王心𢝔(荡),亡来[艰]自[方]。一月。二。 　　　　　　　　　　　　(《合集》12)

(6)贞:王心𢝔(荡),亡来艰自方。三。

　　　　　　　　[《合集》13+18384+《山博》632(蔡哲茂《甲骨缀合集》第350组)]

(7)壬午卜,[古?]贞:王心[𢝔(荡)?],亡艰[才(在)?]入(内)▨。 　(《合集》7182)

(5)(6)辞为同卜一事的同文卜辞的第二、三卜,皆指由于王的心脏不适而贞卜是
否会发生艰险不好的事情。(7)辞残损较甚,裘锡圭先生(2012:437-438)对比相关辞
例,认为此辞中的"心"后残字很可能是"𢝔(荡)"字,"艰"后残字也很可能为"才(在)"
字,但亦不排除为"自"字的可能。黄天树先生(2006:209-212、277)指出,甲骨文中的
"入(内)"是与"卜(外)"相对而言的方位词,(7)辞"是卜问:商王心跳,在国内该不会
有忧患吧?",(5)(6)辞"是卜问:商王心跳,该不会有从邻近的方国来的灾难吧? 指的
是有周边的少数民族要来侵犯商王朝"。此说可从。《左传·庄公四年》载楚武王伐随

---

① 　相关研究参黄天树(2006:277)、李宗焜(2012:23)、彭邦炯(2008:209)。

② 　楚文字中有""""等字,读为"畏",其所从的心旁,表示的究竟是实体的心脏还是抽象的心理
活动? 尚待进一步探讨。参滕壬生编著(1995:802)。

而"心荡",邓曼则以天道"盈而荡"以及先君"发大命而荡王心"来说明其病因。杜预注:"荡,动散也。"杨伯峻注:"荡,动摇。心荡犹言心跳、怔忡。"《左传·僖公三年》:"齐侯与蔡姬乘舟于囿,荡公。"杜预注:"荡,摇也。"《周易·系辞上》:"刚柔相摩,八卦相荡。"陆德明释文:"众家作'荡',……桓云'动也'。"亦即《礼记·乐记》:"阴阳相摩,天地相荡。"陆德明释文:"荡,本或作荡。"郑玄注:"荡犹动也。"又《逸周书·周月》:"阳气亏,草木萌荡。"朱右曾云:"荡,动也。"亦即《礼记·月令》:"阴阳争,诸生荡。"郑玄注:"荡谓物动萌芽也。"古书中"荡"常训为"动"。

(5)(6)辞中"心悥"之"悥"从心庚声,古音属见母阳部;"心荡"之"荡"从艹汤声,"汤"从水易声,古音属定母阳部,二者韵部相同。见母所属的牙音和定母所属的舌头音在谐声系统中亦可相谐,如古音"臽"属溪母,而从臽得声的字,如"啖""窞""萏"则为定母,"诒"为透母;"羔"为见母,而从羔得声的字,如"窑"则为喻母四等,与定母近;"敜"为喻母四等,与定母相近,而从敜得声的字,如"徹"则为见母。从庚声之字与从易声之字常可通假,[1]如《说文·口部》"唐"从口庚声,其古文"喝"从口易声。"阳"与"唐"相通,如《左传·昭公十二年》:"齐高偃帅师纳北燕伯于阳。""阳",《左氏传》作"唐",《公羊传》《穀梁传》作"阳"。杜预注:"阳即唐。""汤"与"唐"相通,如古书中的"成汤"之"汤"在甲骨、金文中写作"唐"。"荡"与"唐"相通,如《左传·成公十五年》:"荡泽为司马。"杨伯峻注:"其人(引者按:此指荡泽)名山,《宋世家》作'唐山','唐''荡'音近通假。"同理,前举"心悥"之"悥"亦可读为"荡"。裘锡圭先生(2012:437-438)认为此"悥"字是《左传·庄公四年》中"心荡"之"荡"的专字,亦可释作《说文·心部》中训为"放"的"愓"或"像",而"愓"即"放荡""心荡"之"荡"的本字。又马王堆帛书《阴阳十一脉灸经(甲本)》行11/45"[闻]木音则愯〈惕〉然惊,心肠(愓),欲独闭户牖而处"之"心肠(愓)",与之对应的《阴阳十一脉灸经乙本》行5-6脱"心肠(愓)"二字,张家山医简《脉书》简24作"心愓然",天回医简《脉书·下经》简209-210则作"心愓";而明代赵府居敬堂本《灵枢·经脉》作"心欲动",日本仁和寺原钞古卷子本《太素·经脉连环》亦作"心欲动"。郭霭春、钱超尘等据改为"心动欲",且"欲"字属下读。[2]裘锡圭先生(2014:198)主编《长沙马王堆汉墓简帛集成》认为上举"帛书(引者按:此指《阴阳十一脉灸经甲本》)'心肠'当从简本(引者按:此指《脉书》)读为'心愓',亦作'心荡',与'心动'同义,亦见于殷墟甲骨文[引者按:此指上引(5)(6)辞],作'心悥','悥'当即'愓'字异

---

① 庚声与易声通假的例证,参张儒、刘毓庆(2002:458)。

② 郭霭春等校勘云:"原作'心欲动',据《素问》脉解篇改,'欲'字连下读,与《脉经》、《千金》、《图经》相合。"参河北医学院校释(1982:227、229),钱超尘、李云校正(2006:117)。

体"。①此说可从。又古音"动"属定母东部,"荡"属定母阳部,声纽相同,韵部东阳旁转,二者音义皆近,实为同源的关系。②总之,(5)(6)辞中"心慸(荡)"之慸(荡)"当训为"动","心慸(荡)"犹言"心动"。

据《左传·庄公四年》载邓曼认为楚武王"心荡"乃因"王禄尽矣。盈而荡,天之道也。先君其知之矣,故临武事,将发大命而荡王心焉",楚国先君警告"王禄尽矣",而使楚武王"心荡";(5)(6)辞则是鬼神警告会发生艰险之事,而使商王"心慸(荡)"。时人认为此二者中的"心慸(荡)"病因皆为"鬼神示警"。③综上,(5)(6)辞中的"心慸(荡)"与《左传·庄公四年》中的"心荡"之病症甚为接近,皆指心脏的异常搏动。④《史记·仓公传》载仓公论治"齐王中子诸婴儿小子病","病得之心忧",并云"重阳者,遏心主"。裴骃《史记集解》引徐广云"遏者,荡也。谓病荡心者,犹刺其心"。丹波元坚《扁鹊仓公传汇考》引海保元备云"按据徐广注,徐所见本盖无'主'字",并认为此处"遏心"即是前举《左传·庄公四年》中的"荡王心"之"荡心",亦即《脉经》卷六《心手少阴经病证》所谓"心病,烦闷,少气,大热,热上荡心"之"荡心"。⑤上举裴骃引徐广、丹波元坚引海保元备皆疑《史记·仓公传》中的"遏心主"之"主"为衍文,其说可商。《素问·灵兰秘典论》:"心者,君主之官,神明出焉。""心"为君主之官,黄龙祥先生(2002:471)认为《史记·仓公传》中的"心主","此指心脏,系'心为君主'之略称"。考"心主"多见于《黄帝内经》《难经》等早期医经,天回医简《脉书·下经》简232载有"心主之脉。戬(系)掌中,上出辟(臂)中,出纣(肘)中,走夜(腋)下,□入匈(胸),循匈(胸)里,上加大阴,上循[喉]龙(咙),下戬(系)心。其病:手热,纣(肘)緳(挛),夜(腋)痛,心痛",黄龙祥先生(2017:132-133)认为此即《灵枢·邪客》中的"心主之脉"。又《难经·二十五难》:"手少阴与心主别脉也。心主与三焦为表里,俱有名而无形。"前一"心主",与上引天回医简《脉书·下经》及《灵枢·邪客》中的"心主之脉",皆指《灵枢·经脉》中的"心主手厥阴心包络之脉";后一"心主"当指"心包",其与"三焦"皆有名无形。学者认为老官山医简中的内容与扁鹊之学有关,如《脉书·上经》即见五处"敫昔曰",此"敫昔"可读

---

① 相关研究参裘锡圭(2012:184)、陈剑(2022:401-403)。

② "动""荡"同源的相关研究,参王力(1982:357)。

③ 相关研究参裘锡圭(2012:438)、李宗焜(2001:375)。

④ 杜正胜先生认为《左传·庄公四年》所载楚武王"心荡"之"心"不是指实体的心脏,而是指"精神状态"。本文认为"心荡"当指心脏搏动异常,此"心"当指实体心脏。但王瑜桢考辨清华简(三)《赤鸠之集汤之屋》中的"癔疾"则为心理精神疾病的专名,此"癔"为"心疾"之"疾"的专字。参杜正胜(2006:87)、王瑜桢(2016:232、234)。

⑤ 《史记·仓公传》所载仓公论治"重阳者,遏心主"的相关研究,参丹波元简著,丹波元胤补,丹波元坚附案《扁鹊仓公传汇考》,日本嘉永二年存诚药室刻本。

为传世文献中的"扁鹊"。①据《史记·仓公传》可知,仓公之学或有上承自扁鹊者;《难经》亦与扁鹊之学相关。②天回医简《发理》简21载有"俞不盈,心主不实,不可石也","心主"与"俞"相对为文,应类属于老官山医简中数见的"脉""俞(输)"对文之例,颇疑此简与上引《难经·二十五难》中的前一"心主",皆指手厥阴心包之脉,此或与扁鹊医学有关。

总之,以上"遏""荡"同"荡",其与"动"为同源关系;"心荡""遏心主""荡心"与上引诸卜辞中的"心敉(畏)""[心]敉(畏)""敉(畏)""鬼(畏)心[心鬼(畏)]""心廒(荡)"意义相关,皆指心脏异常之疾。

三、卜辞中的心悸及相关问题

考《说文·心部》:"悸,心动也,从心,季声。"又《说文·疒部》:"痵,气不定也,从疒,季声。"《玉篇·疒部》:"痵,气不定也,心动也,亦作悸。""悸""痵"表示的是同一词。王筠《说文解字句读》认为"痵""悸"同,"或痵专属疾,悸为通语乎"。余云岫《古代疾病名候疏义》认为:"痵为病态,悸为变态,其候一也。今通用悸。"上述《左传·庄公四年》中的"心荡"即"心悸"之谓。③《素问·气交变大论》:"民病身热烦心,躁悸。"王冰注:"悸,心跳动也。"《汉书·田延年传》:"(霍)光因举手自抚心曰:'使我至今病悸。'"王先谦《汉书补注》引宋祁曰:"韦昭曰:'心中喘息曰悸。'"所谓"心中喘息"乃因"气不定(此即'痵')",从而导致心脏搏动异常,即"心动(此即'悸'。)"《素问·平人气象论》:"胃之大络,名曰虚里,贯膈络肺,出于左乳下,其动应衣,脉宗气也。……乳之下其动应衣,宗气泄也。"郭霭春《黄帝内经素问校注》引田晋蕃曰:"盖动而微则应手,动而甚则应衣,微则为平,甚则为病。""虚里"为宗气所聚,位于"左乳之下"心尖搏动处;"宗气泄"即"气不定(此即《说文·疒部》'痵'义)",从而导致左乳下的心尖处搏动异常,即"心动(此即《说文·心部》'悸'义)"。

病理性的致"悸"之因有多种,如《素问·举痛论》:"惊则心无所倚,神无所归,虑无所定,故气乱矣。"此为七情之"惊"致"悸"。《素问·痹论》:"脉痹不已,复感于邪,内舍于心。……心痹者,脉不通,烦则心下鼓,暴上气而喘,嗌干善噫,厥气上则恐。"此为外邪致"悸"。《灵枢·本神》:"心怵惕思虑则伤神,神伤则恐惧流淫而不止,……神伤则

---

① 相关研究参梁繁荣、王毅、李继明(2016:30),柳长华、顾漫、周琦等(2017:63-65)。
② 关于扁鹊及其相关学派的研究,参李伯聪(1990:215-226)。
③ 相关研究参余云岫编著,张苇航等点校(2012:134、196)。

恐惧自失，……"此为七情之"思"致"悸"。《灵枢·经脉》："心主手厥阴心包之脉，……是动则病……甚则胸胁支满，心中澹澹大动。"此为手厥阴心包经病理性异常而致"悸"。《伤寒论》中亦见"心悸""心下悸""脐下悸""心动悸""悸而惊""烦而悸"等语，成无己《伤寒明理论》云："伤寒悸者，何以明之？悸者，心忪是也。筑筑惕惕然动，怔怔忪忪，不能自安是矣。"上述古典医经、经方所论皆涉及心悸的病因病机及病理表征等相关问题。

古医书所载心悸相关的病证是"怔忡"，宋代严用和（1980:115-117）《济生方·惊悸怔忡健忘门》分心悸从"惊悸""怔忡"论治，认为前者是"心虚胆怯所致"；后者乃因"心血不足"。后世医家亦从严说，认为前者常由外因（惊恐、恼怒等）引发，多见实证，后者常由内因（心血虚、心阳不足等）所致，多见虚证，但二者在临床上常可相互转化。[①]

上引《左传·庄公四年》载楚武王"心荡"，杨伯峻认为此"犹言心跳、怔忡"，余云岫认为此为心悸。宋代理学家吕祖谦（1985:46-47）《东莱先生左氏博议》卷五则指出，《左传·庄公四年》载楚武王五十一年（公元前690年）伐随，其晚年"死期将至，血气既荡，心安得不随之而荡乎"，并主张心志为"气之帅"，"心由气而荡，……而荡心者，气也"。吕氏论"心荡"是由心所主之气"荡"所致，气"荡"即气动不定，此与前举《说文·疒部》训为"气不定"的"瘴"义相合；"心荡"即心动异常，亦与《说文·心部》训为"心动"的"悸"义相合，"悸"同"瘴"。吕氏以"心气论"来解释楚武王"心荡"一事，此盖源于战国时期"气一元论"的古典气论思想，大约在公元前4世纪，早期医学病因观由外因性的天帝神祇、祖先、鬼神、天象等因素逐渐转化为内因性的情志、气化等因素。[②]

上举"韦昭曰'心中喘息曰悸'"，《说文·心部》训"息"为"喘"，《说文·口部》训"喘"为"疾息"，段玉裁注："喘为息之疾者，析言之。此云息者喘也，浑言之，人之气急曰喘，舒曰息。"《素问·平人气象论》："人一呼脉再动，一吸脉亦再动，呼吸定息，脉五动，闰以太息，命曰平人。"《脉经》卷四"诊损至脉"云："呼吸定息，脉五动。一呼一吸为一息。"同书卷五"扁鹊脉法第三"云："人一息脉二至谓平脉，体形无苦。"又天回医简《脉书·上经》简2："脉再至曰平。"天回医简《逆顺五色脉藏验精神》简31亦见"人一息脈二勤（動），曰平"。"喘""息"皆就呼吸而言，"息"是指健康之人一呼一吸，其与"喘"有程度之别。考"喘息"亦见于《淮南子·精神》："今夫繇者，揭镢臿，负笼土，盐汗交流，喘

① 相关研究参张伯臾主编（1985:103-107）。

② 关于古典气论思想的相关研究，参小野泽精一、福永光司、山井涌（2007）、李存山（2009）、杨儒宾（1993）、罗维前（2001:276）、杜正胜（2005:95-154）、李建民（2012:49-80，2016:55-86）、陈德兴（2001:65-95）、李宗焜（2001:373-375）。

息薄喉。"高诱训"薄"为"迫也,气冲喉也",此"冲喉"之"气"即指"喘息",义为急促的呼吸。《素问·阴阳应象大论》:"视喘息,听音声,而知所苦。"王冰注:"视喘息,谓候呼吸之长短也。"郭霭春校注引姚止庵曰:"喘息……盖气喘则身必动,轻者呼多吸少而已,重则瞪目掀鼻,竦胁抬肩。"前举韦昭训"悸(同'瘈')"为"心中喘息",实是将上引《说文·心部》中训为"心动(指心悸的病理表征,即心脏搏动异常)"的"悸"与《说文·疒部》中训为"气不定(指心悸的病机特点,即呼吸急促,气乱不定)"的"瘈"二义糅合在一起来训释,主要是以"气一元论"的内因说来解释"悸(同'瘈')"之病因。所谓"心荡",依《素问·灵兰秘典论》"心者,君主之官也",王冰注:"任治于物,故为君主之官。"前举吕氏以理学家言,认为心统摄万物,心主一身之气,"气出于心",气动不定亦可导致心脏的搏动异常,此即"心悸"。

"心悸"一般分为"惊悸"和"怔忡",其中"怔忡"之证在清代沈金鳌(1962:189)《杂病源流犀烛·怔忡源流》中称为"心血不足病","人所主者心,心所主者血,心血消亡,神气失守,则心中空虚,快快动摇,不得安宁,无时不作,名曰怔忡。或由阳气内虚,或由阴血内耗,或由水饮停于心下,……或急急富贵,戚戚贫贱,或事故烦冗,用心太劳,……或由汗吐下后,正气屡弱,或由荣卫俱涸,……或由虚弱怔忡,……或思虑多而怔忡,……或心虚怔忡……或由痰为火动,……或由忧愁悲苦,致心虚,……或由气郁不宣而致心动,……或阴火上冲,怔忡不已,……或腹中作声,……或由所求不遂,或过纵自悔,……以上皆怔忡所致之由也"。上引鲁庄公四年(公元前690年)即楚武王五十一年,此时楚武王已近暮年,血气渐衰,[1]或已见心虚(指心血、心气、心阳不足)之证,其"心荡"很有可能是内因加外因诱发而成的,且内因以里虚证为主。《左传·庄公四年》亦载邓曼预言"王薨于行",后来楚武王"遂行",果然"卒于樠木之下",可见楚武王之死已见先兆,邓氏或从其内在血气虚衰的病理表征中已然预知,只是假借"天道""先君大命"之说来予以解释而已。故知,从上文分辨心悸为"惊悸"和"怔忡"二证来看,楚武王"心荡"之病症相当于今之临床上所见之"怔忡"的可能性较大,但也不排除其为"惊悸"所诱发或病情迁延转化为"怔忡"的可能性。[2]

---

[1] 《灵枢·天年》:"黄帝曰:其气之盛衰,以至其死,可得闻乎?岐伯曰:人生十岁,五脏始定,血气已通,其气在下,故好走;二十岁,血气始盛,肌肉方长,故好趋;三十岁,五脏大定,肌肉坚固,血脉盛满,故好步;四十岁,五脏六腑十二经脉,皆大盛以平定,腠理始疏,荣华颓落,发颇斑白,平盛不摇,故好坐;五十岁,肝气始衰,肝叶始薄,胆汁始减,目始不明;六十岁,心气始衰,若忧悲,血气懈惰,故好卧;七十岁,脾气虚,皮肤枯;八十岁,肺气衰,魄离,故言善误;九十岁,肾气焦,四脏经脉空虚;百岁,五脏皆虚,神气皆去,形骸独居而终矣。"参河北医学院校释(1982:126)。

[2] 现代蒙医学亦见"心荡症",是"以阵发性心悸为突出表现的赫依性为主的心脏病。《智慧之源》将其称为'心慌'"。参包银象、青格乐(2016:182、186)。

上引(4)—(7)辞皆因占卜主体的心脏搏动异常而贞卜是否会发生不好之事,其中,宾三类王卜辞(5)—(6)辞的命辞为商王因心脏搏动异常["心愳(荡)"]而卜问是否会发生从方国来的艰险不好之事(指邻近方国侵犯商王朝);(7)辞亦因王的心脏搏动异常("心[愳(荡)?]")而贞卜是否在国内会发生忧患之事。(4)辞则属花东子组非王卜辞,其命辞为花东卜辞的主人"子"亦因心脏搏动异常("鬼(畏)心[心鬼(畏)]"),而卜问是否会发生不好之事("其卫戍")。

前述(1)辞中的"心敫"之"敫"、(2)辞中的"[心]敫"之"敫"、(3)辞中的"敫"、(4)辞中的"鬼心"之"鬼",皆当读为"畏"。《广雅·释诂二》:"畏,惧也。"《广雅·未韵》:"畏,畏惧。"古书常训"畏"为"惧",如《孟子·尽心下》"王(武王)曰:'无畏,宁尔也,非敌百姓也。'"之"无畏"赵岐注:"无惊畏。"焦循(1987:964)正义引《广雅·释诂》"畏"训"惧""恐"之例,并引《周易·震·象传》"震惊百里,惊远而惧迩也",认为"惊即恐惧也,故以无畏为无惊也"。《大戴礼记·卫将军文子》"不畏强御,不侮矜寡"王聘珍解诂:"畏,惧也。"从构形本意来看,甲骨文"敫"从攴从鬼,鬼亦声;"畏"为"鬼"之分化字,象鬼持杖形,显示出令人惊惧之象。总之,此处"畏"亦可训为惊惧。宋代严用和(1980:115)《济生方·惊悸怔忡健忘门·惊悸论治》总结惊悸为"心虚胆怯所致","或因事有所大惊,或闻虚响,或见异相,登高涉险,惊忤心神,气与涎郁,遂使惊悸"。惊悸之证的病因应是"心虚胆怯",或外受惊惧,此虽为宋代严用和之说,但古今特定疾病的"证"和"因"具有相对的稳定性和传承性,在一定意义上亦适用于上古疾病类型的释证。那么,上引诸卜辞中的"心敫(畏)""[心]敫(畏)""敫(畏)""鬼(畏)心[心鬼(畏)]"是指心脏因遭受外界的刺激而发生搏动异常,但同时应兼有里虚证。

今从上举陈剑先生(2007:92)所论"整个花东子卜辞存在的时间恐在武丁晚期,最多可推断其上限及于武丁中期",而前引花东子组卜辞的主人"子"所患疾病计有多种,如疾首、"口疾"、疾齿、疾目、"耳鸣""疾肩"、疾腹、疾心(包括"心敫(畏)""[心]敫(畏)""敫(畏)""鬼(畏)心[心鬼(畏)]")等,可推测此占卜主体"子",亦即时王"丁"(武丁)的亲子,其年龄应不会太小。另外,"子"患病的情形,如"子不征(延),痋(瘳)"(《花东》44.1)、"其征(延)疾"(《花东》117)、"庚卜:子心疾,亡征(延)"(《花东》181.19)、"甲卜:子疾首,亡征(延)"(《花东》304.1,与《花东》304.2、446.5、446.6同卜一事)等,其中"延"当训为"延缠",[1]此指"子"所患的疾病延缠不愈,久病未愈则易耗伤气血而致里虚证。

---

① 关于甲骨文"延"的相关研究,参于省吾主编(1996:2230–2235)、黄天树(2006:451–452)、李宗焜(2012:25)。

而且,"子"经常患病的情形甚至已引起时王"武丁"及"妇母"的关注和忧虑,如"己卜:丁夂(终)懋(虞)于子疾"(《花东》69.6、69.7)、"辛卜:帚(妇)女(母)曰子:丁曰:子其又(有)疾。允其又(有)"(《花东》331.1)等。《花东》69.6、69.7中的"懋"读为训作"忧虑"之"虞",① 卜辞大意为"武丁是否始终忧虑子的疾病"。《花东》331.1卜辞大意为"妇母告诉子说,武丁说'子大概有疾病',真的有吗"。② 由上推知,"子"的身体状态欠佳,身患多种疾病且有时迁延不愈,以至于其父武丁和妇母经常忧虑"子"的疾病;加之前述花东卜辞的时代在武丁晚期,最早可及于武丁中期,那么,作为花东卜辞的主人(族长)"子",亦即武丁的亲子,其年龄或已步入中年。③ 鉴于古人的平均寿命不长,此时"子"之血气渐有衰减之势,加之多病和久病而易致伤营耗血,阴损及阳。综合而言,"子"所患之疾应属里虚证,内见心虚再兼外受惊惧,则很有可能形成"怔忡"之证。故知,(1)—(4)辞中的"子"所患"心敄(畏)""[心]敄(畏)""敄(畏)""鬼(畏)心[心鬼(畏)]"等病证,或与《左传·庄公四年》楚武王"心荡"之证相类,很可能相当于今之临床上所见的"怔忡"之证,但也不排除其为"惊悸"(外受惊惧)所诱发或病情迁延转化为"怔忡"的可能性。

上引宾组三类王卜辞(5)(6)辞中亦见商王"心悳(荡)"之症,此期卜辞是指宾组晚期和出组早期卜辞中署宾组贞人名的宾组宾出类卜辞,黄天树先生(2007:100)推定其时代"主要存在于祖庚之世。它的上限应上及武丁时期,其下限或有可能延伸至祖甲之初"。(5)(6)辞中的占卜主体"王"难以确定是指武丁、祖庚或是祖甲,其"心悳(荡)"之病因是鬼神示警,并预示有可能会发生来自方国的艰险不好之事。虽就目前的相关材料而言,尚无法推知商王"心悳(荡)"之疾相当于今之临床上的"惊悸"还是"怔忡",但可肯定其当属于"心悸"病证的范畴。

四、余论

花东卜辞中另见与"心"有关的辞例,如下:

(8)丙卜:丁乎(呼)多臣复(复),凶非心、于不若,隹(唯)吉,乎(呼)行。一

(《花东》401.12)

---

① 相关研究参姚萱(2006:213-224)。

② 关于此辞的相关研究,参黄天树(2006:149)、陈剑(2007:89)。

③ 相关研究参黄天树(2006:151)。

此辞中"非……隹(唯)"的对举格式,亦见于如下卜辞:"甲午卜:岁且(祖)口更(惠)祝。/甲午卜:更(惠)子祝。曰:非夸(孽)隹(唯)疒(疾)"(《花东》372.6、372.7)①、"丙寅夕卜:子又(有)言才(在)宗,隹(唯)侃。/丙寅夕卜:非侃"(《花东》234.1、234.2)、"鼎(贞):非夸(孽)隹(唯)疾"(《合集》13845)、"庚辰,贞:日又(有)戠(异),非困(忧)隹(唯)若"(《合集》33698)等,其中否定副词"非"与"唯"对举搭配,黄天树先生(2006:408)认为其"表示通过占卜来决断疑惑",相当于"不是……而是……"。此说可从。此辞中的"囟",亦见于王卜辞"乙巳卜,旅贞:今夕王囟言"(《合集》26731),当与沈培先生(2005:345-365)所考周原甲骨文中的"囟"同,此是语气副词,义为"应、当",其与《诗经》《尚书》中的虚词"式"表示的是同一个词。此辞中的"心"之义相当于"不若",与"吉"对言,亦如"壬辰卜:子心不吉,侃"(《花东》416.7),"心"与"不吉"义同,与之对言的"侃"则训为喜乐、欢喜。②可知,此辞中的"心"应当表示的是不吉、不好之义,花东卜辞"丁卜:子令,囟心"(《花东》409.18)、"甲卜:子又(有)心,蚑(杀)匕(妣)庚"③(《花东》446.3)中的"心"亦与之义同。

古文字中加"口"与不加"口"往往无别,颇疑卜辞中的"𡆥"为上述表示不吉、不好之义的"心"之繁体,如王卜辞"辛酉子卜,贞:丁𡆥我"(《合集》21580)、"贞:王㞢(有)𡆥,不之。/贞:王㞢(有)𡆥,允之"(《合集》17311正)、"丙午卜,韦贞:𡆥口犬由"(《合集》2606正),以及非王子组卜辞"癸子(巳)子卜:于𤋲月又(有)𡆥"(《合集》21661)等。④陈剑先生(2010:35-38)认为此处"𡆥"与"父乙㱱王"(《合集》2222、2223)、"丁不㱱我"(《合集》21727)等辞例中"㱱"的性质相近,而"㱱"疑可读为训作"责"的"诛"。那么,(8)辞及上引《花东》409.18、416.7、446.3中的"心"亦与疑读为"诛"的"㱱"义近,而非从其构形本意即实体"心脏"作解。

---

① 关于此辞的释读,参姚萱(2006:45-46)、黄天树(2006:408)。
② 关于甲骨文"侃"字的相关考释,参裘锡圭(2012:378-386)。
③ 关于"杀"字的考释,参陈剑(2012:9-19)。
④ 《合集》21661中的"𤋲"字当从周忠兵先生分析为从"示"从倒"禾"从"又","此字从字形看为双手持禾倒置于示上,从构形上说与甲骨中常见的从'示'从'又'从倒'隹'的字同……它们可能是一字异体,其造字本义应该是表示向祖先进献祭品"。参周忠兵(2014:326-327)、裘锡圭(2012:87)。

【参考文献】

刘一曼　曹定云　2003　《论殷墟花园庄东地甲骨卜辞的"子"》,《纪念殷墟甲骨文发现一百周年国际学术研讨会论文集》,社会科学文献出版社。

刘一曼　曹定云　2006　《再论殷墟花东H3卜辞中占卜主体"子"》,《考古学研究》(六),科学出版社。

曹定云　2009　《三论殷墟花东H3卜辞中占卜主体"子"》,《殷都学刊》第1期。

李学勤　1998　《花园庄东地卜辞的"子"》,《河南省博物院落成暨河南省博物馆建馆七十周年纪念论文集》,中州古籍出版社。

杨升南　2004　《殷墟花东H3卜辞"子"的主人是武丁太子孝己》,《2004年安阳殷商文明国际学术研讨会论文集》,社会科学文献出版社。

韩江苏　2007　《殷墟花东H3卜辞主人"子"研究》,线装书局。

陈　剑　2007　《说花园庄东地甲骨卜辞的"丁"——附:释"速"》,《甲骨金文考释论集》,线装书局。

黄天树　2006　《简论"花东子类"卜辞的时代》《花园庄东地甲骨中所见的若干新资料》,《黄天树古文字论集》,学苑出版社。

姚　萱　2006　《殷墟花园庄东地甲骨卜辞的初步研究》,线装书局。

李宗焜　2001　《从甲骨文看商代的疾病与医疗》,《"中研院"历史语言研究所集刊》第72本第2分。

喻遂生　2009　《〈殷墟花园庄东地甲骨〉中的"疾"字》,《兰州学刊》第10期。

李宗焜　2012　《花东卜辞的病与死》,《从医疗看中国史》,中华书局。

杨伯峻　徐　提　1985　《春秋左传词典》,中华书局。

董　珊　2014　《楚简中从"大"声之字的读法》,《简帛文献考释论丛》,上海古籍出版社。

程少轩　2018　《说九店楚简〈告武夷〉的"桑林"》,《古文字研究》(第三十二辑),中华书局。

李学勤　1989　《竹简卜辞与商周甲骨》,《郑州大学学报》(哲学社会科学版)第2期。

沈　培　2008　《殷卜辞中跟卜兆有关的"见"和"告"》,《古文字研究》(第二十七辑),中华书局。

裘锡圭　2012　《释"求"》,《裘锡圭学术文集·甲骨文卷》,复旦大学出版社。

刘一曼　曹定云　2004　《论殷墟花园庄东地H3的记事刻辞》,《2004年安阳殷商文明国际学术研讨会论文集》,社会科学文献出版社。

黄天树　2014　《殷墟甲骨文中所见的"名动相因"现象》,《黄天树甲骨金文论集》,学苑出版社。

朱歧祥　2012　《〈殷墟花园庄东地甲骨释文〉正补》,《朱歧祥学术文存》,艺文印书馆。

沈　培　2005　《殷墟卜辞正反对贞的语用学考察》,《汉语史研究——纪念李方桂先生百年冥诞论文集》,"中研院"语言学研究所、美国华盛顿大学。

裘锡圭　2012　《说"弜"》，《裘锡圭学术文集·甲骨文卷》，复旦大学出版社。

张玉金　1994　《甲骨文虚词词典》，中华书局。

陈汉平　1985　《古文字释丛》，《出土文献研究》，文物出版社。

刘　钊　2015　《释甲骨文中的"役"》，《出土文献与古文字研究》（第六辑），上海古籍出版社。

陈　剑　2017　《据〈清华简（伍）〉的"古文虞"字说毛公鼎和殷墟甲骨文的有关诸字》，《古文字与古代史》（第五辑），"中研究"历史语言研究所。

王子杨　2013　《甲骨文字形类组差异现象研究》，中西书局。

周忠兵　2019　《释花东卜辞中的"卫"》，《文史》第3期。

中国社会科学院考古研究所　2003　《殷墟花园庄东地甲骨》，云南人民出版社。

彭邦炯　2008　《甲骨文医学资料释文考辨与研究》，人民卫生出版社。

赵　林　2014　《说商代的鬼》，《甲骨文与殷商史》（新四辑），上海古籍出版社。

林　沄　1998　《说飘风》，《林沄学术文集》，中国大百科全书出版社。

张富海　2007　《汉人所谓古文之研究》，线装书局。

季旭升　2010　《说文新证》，福建人民出版社。

张学城　2017　《〈说文〉古文研究》，上海古籍出版社。

李学勤　2012　《字源》，天津古籍出版社。

沈兼士　1986　《"鬼"字原始意义之试探》，《沈兼士学术论文集》，中华书局。

裘锡圭　2013　《文字学概要》（修订本），商务印书馆。

董莲池　2011　《新金文编》，作家出版社。

王瑜桢　2016　《释〈清华三·赤鸠之集汤之屋〉有关疾病的"瘀疾"》，第二届古文字学青年论坛，"中研院"历史语言研究所。

滕壬生　1995　《楚系简帛文字编》，湖北教育出版社。

裘锡圭　2012　《殷墟甲骨文考释四篇·释"虑"》，《裘锡圭学术文集·甲骨文卷》，复旦大学出版社。

黄天树　2006　《说殷墟甲骨文中的方位词》《殷墟甲骨文"有声字"的构造》，《黄天树古文字论集》，学苑出版社。

张　儒　刘毓庆　2002　《汉字通用声素研究》，山西古籍出版社。

河北医学院　1982　《灵枢经校释》（上册），人民卫生出版社。

［唐］杨上善撰注　钱超尘　李　云校正　2006　《〈黄帝内经太素〉新校正》，学苑出版社。

裘锡圭　2012　《马王堆医书释读琐议》，《裘锡圭学术文集·简牍帛书卷》，复旦大学出版社。

裘锡圭　2014　《长沙马王堆汉墓简帛集成（伍）》，中华书局。

陈　剑　2022　《读简帛医书零札四则》，《中医药文化》第5期。

王　力　1982　《同源字典》，商务印书馆。

杜正胜　2006　《从眉寿到长生——医疗文化与中国古代生命观》,三民书局。

[日]丹波元简　丹波元胤　丹波元坚　《扁鹊仓公传汇考》,日本嘉永二年存诚药室刻本。

黄龙祥　2002　《中国针灸学术史大纲》(增修版),知音出版社。

黄龙祥　2017　《老官山出土西汉针灸木人考》,《中华医史杂志》第3期。

梁繁荣　王　毅　李继明　2016　《揭秘敝昔遗书与漆人:老官山汉墓医学文物文献初识》,四川科学技术出版社。

柳长华　顾　漫　周琦等　2017　《四川成都天回汉墓医简的命名与学术源流考》,《文物》第12期。

李伯聪　1990　《扁鹊和扁鹊学派研究》,陕西科学技术出版社。

余云岫　2012　《古代疾病名候疏义》,学苑出版社。

[宋]严用和　1980　《重订严氏济生方》,人民卫生出版社。

张伯臾　1985　《中医内科学》,上海科学技术出版社。

[宋]吕祖谦　1985　《东莱先生左氏博议》,中华书局。

[日]小野泽精一　福永光司　山井涌　李庆译　2007　《气的思想——中国自然观与人的观念的发展》,上海人民出版社。

李存山　2009　《气论与仁学》,中州古籍出版社。

杨儒宾　1993　《中国古代思想中的气论及身体观》,巨流图书公司。

[英]罗维前　邬文玲译　2001　《痛的溯源——论痛、厥与经脉中气循环理论的形成》,《简帛研究》,广西师范大学出版社。

李建民　2012　《先秦两汉病因观及其变迁——以新出土文物为中心》,《从医疗史看中国史》,中华书局。

李建民　2016　《从中医看中国文化》,商务印书馆。

陈德兴　2001　《〈黄帝内经〉气论的思想内涵》,《哲学与文化》。

[清]沈金鳌　1962　《杂病源流犀烛》,上海科学技术出版社。

河北医学院　1982　《灵枢经校释》(下册),人民卫生出版社。

包银象　青格乐　2016　《心荡症患者37例蒙药治疗效果观察》,《世界最新医学信息文摘》第23期。

[清]焦　循　1987　《孟子正义》,中华书局。

于省吾　1996　《甲骨文字诂林》,中华书局。

黄天树　2007　《殷墟王卜辞的分类与断代》,科学出版社。

黄天树　2006　《〈殷墟花园庄东地甲骨〉中所见虚词的搭配和对举》,《黄天树古文字论集》,学苑出版社。

沈　培　2005　《周原甲骨文里的"囟"和楚墓竹简里的"囟"或"思"》,《汉字研究》(第1辑),学苑出版社。

裘锡圭　2012　《释"衍""侃"》,《裘锡圭学术文集·甲骨文卷》,复旦大学出版社。

陈　剑　2012　《试说甲骨文的"杀"字》,《古文字研究》(第二十九辑),中华书局。

周忠兵　2014　《读契札记三则》,《甲骨学暨高青陈庄西周城址重大发现国际学术研讨会论文集》,齐鲁书社。

裘锡圭　2012　《甲骨文字考释(八篇)》,《裘锡圭学术文集·甲骨文卷》,复旦大学出版社。

陈　剑　2010　《释屮》,《出土文献与古文字研究》(第三辑),复旦大学出版社。

花东卜辞中的「敖」「心敖」「鬼心」及相关问题

殷墟邵家棚遗址新出土青铜觥盖铭文别解*

苏文英

摘　要: 河南安阳殷墟邵家棚遗址新出土一件商代晚期青铜觥盖,刘源先生认为其铭文应读作"箙眔赐奎贝二朋","奎"是作器者,此器可定名为奎觥。本文将"奎"释读为"华山"的"华",指出铭文是一个受事主语句,"箙眔"是作器者,此器应定名为箙眔觥。此外,还依据合文惯例将"二朋"改释为"三朋"。

关键词: 邵家棚;箙眔觥;华;受事主语

刘源(2022:1-3)《殷墟邵家棚遗址出土青铜觥盖铭文初读》介绍了一件新出土的商代晚期青铜觥盖,其铭文作"箙眔赐奎贝二朋"。刘先生认为"奎是接受赐贝的贵族,也就是作器者,按学界以作器者命名青铜器的原则,此器可定名为奎觥"。但此句是否一定要如此理解,似乎是可以讨论的。因为汉语是缺乏形态标志的语言,这个句子也可能是个受事主语句,意即"箙眔被赏赐奎贝二朋"。而对这句话的理解涉及对此器的定名,很有进一步讨论的必要,下面试为别解,就教于方家。

一、将"箙眔赐奎贝二朋"理解为受事主语句的依据

王力(2004:485)说:"在远古汉语里,在结构形式上没有主动和被动的区别。直到甲骨金文里也是这种情况。真正的被动式在先秦是比较少见的,而且它的出现是春秋以后的事。"但甲骨金文中的这类受事主语句的谓语动词在意念上或者语义上表示被动已是学界共识(参看管燮初,1981:62-63;杨五铭,1982:309-316)。武振玉《殷周金文中的特殊句型》(2009:118-123)在讨论被动句时说:"从数量上看,无形式标志

---

*本文蒙导师喻遂生教授审阅指正,原发表于《中国文字研究》(第三十六辑),华东师范大学出版社2022年。

的(殷3例,西早10例,西中8例,西晚3例)略多于有形式标志的(西早10例,西中3例,西晚2例,战早3见)。"潘玉坤《西周金文语序研究》第一章第一节(2005:2-14)专门讨论了26个"语义被动句",涉及12个谓语动词,其中"赐"使用的频率最高。潘先生认为这是一种普遍而重要的现象,在当时的实际语言中,应该还有不少动词用于被动语义,囿于青铜器铭文的表现内容和形式,它们没有被真实反映出来。的确,这类句子完全靠语义限制和语境限制确定被动关系,很容易被忽略或误读。

如果我们将"箙異赐夻贝二朋"看作受事主语句,"箙異"则是被赏赐者,"夻"大概应该看作地名。

刘源先生指出殷金文中的"箙"有作两个矢的,基本是族徽,且箙钺经常组成复合氏名,此铭作一个矢形,应是官名,"箙異就是指来自異氏、掌管多箙的长官"。这个意见无疑是正确的,商代晚期的箙亚罍角(铭图①08793)铭文中有人名"箙亚罍"("箙"字形亦只作一个矢形),金文中"某亚"之"某"多是官名,可为"箙"指官名的旁证。我们还注意到,"箙"还经常与作兵器形的"或"字组成复合氏名(如铭图03215、10228、12945),还有"弓箙"(铭图12940)、"卫箙"(铭图11449)等,可见"箙"是一种武官。殷金文中还有"箙 (铭图07487)、"箙卒"(铭图04145、08057、12194等)、"箙夀"(铭图07488、12012)、"箙参"(铭图14672)等复合氏名,"、卒、夀"都是常见的族氏名,可见殷商时期多个族氏都有出任箙官之人。上举铭文中的"某箙"或"箙某"显然都是作器者,符合商代晚期多数只出现族氏铭文和祖先日干名的情况。

商代晚期出现的简短的赏赐铭文一般作"王赐某贝,某作尊彝"或"王赐贝,某作尊彝"这样的格式,其赏赐者主要是"王",偶见王姒、子等其他人,但尚未见"某箙"或"箙某"作为赏赐者之例,因此把邵家棚新出觥盖铭文"箙異赐华贝二朋"中的"箙異"看作受事主语,看作受赐作器者,大概更符合殷周金文的文例。

二、"夻"字的释读

铭文中的"夻"字作"♔"形,刘先生指出是"新见字,其下部为'于',上部可能是'花'(华)局部,或是'来'的局部,不能遽定,暂写作夻,此字不会是一个合文,但其名中有王字,也是身份的印证"。刘先生将此字上部释为"花"(华)局部的意见很有启发性,而此字底部则是"山"形,商周金文中的"山"字不乏同形者(参看董莲池,2011:1337-1339),如:

---

① 吴镇烽:《商周青铜器铭文暨图像集成》,上海古籍出版社2012年。以下引用此书皆按学界惯例简称,所引铭文除字形特别需要讨论者,皆使用通行字,不一一出注。

表1

集成05396 商代	集成05410 西周早期	铭图14536 西周中期	铭图05677 西周中期	集成02836 西周晚期

因此这个字其实就是甲骨文中一般所谓的"岳"字。"岳"字在甲骨文中大概有五类字形(参看李宗焜,2012:445-450;刘钊,2014:539-541):

表2

合5520	合14489	合30417	合30420 合32833	合29384
1	2	3	4	5

其主要区别在于顶部,新见觥盖铭文中的"圭",与表2第3类字形几乎一致,字形顶部三角形和底部三角形填实是商代晚期记名金文的常见特征,将中间两重折笔拉直也是古文字演变的常例。詹鄞鑫(2006:315-324)将此字释为"华山"的"华"字,他在《华夏考》中对这个字进行过详细的讨论,认为"华"是甲骨卜辞中"是最常见的神祇之一,在很多场合下它跟'河'(黄河)同版并卜或同辞并举","'华'与'河'地位相当,而且形体结构从山,必是商代重要的山岳之神,看来非华山莫属"。在甲骨卜辞中,"既是大山之名,也是及其重要的神祇"。"周代以降,华山同样是极其重要的神祇。例如《史记·封禅书》记秦称帝之后的祭祀制度,自华以西名山七。即以华山为首。"而西周金文"华"字不从山,顶部三角形变作T形,再有省变。尽管学界对此字的释读仍有争议,但我们认为詹先生的意见有一定道理,因此下文暂将此字释为"华"①。

其实西周金文中仍有以"华"指祭祀对象的例子:

(1)唯八月既望戊辰,王在上侯应,华祼,不栺锡贝十朋,不栺拜稽首,敢扬王休,用作宝肆彝。

(不栺鼎　西周早期　铭图02362)

---

① 袁金平先生对此字有新的讨论,参看《说殷墟邵家棚遗址新出觥铭中的一个地名》,《中国青州古文字与古代文明论坛论文集》,2023年8月。

"华裸"的构词结构如同德鼎（铭图02266，西周早期）中的"珷裸"，"珷裸"指对周武王的裸祭，"华裸"意即对华进行裸祭。那么这个"华"可能仍然还是指甲骨卜辞中常见的华山及其所代表的山神。

也有以"华"表示地名的，例如：

（2）唯十又一月初吉甲申，王在<u>华</u>，王锡命鹿，用作宝彝，命其永以多友簋飤。

（命簋　西周中期　铭图05082）

（3）今余命汝啻官司邑人，先虎臣后庸：西门夷、秦夷、京夷、彙夷、师笭、侧新□、<u>华</u>夷、弁狐夷、𩏩人、成周走亚、戍秦人、降人、服夷。

（询簋　西周中期　铭图05378）

（4）唯三月初吉庚午，王在<u>华</u>宫，王呼虢仲入右柯，王锡柯赤市朱衡、銮旗。

（柯簋　西周晚期　铭图05227）

还有以"华"表示族氏名的，如：

（5）唯正月初吉，君在滚既宫，命逋使于述土，逋諆各姒司寮女寮：奚、微、<u>华</u>。

（逋盂　西周晚期　铭图06228）

（6）仲义父作旅盨，其永宝用，<u>华</u>。　　（仲义父盨　西周晚期　铭图05553）

当然也有以"华"表示私名的，其例在西周晚期之后，如师华父（大克鼎，铭图02513，西周晚期）、己华父（己华父鼎，铭图01967，西周晚期）、邽公华（邽公华钟，铭图15591，春秋晚期）等。

众所周知，在甲骨卜辞和金文中，人名、地名、族氏名往往是三位一体的，那么新见觥盖铭文中的"华"是地名、族氏名，还是私名呢？我们认为它表示地名的可能性更大，"华"字顶部三角形和底部三角形填实的写法其实已经说明它是保存了较为原始形态的记名金文，这类金文一般都表示族氏名或地名。同时，商周金文中还有不少"贝"前加地名的例子，如：

（7）丁巳，王省夒京，王锡小臣艅夒贝。　　（小臣艅尊　商代晚期　铭图11785）

（8）丙申，王錫箙亚𠦪奚贝，在彙，用作父癸彝。

（箙亚𠦪角　商代晚期　铭图08793）

(9)丁亥,玳赏又正斁嬰贝,在穆,朋二百。　　　（斁鼎　商代晚期　铭图02257）

(10)丙午,天君飨禋酒,在斤,天君赏厥征人斤贝,用作父丁尊彝,天黾。

（征人鼎　西周早期　铭图02267）

例(7)—(10)上下文意清楚,可以确认"贝"前之字表示地名。下面还有一些例子中"贝"前之字也可能表示地名:

(11)丁巳,王锡巂屳(佮)贝,在窶,用作兄癸彝。

（巂佮壶　商代晚期　铭图13304）

"佮"是甲骨金文中常见的地名和族氏名,"巂"是金文中常见的族氏名,虽然"巂佮"有可能是复合族氏名,但复合族氏名一般写在铭文的末尾或能明显表示是独立成分的位置。此铭写在句子中做宾语,"佮"表示地名的可能性较大。

(12)子光赏毂启贝,用作文父辛尊彝,冓。　　（启尊　商代晚期　铭图11751）

铭文中"毂"是"光赏"的间接宾语,表示受事,"启贝"则可看作直接宾语,"启"大概也指地名。

(13)甲寅,子锡天黾軞贝,用乍(作)父癸尊彝。

（天黾軞角　商代晚期　铭图08792）

"天黾"虽然是金文中常见的族氏名,但"軞"字从"䵼",西周早期伯具簋(铭图04443)铭文中"軞敝伯"中的"軞"明显是氏族名,此例"軞"表示地名的可能性较大。

(14)王蔑敔历,使尹氏授赉敔:圭、瓒、�贝五十朋。

（敔簋　西周晚期　铭图05380）

从句子结构看,"䣛贝五十朋"与"圭瓒"一样是"授赉"的直接宾语,揆度文义,"䣛"指地名的可能性较大。

以此类推,"簠巺赐华贝"中的"华"指地名大概是没有问题的,"华贝"与上举诸例结构相似,其义当为华地之贝。

例(7)—(14),其主语"王、天君、子、妣"等是赏赐铭文中经常出现的赏赐者,根据上下文语境我们很容易判断谁是施事,谁是受事,也比较容易确定"贝"前之字表示地名。"箙冀赐华贝"虽然从形式上看与这些句子没有任何区别,但结合金文的一般文例和上文对"箙冀"身份的分析、对"华"指地名的论证来看,把"箙冀赐华贝"看作受事主语句是比较合适的。

三、从合文看"二朋"的释读

最后,附带谈一下"二朋"的问题。刘源先生说:"从合文角度看,可能是三朋,但仔细观察朋字最上面一横,还是比其上的两横稍长,也就是说,稳妥起见,还是释为二朋,当成两个字较好。"其摹本作𦥑,对比照片查看,摹写真实,但将"朋字最上面一横,还是比其上的两横稍长"作为读为"二朋"的依据是不够坚实的。我们认为还是应该读作"三朋",因为金文中数字与"朋"的合文中有借笔,几乎没有例外(参看杨五铭,1981:139-149)。再查阅金文拓片,"三朋"合文中"朋"字上面的横画写得更短的尚有𦥑(铭图02022)、𦥑(铭图05009)、𦥑(铭图05010)等,"二朋"合文中类似的写法也不鲜见,兹不赘举。西周早期的作册大鼎有四件,铭文内容相同,"四月"在铭图02390、02391、02393中都写作合文,"月"上仅三笔横画,铭图02392之"四"字在第一行行末则写作四笔横画。可见在这类数字合文中,"二、三、四"等字笔画的长短不宜作为判断的依据,其笔画多少才是判断的依据。

结论

综上所述,河南安阳殷墟邵家棚遗址新出的觥盖铭文大概应释为"己亥,箙冀赐华贝三朋,用作彝"。此句应看作受事主语句,"箙冀"因为受赐华地之贝三朋而铸器纪念,此器按惯例宜命名为"箙冀觥"。受事主语句是金文中的常见句型,尤其早期金文中没有出现"王"等常见的赏赐者,只有孤零零的"某赐贝"之类的句子很有可能是受事主语句。充分认识并重视这一现象,有助于我们正确释读铭文并确定器名。

附：殷墟邵家棚遗址新出觥盖铭文照片（安阳市文物考古研究所供图，新华网发表）和刘源先生所作摹本

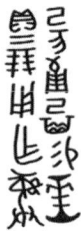

【参考文献】

刘　源　2022　《殷墟邵家棚遗址出土青铜觥盖铭文初读》，《殷都学刊》第1期。

王　力　2004　《汉语史稿》（重排本），中华书局。

管燮初　1981　《西周金文语法研究》，商务印书馆。

杨五铭　1982　《西周金文被动句式简论》，《古文字研究》（第七辑），中华书局。

武振玉　2009　《殷周金文中的特殊句型》，《燕赵学术》（春之卷），四川出版集团、四川辞书出版社。

潘玉坤　2005　《西周金文语序研究》，华东师范大学出版社。

吴镇烽　2012　《商周青铜器铭文暨图像集成》，上海古籍出版社。

董莲池　2011　《新金文编》，作家出版社。

李宗焜　2012　《甲骨文字编》，中华书局。

刘　钊　2014　《新甲骨文编》（增订本），福建人民出版社。

詹鄞鑫　2006　《詹鄞鑫文字训诂论集》，中华书局。

杨五铭　1981　《两周金文数字合文初探》，《古文字研究》（第五辑），中华书局。

中国社会科学院考古研究所　2007　《殷周金文集成》（修订增补本），中华书局。

试说金文中的"或人(徒)"*

马　超

摘　要：或字金文常见，其最初应是从"也"得声，后来"也"声演变为"呈"声，即为见于《说文·戈部》的"或"字。"也""只""斯"作为语气助词具有同源关系，从语音、文义等角度来考虑，"或人(徒)"应即《战国策》等典籍中的"厮徒"，其身份是军队中的杂役，同时又要参战。金文◇、◇二字应分别是叠加了"也"声和"或"声的"衍"字异体。有关问题的解决对研究古文字形体演变、先秦军队制度等具有重要意义。

关键词：或；或人；厮徒；军队制度

一、"或"与"或人(徒)"的释读分歧

金文屡见"或"字以及"或人(徒)"一词，①过去关于"或"字的构形、"或人(徒)"的含义，一直存有较多争议，有关问题仍待进一步探讨。目前金文所见"或"(含作偏旁的写法)与"或人(徒)"的辞例如下(释文从宽)：

(1)(◇《金文编》829页摹本)　或者作宫伯宝尊彝。

(或者簋　西周早期　《铭图》04483)

(2)　或伯作彝。

(或伯鼎、或伯鬲　西周早期　《铭图》01231、《中国国家博物馆馆藏文物研究丛

*本文原载《古籍研究》总第75辑，凤凰出版社2022年版。
① 金文中或字写法略有不同，详参后文论述，为便于行文，这里统一隶定为或。

（3） 或者作旅鼎,用匄偁鲁福,用绥福禄。

（或者鼎　西周中期　《铭图》02248）

（4） 伯或父作宝盨鼎,其朝夕用飨倗（朋）友,昏[婚]遘于宗室。①

（伯或父鼎　西周中期　《铭图》02189）

（5） 王令毛公以邦冢君、土（徒）驭、或人伐东或（国）痭戎。

（班簋　西周中期　《铭图》05401）

（6） （偏旁）多友或（又）玄折首执讯,乃轊,追至于杨冢。

（多友鼎　西周晚期　《铭图》02500）

（7） 窥（亲）令（命）晋侯苏:自西北遇（隅）敦伐郓城,晋侯厥率亚旅、小子、或

人先陷。（晋侯苏钟　西周晚期　《铭图》15301）

（8） （反书）许大或伯国父作叔姶鬻（鬻）贞（鼎）。

（许大或伯国父鼎　春秋早期　《铭续》0194）

（9） 余命女（汝）司辥莱、婳或徒四千,为女（汝）嫡寮。

（叔夷钟、叔夷镈　春秋晚期　《铭图》15553、15829）

以上（1）（5）两例"或"字从柲,余皆从戈,当是意符通用而改换,例（6）中其字做偏旁出现。②（1）（2）（3）（4）（8）诸例"或"字出现在人名结构中,（5）（7）两例中的"或人"应是指某种特定身份的人,在例（9）叔夷钟（镈）中又称作"或徒","徒""人"义近,"或徒"当是"或人"的另一种叫法。

学界有关"或"字和"或人"的认识较有分歧,《西清古鉴》（梁诗正等,2005:341）、严可均先生（1999:175）等释班簋"或人"作"或（国）人",近来任乃宏先生（2017:127、128）又发凡此说,认为"或"是"国"字初文;刘心源先生（2005:469）认为班簋"或"字左侧从旱,释铭文为"戬人",以为是执干盾之人;吴其昌先生（2005:38）释为"戎人";杨树达先生（1952:179）在讨论或伯鼎时指出,"或"字左侧偏旁从"口"、从"土",其字即《说文》

①　文集补记:器主当释为"伯武父",本文原释"伯或父"有误,比例当删除。
②　古文字中从"或"之字还见于《石鼓文·作原》（春秋中晚期,《铭图》19824）,作形,从"彳"、从"或",原文为"徲徲邍嘼","徲徲"是"嘼"之拟声。此外,秦简之中还有"戴"字,从"大"、从"或",详参后文。

之"或";郭沫若先生（1972:6）将"或"与"铁（鐵）"字联系起来,怀疑"或人"是冶铁工人;黄盛璋先生（1981:82）认为班簋中"或"为国、族名,"或人"是奴隶,为周王朝所俘虏或掠夺来的,马承源（1990:109）、陈双新（2000:123）、王辉（2006:103）等先生均从国族名之说;唐兰先生（1986:351）认为"或"字左侧偏旁疑是"桯",其即"或"字,为"铁"字声符,"铁"异体作"銕",故或人可读为夷人;李学勤先生（1986:183）认为或人是一种服杂役的人,读为秩人,连劭名先生（2004:113）则径释"或人"为铁人,读为夷人,认为是指少数民族,付强先生（2013:227-232）之说与此说相近,认为从口、从土,或乃铁字声符,同样读"或人"为夷人,但认为是泛指未经周王朝册封的友邦;李义海先生（2004:39、40）则认为旁乃钲之象形,进而释"或人"为钲人,是在将帅的指令下通过击钲（举钲以赅鼓）向军队传递行止命令的官吏;冯时先生（2012:131）认为"或人"是指族外之人,读或为程,训为品;南衡山先生（2013:22、23）认为"或人"可能指平时耕作,战时需执武器参战之人,汤梦甜先生（2017:114、115）赞同此说,同时也指出其人身份究竟如何,还有待于学者们进一步研究考证。

总而言之,关于"或"字的释读争议主要集中在对其左侧偏旁的理解上,对"或"字形体认识的不同,是造成对"或人"身份理解存在差异的重要原因,要想解决"或人"的含义问题,还需先从"或"字的释读入手。

二、"或"字考释

从前文所列金文"或"字诸多字形来看,其左侧偏旁有、、、几种写法,按照古文字形体的演变规律,应是最原始的写法,其后竖笔的底端增加横画作"⊥"形,同时在竖笔两侧增加"八"字形饰笔作,再后来竖笔中央又增加短横,下部遂最终演变为"土"形,陈双新（2000:123）、何琳仪、房振三先生（2005:16-21）均已对此演变过程作过揭示。从此字最初的写法来看,其显然是一个独体字,部分学者分析为口、土两部分是不合适的,而且土旁常作形,下部的横画一般不会省略。而释此字为"或",读"或人"为"国人"的意见,更是不合于字形。①至于将其看作独体象形字的学者提出的桯或钲等之象形的说法,更多的是在其字音基础上的据形立说,②并没有更多字形演变上的实据。

---

① "或"字的形体演变请参谢明文先生（2017:88-110）之说。
② 此类学者主张将释作《说文》"或"字,故知其从呈声,桯、钲均与呈同属耕部。

　　陈双新(2000:123)与何琳仪、房振三(2005:18)等先生还曾指出过戜字所从的◨旁即是呈字,篆书◨下部的"◨"旁是由土形的发展而来。①"呈"字与"呈"旁目前已习见于战国文字(参《战国文字字形表》35、145、1002页)确与此同形,因此将戜与《说文》"戜"字联系起来应是可信的。"戜"之"呈"旁是由◨发展而来的,关于◨旁何琳仪、房振三先生(2005:20、21)从只、也一字分化的角度出发,认为其是也、只的共同初文。而邬可晶先生(2015:409)则从也、只二字各有来源出发,认为其有可能是"也"字的形体来源。②关于"只"字的形体,裘锡圭先生指出应是从树枝之"枳(枝)"的象形初文割裂出来的,③裘先生之说从形体演变的角度来讲较有道理,应可采信。既然"只"字的形体已找到源头,那么将"戜"字所从的"◨"旁看作"也"字的形体来源就是更加合理的了。④也就是说戜字最初是从戈或柲、也声之字,其后形体演变为从戈、呈声,即是《说文》之"戜"。

　　《说文·戈部》云:"戜,利也,一曰剔也。从戈,呈声。"呈上古音属耕部,则戜的古音也当与耕部相近。从戜声之字尚有戣,已见于《周家台秦简·病方及其他》简337"不智(知)而心疾,不智(知)而咸戣(戣)",《说文·大部》云:"戣,大也。从大,戜声,读若《诗》'戣戣大猷'。"从戣声之字则有铁、骥、趚等,《说文·金部》:"铁,黑金也,从金,戣声。◨或省,◨古文铁从夷。"又《说文·马部》:"骥,马赤黑色,从马,戣声。"又《说文·走部》:"趚,走也,从走戣声,读若《诗》'威仪秩秩'。"可见戜虽从耕部的呈为声符,但是以之为声符的戣,以及以戣为声符的铁、骥、趚等字的上古音则当与秩、铗相近,大致在脂、质部。对此段玉裁《说文解字注》解释道:"戣,大也。此谓秩秩然之大也。《地理志》'四骥'作'四戣'。从大,戜声。读若《诗》'戣戣大猷'。《小雅·巧言》文。戣戣当作秩秩,今《毛诗》正作'秩秩',传曰:'秩秩,进知也。'呈在十一部,秩在十二部,古合音为最近,是以戣读如秩。"当代学者边田钢、黄笑山两位先生(2018:144)指出:"'戜'从'呈'得声,音徒结。'戣'又从'戜'得声,音直质切。'戜''戣'两字均从古耕部声符得声,而变入中古质韵,背后所蕴含的正是支、锡部在舌齿声母条件下向脂、质部发展的历史音变。"支、锡、耕与脂、质、真诸韵部间的密切关系,黄绮先生(1980:71-93)也曾有过论述。总之,戜的声符"呈"虽在耕部,但却不妨碍其与质部戣、铁、骥、趚诸字间的音

---

① 　◨、呈音近,下部的土旁演变为◨,或有变形音化的目的。
② 　邬文指出已另有学者发表过◨为"也"旁的说法,但未详出处。
③ 　裘说请见邬可晶先生(2015:408)文。
④ 　关于◨与也字形体上的联系,何琳仪、房振三先生(2005:16-21)已有详细讨论。

近关系,其间存在着音变过程。叶磊先生(2019:212-216)曾因或不见于战国文字,故认为其与或字之间尚有演变缺环,加之相关诸字间较为复杂的语音关系,从而怀疑戜与《说文》"或"字只是同形字,刘洪涛先生(2016:140)也曾据语音关系反对戜字从呈声的意见,现在看来理由均是不充分的。

三、"戜人（徒）"含义试解

从班簋铭文来看戜人（徒）的地位在国君（邦冢君）、徒兵车兵（徒驭）之下,晋侯苏钟又反映出戜人（徒）的地位当在亚旅、小子两种武官之下（参张亚初、刘雨,2004:15、16、45-47）,叔夷钟（镈）铭文中命叔夷管理的戜徒人数多达四千,说明其数量较多。而在班簋和晋侯苏钟当中戜人又都参与征伐,说明其为军队的重要组成人员。过去学界释"戜人"为国人、夷人、秩人、戜地之人、族外之人诸说,虽都有部分合理之处,但也各自存在疑点:"国人"之说明显不合于"戜"之字形;"夷人"与相关文例中的亚旅、小子、邦冢君、徒驭等具体身份相比,显得过于笼统;"秩人""程人"未见于典籍;"戜地之人"的说法则不好解释为何其会反复出现在不同地方的征伐战争和管理对象当中（班簋里"戜人"是毛公部属,在晋侯苏钟里则隶属于晋国军队,叔夷钟里又被齐侯安排下属来管理）。

结合金文所透露的戜人（徒）身份信息、戜字音义以及有关研究成果等方面的线索,颇疑戜人（徒）有可能就是典籍记载中的"厮徒"。厮从斯声,前文已指出"戜"字的最初写法是从"也"得声的,"也"字与"只"字关系密切,学界虽对"也""只"是否一字分化存有争议,但在古文字资料中二者常常通用则是不争的事实。[1]王志平先生(2003:64)曾在讨论语气助词的时候说"我们发现'氏（是）''只''些''斯''也''兮''旖'这些字读音和用法都非常相近,因而我们倾向于相信这些词是同源词,甚至可能记录的就是同一个语音",黄易青先生(2018:49)也曾指出上古诗歌语气助词"只""些""斯""思""止"是上古同一语气词的时地变体,它们声音的不同,是因为上古时地音变的影响。它们都是"兮"的变体。若依王先生意见,就可以直接证明"也""斯"为同源词。而若依黄先生意见,则至少可以说明作为语气助词的"只"和"斯"应有同源关系,而"只""也"又常可通用。因此无论哪种情况,将"戜"读为"厮"在语音上都应是没有障碍的。

---

[1] 有关"也""只"关系的论述可参陆从兰(2011:399-422)与黄德宽(2017:7-9)两位先生的论述。

李学勤先生（1986:183）曾推测或人是指一种服杂役之人，他说：

簋铭"王命毛公以邦冢君、徒驭、或人"，涉及当时军队制度，应略加分析。西周晚期的禹鼎铭云："肆武公迺遣禹率公戎车百乘、斯驭二百、徒千。""公戎车"是兵车，包扩车上的战士；"斯"是厮役，"驭"是御者，"徒"是徒兵。《孙子·作战》集注引杜牧云："《司马法》曰：一车甲士三人，步卒七十二人，炊家子十人，固守衣装五人，厩养五人，樵汲五人。"虽时代更晚，但在甲士外有徒兵（步卒）和从事杂役的人，和禹鼎仍然是类似的。与禹鼎对照，可知或人是指一种服杂役的人。

军队中的杂役典籍或称为"厮徒"，见《战国策·魏策一》："今窃闻大王之卒，武力二十余万，苍头二十万，奋击二十万，厮徒十万，车六百乘，骑五千匹。"吴师道曰："《正义》云：厮徒，谓烹炊供养杂役。"诸祖狄云："司马贞曰：厮徒谓厮养之卒。斯，养马之贱者，今起之为卒。"又《战国策·韩策一》："料大王之卒，悉之不过三十万，而厮徒负养在其中矣。"[①]《淮南子·览冥》："是故质壮轻足者，为甲卒千里之外；家老羸弱，凄怆于内；厮徒马围，輆车奉馕。"高诱注："厮，役。徒，众。"又《淮南子·人间》："张毅好恭……厮徒马围，皆与伉礼。"[②]据上述典籍与有关注解知杂役之人——厮徒确是先秦军队的重要组成人员，不仅负责做饭养马诸事，还要参与战斗，且其身份地位不高，人数又较多，这些特点都与金文所反映出的或人（徒）的身份信息较为吻合。或人与或徒含义相同而称谓稍异，或（厮）人见于西周金文，或（厮）徒见于春秋金文以及战国及其后的典籍，这有可能是历时称谓的差异。[③]

四、余论

在已著录的多件卫簋中（《铭图》5368、5369、《铭续》462、《铭三》524）有人名"中（仲）△父"，"△"字原作 （《铭图》5368器铭）、（《铭图》5369器铭）、（《铭续》462盖铭）、（《铭三》524），此字旧多释为"侃"，料想应是认为此字右侧从"口"旁的缘故，"侃"字本是"衍"字加"口"旁后的分化字（裘锡圭，2012:378-386）。若将其与"或"字声

---

① 参诸祖狄（2008:1166、1364）。

② 参高诱（1989:66、205）。

③ 典籍中又有"厮役""厮舆""厮养"等词，均指仆役，与"厮徒"义近，见《公羊传·宣公十二年》："厮役扈养死者数百人。"《吕氏春秋·决胜》："虽厮舆白徒，方数百里皆来会战。"《战国策·齐策五》："士大夫之所匿，厮养士之所窃，十年之田而不偿也。"故"厮役""厮舆""厮养"以及金文"或（厮）人""或（厮）徒"有可能都是同一类人的不同称呼，诸词的核心义素应在"厮"字。

薪火相传——庆祝西南大学汉语言文献研究所成立四十周年论文集

符相合观来看，即可发现上列卫簋诸字有可能是"衍"叠加"也（）"声而成的异体，"衍"上古音属喻纽元部，"也"属喻纽歌部，二字声纽相同，而韵部对转，从语音上说，将"也"作为"衍"字的叠加声符是比较适宜的。

在保侃母壶（《铭图》12300）中旧所谓的"侃"字作（盖）、（器）之形，关于其右下侧的偏旁，裘锡圭先生（2012:383）认为"口"形下的当是不应有的羡画，斜竖就是表示删去的记号。参照上文论及的字以及金文"或"字异体，壶铭二字右下所从（、）或是"或"旁，只是这里的或字与或者簋、班簋一样写作从秘、也声，且"秘"旁与"也"旁共用了笔画（可能是书写空间狭小，故而使"也""秘"共用了竖画），壶铭其字则应是叠加了"或"声的"衍"字异体。

文集补记：

张崇礼先生曾将金文"或（或）"释为"徵"，认为或人（徒）即徵人（徒），是指临时征兆充军的庶人（说见《释金文中的"或"字》，复旦大学出土文献与古文字研究中心网站，2012年5月4日）。

张先生同样认为金文"或人（徒）"乃军队人员与本文观点相近，但临时证召没有军事训练基础的庶民充军，恐不符合当时的常制，且释"或"为"徵"亦缺乏字形方面的可靠证据，其说恐不可取。张说原文失收，今补记于此。

本文引书简称目录

铭三	商周青铜器铭文暨图像集成三编	铭续	商周青铜器铭文暨图像集成续编
铭图	商周青铜器铭文暨图像集成		

【参考文献】

边田钢　黄笑山　2018　《上古后期支、脂、之三部关系方言地理类型研究》，《浙江大学学报（人文社会科学版）》第4期。

陈双新　2000　《乐器铭文考释（五篇）》，《古文字研究》（第22辑），中华书局。

冯　时　2012　《班簋铭文补释》，《出土文献》（第3辑），中西书局。

付　强　2013　《"戜"字补释》，《中国文字》（新41期），艺文印书馆。

［汉］刘安等编著　高　诱注　1989　《淮南子》，上海古籍出版社。

郭沫若　1972　《〈班簋〉的再发现》，《文物》第9期。

黄德宽　2017　《新出战国楚简〈诗经〉异文二题》，《中原文化研究》第5期。

黄　绮　1980　《论古韵分部及支、脂、之是否应分为三》,《河北大学学报(哲学社会科学版)》第2期。

黄盛璋　1981　《班簋的年代、地理与历史问题》,《考古与文物》第1期。

黄易青　2018　《上古诗歌语气助词"只、些、斯、思、止"的词源》,《北京师范大学学报(社会科学版)》第1期。

何琳仪　房振三　2005　《"也""只"考辨》,《上海文博论丛》第3期。

李学勤　1986　《班簋续考》,《古文字研究》(第13辑),中华书局。

李义海　2004　《班簋补释》,《南阳师范学院学报(哲学社会科学版)》第1期。

连劭名　2004　《西周〈班簋〉铭文新考》,《北京文物与考古》(第6辑),民族出版社。

[清]梁诗正等　2005　《西清古鉴》,《金文文献集成》第3册,线装书局。

刘洪涛　2016　《释"韩"》,《古文字研究》(第31辑),中华书局。

[清]刘心源　2005　《古文审》,《金文文献集成》第11册,线装书局。

陆从兰　2011　《出土先秦文献中的"也""只"及相关字研究》,安徽大学硕士学位论文。

马承源　1990　《商周青铜器铭文选》(第3卷),文物出版社。

南衡山　2013　《金文所见西周中期周与东南诸夷的战争之研究》,华东师范大学硕士学位论文。

裘锡圭　2012　《释"衍""侃"》,《裘锡圭学术文集•甲骨文卷》,复旦大学出版社。

任乃宏　2017　《〈班簋铭〉之"人"与"东或"新考》,《中原文物》第5期。

唐　兰　1986　《西周青铜器铭文分代史征》,中华书局。

汤梦甜　2017　《班簋铭文集释》,华东师范大学硕士学位论文。

王　辉　2006　《商周金文》,文物出版社。

王志平　2003　《〈诗论〉发微》,《华学》(第六辑),紫禁城出版社。

邬可晶　2015　《上古汉语中本来是否存在语气词"只"的问题的再检讨——以出土文献所究辞例和字形为中心》,《出土文献与古文字研究》(第六辑),上海古籍出版社。

吴其昌　2005　《金文厤朔疏证》,《金文文献集成》第38册,线装书局。

吴镇烽　2012　《商周青铜器铭文暨图像集成》,上海古籍出版社。

吴镇烽　2016　《商周青铜器铭文暨图像集成续编》,上海古籍出版社。

吴镇烽　2020　《商周青铜器铭文暨图像集成三编》,上海古籍出版社。

谢明文　2017　《"或"字补说》,上海古籍出版社。

[清]严可均　1999　《全上古三代秦汉三国六朝文》,商务印书馆。

杨树达　1952　《积微居金文说》,中华书局。

叶　磊　2019　《晋国金文整理与研究》,西南大学硕士学位论文。

张亚初　刘雨　2004　《西周金文官制研究》,中华书局。

中国国家博物馆　2020　《中国国家博物馆馆藏文物研究丛书•青铜器卷(西周)》,上海古籍出版社。

诸祖狄　2008　《战国策集注汇考》(增补本),凤凰出版社。

从副词发展史角度考马王堆医书成书时代*

张显成　程文文

　　摘　要：判定文献的成书时代具有重要意义,马王堆医书是简帛医书之最大宗者,学界一般认为其成书年代在春秋战国之际甚至更早。我们在全面清理马王堆医书虚词的大宗——副词的基础上,选取表时间的"既"与"已"、表否定的"勿"与"毋"、表程度的"稍"与"小(少)"以及"最"这几组典型的副词,从虚词发展史的角度来论断其成书时代,结论是:马王堆医书中副词的使用情况反映的是战国末期产生的语言新质,从而可以判断其成书时代不早于战国末期,学界认为其成书于春秋战国之际甚至更早的说法不能成立。

　　关键词：马王堆医书;副词发展史;成书时代

一、问题的提出

　　文献的成书年代是文献研究最基本的重要内容,若这一问题都未能得到正确解决,则其他有关问题的研究都会因此而受到影响。近几十年出土的大量简帛中,有不少失传两千年的医学文献,这些医书都是"惊人秘籍,有的甚至为司马迁以下所未见,有很重大的研究价值"(张显成,1997)。1973年底在湖南长沙马王堆三号汉墓(墓葬时间为文帝前元12年,即公元前168年)中出土了大量帛书和部分简牍,其中有大量医书,学界称之为"马王堆医书",具体为:《足臂十一脉灸经》《阴阳十一脉灸经甲本》《脉法》《阴阳脉死候》《五十二病方》《却谷食气》《阴阳十一脉灸经乙本》《导引图》《养

*本文系国家社科基金重大项目"简帛医书综合研究"(项目批准号:12&ZD115)的阶段性成果。感谢匿名审稿专家对本文提出的宝贵意见!

生方》《杂疗方》《胎产书》《十问》《合阴阳》《杂禁方》《天下至道谈》。①马王堆医书乃简帛医书之最大宗者,其成书年代自然也是学界极为关注的重要问题。目前研究者多将马王堆医书与传世医书《黄帝内经》对比,以此推测其成书年代,如:(1)中医研究院医史文献研究室(1975)从医学的角度指出,《足臂十一脉灸经》《阴阳十一脉灸经甲本》《阴阳十一脉灸经乙本》的成书年代早于《黄帝内经》,"如果以《黄帝内经》成书于战国时期来确定,那么两部灸经的成书年代至少可以上溯到春秋战国之际甚至更早"。(2)马王堆汉墓帛书整理小组(1985)指出,《足臂十一脉灸经》、两种《阴阳十一脉灸经》及《阴阳脉死候》《五十二病方》的著作年代早于《黄帝内经》。(3)钟益研、凌襄(1975)先生指出:"(《五十二病方》)的产生年代早于《黄帝内经》。"(4)张显成(2000:21)指出:"《脉法》没有针法,其成书年代早于《黄帝内经》;《养生方》《杂疗方》行文风格和用语与《五十二病方》基本相同,所以,此二种的成书年代应与《五十二病方》大致相同(成书时代也应早于《黄帝内经》);《十问》、《合阴阳》、《天下至道谈》古奥难懂,初读起来,犹如'天书',这三种古佚医书可能在先秦就已成书。"(5)马继兴(1992:13-15)先生认为马王堆医书"著作年代大都早于其各自的抄写年代",并且大都早于《黄帝内经》,如两种《阴阳十一脉灸经》《脉法》《五十二病方》《却谷食气》《阴阳脉死候》等内容均未能看到五行学说的痕迹,《胎产书》中的五行学说具有不够完全成熟的雏形性质,且一字未提到"五脏""六腑"字样,而《黄帝内经》已可见到五行学说和"五脏""六腑"等器官名称,因此这些医书的成书年代也早于《黄帝内经》。②综上所述,学者们大都认为马王堆医书的成书年代早于《黄帝内经》。

实际上,传世医书《黄帝内经》的成书年代尚存争议③,仅依据它来判定马王堆医书的成书年代是站不住脚的,所以,对马王堆医书的成书年代尚需进一步深入研究。就目前对马王堆医书成书年代问题的研究来看,未见有学者从虚词发展史的角度来探讨其成书时间。"虚词系统是一个历史现象,从前一时段到后一时段都是有变化的"(张玉金,2009:50),所以,从虚词史角度来考论古书的写成年代,不失为一种有效的方法。我们全面系统地清理了马王堆医书中的虚词的大宗——副词,从虚词发展史的

---

① 　新近刊布的裘锡圭主编《长沙马王堆汉墓简帛集成》(2014)将《却谷食气》命为《去谷食气》,将《杂疗方》分为《房内记》和《疗射工毒方》二种,本文不取。本文所引用的马王堆医书各书的行第号和简号悉依马王堆汉墓帛书整理小组《马王堆汉墓帛书[肆]》(1985),但所引释文对原释读多有修正,修正之处大都不再说明。

② 　属该书的专篇"马王堆汉墓医书的时代考证"。

③ 　学界一般认为,《黄帝内经》的主体成书于春秋战国之际(如上文所引中医研究院医史文献研究室之言),另有人认为成书于春秋,有人认为成书于战国,有人认为成书于秦汉。

角度来推断其成书时间。为节省篇幅,兹选取几组典型的副词来进行考论,它们是时间副词"既"与"已"①,否定副词"勿"与"毋",程度副词"稍"与"小(少)""最"。

二、从时间副词"既"与"已"的兴替来考论

马王堆医书中的时间副词"既""已"主要修饰动词性谓语或形容词性谓语,体系完备,种类较多,表义准确、单一,具体情况如下:

1.时间副词"既"在马王堆医书中有3例,其中《胎产书》1例,《养生方》1例,《天下至道谈》1例。"既"用于动词或形容词谓语之前,表示"已经"。用例如下:②

(1)子既产,置土上,勿庸(用)举,令婴儿椠上,其身尽得土,乃浴之,为劲有力。

(《胎产书》29-30)

(2)我须(须)麋(眉)溉(既)化(花),血气不足,我无所乐。　　(《养生方》207)

《集韵·未韵》:"既,或通作溉。""须眉既化"即须眉已经花白。

(3)十修暨(既)备,十埶(势)豫陈,八道杂,椄(接)刑(形)以昏。(《天下至道谈》47)

"暨"从"既"得声,故可相通。

2.时间副词"已"在马王堆医书中有30例,其中《五十二病方》21例,《养生方》4例,《杂疗方》1例,《胎产书》2例,《天下至道谈》1例,《合阴阳》1例。用于谓语前做状语,表示动作已经完成或者情况已经发生,可以译为"已经"。如:

(4)一尉(熨)寒汗出,汗出多能诎(屈)倍〈信(伸)〉,止。尉(熨)时及已熨四日内,【□□】衣,毋见风。　　　　　　　　　　　　　　(《五十二病方》32)

---

① 已,在简帛中均写作"已",以下径写作"已"。
② 本文所引简帛释文使用了以下符号:( ),表示前一字是通假字、异体字、俗字或古字,( )内写出相应的本字、通行字、今字和正字;□,表示无法补出的残缺字,一"□"表示一字;▨,表示残缺字字数无法确定者;〈 〉,表示改正讹误字,正确的字写于〈 〉内;【 】,表示简帛的残脱字,脱字补于【 】内;(?),表示前一字为释读不确定之字;▱,表示简帛残断处。另,为行文简洁,原简帛上的重文号略去而径出原字,原简帛上的衍文及原释文表示涂抹掉的废字符号"○"略去;行文用简体,但个别地方为了说明问题,仍用繁体。

(5)(将药汁)以渍细布一尺,已渍,楊(晹)之,干,复渍。　　　　(《养生方》81-82)

(6)以晦往之甴(块)所,禹步三,道南方始,取甴(块)言曰:'今日月晦,靡(磨)尤(疣)北。'甴(块)一靡(磨)一,二【七】,已靡(磨),置甴(块)其处,去勿顾,靡(磨)大者。

(《五十二病方》106-107)

(7)以方直(咀)时,取蒿、牡、卑(蜱)稍(蛸)三,冶,歙之,必产男。已试。

(《胎产书》22)

(8)(房中方:)……节(即)其污者不能三指小最(撮)亦可。已试。　(《杂疗方》39)

我们考察了出土文献和传世文献中时间副词"即""已"的用例情况,兹述如下:

选取的出土文献为:甲骨文、金文、楚简帛、秦简、汉简帛(马王堆医书除外)①。时间副词"既""已"的用例情况见表1:

表1

时间副词	甲骨文	金文	楚简帛	秦简	汉简帛
既	62	31	129	7	39
已	0	0	22	86	394

选取的传世文献为:《周易》《诗经》《论语》《左传》《国语》《孟子》《史记》。时间副词"既""已"的用例情况见表2:②

表2

时间副词	周易	诗经	论语	左传	国语	孟子	史记
既	4	153	13	121	76	27	192
已	0	0	1	9	7	3	260

从上可见,时间副词"既""已"的使用具有时间先后关系,即西周时期,只有时间副词"既",没有"已";战国时期,时间副词"已"出现且用例极少,主要用"既"表示行为

---

① 本文语料来源:甲骨文主要源自姚孝遂主编《殷墟甲骨刻辞类纂》(中华书局,1989)。金文源自中国社会科学院考古研究所《殷周金文集成》(中华书局,2007),以及刘雨、卢岩《近出殷周金文集录》(中华书局,2002)和期刊、辑刊等新刊重要铜器铭文。简帛语料源自现已刊布的楚秦两汉简帛。以上文献凡文字清楚、文意连贯者均属本文的研究语料。

② 本文所选取的这些文献的版本均采今人精校精注本,其中《周易》仅统计其中的经文,传文"十翼"不计入。选取这些文献的标准是成书时代明确、具有代表性。另,传世文献在流传的过程中可能会有"失真",故本文遵循"例不十法不立、例不十法不破"的原则,数据均是作者在充分吸收当前有关研究成果的基础上,对有关文献进行尽可能全面的统计调查分析得来。以下各表数据来源同。

动作或事物状态的改变发生在过去;从秦简开始①,"已"的使用急剧增加,"已"表示既事功能的增强,对表完成的"既"产生排挤作用,使"既"表既事的功能逐渐减弱,用例锐减,如《史记》中时间副词"已"有260例,"既"有192例。

马王堆医书中时间副词"既"仅3例,"已"有30例,用例之比为1∶10,主要用"已"表示行为动作或事物状态的改变发生在过去,"既"的用例情况极少。这明显反映出"既""已"处于完全衰减而"已"处于急剧增加的态势,所以,从时间副词"既"与"已"的兴替来看,马王堆医书中"既""已"的出现情况反映的是秦及以后的语言现象,联系马王堆医书的下葬时间来看,马王堆医书的成书年代不会早于战国末期。

三、从程度副词"稍"与"少"的兴替及"最"的使用来考论

"少"在文献中又常写作"小"。马王堆医书中的程度副词"稍""少"和"最"的使用情况具有明显的时代特色。兹述如下:

(一)程度副词"稍""少"

程度副词"稍""少"在马王堆医书中的使用情况如下:

1.程度副词"稍"表"略微、稍微"义,马王堆医书有1例:

(9)身有体痈种(肿)者方:取牡【□】一,夸就,皆勿【□□□□□□】炊之,候其泊不尽一斗,抒臧(藏)之,稍取以涂身膗(体)种(肿)者而炙之,【□□□□□□】痈种(肿)尽去,已。　　　　　　　　　　　　　　　　　　(《五十二病方》376-377)

此外,"稍"还可以做时间副词表"逐渐"义,马王堆医书中有6例,其中《五十二病方》4例,《养生方》1例,《杂疗方》1。如下:

(10)(制养生醴方:)即煮其汁,壹炪(沸)而成醴。即稍歓之,以□身⊡米内(纳)韇(韇)中,多精汁,便身⊡。　　　　　　　　　　　　　　(《杂疗方》52-53)

(11)亨(烹)三宿雄鸡二,泊水三斗,孰(熟)而出,及汁更泊,以金盂逆䰍下。炊五穀(谷)、兔□头肉陀䰍中,稍沃以汁,令下盂中,孰(熟),歓(饮)汁。　　　(《五十二病方》94-95)

---

① 秦简的时代,包括秦统一中国以后的秦朝和秦统一中国以前的六国之秦的后期,故秦简的形成时代为战国末期至秦朝。下文所说的"秦",即指这一时期。

(12)歓(饮)食□□□弃水已必以【□□□□】气钩口卬(仰)之,比□,稍以鼻出气,【□□】复气,□老者□。　　　　　　　　　　　　(《养生方》16-17)

2.程度副词"少"在马王堆医书中仅有1例,写作"小":

(13)(即)用,取大如掌,窜鼻空(孔),小(少)养(痒)而热;以据臂,臂大养(痒)坚热;勿令获面,获面养(痒)不可支殹。　　　　　　　　(《养生方》49-50)

程度副词"小"修饰形容词谓语"痒",表示微痒。

我们考察了出土文献中"稍""少"的用例情况,见表3:

表3

程度副词	甲骨文	金文	楚简帛	秦简	汉简帛
稍	0	0	0	0	3
少	0	0	8	6	7

甲骨文、金文中程度副词"稍""少"没有用例;楚简帛和秦简中主要用程度副词"少"表示动作行为发生的微度,而未见用"稍";直到汉简帛中"稍"才开始用作程度副词。如《武威汉代医简》79:"昼夜啥三丸,稍咽之,甚良。"

传世文献中程度副词"稍""少"的用例情况见表4:

表4

程度副词	周易	诗经	论语	左传	国语	孟子	史记
稍	0	0	0	0	0	0	4
少	3	0	0	8	5	0	17

传世文献中《周易》《左传》《国语》中主要用程度副词"少"表微度,"稍"没有用例,直到《史记》中"稍"才可用作程度副词。如:《史记·梁孝王世家》:"上怒稍解,因上书请朝。"即使考虑到《史记》中有一些汉以前的语言成分,程度副词"稍"的产生时代最早也不会早于战国末期。

由上可见,程度副词"稍""少"的使用情况呈现出一定的规律性:先秦时,程度副词"稍"没有出现,主要用程度副词"少"表微度;直到《史记》,程度副词"稍"才出现,与"少"一同做程度副词表"轻微"之义。马王堆医书中用"稍"做程度副词表"稍微、略微"义,这说明其成书年代最早也不会早于战国末期。

(二)程度副词"最"

程度副词"最"在马王堆医书中有3例,表示被叙述的对象的性质超过了所有的同类,达到了最高的程度。如:

(14)尧问于舜曰:"天下孰最贵?"　　　　　　　　　　　　　　(《十问》42)

(15)舜曰:"生最贵。"　　　　　　　　　　　　　　　　　　　(《十问》42)

(16)文执(挚)合(答)曰:"臣为道三百编,而卧最为首。"　　　　(《十问》75)

程度副词"最"在出土文献中的用例情况如下:甲骨文、金文、楚简帛中没有用例,秦简中程度副词"最"有4例,汉简帛中有4例。传世文献中,程度副词"最"均未见于《周易》《诗经》《论语》《左传》《国语》《孟子》。"最"在《史记》中有91例。李杰群(1991:327)先生指出"最"在战国末期才转化为程度副词,表示程度高,在句中基本充当状语。赵军(2009)先生指出:"'最'表示'达到……的极点'的最早用例为《睡虎地秦墓竹简·厩苑律》:'有里课之,最者,赐田典日旬。'"①《睡虎地秦墓竹简·厩苑律》是秦代的文献,这说明,表"至极类"的程度副词"最"出现的最早时间当为战国末期。

程度副词"最"在《十问》中出现3次,标志着马王堆医书中已经开始用程度副词"最"表示"达到……的极点"之义了,这说明了马王堆医书的成书年代最早为战国末期。

四、从否定副词"勿"与"毋"的历时发展来考论

马王堆医书中的否定副词"勿""毋"的使用情况如下:

1."勿1"凡10见。表叙述否定,表示某种事实或者现象不能人为改变,相当于现代汉语的"不""不能",修饰动词性谓语,且其后的动词后面不带宾语。如:

(17)壹至勿星,耳目葱(聪)明;再至勿星,音气高阳(扬);三至勿星,被(皮)革有光;四至勿星,脊肤不陽(伤)。　　　　　　　　　　　　　　(《十问》19—20)

---

① 赵文所引简文的"有"当读为"又"。《睡虎地秦墓竹简》中的程度副词"最"除赵文所举外,还有:《语书》13—14:"发书,移书曹,曹莫受,以告府,府令曹画(过)之。其画(过)最多者,当居曹奏令、丞,令、丞以为不直,志千里使有籍书之,以为恶吏。"《日书甲种》15背壹—16背壹:"凡宇最邦之高,贵贫。宇最邦之下,富而癃(癃)。"

（18）五至勿星，尻脾（髀）能方；六至勿星，百脉通行；七至勿星，冬（终）身失〈无〉央（殃）。
（《十问》21）

（19）八至勿星，可以寿长；九至勿星，通于神明（明）。
（《十问》22）

（20）字者已，即以流水及井水清者，执（熟）洍洗𩉿（澣）其包（胞），执（熟）捉，令毋（无）汁。以故瓦甊毋（无）津者盛，善密盖以瓦瓯，令虫（虫）勿能入，狸（埋）清地阳处久见日所。
（《杂疗方》41-42）

否定副词"勿"在马王堆医书中共出现10次，其中9次修饰及物动词"星"，出现在同一语境中，我们将其计为1例。"壹至勿星"，《合阴阳》作"一动毋决"，《医心方》卷二十八引《玉房秘诀》作"一动勿写（泻）"。星，散离，此处指耗散、泻精。"勿星"，不泻精。

2."勿2"凡49见。表禁止否定，表示劝诫、禁止某种动作行为发生。"勿2"主要修饰动词、形容词等谓词性成分。"勿2"后面的动词带宾语的有6例，其中《五十二病方》2例，《养生方》4例；不带宾语的有43例，其中《五十二病方》11例，《天下至道谈》6例，《阴阳十一脉灸经甲本》1例，《胎产书》3例，《杂疗方》4例，《十问》7例，《合阴阳》2例，《天下至道谈》6例，《养生方》3例。如：

（21）【其】所产病：热中，【癃，癫，偏疝，为五病。五病】有而心烦，死，勿治殴（殹）。
（《阴阳十一脉灸经甲本》60-61）

（22）内加：取春鸟卵，卵入桑枝中，烝（蒸）之，伏黍中食之。卵壹决，勿多食。
（《杂疗方》8）

（23）（制药酒方：）十□□执（熟）矣，即发，勿酾，稍□【□】清汁尽，有（又）以十斗酒沃，如此三而【□□】。
（《养生方》166）

酾，过滤。

（24）颐痈者，冶半夏一，牛煎脂二，酰六，并以鼎【□□□】如□㮚，以傅。勿尽傅，圜一寸，干，复傅之，而以汤酒去药，已矣。
（《五十二病方》378）

傅，同敷。

(25)（除中益气方:）取草茣长四寸一把,茉(尤)一把,乌家(喙)十□【□□】削皮细析,以大【牡兔】肉入药间,尽之,干,**勿**令见日,百日,冶,裹……

（《养生方》122-123）

(26)（灼方:）（即)用,取大如掌,窜鼻空(孔),小养(痒)而热;以据臂,臂大养(痒)坚热;**勿**令获面,获面养(痒)不可支殹。 （《养生方》49-50）

(27)（治癫方:）積(癫),先上卵,引下其皮,以砭(砭)穿其【隋(脽)】旁;□【□】汁及膏□,挠以醇□。有(又)久(灸)其痏,**勿**令风及,易(易)瘳;而久(灸)其泰(太)阴、泰(太)阳【□□】。令。 （《五十二病方》221-222）

3."**毋1**"凡15见。表叙述否定,是对动作行为、性质状态的否定,相当于"不"。否定副词"**毋1**"修饰动词,后面带宾语的有1例;不带宾语的有14例,其中《五十二病方》2例,《养生方》3例,《十问》5例,《天下至道谈》4例。如:

(28)人有善者,不先女人,女人有之,善者独能,**毋**予**毋**治,**毋**作**毋**疑,必徐以久,必微以持,如已不已,女乃大台(怡)。 （《天下至道谈》62）

(29)由曰:"胗胗诎诎,从竈(灶)出**毋**延,黄神且与言。"即三湮(唾)之。 （《五十二病方》308）

(30)（制房中药巾方:）且为之,以黎巾方寸入中,一入而出之,令肤急**毋**歇(垂),有(又)令男子足□。 （《养生方》86-87）

(31)三日合速(睫)**毋**听,翕(吸)气以充膈(脑)。 （《十问》63）

4."**毋2**"凡51见。表禁止否定,表示禁止、劝告受话人不要做出某种动作行为,可译为"不许""不要"。否定副词"**毋2**"主要修饰动词或动词谓语,动词后面带宾语的有32例,其中《五十二病方》17例,《养生方》2例,《杂疗方》2例,《胎产书》6例,《合阴阳》1例,《十问》4例;动词后面不带宾语的有19例,其中《五十二病方》14例,《养生方》1例,《合阴阳》2例,《十问》2例。如:

(32)治病时,**毋**食鱼、彘肉、马肉、龟、虫、荤、麻洙采(菜),**毋**近内,病已如故。 （《五十二病方》27-28）

(33)（治肠癫方:）夕**毋**食,旦取丰卵一溃,美酨一棓(杯)以歙(饮)之。 （《五十二病方》236）

(34)且服药,先毋食荤二、三日;及药时,毋食鱼。病已如故。治病毋(无)时。

(《五十二病方》124)

且服药,指服药前。

(35)取□□□□□□□□□□□鱼,夕毋食,旦而食之,以厌为故,毋歓(歠)汁。

(《杂疗方》74—75)

(36)(胎儿)一月名曰留(流)刑(形),食歓必精,酸羹必(熟),毋食辛星(腥),是谓财(哉)贞。

(《胎产书》2—3)

(37)(草薢、牛膝诸药)以淳酒四斗渍之,毋去其宰(滓),以□脯,尽之,即冶,□以韦橐裹。

(《养生方》150)

马王堆医书中否定副词"勿"表一般否定仅2例,表禁止否定有49例,占全部用例(51例)的96.08%;"毋"表一般否定有15例,表禁止否定有51例,占全部用例(66例)的77.27%。所以,否定副词"勿""毋"在马王堆医书中主要表禁止否定。"勿"表禁止否定时,其后动词不接宾语的有43例,占全部用例(49例)的87.76%,故"勿"后面的动词以不带宾语的情况为主;"毋"表禁止否定时,其后接宾语的有32例,占全部用例(51例)的62.75%,故"毋"后面的动词以带宾语的情况为主。

王力(2005:133)先生说:"在谓语的中心词是外动词的时候,'弗'、'勿'所修饰的外动词一般不能带宾语,而'不'和'毋'后面的外动词经常带宾语……特别是就多数先秦史料看来,'勿'后面的动词不带宾语是无可争辩的事情。"孙锡信(1992:167)先生指出,从上古后期大多数用例来看,"毋""勿"主要用于禁止性否定,"毋"后面的及物动词一般带宾语,"勿"后面的及物动词一般不带宾语。这一结论无疑是正确的。"勿""毋"的使用具有明显的时代特色,上述结论是通过传世文献得出的。我们再考察一下出土文献中否定副词"勿""毋"的使用规律,用例情况见表5:

表5

否定类型	否定副词	甲骨文	金文	楚简帛	秦简	汉简帛
叙述否定	毋1	96	39	77	27	291
	勿1	69	1	7	1	7
禁止否定	毋2	8	37	162	221	523
	勿2	0	32	33	108	79

接着再考察出土文献中否定副词"勿""毋"后动词带宾语的情况,具体用例见表6:

表6

出土文献类型	毋1		勿1		毋2		勿2	
	有宾语	无宾语	有宾语	无宾语	有宾语	无宾语	有宾语	无宾语
甲骨文	1	95	18	51	1	7	0	0
金文	10	29	0	1	19	18	21	11
楚简帛	69	9	3	4	79	60	2	21
秦简	1	26	0	1	81	36	10	65
汉简帛	54	237	0	7	313	110	14	65

由上可见,传世文献和出土文献中否定副词"勿""毋"的使用情况存在一定的规律:甲骨文、金文中,否定副词"勿""毋"主要用于叙述否定。春秋战国时,"毋"表叙述否定和禁止否定,表叙述否定时,其后的动词一般接宾语;表禁止否定时,其后动词可接宾语,也可不接宾语;"勿"主要用于禁止否定,其后动词以不带宾语为主。从秦简开始,否定副词"勿""毋"主要用于禁止否定,"勿"后面的动词一般不带宾语,"毋"后面的动词一般要带宾语。

马王堆医书中否定副词"勿""毋"主要表禁止否定,"勿"表禁止否定时,其后动词以不带宾语的情况为主;"毋"表禁止否定时,其后动词以带宾语的情况为主。因此,否定副词"勿""毋"在马王堆医书中的使用情况反映的是战国末期的语言新质。同理,联系马王堆医书的下葬时间来看,马王堆医书的成书年代不会早于战国末期。

五、结语

使用不同的虚词是汉语史不同时期最显著的区别之一。以上我们从汉语副词发展史的角度,重点考论了三组副词的使用情况,它们是时间副词"既""已",程度副词"稍""少"与"最",否定副词"毋""勿"。通过对这三组副词的使用情况分别进行考论,得出同一结论:它们的使用情况反映的是战国末期产生的语言新质。

1.先秦时期,表既事主要用时间副词"既",极少用"已";从战国末期开始,"已"的使用急剧增加,对"既"产生排挤作用,使"既"用例锐减。马王堆医书中时间副词"已"的用例远远高于"既",从时间副词"既"与"已"的兴替来看,马王堆医书的成书年代不会早于战国末期。

2.先秦时,主要用程度副词"少"表微度,程度副词"稍"出现的上限不会早于战国末期。马王堆医书中用"稍"做程度副词表"稍微、略微"义,说明其成书年代绝不会早于战国末期。

3.表"至极类"的程度副词"最"出现的最早时间为战国末期。马王堆医书中用"最"做程度副词表示"达到……的极点"之义,说明其成书年代最早在战国末期。

4.甲骨文、金文中,否定副词"勿""毋"主要表叙述否定。春秋战国时,"毋"表叙述否定和禁止否定,表叙述否定时,其后的动词一般接宾语,表禁止否定时,其后动词可接宾语,也可不接宾语;"勿"主要用于禁止否定,其后动词以不带宾语的情况为主。从战国末期开始,否定副词"勿""毋"主要用于禁止否定,"勿"后面的动词一般不带宾语,"毋"后面的动词一般要带宾语。马王堆医书中否定副词"勿""毋"主要表禁止否定,"勿"表禁止否定时,其后动词以不带宾语为主;"毋"表禁止否定时,其后动词以带宾语为主。因此,否定副词"勿""毋"在马王堆医书中的使用情况说明其成书年代最早为战国末期。

医书不同于其他类型的作品,注重的是实用性,在传抄的过程中很少由于主观因素而擅自改动。虽然不同时代使用的文字形体存在区别,但是医家承袭家法,师徒相传,承袭前说,抄书都有所本,即不轻易改动,其内容自然反映的是当时的语言面貌。马王堆医书中副词的使用特点反映的是战国末期产生的语言新质,故从副词发展史角度来看,马王堆医书成书时代最早为战国末期,学界认为其成书于春秋战国之际甚至更早的说法不能成立。

【参考文献】

李杰群　1991　《上古汉语程度副词考辨》,《纪念王力先生九十诞辰文集》,山东教育出版社。

刘　雨　卢　岩　2002　《近出殷周金文集录》,中华书局。

马继兴　1992　《马王堆古医书考释》,湖南科学技术出版社。

马王堆汉墓帛书整理小组　1985　《马王堆汉墓帛书[肆]》,文物出版社。

裘锡圭　2014　《长沙马王堆汉墓简帛集成》,中华书局。

孙锡信　1992　《汉语历史语法要略》,复旦大学出版社。

王　力　2005　《汉语语法史》,商务印书馆。

姚孝遂　1989　《殷墟甲骨刻辞类纂》，中华书局。

张显成　1997　《简帛药名研究·李学勤〈跋〉》，西南师范大学出版社。

张显成　2000　《先秦两汉医学用语研究》，巴蜀书社。

张玉金　2009　《出土文献与上古汉语虚词研究》，《华南师范大学学报（社会科学版）》第3期。

赵　军　2009　《"最"类极性程度副词的形成和发展》，《宁夏大学学报（人文社会科学版）》第4期。

中国社会科学院考古研究所　2007　《殷周金文集成》，中华书局。

中医研究院医史文献研究室　1975　《马王堆帛书四种古医学佚书简介》，《文物》第6期。

钟益研　凌　襄　1975　《我国现已发现的最古医方——帛书〈五十二病方〉》，《文物》第9期。

"匹""正"同形与古籍校读[*]

孟蓬生

　　摘　要:"匹""正"本是两个不同的字,两者的形音义没有必然联系,但在汉字构形系统发展史上,两字曾经历过一个字形趋近乃至同形互用(前人或称"互讹")的阶段。本文对"匹""正"互用的实例进行了汇集和补充,对两字互用的历史过程进行了粗略的勾勒,并在此基础之上尝试解决古籍中一些疑难字词和文句的理解问题。

　　关键词:同形字;讹字;互用;匹;正

　　"匹""正"本是两个不同的字,两者的形音义没有必然联系,但在汉字构形系统发展史上,两字曾经历过一个字形趋近乃至同形互用(前人或称"互讹")的阶段。[①]

　　前人已经注意到这一现象,并曾用来校读古书,本文拟对"匹""正"互用的实例进行汇集和补充,对两字同形互用的历史过程进行粗略的勾勒,并在此基础之上尝试解决古籍中一些疑难字词和文句的理解问题。

---

*本文为国家社科基金重大项目"汉字谐声大系"(项目批准号:17ZDA297)的阶段性成果。本文写作过程中蒙萧旭先生和董婧宸师妹补充多则宝贵语料,又蒙何山先生和廖强先生提供字形数据,刘钊、王化平两先生曾审阅本文初稿,匿名审稿专家和编辑部也提出了很有价值的参考意见,谨此并致谢忱!

① 　"互讹"指写字者因文字构形系统中存在形近字而偶然写错的情况,本文的"同形互用"则是指写字者明明知道两字形体原本不同而仍然根据书写习惯不加区别的情况(读者可以从语境推断该字为哪一字)。"同形字"的定义参看张涌泉(2000)。

一、"匹""正"同形互用集例

"匹"和"正"两字在单字层面和构件层面都存在同形互用的情况。前人或当代学者已经发现的"匹""正"互用(互讹)的例子如下:

(一)单字互用例

(1)唯君子能好其正,小人毒其正。 (《礼记·缁衣》)

郑注:"'正'当为'匹',字之误也。'匹'谓知识朋友。"陆德明《经典释文》:"正,音匹。"[①]孔疏:"以下云'君子好仇',故知此正为匹也。"郭店简《缁衣》简42:"唯君子能好其驲(匹),小人岂能好其驲(匹)。"(荆门市博物馆,1998:131)[②]上博简《缁衣》简21:"唯君子能好其匹,小人岂能好其匹。"(马承源,2001:196)可证今本《礼记》之误和郑注、陆音、孔疏之确。

(2)正乃功成也。 (《周易·姤卦·彖传》王弼注)

陆德明《经典释文》:"'正乃'之'正',如字,亦作'匹'。"日本人山井鼎撰、物观补遗《七经孟子考文补遗》卷五"姤"字条:"注:'正乃功成也。'二本、足利本、宋板'正'作'匹'。"清四库馆臣《周易注疏考证》:"臣(李)清植按:此注系释'天地相遇,品物咸章'二句,作'匹'字于义为切。"

(3)己为正配,三以近宠,若安夫卑退,谦以自牧,则勿恤而往无咎也。

(《周易·萃卦》王弼注)

陆德明《经典释文》:"正,本亦作匹。"今按"匹配"不合文意,当以"正"字为是。

(4)是故君子大牢而祭谓之礼,匹士大牢而祭谓之攘。 (《礼记·礼器》)

---

① "正"无"匹"音,陆氏以音易字,此古代注疏家常例。
② 本文所引出土文献释文一律采用宽式,与所讨论字形密切相关者酌情采用严式。

陆德明《经典释文》:"匹士,本或作正士。"孔颖达《正义》:"检于《礼》本,时有'匹'字作'正'字者,有通者云:天子大夫常祭亦大牢,故此文云大夫大牢谓之礼正也。若诸侯大夫自常祭少牢加一等乃大牢耳。少牢馈食,是诸侯大夫礼也,崔氏亦用此义,然卢、王《礼》本并作'匹'字矣。今定本及诸本并作'正'字,熊氏依此本而为'正'字,恐误也。"

(5)帗,正端裂也。从巾,俞声。 (《说文解字·巾部》)[1]

桂馥《说文解字义证》:"'正端裂也'者,'正'疑作'匹'。"日本释空海(774—835)著《篆隶万象名义》正作"匹端裂"(王贵元,2002:320)。

(6)存乎正夫贱人死者。 (《墨子·节葬下》)

王念孙《读书杂志》:"毕云:'正'同'征'。念孙案:毕说非也,'正'当为'匹'。《白虎通义》曰:'庶人称匹夫。'上文'王公大人'为一类,此文'匹夫贱人'为一类,无取于征夫也。隶书'匹'字或作'疋',与'正'相似而误。"[2]孙诒让《墨子间诂》:"王说是也,今据正。"

(7)正夫辞恶者,人右以其请得焉。 (《墨子·大取》)

孙诒让《墨子间诂》:"'正'当为'匹'。"

(8)贵为天子,其利人不厚于正夫。 (《墨子·大取》)

孙诒让《墨子间诂》:"顾云:'正,当作匹。'俞校同。案:顾校是也。此书'匹夫'字,多讹作'正夫',详《节葬》下篇。"朱起凤《辞通》:"'正'字形与'匹'近,古每讹混。"(朱起凤,1982:322)

---

[1] 《说文解字》,以下简称《说文》。
[2] 王念孙认为"匹"字因写作"疋"(实际上应是"疋"字)而讹作"正"字的说法是错误的。据笔者测查,"疋"用作"匹"是隋唐宋元的写法,加钩的"疋"字用作"匹"的最早时间是明代,王念孙的说法无法解释东汉末年的郑玄所看到的"匹""正"同形现象。说详下文。

(9)（永平）五年匹月。   （袁安碑）

商承祚《石刻篆文编》此字收录在"正"字之下，注云："五年匹月，正字之讹误。"
（商承祚，1996:82）事实上，民国以来大多数学者都认为该字应当释为"正"字（《历代碑
帖法书选》编辑组，1984；马勇，2003:898-899；容庚，2011:177-179；罗振玉、罗继祖，
2013:193-195，水易，1991；毛远明，2008:60；张新俊，2016），而近些年来学者或释为
"匹"（臧克和，2011:51），或释为"四"（高文，1997:27；李樯，2009:44；袁维春，1990:88；
刘天祺，2011:95），均不可从。

(10)伶傌：历丁、正丁反。（敦煌写卷Φ367《妙法莲华经音义》）

高丽本、道光二十五年（1845）海山仙馆丛书本作"匹"，碛砂大藏经本、金藏广胜
寺本作"疋"，永乐南藏本"正"并作"匹"。唐窥基《妙法莲华经玄赞》卷六："傌，音匹
丁反。"

(11)伧正：普吉反。   （《新集藏经音义随函录》卷二）

同书卷四："伧匹：普吉反。"根据辞例和可洪所做切语，可知卷二"伧正"即
"伧匹"。

(12)侱正：上直由反，下普吉反，正作'匹'。   （《新集藏经音义随函录》卷五）

同书卷八："畴疋：上直由反，下普吉反。""疋"一般认为是"匹"字异体[1]，根据辞例
和可洪所做切语及注释，可知"畴正"之"正"字确实当读为"匹"。

(13a)中无主而不止，外无正而不行。由中出者，不受于外，圣人不出；由外入者，
无主于中，圣人不隐。   （《庄子·天运》）

(13b)自外入者有主而不执，由中出者有正而不距。   （《庄子·则阳》）

(13c)无正不行，无主不止。   （《越绝书·越绝篇叙外传记》）

---

① 其实"疋"是由"匹"的同形字"正"字而来，说详下文。

俞樾《诸子平议·庄子平议》曰："'正'乃'匹'字之误。此云'中无主而不止，外无匹而不行'，与宣三年《公羊传》'自内出者，无匹不行；自外至者，无主不止'文义相似。自外至者，无主不止，故此言中无主而不止也。自内出者，无匹不行，故此言外无匹而不行也。因'匹'误为'正'，郭注遂以'正己'为说，殊非其义。《则阳篇》：'自外入者有主而不执，由中出者有正而不距。''正'亦当为'匹'，误与此同。"王叔岷（2007:527）赞同俞说。《后汉书·祭祀志》刘昭注引《钩命决》："自外至者，无主不止；自内出者，无匹不行。"亦作"匹"字。《北堂书钞》卷九十引《白虎通》："自内出者，无足不行；自外至者，无主不止。"又误作"足"字。"匹"俗作"疋"，与"疋""足"相近，故讹而为"足"。此亦是"正"当作"匹"的旁证。《淮南子·原道》："故从外入者，无主于中不止；从中出者，无应于外不行。""应"犹言"响应"，与"匹"训"配合"同义。

（14）今夫兰本，三年而成（或），湛之苦酒，则君子不近，庶人不佩；湛之縻（麋）醢，而贾匹马矣。

（《晏子春秋·内篇杂上》）

《孔子家语·六本》《说苑·杂言》并作"匹马"（刘师培，1997:847）。《太平御览》卷九八三引《晏子》误作"驾征马"，盖以"贾征（匹）马"不通而臆改。《新集藏经音义随函录》"正"字或作"迚"，唐曹钦墓志作"██"，与"征"字形近（见下文"'匹'字异构'疋'的来源"小节）。

（二）偏旁互用例

（15）嫫母求之，又甚喜之兮。 （《战国策·楚策》）

（16）畏法流俗，而不敢以其所独甚。 （《荀子·不苟》）

（17）甚焉故称日月也。 （《说苑·辩物》）

（18）闲雅甚都。 （《汉书·司马相如传》）

（19）鲜，息浅反，又音仙。本或作誓。……郭《音义》云：本或作跧，非古斯字。

（《经典释文·尔雅音义》）

王念孙《读书杂志·荀子杂志》曰："甚当为是，言不从流，而亦不敢用其所独是也。隶书甚字作是（昰），是字作是（昰），二形相似，故讹为甚。《荀子·赋篇》：'嫫母力父，是之喜。'《楚策》'是之喜'讹作'甚喜之'。《韩诗外传》曰：'赡彼日月，悠悠我思。

道之云远,曷云能来。急时辞也,是故称之日月也。'《说苑·辩物篇》作'甚焉故称日月也'。《汉书·司马相如传》:'闲雅甚都。'《史记》'甚'作'是'。《说文》:'昰,是少也。从是少。'今俗作'尠',皆其证也。杨注云:'不敢以其所独善而甚过人。'其失也迂矣。"①

宋人夏竦《新集古文四声韵》所收云台碑"是"字作"昰"(日本东京专门学校图书馆藏本第3卷第4页),下从"匹"作;唐柳昱墓志"甚"字作"甚"(王平,2008:3),东汉《甘陵相尚府君碑》"斟"作"斟"(刘志基,2013:170),唐刻石记"斟"作"斟"(刘志基,2013:171),唐韩择木"叶慧明碑""戡"字作"戡"(刘志基,2013:171),五代可洪《新集藏经音义随函录》卷十二"尠"字或作"尠","椹"字作"椹"。以上诸字所从"甚"旁下均从"正",可为王说佐证。

二、"匹""正"同形互用的历史过程

郑玄是东汉末年人,他所见的《礼记》抄本有"匹""正"同形互用(互讹)的情况,说明此现象不晚于东汉。陆德明历仕陈、隋、唐三代,所著《经典释文》成书至迟不晚于贞观初年(孙玉文,1998;王弘治,2004),说明陈、隋两代抄本中存在"匹""正"同形的情况。孔疏谓《礼记》中"时有'匹'字作'正'字者",可见唐时抄本"匹""正"同形的情况相当普遍。敦煌写卷Φ367《妙法莲华经音义》是晚唐的抄本②,《新集藏经音义随函录》的作者可洪是五代时僧人,其刊刻时间不晚于宋代(韩小荆,2009:3-4)。可见在雕版印刷术发明前,"匹"字作"正"的情况一直存在。雕版印刷术发明后,字体和字形得到进一步规范,手写本在转成刻本时,"匹""正"同形互用的情形照例应该予以改正,所以我们现在看到的"匹""正"同形现象实际是九牛之一毛。但这些为数不多的由于刻书人和校书人的浅陋或疏忽残留下来的"匹"作"正"字的情形便给后代的读者带来了阅读或理解的困难。

上文所举多为传世文献材料,这些材料有两点不足:一是经过传抄翻刻,我们不知道"匹""正"同形的确切时代;二是"匹"作"正"的例子更多,给人一种单向同形的感觉。其实在汉字发展史上,"匹""正"两字曾有过一个同形互用的阶段。

---

① 按《韩诗外传》卷四:"嫫母力父,是之喜。"与《荀子·赋篇》同。
② 笔者就此写卷时代问题曾向徐时仪先生请教,徐先生答复:"其时代下限不会晚于开宝四年(972年)刻成的《开宝藏》,我觉得可以提到唐末五代前。"

（一）商周阶段字形无缘相混

商代甲骨文中有"正"字而无"匹"字（甲骨文借"乙"字为"匹"）[1]，无缘相混。

周代金文中"正"和"匹"不相混，试比较（参看董莲池，2011:1761–1762）：

表1　周代金文"匹"字

	西周早期	西周中期	西周晚期	春秋时期	战国时期
匹	御正卫簋	史墙盘	无㠱簋	晋姜鼎	
正	御正卫簋	师酉簋	小克鼎	陈子匜	陈侯因咨敦

战国竹简中"匹"字作如下字形：

1 曾侯乙墓竹简"匹"字（张光裕等，1997）　 2 上博简《缁衣》"匹"字（马承源，2001）　 3 郭店简《老子》"匹"字（荆门市博物馆，1998）

而同时的"正"字作如下字形（参看饶宗颐，2012:414–416）：

曾侯乙墓的时代是战国早期（参看湖北省博物馆，1989），上博简、郭店简的时代下限是战国中晚期，由此可以推断，战国时代"匹"和"正"的字形仍然相差很远，并不相混。

（二）秦到汉初字形相近而不相混

睡虎地秦简"匹"字和"正"字或作如下形体（张守中，1994）：

马王堆汉墓简帛"匹"字和"正"字或作如下形体（陈松长，2001:512、61）：

---

[1] 吴雪飞：《胡应姬鼎"玄布二匹"补证》，简帛网，2015年12月16日，http://www.bsm.org.cn/show_article.php?id=2395。拙文《量词"丙（两辆）"的来源及其发展》，第十三届全国古代汉语学术研讨会（2016年8月11日至8月14日）论文。

银雀山汉简"匹"字和"正"字或作如下形体(骈宇骞,2001:52、406):

 11   12

由此可见,秦汉之际的"古隶"中"匹""正"两字字形已经十分相近,但仔细观察,仍不难看出其间分别:从字形来看,大抵"匹"字除去"匚"之外的"八"字两画等长,且两相对称;"正"字除去似"匚"的部分,两笔一长一短,不相对称。从书写过程(末笔运笔方向)来看,两字亦有所不同,"匹"字末笔从左上到右下,呈捺或捺点形状;"正"字末笔从右上到左下,呈撇或撇点形状。

(三)西汉中期字形开始相混

北大简"正"字如下(北京大学出土文献研究所,2015:16):

 13北大简《赵正书》 简1"正"字   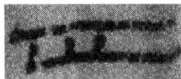 14北大简《赵正书》 标题"正"字

从运笔方向来看,标题中的"正"字末笔仍然是从右上到左下,还只能看作"正"字,与"匹"字不同。遗憾的是同篇没有"匹"字,无法进行对比。

但从同时期文字构件中的"正"和"匹"来看,则两者难以辨别。试比较:

 15北大简《阴阳家言》 简12"是"字   16北大简《赵正书》 简5"甚"字

 17北大简《妄稽》 简21"焉"字   18北大简《妄稽》 简21"焉"字

据此可以认为北大简中《赵正书》标题的"正"字已经与当时的"匹"字基本无别,整理者认为北大简的抄写年代最迟不晚于汉宣帝(公元前74年—公元前49年)(北京大学出土文献研究所,2015),所以我们可以推断"匹""正"同形时代大约不晚于西汉中期。

《肩水金关汉简》所收一枚有纪年的木简可以证实我们的上述推断。《肩水金关汉简》73EJT3:98:"官马卌五匹。马七匹。"其中两个"匹"字作如下形体:

 19   20

此简纪年署"元康二年七月辛未"。元康为汉宣帝刘询年号,元康二年为公元前64年。两个"匹"字的末笔,尤其是第二个"匹"字的末笔,运笔方向毫无疑问地是从右上到左下。上文提到,末笔运笔方向是判定字形是否相混的重要标志。

稍晚的武威汉简(王莽时期)"正"字或作如下形体:

 21武威《仪礼·泰射》90"正"字　 22武威《仪礼·特牲》52"正"字　 23武威《仪礼·有司》10"正"字

后两个字形已经与"匹"字同形,可与下文新莽时期之《敦煌汉简》99互相印证,则"匹""正"在单字中同形,最迟不会晚于新莽时期。

东汉时期的碑刻中"正"字或作"匹"形(参看毛远明,2014):

 24史晨后碑"正"字　　 25孔彪碑"正"字

同时期碑刻中"匹"字或作"正"形(参看毛远明,2014:669):

 26徐义墓志"匹"字

居延和敦煌汉简中,"正""匹"的各种写法几乎都可以完全对应(李洪财,2014:52、534–535)。试比较:

表2　汉简"匹""正"同用

匹	正
居506·3	居18·14A
73EJT4:54	居新EPT43·62
73EJT10:119	敦99
居新EPF22·293	居128·1(61)
居新EPT52·623	居乙附46

汉代人有据隶作篆的习惯(章太炎,2008:275;林义光,2012:219;裘锡圭,1998:62;詹鄞鑫,1996;张新俊,2016;林志强,2016:305–315),其中包含两种情况:一是据后代新产生之隶书字形作篆;二是据篆字发展而来之隶书字形作篆。两种情况都是用篆书的笔法来摹写楷书字形,前一种情况不会发生问题,而后一种情况则往往会造成混乱。例如:

27 袁安碑"正"字　　　　　 28《说文》小篆"匹"字

袁安碑于东汉永元四年(92年)立(张新俊,2016),与许慎《说文》成书的时间永元十二年(100年)相当。袁安碑的书写者居然把"正"字的篆书也写成了"匹"字,可见"正""匹"不分在当时已经深入人心。同时我们也可以发现,《说文》小篆"匹"字实际上也是由汉代隶书字形演变而来,而不是金文字形的直接继承。

汉字共时构形系统中的同形互用毕竟给交流带来不便,所以汉字进入楷书阶段尤其是进入雕版印刷时代之后,"匹""正"同形互用的情况便不再合法。但隶楷阶段形成的"匹""正"同形互用在偏旁中仍有可能保留下来,如上文提到"尳"和"尳"就属于这种情况。有的字本来不从"正",但在隶书中变为"正"之后,也可以从"匹"作。例如"筵"字:

29《说文》小篆　　 30《熹平石经》　　 31.史晨碑①

由此可见,"匹""正"同形互用在隶楷阶段汉字构形系统中影响的广泛性。

需要注意的是,"匹"字在东汉以后还有一种特殊的写法:

表3　"匹"字的特殊写法

肩水金关汉简	守张掖长张君铜马	走马楼吴简	走马楼吴简	走马楼吴简	晋徐义墓志	可洪音义

肩水金关最末两笔"⺊"应该是"匹"字末笔"乙"从中间断裂形成的。这种特殊的写法应该是为了解决共时构形系统中"正""匹"相混问题而采取的区别措施(韩小荆,2009:621)。

(四)"匹"字异构"疋"的来源

当代楷书字形中"匹"字的异构或作"疋(pǐ)",与小篆"疋(yǎ)"字的楷书字形为同形字。"疋(pǐ)"字是由用作"匹"字的"正"字演变而来的。其演变轨迹可以勾勒如下:

---

① 《熹平石经》刻于东汉熹平四年(175年)至东汉光和六年(183年);史晨碑刊刻于东汉建宁二年(169年)三月。

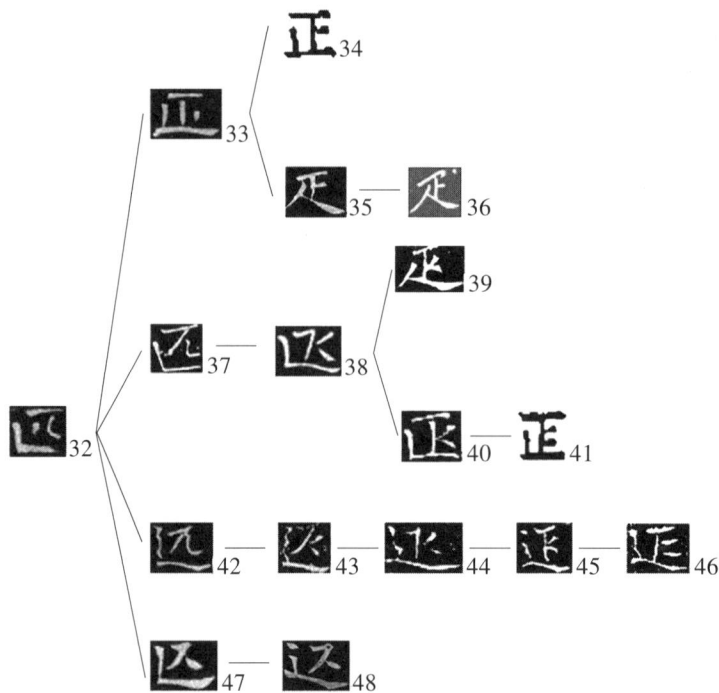

32北周李府君妻祖氏墓志　　33晋徐义墓志　　34《新集藏经音义随函录》

35唐王大剑墓志　　36明奖谕曹化淳谕旨碑　　37北魏元氏妻赵光墓志

38北齐张海翼墓志　　39唐尉迟敬德墓志　　40唐李符妻挚氏墓志

41《新集藏经音义随函录》　　42高猛妻元瑛墓志　　43杜文雍等十四人造像记

44唐曹钦墓志　　45唐李淑姿墓志　　46唐骞思玄墓志

47元湛妻薛慧命墓志　　48北魏丘哲妻鲜于仲儿墓志

其中王大剑墓志把"匹"写作"疋"，跟上面提到"匹"字的特殊写法一样，也是为了解决共时构形系统中"正""匹"相混问题而采取的区别措施。

需要注意的是，唐宋碑刻、写本和刻本中"匹"均写作"疋"，第一笔为横画，不带钩儿，与共时汉字构形系统中的第一笔为横钩的"疋(yǎ)"相区别。

49屈元寿墓志　　50敦煌卷子S.2832①

51《新集藏经音义随函录》　　52宋刻本《巨宋广韵》②

宋刻本《巨宋广韵》："匹，偶也，配也，合也，二也。俗作疋。"也就是说，当时的楷书字形中"疋"和"疋"是不相混的，不知从何时起人们忽略了那个短钩儿。"疋(yǎ)"字

---

① 黄征（2005:304）。

② ［宋］陈彭年等：《巨宋广韵》第381页，南宋乾道五年黄三八郎书铺本影印本，上海古籍出版社，1983年。

有时也可以写作"疋",而与"正"同形的"疋(pǐ)"字有时也可以写作"疋",这样就造成了新的同形字。例如：

53.明奖谕曹化淳谕
旨碑"疋(匹)"字

54.民国时期柳念曾
墓表"疋(雅)"字[①]

遗憾的是，现当代学者的文字学著作一般都把明代以前用作"匹"字的"疋(pǐ)"字直接隶定为带钩儿的"疋"，这种做法是很不可取的(参看清顾霭吉《隶辨》；张涌泉，2015:267)。

三、根据"匹""正"同形之例校读古籍

前人发现的"匹""正"互用之例对于我们校读古书仍然具有重要意义，古籍校读过程中的一些疑难问题可以通过这一条例的运用得到妥善的解决。以下是笔者在读书的过程中发现的一些例子：

(一)训"必"之"正"为"匹"之同形字

传世古籍中"正"和"必"常形成"异文"关系。例如：

(20a)师出不正反，战不正胜也。 (《公羊传·僖公二十六年》)

(20b)师出不必反，战不必胜，故重之也。 (《穀梁传·僖公二十六年》)

(21a)用赏贵信，用刑贵正。赏赐贵信，必验耳目之所见闻，其所不见闻者，莫不闇化矣。 (《鬼谷子·符言》)

(21b)用赏者贵诚，用刑者贵必。刑赏信必于耳目之所见，则其所不见，莫不闇化矣。 (《管子·九守》)

(21c)凡用赏者贵信，用罚者贵必。 (《六韬·文韬·赏罚》)

(22a)雷不必闻，惟雉为必闻之。 (《大戴礼记·夏小正》)

(22b)雷不正闻，唯雉闻。 (《艺文类聚》卷二引《大戴礼记·夏小正》)

(23a)古之人有言曰："狐死正丘首。"郑注："正丘首，正首丘也。"(《礼记·檀弓上》)

(23b)鸟飞反故乡兮，狐死必首丘。 (《楚辞·哀郢》)

---

① 明奖谕曹化淳谕旨碑："特赐金花二朵，披红二疋(匹)，金杯三只。"(北京图书馆金石组，2008a:98)；民国时期柳念曾墓表："重以风仪秀整，儒疋(雅)多文，内行精纯，清辉自远。"(北京图书馆金石组，2008b:41)

(23c)鸟兽惊而失群兮,犹高飞而哀鸣;狐死必首丘兮,夫人孰能不反其真情。

(东方朔《七谏》)

这种用法特殊的"正"字前人已经发现。《公羊传》何注曰:"不正者,不正自谓出当复反,战当必胜。"朱熹曰:"《公羊》传云:'师出不正反,战不正胜。'此'正'字与孟子说'正心'之'正'一般,言师出不可必期其反,战不可必期其胜也。"(《朱子语类》)清王引之《经义述闻》云:"正之言定也,必也。《周官·宰夫》郑注曰:'正犹定也。'《尧典》'以闰月定四时',《史记·五帝纪》'定'作'正'。《齐语》'正卒伍,修甲兵',《汉书·刑法志》'正'作'定'。是'正'与'定'同义。'师出不正反,战不正胜'者,言师之出也,不能豫定其得反;其战也,不能豫定其得胜,盖败亡亦事之常也。《穀梁传》曰'师出不必反,战不必胜,故重之也'是也。不正者,事不可必之谓,非谓不正其自谓反、自谓胜也。何注失之。"①

《鬼谷子》"用刑贵正"之"正",俞樾据《管子》等书改作"必"。按此"正"训"必",了无疑义。《六韬·文韬·赏罚》:"凡用赏者贵信,用罚者贵必。"《韩非子·定法》:"赏厚而信,刑重而必。"《韩非子·难二》:"赏厚而信,人轻敌矣;刑重而必,人不北矣。"《韩非子·奸劫弑臣》:"于是犯之者,其诛重而必;告之者,其赏厚而信。"可资参证。但俞氏径改"正"为"必",则颇为不妥。

以上何、朱、王三家都认为《公羊传》的"正"有"必"义,这无疑是正确的。但何以如此,三家有不同的意见,似均未得其正解。俞樾虽知《鬼谷子》之"正"训"必",而不知其所以然。据王引之的说法,则"正"是"定"字的借字。从声音上看,"定"本从"正"声,自然不存在什么问题。但实际上上古汉语中"必"和"定"无论是做动词还是做副词,其意义和用法均有所不同,古代汉语中的"不定"绝不等同于"不必"。

上古汉语中副词"必"是一个暗含因果关系的副词,强调事理上的客观必然性(在什么原因或条件下一定会发生某种结果),或强调人情上的主观必然性(说话人主观上认为应该发生某种结果或期待发生什么结果)。例如:

(24)三人行,必有吾师焉。 (《论语·述而》)

(25)如有复我者,则吾必在汶上矣。 (《论语·雍也》)

(26)取妻如之何,必告父母。 (《诗·齐风·南山》)

(27)必死是间,余收尔骨焉。 (《左传·僖公三十二年》)

---

① 王挺斌(2018)也有相同的意见。

上古汉语中副词"定"表示某件事实的真实性,义为"的确"或"确实",不表示事理上的必然性或人情上的必然性。例如:

(28)闻陈王定死,因立楚后怀王孙心为楚王。　　　　　　（《史记·高祖本纪》）

(29)项梁闻陈王定死,召诸别将会薛计事。　　　　　　　（《史记·项羽本纪》）

(30)主父定死,乃发丧赴诸侯。　　　　　　　　　　　　（《史记·赵世家》）

"闻陈王定死"意谓"听说陈王确实死了","主父定死"意谓"主父确实死了",这两句话不能说成"闻陈王必死"和"主父必死"。据此可知,"必"和"定"在西汉以前(含西汉)的上古汉语中是不能互换的。

大约从东汉开始(王充《论衡》),"定"才有了类似"必"字的用法。例如:

(31)论人之性,定有善有恶。　　　　　　　　　　　　　（《论衡·率性》）

(32)今死亲之魂,定无所知,与拘亲之罪决不可救何以异?　（《论衡·薄葬》）

上古汉语中表示"一定不"时,较早时(西汉及以前)须用"必不",较晚时(东汉及以后)也可以用"定不"。①例如:

(33)奕者举棋不定,不胜其耦,而况置君而弗定乎?必不免矣。

（《左传·襄公二十五年》）

(34)健叹曰:"覆载之中,何所不有?张靖所见,定不虚也。"赦之。

（《晋书·苻健载记》）

但这种用法的"定"字只是取代了"必"字的部分用法(肯定句),而没有全面取代"必"字的用法(否定句)。

上古汉语表示"不一定"时,应用"未必"或"不必",而不能用"未定"或"不定"。例如:

(35)君子能为善,不能必得其福;不忍于为非,而未必免于祸。　（《文子·符言》）

(36)善作者不必善成,善始者不必善终。　　　　　　　　（《史记·乐毅列传》）

---

① 《晋书·苻健载记》:"健叹曰:'覆载之中,何所不有?张靖所见,定不虚也。'赦之。"

在上面两个例句中,"未必"决不能说成"未定","不必"也决不能说成"不定"。即便在汉代以后的文言中,"未必"和"不必"也决不能用"未定"和"不定"来替换。

回过头来看上面的例句,"师出不正(定)反""战不正(定)胜也""雷不正(定)闻"的说法不但不符合上古汉语的语法,也不符合汉以后的文言语法。因此,王引之认为这种用法的"正"借作"定"的意见是不可取的。也许有人会说,"惟雉为必闻之"说成"惟雉为定闻之"似乎是可以的。我们认为这是根据较晚时候的文言语法理解上古汉语句子的做法,同样是不可取的。王引之在研究虚词时常常用同训、互训或递训等训诂方法,而不注意虚词出现的句法条件和词义的时代性,所以得出了错误的结论。

而从表示必然性的副词"必"发展而来的动词"必",也跟用作动词的"定"完全不同。例如:

(37)狐子对曰:"信赏必罚,其足以战。" (《韩非子·外储说右上》)

"必罚"决不能说成"定罚"。先秦似未见"定罚"用例,如果有,也只能表示"制定刑罚"之义。与此密切相关的"用赏贵信,用刑贵正(匹~必)"也是决不能换成"用刑贵定"的。

我们认为,以上例句中与"必"字有异文关系的"正"字都应该校定为"匹"字,看作"必"的假借字。

古音"匹"和"必"声音相通。"匹"和"必",《说文》均以为从八声。《周易·中孚》:"马匹亡。"马王堆汉墓帛书《周易》"匹"作"必"。郭店简《语丛四》简10、11:"佖妇愚夫,不知其乡之小人君子。"(荆门市博物馆,1998:217)上博简《曹沫之陈》简34:"佖夫寡妇之狱讼,君必身听之。"(马承源,2004:269)"佖"均读为"匹"。郭店简《缁衣》简42:"唯君子能好其駜(匹),小人岂能好其駜(匹)。"(荆门市博物馆,1988:131)今本《礼记·缁衣》:"唯君子能好其正,小人毒其正。"前引郑注已校读为"匹",正可以与郭店简《缁衣》互相印证。《礼记·三年问》:"失丧其群匹。"郑注:"匹,偶也。"《广韵·质韵》:"柲,偶也。"音"毗必切"。"柲"即"匹"字之假借。《正字通·见部》:"觃,俗字,旧注音疋(疋?),训视,非。一曰觍字之讹。""疋(疋?)"即"匹"字,《正字通》认为"觃"是"觍"字之讹当上有所承。果如其说,则此亦匹声必声相通之证。

"匹""必"互通,这是战国人的用字习惯,向下至少沿用到汉初。汉人大约是知道的,所以没有把"匹"字改为"必"字。后人不知战国和汉代初年的用字习惯,又因"正"

"匹"同形,遂误以为"正"字。因此,"师出不正反"即"师出不匹(必)反","用刑贵正"即"用刑贵匹(必)","雷不正闻"即"雷不匹(必)闻"。《礼记》之"狐死正丘首"本作"狐死匹(必)首丘",一误而为"狐死正首丘",再误而为"狐死正丘首"。

(二)《国语》"邮无正"当为"邮无匹"

《国语·晋语九》:"铁之战,……邮无正御。"韦注:"无正,王良。御,御简子也。"《左传·哀公二年》:"甲戌,将战,邮无恤御简子。"杜注:"邮无恤,王良也。"《汉书·古今人表》作"邮无卹"与"王良""柏乐"并列为三人(颜师古无注)。《汉书·王褒传》:"王良执靶。"颜注:"张晏曰:王良,邮无恤,字伯乐。……师古曰:参验《左氏传》及《国语》《孟子》,邮无恤、邮良、刘无止、王良,总一人也。"

"恤(卹)"和"正"这对异文的关系如何理解,前人曾有过推测。梁履绳《左通补释》认为出于避讳。他说:"邮无恤,《晋语》作'邮无正',盖赵简子之子襄子,亦名无恤,嗣立约在哀廿年前,故更名'无正'。其氏为邮。"王引之《春秋名字解诂》认为出于字形之讹误。他说:"晋邮无恤字伯乐(《晋语》,又《汉书·古今人表》),一字子良(哀二年《左传》。'无恤',《晋语》作'无正',盖'恤'通作'血',血字篆文作𥄂,与'正'相似而讹。《吕氏春秋·似顺篇》注及《淮南·览冥篇》注又讹作'无政'耳。《古今人表》中中有'邮亡卹',而无'邮亡正',则'正'为讹字可知)。《尔雅》:'恤,忧也。'无忧则乐矣,故无恤字伯乐。"

今按:《国语·晋语》各本皆作"邮无正",今校定为"匹"。"匹""恤"古音相通,而"正"实为与"正(zhèng)"字音义不同而只具有同形关系的"匹"字。颜注"刘无止"之"止",则当为"正"之形讹。

古音匹、恤同在质部,但二字声母一为唇音,一为齿音,一般认为相差较远,但有证据表明,古音唇音和齿音往往相通。例如:

必声与瑟声相通。《说文·八部》:"必,分极也。从八弋,弋亦声。"段玉裁改为"八亦声",注云:"八各本误弋,今正。"《说文·珡部》:"瑟,庖牺所作弦乐也。从珡,必声。"

八声与骨声相通。《说文·八部》:"八,别也。象分别相背之形。"《说文·肉部》:"肣,振肣也。从肉,八声。"《集韵·迄韵》"许讫切"。《说文·尸部》:"屑,动作切切也。从尸,肖声。"《广韵·屑韵》"先结切"。瑟声与血声相通。《诗·大雅·旱麓》:"瑟彼玉瓒。"《周礼·春官·典瑞》郑注引"瑟"作"卹"。《集韵·屑韵》:"腼、胸,《博雅》:'脂也。'一曰臆中脂。或从血。"音"先结切"。八之于屑,犹必之于瑟也。

119

八声与血声相通。金文中有"盆"字(容庚,1985:344),在金文中用作专名(如"盆公""盆姜")。其形如下:

55永盂(西周中期)　　　　56益公钟(西周中期)

该字在出土文献中还用来表示重量单位,如平安君鼎(《殷周金文集成》02793)之"一盆""六盆"。传世古籍多写作"镒"。从"血"之"洫"也用作"镒"字《马王堆汉墓帛书·明君》6/409、7/410:"今操百洫(镒)之璧以居中野。"(裘锡圭,2014:109)银雀山汉简《孙子兵法·形》简35:"胜兵如以洫(镒)称朱(铢)。"(银雀山汉墓竹简整理小组,1985:9)故出土文献中从血得声之"洫"常常可以假借为"满溢"之"溢"(陈松长,2001:440)。该字长期以来一直被直接释作"益"。其实"益"字作器皿中有水溢出之形,而此字则是从八从血,构形明显不同。"八"和"血"古音相近,所以此字当分析为双声符字,即在"血"的基础上增加声符"八"。徐在国指出金文、战国文字的"盆"字从八从血,血亦声(黄德宽,2007:1987),陈斯鹏(2011:276)也有相同的看法,其说可从。但他同时认为,"盆"字象"血液溢出器皿",则未必合乎造字本意。或以为"洫""溢"仅为形近,与读音无关,[①]似非通论。八之于盆,犹必之于瑟(恤)也。

从必声之"觋"字中古有唇音和齿音两读《庄子·徐无鬼》:"是以一人之断制利天下,譬之犹一觋也。"陆德明《经典释文》:"郭薄结反,云:'割也。'向芳舌反。司马云:'暂见貌。'又甫苤反,又普结反,又初栗反。"《集韵·栉韵》:"觋,见也。""测乙切",与"漆"字在同一小韵。漆古音与洫声相同。银雀山汉简《三十时》:"不可渎沟漆波(陂)池。"(银雀山汉墓竹简整理小组,2010:212、220)又同篇:"可沟漆。""漆"并读为"洫"。觋(薄结切)之于觋(测乙切,音同漆),犹必之于瑟(恤)也。

毕(畢)声与戌声相通。《说文·戌部》:"戌,灭也。九月易气微,万物毕成,易下入地也。"《汉书·律历志》:"故孳萌于子,纽牙于丑,引达于寅,冒茆于卯,振美于辰,已盛于巳,咢布于午,昧薆于未,申坚于申,留孰于酉,毕入于戌,该阂于亥。"两例"毕"字都应当看作声训。必声与毕(畢)声相通。《诗·小雅·瞻彼洛矣》:"鞸琫有珌。"《释文》:"珌,字又作璴。"《国语·吴语》:"胜未可毕也。"韦昭注:"毕,犹必也。"《广雅·释天》:"木神谓之毕方。"王念孙《疏证》:"毕,字或作必。"血声与瑟声相通,例已见前。戌声与血声相通。《释名·释天》:"戌,恤也,物当收敛,矜恤之也。"《集韵·术韵》:"哦,声也。或作欯。"毕之于戌,犹必之于瑟(恤)也。

①　陈剑:《岳麓简〈占梦书〉校读札记三则》,复旦大学出土文献与古文字研究中心网站,2011年10月5日,http://www.gwz.fudan.edu.cn/SrcShow.asp?Src_ID=1677。

发声与血声相通。《周易·丰卦》："有孚发若。"马王堆汉墓帛书《周易》作"有孚洫若"（裘锡圭，2014a：24）。洫，《广韵》"况逼切"，晓母。恤（卹），《广韵》"辛聿切"，心母。恤之于血（洫），犹戌之于威也。八（必）声与癹声相通。《清华大学藏战国竹简（叁）》中的《赤鸠之集汤之屋》"坴地"用作"发"（李学勤，2012：167–170）。发之于洫，犹必之于瑟（恤）也。

匹声与八（必）声相通，例已见前。然则匹之于恤（卹），犹必之于瑟、八之于屑、八之于峃、觊（薄结切）之于觊（测乙切）、毕之于戌、发之于洫也。

因此，以上几组字的平行关系可以用下表来表示：

表4　唇齿相通例

唇音	齿音	类别
必	瑟	谐声
八	屑	谐声
八	峃	谐声（双声符字）
觊（薄结切）	觊（测乙切）	又音
毕	戌	声训
发	洫（晓母）	假借
匹	恤	假借

"邮无正"之"正"本作"匹"，与"恤（卹）"同音，故《国语》之"邮无正（匹）"，《左传》作"邮无卹（恤）"，只是用字的不同。后人不悟"正"为"匹"之同形字，乃有各种曲说，现在看来，均不可信。

理解了"匹"和"恤"的同音关系，有助于我们理解曾姬无卹壶（战国铜器）铭文中一例谐音双关的修辞手法。曾姬无卹壶："余宅兹漾陵，蒿间之无駆（匹）。"（中国社会科学院，2007：5095）器主人名"无卹"，与"无駆（匹）"音同，利用了"谐音双关"的修辞手法。此前学者曾就该器作器者展开过讨论，似乎都没有注意到"无卹"跟"无駆（匹）"的同音关系。反过来，我们可以说，曾姬无卹壶中"无卹"跟"无駆（匹）"的关系可以看作"邮无正"当作"邮无匹"的一个旁证。

四、结语

本文的主要观点可以总结如下：

1.汉字发展史上的"匹""正"互用现象应看作同形，而不是互讹。

2."匹""正"同形的现象大约始于西汉中期。

3.楷书字形所谓"匹"字异体"疋"本作"疋"，来源于"匹""正"同形现象发生后"正"字的写法。

4.古书中一些训"必"的"正"字为"匹"之同形字，假借为"必"。

5.古人名"邮无正"之"正"当视为"匹"之同形字，假借为"岬（恤）"。

【参考文献】

北京大学出土文献研究所　2015　《北京大学藏西汉竹书》(肆)，上海古籍出版社。

北京图书馆金石组　2008a　《北京图书馆藏中国历代石刻拓本汇编》(第60册)，中州古籍出版社。

北京图书馆金石组　2008b　《北京图书馆藏中国历代石刻拓本汇编》(第92册)，中州古籍出版社。

陈斯鹏　2011　《楚系简帛中字形与音义关系研究》，中国社会科学出版社。

陈松长　2001　《马王堆简帛文字编》，文物出版社。

董莲池　2011　《新金文编》，作家出版社。

俄罗斯科学院东方研究所圣彼得堡分所　俄罗斯科学出版社东方文学部　2001　《俄罗斯科学院东方研究所圣彼得堡分所藏敦煌文献》(第17册)，上海古籍出版社。

高　文　1997　《汉碑集释》(修订本)，河南大学出版社。

韩小荆　2009　《〈可洪音义〉研究——以文字为中心》，巴蜀书社。

湖北省博物馆　1989　《曾侯乙墓》，文物出版社。

黄德宽　2007　《古文字谱系疏证》(第2册)，商务印书馆。

黄　征　2005　《敦煌俗字典》，上海教育出版社。

荆门市博物馆　1998　《郭店楚墓竹简》，文物出版社。

李洪财　2014　《汉简草字整理与研究》，吉林大学博士学位论文。

李　楠　2009　《秦汉刻石选译》，文物出版社。

李学勤　2012　《清华大学藏战国竹简》(叁)，中西书局。

《历代碑帖法书选》编辑组　1984　《历代碑帖法书选》，文物出版社。

林义光　2012　《文源》，中西书局。

林志强　2016　《〈文源〉"因隶制篆"例说》，《古文字论坛：中山大学古文字学研究室成立六十周年纪念专号》（第2辑），中西书局。

刘师培　1997　《刘申叔遗书》，江苏古籍出版社。

刘天琪　2011　《碑帖学导论》，陕西人民出版社。

刘志基　2013　《中国汉字文物大系》（第14卷），大象出版社。

罗振玉　罗继祖　2013　《罗振玉学术论著集》（第3集），上海古籍出版社。

马承源　2001　《上海博物馆藏战国楚竹书（壹）》，上海古籍出版社。

马承源　2004　《上海博物馆藏战国楚竹书（肆）》，上海古籍出版社。

马　勇　2003　《章太炎书信集》，河北人民出版社。

毛远明　2008　《汉魏六朝碑刻校注》（第1册），中华书局。

毛远明　2014　《汉魏六朝碑刻异体字典》（上册），中华书局。

骈宇骞　2001　《银雀山汉简文字编》，文物出版社。

裘锡圭　1988　《文字学概要》，商务印书馆。

裘锡圭　2014a　《长沙马王堆汉墓简帛集成（叁）》，中华书局。

裘锡圭　2014b　《长沙马王堆汉墓简帛集成（肆）》，中华书局。

饶宗颐　2012　《上博藏战国楚竹书字汇》，安徽大学出版社。

容　庚　1985　《金文编》，中华书局。

容　庚　2011　《容庚学术著作全集》（第14册），中华书局。

商承祚　1996　《石刻篆文编》，中华书局。

水　易　1991　《河南碑刻叙录（续）：袁安碑》，《中原文物》第2期。

孙玉文　1998　《〈经典释文〉成书年代新考》，《中国语文》第4期。

王贵元　2002　《说文解字校笺》，学林出版社。

王弘治　2004　《〈经典释文〉成书年代释疑》，《语言研究》第2期。

王　平　2008　《中国异体字大系·楷书编》，上海书画出版社。

王叔岷　2007　《庄子校诠》，中华书局。

王挺斌　2018　《战国秦汉简帛古书训释研究》，清华大学博士学位论文。

银雀山汉墓竹简整理小组　1985　《银雀山汉墓竹简》（壹），文物出版社。

银雀山汉墓竹简整理小组　2010　《银雀山汉墓竹简》（贰），文物出版社。

袁维春　1990　《秦汉碑述》，北京工艺美术出版社。

臧克和　2011　《汉魏六朝隋唐五代字形表》，南方日报出版社。

詹鄞鑫　1996　《说文篆文校正刍议》,《古汉语研究》第3期。

张守中　1994　《睡虎地秦简文字编》,文物出版社。

张光裕等　1997　《曾侯乙墓竹简文字编》,台湾艺文印书馆。

张新俊　2016　《〈袁安碑〉"正"字小议》,《古文字研究》第三十一辑,中华书局。

张涌泉　2000　《汉语俗字丛考》,中华书局。

张涌泉　2015　《敦煌俗字研究》(第2版),上海教育出版社。

章太炎　2008　《章太炎说文解字授课笔记》,中华书局。

赵洋洋　2017　《北京大学藏西汉竹书(叁)文字编》,吉林大学硕士学位论文。

中国社会科学院考古研究所　2007　《殷周金文集成》(修订增补本),中华书局。

《中华大藏经》编辑局　1993a　《中华大藏经(汉文部分)》(第56册),中华书局。

《中华大藏经》编辑局　1993b　《中华大藏经(汉文部分)》(第59册),中华书局。

朱起凤　1982　《辞通》(上册),上海古籍出版社。

走马楼吴简"朱表割米自首案"整理与研究*

陈荣杰

　　摘　要:《长沙走马楼三国吴简·竹简[柒]》包含近60枚与"朱表割米自首案"相关的竹简,本文从揭剥位置示意图、简文内容、简的形制等方面对该案进行了初步复原整理与研究,并将之与"许迪割米案"进行了对比研究,认为该案比"许迪割米案"案情更复杂、牵涉面更广,影响更恶劣。从特定的时空环境出发,本文探讨了吴简自首简在自首制度研究上的价值与意义,重新审视了孙吴中书典校事吕壹在历史上所起的作用。

　　关键词:走马楼吴简;朱表割米自首案;许迪割米案;自首

　　长沙走马楼三国吴简(下简称"吴简")中有不少官米料校不见的记录,如简壹·6227"黄龙元年文入郡屯田民□吴平斛米一百六斛二斗料校不见前已列言诡责负者",①简壹·6688"黄武五年文入租吴平斛米二百七十七斛六斗料校不见前已列言更诡责负者□",等等。魏斌先生(2009:27)认为吴简仓米"料校不见"的原因,更大的一种可能是经手人员挪用和中饱。吴简"许迪割米案"就是一宗官吏盗割官米的大案,现已陆续刊布了不少与之相关的简牍(木牍四枚,竹简五百余枚),引起了学界的高度

---

*本文系国家社科基金项目"走马楼三国吴简词汇研究"(项目批准号:13CYY055)、中央高校基本科研业务费重点项目"《嘉禾吏民田家莂》校理"(项目批准号:SWU1509130)的阶段性成果。

①　本文所引简文简号前用"·"隔开的汉字"壹""贰""叁""肆""柒""捌"表示竹简册数,简号前用"·"隔开的阿拉伯数字"4""5"表示嘉禾四年吏民田家莂、嘉禾五年吏民田家莂。本文例句均来自走马楼简牍整理组编著《长沙走马楼三国吴简·嘉禾吏民田家莂》(文物出版社,1999年),《长沙走马楼三国吴简·竹简·[壹][贰][叁][肆][柒][捌]》(文物出版社,2003年、2007年、2008年、2011年、2013年、2015年)。

关注,先后有不少学者撰文对之进行研究。①然《长沙走马楼三国吴简·竹简[柒]》(下简称为"《竹简·柒》")中另有一件案情更严重、更复杂的官吏盗割官米的案件鲜有学者关注。这个案子的相关简文较集中地出现在简柒·4080-4144(揭剥位置示意图图三十三),②我们根据简文内容将之定名为"朱表割米自首案"。③本文不揣谫陋,试对之进行整理与研究,不足之处敬请方家批评指正。

一、"朱表割米自首案"时间内容的系联

邓玮光先生(2013:254)就吴简复原研究提出了横向比较复原法和纵向比较复原法。所谓横向比较复原法是通过比对同一事件的多方记录,补全单份记录缺失的信息;纵向比较复原法是指从纵向也就是历时性的角度去还原某个事件的动态过程,寻找复原的可能性(邓玮光,2014:5)。徐畅先生(2015:72)也指出"许迪割米案"由于案件牵涉多方、多次考实,各方皆有记录,因而留下多份解书、呈文;案件审理遵循汉魏间诉讼程序,有的简文还残留审讯日期,可利用各步骤间的逻辑关系进行历时性考察。"朱表割米自首案"较集中地出现在简柒·4080-4144这个简段,另有四枚简见于揭剥位置示意图图二十二(简柒·2519-2550)。记录该案的简文中有一些重要的时间信息,故我们以时间为切入点,从纵向和横向两个方面对该案时间内容信息进行系联。

---

① 参见胡平生、宋少华(1997),胡平生(1999:45-52),王素(1999:43-50),王子今(2001:109-111,2005:99-106),王素、宋少华(2009:1-27,2015:279-282),王彬(2014:73-91),徐畅(2015:71-83),等等。

② 释文见第827-9页,揭剥图见第940页,参见走马楼简牍整理组(2013)。

③ 简文中多见"表""自首""割"类文字,如简柒·4120"□狱今临湘结觧斗□后表自首状□唯□所用米事觉自首",简柒·4093"以(?)表自首皆在直所觉(?)后(?)令闻□□□讼愿□勉重罪者",简柒·4128"□□米表坐割还□中仓吏□□所领溢米一百七十斛……毕",简柒·4083正"事史潘真以三月廿八日承诏覆量中仓杂米以四月二日毕讫园(?)得表所割"。据前面所举简例知:"表"为人名,其割用官米自首。简柒·4107"丹杨大男朱渡求哀以促作父表给吴昌昔遣吏郚(?)莽予诸葛府君",丹杨大男朱渡为父表求情,知"表"姓"朱",为"朱表"。故我们将该案定名为"朱表割米自首案"。需要说明的是,拙文原定名为"表割米自首案",承蒙王素先生提示单称"表"容易引起读者误解,建议改为"朱表割米自首案",今从。

(一)四月九日

匿用米一百七十斛表后以四月九日有辞以米一斛……所……买□其

(柒·2526)[①]

米一百七十斛表后以四月九日有辞以米□𬀩昔所遗兵……　　　　(柒·4098)

收四月九日发临湘吏□自首乞言以𪏮昔所遗兵觅到其自首□　　(柒·4104)

简柒·2526"七十斛"后一字应为"表"字,图版较清晰,其写法与简柒·4082正之"表"字写法相同,今改"□"为"表"字。简柒·4098"□"图版不清楚,其上部"宀"较清楚,结合简柒·4104"𪏮昔所遗兵",疑当为"𪏮"字。

上揭三简当是不同部门发出的文书,所记应是同一件事情:"表"四月九日有辞交代一百七十斛米的情况。"辞"在"许迪割米案"中多见,如简捌·4055"𬀩重(?)部吏陈旷实核吏许迪辞割食所领盐",简捌·4117"十一月七日大男许迪辞本下隽县民少失父逊与母妾兄别别男弟冰迪妻小冰妻",等等。"辞"为讼辞、供词。《说文·辛部》:"辞,讼也。"《周礼·秋官·乡士》:"听其狱讼,察其辞。"据前两简可知第三简"临湘吏"后"□"应是"表"字,"表"的身份是临湘吏。后两简临湘吏表交代了米的去向,和"𪏮昔所遗兵"有关。

(二)(四)月十八日

月十八日更复有辞以米给莽仁非自散用事既在真所觉□　　　　(柒·4097)[②]

此简"复有辞"应是在表有辞之后。四月九日表有辞"以米□𬀩昔所遗兵",此"月十八日更复有辞"极可能是四月十八日。表复有辞"以米给莽仁非自散用"。"散用"一词"许迪割米案"中多见,如简捌·4140"余米一百一十三斛六斗八升迪散用饮食后为直事廖咨所觉奸恶无状迪罪",简捌·4083"□斗八升迪散用饮食后廖直事及

吏朱欣到料校釆不见勒迪备入即□□",等等。"散用"又见于《三国志·吴书·全琮传》:"琮至,皆散用,空船而还。"此是讲全琮父命其"赍米数千斛到吴,有所市易",结果全琮将米分发,用以救济士大夫了。吴简"散用"之义当与《三国志》"散用"义不同。吴简"散用"应与"割用"同义,均指私吞官物。①四月十八日表复有辞:将米给莽仁了,不是自己私吞了。"莽仁"在"朱表割米自首案"中多次出现:

道里长远时值□□无□资断(?)换以中仓溢米□斛给莽仁　　　　　(柒·4106)②

□得潘掾文书□白表(?)用米给莽等斛数相应表未(?)见□□　　　　　(柒·4110)

自首不如状斛斗□表即复首对实□给莽等明十六日如见　　　　　(柒·4111)

上揭简柒·4111据图版"等"前脱"莽"字,今补。

(三)三月廿八日

事史潘真以三月廿八日承诏覆量中仓杂米以四月二日毕讫觅(?)得表所割

（柒·4083 正）

【注】此为正面,背面无字。

上揭"量"图版写作"量",图版很清晰。"量"在《竹简·捌》中多见。"量"为"量"的俗字,较早见于《曹全碑》"遂访故老商量",又"县三老商量"(毛明远,2012:173)。

"潘真"三月廿八日承诏覆量中仓杂米,四月二日结束。"毕讫"是结束之义。"毕"和"讫"都有完毕、结束义。《广雅·释诂三》:"毕,竟也。"《集韵·质韵》:"毕,终也。"《说文·言部》:"讫,止也。"《礼记·祭统》:"防其邪物,讫其嗜欲。"郑玄注:"讫,犹止也。""毕讫"同义连用,意为结束、终止。"覆量"当即复核,亦即覆案。③潘真承诏复核的结果是米为表所割。"所割"又见于"许迪割米案"《录事掾潘琬白为考实吏许迪割用余米

---

① "许迪割米案"中多见"散用"和"割用"出现在相同的语境中。如:简捌·4035"事田付瑛等迪先割用饮食不见后直事廖咨到仓料物校米不见今月七日为郡所召者",简捌·4083"☑斗八升迪散用饮食后廖直事及吏朱欣到料校釆不见勒迪备入即□□",简捌·4140"余米一百一十二斛六斗八升迪散用饮食后为直事廖咨所觉奸恶无状迪罪",简捌·4002"六斗八升迪先割用饮食不复列廖咨所觉米不见☑"。

② 此简"中仓"后"□□",杨文释为"溢"。核对图版,今从。

③ "覆"为重审察。参见(王彬,2014:76)。

事》文书"为廖直事所觉后,迪以四年六月一日,偷入所割用米毕,付仓吏黄瑛受"(王素、宋少华,2015:281)。据此,简柒·4083正"表所割"后当接续"用米"等文字。"割用"在吴简中多见,如简贰·6977"☑□斛一斗迪割用百一十☐",①简柒·4493"□实不割用乞列死命实然后辞",简捌·4183"临湘言重实核湋口典盐吏许迪割用[所][领][米][一][百][一][廿][二]斛六斗八升前",等等。传世文献"割用"见于《后汉书·杨赐传》熹平五年(176)杨赐谏汉灵帝曰:"宜绝慢慠之戏,念官人之重,割用板之恩,慎贯鱼之次,无令丑女有四殆之叹,遐迩有愤怨之声。"据其文意,"用板"为一个词,指使用诏书。传世文献没有见到"割用"作为一个词使用的情况。吴简"割用"当是一个词。《说文·刀部》:"割,剥也。"又《刀部》:"剥,裂也。""割用"当本为分割使用,在吴简中引申为分割官物据为己有,即私吞官物。

"潘真"所承之诏当为"辛酉诏"。见:

官中部督邮移辛酉诏曰写下度辞如牒又表以文入没溺米事 　　　　　　　　　（柒·4087）

"潘真"又见:

□遣吏张孟传表以二月四日付临湘录事史潘真以三月廿[七] 　　　　　　　　（柒·4121）

据此简可知"潘真"应为临湘录事史。简柒·4083之"事史潘真"前当接"临湘录"三字,恰有简末为"临湘录"三字者:

以今年正月廿日诣县督系曹遣吏张孟传表以二月四日付临湘录 　　　　　（柒·4086）

结合简柒·4121,上简在文意上与简柒·4083正相合。完整简文为:

以今年正月廿日诣县督系曹遣吏张孟传表以二月四日付临湘录事史潘真以三月廿八日[承]诏覆量中仓杂米以四月二日毕讫[觅](?)得表所割 　　　（柒·4086、4083）

正月廿日关于"表"案的诏书被送到临湘县,县督促系曹遣吏张孟传表,张孟二月

---

①　释文参王彬(王彬,2014:87)改。

四日将此案交给临湘录事史潘真,潘真三月廿八日奉诏覆量中仓杂米,四月二日结束,结果是米为表所割。

据此可知,简柒·4121"张孟传表以二月四日付临湘录事史潘真"后当为"承诏覆量中仓杂米"事。其在文意上和简柒·4116"承诏覆量中仓杂米以四月六日毕讫……"相接。① 完整简文为:

□遣吏张孟传表以二月四日付临湘录事史潘真以三月廿七【日】承诏覆量中仓杂米 以四月六日毕讫……

（柒·4121、4116）

对照简柒·4086、4083和柒·4121、4116发现:二者均是"吏张孟传表以二月四日付临湘录事史潘真",区别仅是潘真承诏的日期和覆量结束的日期。查图版,简柒·4083"三月廿八日"很清楚,简柒·4121"三月廿七"之"七"字图版不清楚,据其左边一撇似当为"八"字。因此,我们认为潘真承诏覆量的日期应是"三月廿八日"。简柒·4083"四月二日"之"二"字和简柒·4116"四月六日"之"六"字,图版均不清楚。通过前面分析,我们认为潘真覆量中仓杂米结束的日期也应该相同。简柒·4086、4083和简柒·4121、4116所述是同一件事,即系曹遣吏张孟传表付临湘录事史潘真承诏覆量中仓杂米。同样的事件重复记录当是有不同的目的,极可能是不同部门的记载。

由前述知,四月九日临湘吏表自首,正月廿日诏书下达到临湘县,二月四日吏张孟将此案交给临湘录事史潘真,三月廿八日潘真开始奉诏覆量中仓杂米,四月二日或六日覆量结束,结果是米为表所割。可见,诏书下达及覆量时间当是在临湘吏表自首的第二年展开的。

二、"朱表割米自首案"复原整理

前面从时间内容方面对"朱表割米自首案"的相关简文进行了系联。下面据揭剥位置示意图、简的形制,结合简文时间内容对"朱表割米自首案"进行复原整理。

"朱表割米自首案"集中出现在简柒·4080-4144,其揭剥位置示意图为:

---

① 简柒·4116"诏"前"□",杨文释为"承"。图版此字很模糊,结合简柒·4083,此字释为"承"较妥,今改。

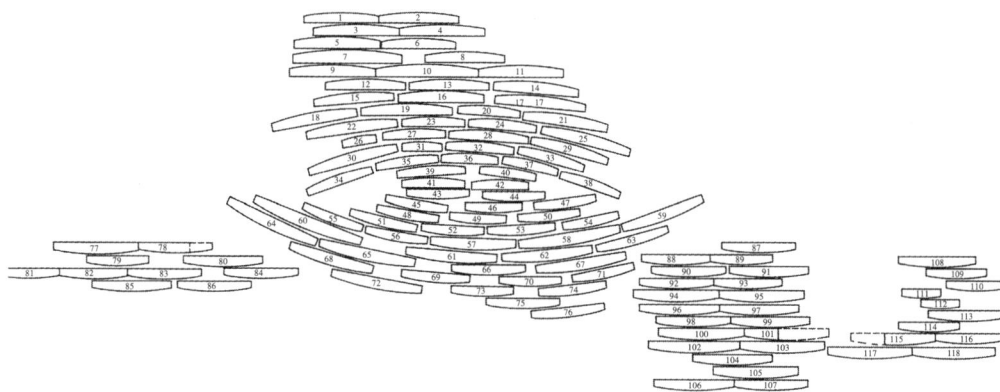

图1

这坨简位于发掘区Ⅱ区c坨第16小坨。宋少华先生(2011:7)曾说:"揭剥前当发现某坨简上半部正面朝下、下半部正面朝上、边缘处正面与正面相对时,我们就判断它有可能为一卷册书。揭剥图中每枚竹简正面用直线表示,背面用曲线表示。"这坨简的主体上半部正面朝下,下半部正面朝上,符合一个完整册书的条件。与"朱表割米自首案"相关的简主要位于正面相对简(揭剥图编号为41、42、43、44)的上面八层和下面九层。据图版,原简当是先写后编,编绳已经腐朽,无法通过简牍编联对简文进行复原整理。不过,与"朱表割米自首案"相关的简在揭剥图中相对集中,且都是围绕一个核心事件而展开,简文中一些重要信息重复呈现,并有一些重要的时间词语,故我们根据揭剥位置示意图、简的形制和简文内容对"朱表割米自首案"进行复原。

"朱表割米自首案"简包裹在中乡故户下品出钱简之中。揭剥图上部编号1至12的简均是中乡故户下品出钱简,下部编号72至96的简除阑入几枚其他简外,也主要是中乡故户下品出钱简。其中编号12的简为总计简:

右一百六十□户下品出钱四千四百合七十万八千四百　　　　　　(柒·4077正/12)①

【注】此为正面,背面无字。"右"上原有墨笔点记。

据此简知中乡故户下品出钱简应是从右向左编联。由揭剥图可知编号12的简处于里侧,故中乡故户下品出钱简当是结尾简在内、首简在外的收卷方式。

131

---

① 简号"/"后数字为揭剥示意图编号。下同。

"朱表割米自首案"在揭剥示意图图三十三中主要位于编号15至79,中心部位四枚简正面相对。简文为:

道里⬚长远时值□□无□资断(?)换以中仓溢⬚米□斛给莽仁　　　　（柒·4106/41）

丹杨大男朱渡求哀以促作父表给吴昌昔遣吏鄱莽予诸葛府⬚君　　（柒·4107/42）

□□傍为道上粻米五十斛两傍人各廿⬚五斛及告□□诣府⬚君　　（柒·4108/43）

⬚换取□□□□□□民所还种粻米⬚十斛米给⬚役□吏□⬚周　　（柒·4109/44）

简柒·4107/42"鄱"据图版其左侧应为"番","鄱"当为"鄱"字,今改。据这四枚简的内容来看不应是文书的结尾部分。

"朱表割米自首案"在揭剥示意图图三十三上部最外侧编号15、17的简文为:

□相兼领愿乞□□□□□□如牒□□谨为诣琬诚　　　　　　　（柒·4080 正/15）

解行表军法当遣主簿诣府白状县在治下吏役⬚不⬚得　　　　　（柒·4082 正/17）

据简柒·4080 正/15末尾"琬诚"二字可推知其下当为"惶诚恐叩头死罪死罪"之类上行文书结尾的惯用语。这样的语句在吴简上行文书中多见,仅举《录事掾潘琬白为考实吏许迪割用馀米事》为例:[1]

录事掾潘琬叩头死罪白:过四年十一月七日,被督邮勑,考实吏许迪。辄与核事吏赵谭、

都典掾烝若、主者史李珠,前后穷核考问。迪辞:卖官余盐四百廿六斛一斗九升八合四勺,得米

二千五百六十一斛六斗九升已。二千四百卅九斛一升,付仓吏邓隆、谷荣等。余米一百一十二斛六斗八升,迪割

用饮食不见。为廖直事所觉后,迪以四年六月一日,偷入所割用米毕,付仓吏黄瑛受。

前录见都尉,知罪深重,诣言:不割用米。重复实核,迪故下辞,服割用米。审前后搒押迪凡百

---

① 释文参见王素、宋少华(2015:280-281)。

卅下，不加五毒，据以迪今年服辞结罪，不枉考迪。乞曹重列言府。傅前解，谨下
启。琬诚

惶诚恐，叩头死罪死罪。

若（浓墨草书）　　　　　　　　　　　　　　　　　　二月十九日戊戌白

简柒·4082正/17"行表军法"当是案件审理完毕、依法治罪的词语，"许迪割米案"
中多见。如：

实是科正非记到据科行迪军法言君叩头々々死罪々々案文书　　　　　（捌·4210）
审实是科正非记到晃丞摄县据科行迪军法气严下隽　　　　　　　　（捌·4211）

"朱表割米自首案"在揭剥示意图图三十三下部外侧编号66的简文为：

……觉后不……乞□前解行表军法……　　　　　　　　　　　　　　（柒·4131/66）①

因此，我们认为"朱表割米自首案"的收卷方式不同于中乡故户下品出钱简结尾
简在内、首简在外的方式，其收卷方式应是首简在内、结尾简在外。

仔细观察揭剥示意图图三十三，虽上部正面朝下、下部正面朝上，为构成一个完
整册书提供了条件，但其中心部位每排两枚简，共三排，上部每排两枚简之外即紧邻
一排五枚简。因此，我们判断这坨简中心部位当有遗脱。

揭剥示意图图三十三编号26、31的简是户籍简，记载了缴纳赋税的情况。简
文为：

右初家口食五人　第四　訾　五　十　　　　　　　　　　　　　　（柒·4091/26）
妻池年五十一第一　子男□年十九第一　　　　　　　　　　　　（柒·4096/31）

据《竹简·捌》所记"许迪割米案"的简文，有关于许迪所住乡里及家庭成员的记
载，而没有家庭成员是否缴纳筭赋的记载，因为家庭成员是否缴纳筭赋与案件的审理
无关。故我们认为上揭户籍简与"朱表割米自首案"无关，当是阑入简。这两枚户籍

① 杨文指出"前"后"□□□□"释为"解"字。"解"字整理者实际上已经释出，核对图版"□□□□"
当为衍文，今删。

简在形制上也和"朱表割米自首案"简差别很大,这两枚简的宽度分别是0.7厘米、0.8厘米,而与"朱表割米自首案"相关的简的宽度均在1厘米以上,这两枚简比"朱表割米自首案"简窄很多,也可说明这两枚户籍简应是阑入简,同时也说明"朱表割米自首案"简扰乱比较严重。

观察"朱表割米自首案"相关简的图版,我们发现这批简有两种不同的形制。一种较窄、较短一些,宽1.1~1.3厘米,长约23.5厘米。这类简有:4085 /20,4088/23,4089/24,4092/27,4097/32,4098/33,4099/34,4100/35,4101/36,4102/37,4103/38,4104/39,4105/40,4106/41,4107/42,4108/43,4109/44,4110/45,4111/46,4112/47,4113/48,4114/49,4115/50,4116/51,4117/52,4118/53,4119//54,4120/55,4121/56,4138/73,4144/79。一种较宽、较长一些,宽1.6~1.9厘米,长24.5~25.0厘米。这类简有:4080 正/15,4082正/17,4083 正/18,4084/19,4086/21,4087/22,4090/25,4093/28,4094/29,4095/30,4122/57,4123/58,4124/59,4125/60,4126/61,4127/62,4128/63,4129/64,4130/65,4131/66,4132/67,4133/68。

简4143/78右侧残缺,无法测量其宽度。长度为24.5厘米,因此我们将之归为较宽、较长的简。

此外,《竹简·柒》之揭剥位置示意图图二十二中另有四枚与"朱表割米自首案"相关的简,分别为:

匿用米一百七十斛表后以四月九日有辞以米一斛……所……买□其

(柒·2526/8)

所应不得告……督邮书史……　　　　　　　　　　　　(柒·2527/9)

惶诚恐叩头死罪死罪敢言之　　　　　　　　　　　　　(柒·2530/12)

月九日……所觉……　　　　　　　　　　　　　　　　(柒·2533/15)

其揭剥位置示意图为:[1]

---

① 参见走马楼简牍整理组(2013:917)。

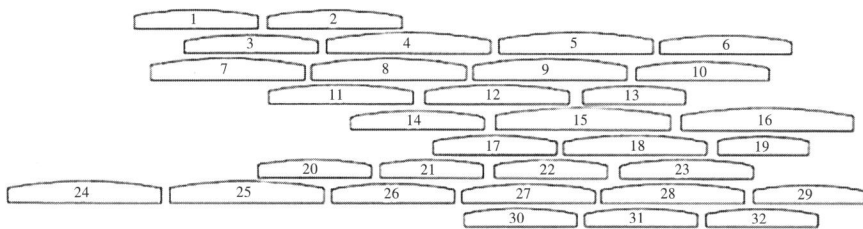

图2

这坨简位于发掘区Ⅱ区c坨第5小坨。其简面正面均朝下，不具备完整册书的条件。这坨简和上面谈到的揭剥示意图图三十三均在Ⅱ区c坨，且同在发掘简第十八盆。[1]从发掘信息来看，揭剥示意图图二十二和揭剥示意图图三十三原为一盆，均位于Ⅱ区c坨，二者之间关系密切。

前面说过"朱表割米自首案"简在揭剥示意图图三十三中是被包裹在中乡故户下品出钱简之中的。揭剥示意图图二十二编号1至18的简也主要是中乡故户下品出钱简，此坨与"朱表割米自首案"相关的四枚简被包裹在中乡故户下品出钱简之中。因此，我们推测揭剥示意图图二十二和揭剥示意图图三十三原本应在一起。从简的形制上看，这四枚简宽1.6~1.8厘米，长24.6~25.0厘米，与前面分析揭剥示意图图三十三较宽、较长的简形制相同。综上，我们将这四枚简归为"朱表割米自首案"较宽、较长的简。

通过上面的分析，我们认为"朱表割米自首案"简有两种不同形制，一种较长、较宽，一种较短、较窄。这两种不同形制的简当分属于不同的文书。据揭剥示意图，较短、较窄的简在内，较长、较宽的简在外。

考虑到吴简被掩埋于废井之中，在地下受到长时间的挤压，加之出土时的扰动等造成简册编联错乱。因此，综合揭剥示意图、简的形制、简文内容等各方面信息对"朱表割米自首案"进行复原。复原结果如下：

换取□□□□□□□民所还种粮米卅斛米给役□吏□周 （柒·4109/44）

□□傍为道上粮米五十斛两傍人各廿五斛及告□□诣府君 （柒·4108/43）

道里长远时值□□无□资断(?)换以中仓溢米□斛给莽仁 （柒·4106/41）

---

[1] 据《竹简·柒·凡例》，第十八盆的简号从2377至4211。参见走马楼简牍整理组（2013:1）。

【注】"值"下第一□右半残缺,左半从"身"。

丹杨大男朱渡求哀以促作父表给吴昌昔遣吏鄱莽予诸葛府 君　　　　　（柒·4107/42）

这一部分缺文较严重。大意是米给了莽仁,丹杨大男朱渡为父表求情。

掾□□□等乞从府还转以仓中溢米七十斛……　　　　　　　（柒·4112/47）

自首不如状 斛 斗 □表即复首对实□给莽等明十六日 如 见　　（柒·4111/46）

□得潘掾文书□白表(?)用米给莽等斛数相应表未(?)见□□　　（柒·4110/45）

入种粮米即已还宜(?)见(?)米(?)一百七十斛□□□□ 坠 阁朱翻仓吏王

　　　　　　　　　　　　　　　　　　　　　　　　　　　　　（柒·4099/34）

□□□ 运 悉毕□□□书掾料核县仓□所贷米□已偿麦　　　　（柒·4100/35）

简柒·4099/34"買"字图版下部不应为"貝",据其写法,应为"还"字,今改。这一部分大意为表割用米给莽仁等,斛数相合,且米已经归还。米数为一百七十斛,邸阁朱翻仓吏王某负责接收。表所割用米数一百七十斛,又见简柒·4098/33"米一百七十斛表后以 四 月九日有辞以米□昔所 遗 兵……",简柒·4128/63"□□米表 坐 割 还 □中仓吏□□所领溢米一百七十斛……毕",①简柒·2526/8:"匿用米一百七十斛表后以四月九日有辞以米一斛…… 所 …… 买 □ 其 "。

收 四月九日 发 临湘吏□自首乞言以 廛 昔所遗兵觅到其自首□　（柒·4104/39）

会日遣主簿□□□□不得稽留言……科令……　　　　　　　（柒·4101/36）

所 如状后吏实列 乃 米实已还曹表□先□ 记 自以文入没　　（柒·4105/40）②

溺米事罪事各毕愿乞依事觉后(?)自首私结罪不觉 悤 　　　（柒·4102/37）

□谨买丛上闻 恩 唯 ……　　　　　　　　　　　　　　　　　（柒·4103/38）

据图版,简柒·4102/37"录"字当为"罪"字,图版作 ,较清晰,今改。此简"后"字图版不清晰,据"自首私结罪不觉悤"似释为"前"字较妥。四月九日表自首,遣主簿督查此事,结果是米实已还,表以文入没溺米为由自首,并自以为文入没溺米事、罪事各毕,乞请依事觉前自首私结罪。

---

① 此简"仓"前之"□",杨文释为"中"。核对图版,今从。

② 此简"还"后之"□",杨文释为"曹"。核对图版,今从。

复正罪法可应会日……主簿……言表……　　　　　　　　　　（柒·4115/50）

……　嘉禾六年五月十七日起仓曹　　　　　　　　　　　　　（柒·4114/49）

临湘书掾葛□□曰□□□……　　　　　　　　　　　　　　　（柒·4113/48）

米一百七十斛表后以四月九日有辞以米□昔所遗兵……　　　（柒·4098/33）

月十八日更复有辞以米给莽仁非自散用事既在真所觉□　　　（柒·4097/32）

　　四月九日表供辞"以米□昔所遗兵"，十八日更复有辞以米给莽仁，并非自己私吞。

府　告兼中部督邮书掾王伟临湘□□□　　　　　　　　　　（柒·4119//54）①

□□如牒又表以文入没溺米事今年□月廿日诣县狱自系　　（柒·4118/53）

□吏(?)□□□□□下□兼中部督邮……　　　　　　　　　　（柒·4117/52）

□遣吏张孟传表以二月四日付临湘录事史潘真以三月廿八　（柒·4121/56）

承诏覆量中仓杂米以四月六日毕讫……　　　　　　　　　（柒·4116/51）

□狱今临湘结斛斗□后表自首状□唯□所用米事觉自首　　（柒·4120/55）

　　表四月九日自首，廿日又诣县狱自系。据简柒·4086/21"以今年正月廿日诣县督系曹遣吏张孟传表以二月四日付临湘录"知此二月四日为第二年。三月廿八日临湘录事史潘真承诏覆量中仓杂米，四月六日结束。

□消息不□自觉主者问转踵自首不□□□□克□□□　　　　（柒·4092/27）

【注】"克"下□左半残缺，右半从"隹"。

明府愿无济育□□乞可断理杨金□漱仰求哀求哀自　　　　（柒·4088/23）

□又表已先收系自首者谓□□□□□□□前谓□□　　　　（柒·4085 /20）

亡而不亡谓故在识表已先收传系其有奸臧怀匿重罪□　　　（柒·4089/24）

　　据图版，简柒·4092/27"不"下一字似为"非"字。这一部分简文残损很严重。

---

① 　此简"府言之"，杨文释为"府"。核对图版，今从。

皆□真所觉白后罪明科正事当促竟记到伟□□□□ （柒·4144/79）

死罪 死罪 敢言之 （柒·4138/73）

以上是较窄、较短的简的复原情况。下面是较宽、较长的简的复原情况：

正月十八日临湘侯相君告核事掾□记识…… （柒·4095/30）

以(?)表自首皆在直所觉(?)后(?)令闻□□□讼 愬 □勉重罪者 （柒·4093/28）

不应为自首前已□□结表罪罪自□□科正□□□□ （柒·4094/29）[①]

…… （柒·4090/25）

【注】本简似有字迹，但无法辨识。

查明真相，表自首皆在直所觉后，表畏惧重罪惩罚，自首希冀免重罪。表的行为不应为自首，应依罪处罚。

主簿□□ 省 （柒·4124/59）

□□米表坐 割 还 □中仓吏□□所领溢米一百七十斛……毕 （柒·4128/63）

□□先□系自首□□□未(?)觉若觉后□对谓□得□更□□ （柒·4127/62）

嘉禾六年正月□□日…… （柒·4123/58）

先自觉主者间缚□系自首不应为自(?)首表唯以□月七日更廖□□□

（柒·4122/57）

……见上□ （柒·4126/61）

…… 右……

□纪…… （柒·4125/60）

右尉写下书到亟促依书识(?)更察(?)科正谱罪法 （柒·4084/19）

官中部督邮移辛酉诏曰写下度辞如牒又表以文入没溺米事 （柒·4087/22）

以今年正月廿日诣县督系曹遣吏张孟传表以二月四日付临湘录 （柒·4086/21）

事史潘真以三月廿八日承诏覆量中仓杂米以四月二日毕讫觅(?)得表所割

（柒·4083 正/18）

---

① 此简"给□□"，杨文释为"结表罪"。核对图版，今从。

右尉写下书督促依书更察科正。简柒·4084/19前一书当是右尉下达的文书,后一书当是辛酉诏书。中部督邮移辛酉诏责查表以文入没溺米事。正月廿日,诏书到达县廷,县廷督促系曹遣吏张孟传表,二月四日张孟将此案交付临湘录事史潘真,潘真三月廿八日承诏覆量中仓杂米,四月二日覆量结束,结果是表所割米。

□月 日关中部督邮……☑	(柒·4132/67)
……觉后不……乞□前解行表军法……	(柒·4131/66)
正月一日吏昌写……录事史……复考实吴昌长	(柒·4130/65)
……记到……	(柒·4129/64)
……诣□右……	(柒·4133/68)
君□□省 录事掾 潘 琬 白	(柒·4143/78)

上报调查结果,依罪行表军法。

匿用米一百七十斛表后以四月九日有辞以米一斛……所……买□其	
	(柒·2526/8)
所应不得告……督邮书史……	(柒·2527/9)
月九日……所觉……	(柒·2533/15)
解行表军法当遣主簿诣府白状县在治下吏役不得	(柒·4082 正/17)
□相兼领愿乞□□□□□□□如牒□□谨为诣琬诚	(柒·4080 正/15)
惶诚恐叩头死罪死罪敢言之	(柒·2530/12)

表匿用官米一百七十斛,经复核其自首是事觉后,依罪当行表军法,而非服吏役。

我们据揭剥位置示意图、简的形制及简文内容尽力对"朱表割米自首案"相关简文进行了复原,但由于简册编联错乱,简文残损严重,故有些地方前后连贯性不强。不过,"朱表割米自首案"的案情脉络已大致清楚:表先自首称以米给麤昔所遗兵,后又有辞以米给莽仁,后又以文入没溺米事诣县狱自系。针对表自首事,展开了一系列的调查,最初调查结果是米斛数相应,已入仓。经覆案是表事觉后才自首,不应为自首,依罪应行表军法而不是服吏役。"朱表割米自首案"案情十分复杂。

三、"朱表割米自首案"解析

"朱表割米自首案"案情复杂,涉及很多部门和吏员,这里我们对该案试做解析。

(一)吴昌昔

> 丹杨大男朱渡求哀以促作父表给吴昌昔遣吏鄱莽予诸葛府君　　　　（柒·4107）

"昔"当为人名。朱渡替父表向吴昌昔求情,请求表服给吏。"昔"极可能是吴昌长官。又见:

> 收四月九日发临湘吏□自首乞言以廛昔所遗兵觅到其自首□　　（柒·4104）
> 米一百七十斛表后以四月九日有辞以米□昔所遗兵……　　　　（柒·4098）

"昔"全名极可能是"廛昔"。四月九日表自首称以米给廛昔所遗兵,这意味着表所割用米与军粮有关,和简柒·4082正"解行表军法当遣主簿诣府白状县在治下吏役不得"相照应。因表所割用米与军粮有关,所以案情审理结果是"行表军法";因朱渡替父求情服给吏,经调查审理,表不应为自首,故当行表军法而吏役不得。"昔"参与了表盗割官米的案件,故表割米案审理清楚之后,要对"昔"的涉案情况进行再次审查,简柒·4130"正月一日吏昌写……录事史……复考实吴昌长"正可说明这点。此简虽残损严重,但"复考实吴昌长"几字已经说明吴昌长官要再次接受审查、考实。

(二)自首

学界普遍认为中国犯罪自首的文献记载最早见于《尚书·康诰》:"既道极厥辜,时乃不可杀。"即犯罪人已把犯罪事实全部供述出来了,虽罪很重,也不可杀。这条文献被认为是我国自首制度的滥觞。秦汉时期自首称为"自告""自出"。① 如:

> 司寇盗百一十钱,先自告,可(何)论? 当耐为隶臣,或曰赀二甲。
> 　　　　　　　　　　　　　　　　　　　（《睡虎地秦简·法律答问》8）
> 把其叚(假)以亡,得及自出,当为盗不当? 自出,以亡论。其得,坐臧(赃)为盗;

---

① "自告"是非逃亡者犯罪未发自首,"自出"是逃亡者事发自首。详参万荣(2013:75)。

薪火相传——庆祝西南大学汉语言文献研究所成立四十周年论文集

140

盗罪轻于亡,以亡论。 (《睡虎地秦简·法律答问》131)

嗇夫不以官为事,以奸为事,论可(何)殹(也)？当罨(迁)。罨(迁)者妻当包不当？不当包。当罨(迁),其妻先自告,当包。 (《睡虎地秦简·法律答问》61-2)

告不审及有罪先自告,各减其罪一等,死罪黥为城旦舂,黥为城旦舂罪完为城旦舂,完为城旦舂罪▢ (《张家山汉简·二年律令》127)①

杀伤大父母、父母,及奴婢杀伤主、主父母妻子,自告者皆不得减。告人不审,所告有它罪与告也罪等以上,告者不为不审。 (《张家山汉简·二年律令》132)

匿罪人,死罪,黥为城旦舂,它各与同罪。其所匿未去而告之,除。诸舍匿罪人,罪人自出,若先自告,罪减,亦减舍匿者罪。 (《张家山汉简·二年律令》167)

元朔七年冬,有司公卿下沛郡求捕所与淮南谋反者,未得,得陈喜于衡山王子孝家。吏劾孝首匿喜。孝以为陈喜雅数与王计谋反,恐其发之,闻律先自告除其罪,又疑太子使白嬴上书发其事,即先自告,告所与谋反者救赫、陈喜等。

(《史记·淮南衡山列传》)

其未发觉,诏书到先自告者,半入赎。 (《后汉书·明帝纪》)

由上揭所列诸例知,秦汉文献中自首多称为"先自告",这个"先"字具有一定的特殊意义。日本籾山明先生(2009:50)认为:"'自告'之前被冠以'先'字,这一定是表示'在被发觉之前'的意思。"我们赞同这一观点。上举汉明帝诏书特别提到"其未发觉"先自告者半入赎亦说明自告当在事未觉之前才算是自首。反之,事觉后自首当不应为自首。事觉前自首还是事觉后自首是判断是否是自首的关键条件。秦汉文献"先自告"之"先"字表明当时的人们已经注意到这一关键因素。"朱表割米自首案"中有多枚简涉及"事觉""觉后"等,说明表是事觉前自首还是事觉后自首是该案审理的重点,也是该案定性定刑的基础。

秦汉时期事觉前自首,所受罪罚会得到一定程度的减免。孙吴当承汉制。否则,表也不会割米后自系自首。据孙吴辛丑科规定"凡盐满一石米二石杂物直钱五千皆斩没入妻子科一条吏民坐臧入直应当死者恐獨受取一万诸盗官物直臧五万皆应(捌·4021)",表盗割官米一百七十斛,依科当斩并没入妻子。表自首后所受的处罚极可能只是服吏役。

① 所引《二年律令》释文来自彭浩等(2007:144-145、157)。

（三）仓曹

据传世文献记载,仓曹主仓谷事(沈约,1974:1220)。研究者认为吴简仓曹总管各仓事务,包括米、钱、布等物资的出纳(徐畅,2011:314)。吴简中确有大量的关于米等谷物出入仓的账簿,但根据吴简,钱、布、皮等物资的出纳是由库负责的。据吴简,仓曹总管各仓事务,不仅包括米等谷物的出纳,还应包括与之相关的其他事务。如:

仓曹言壄阁马维仓吏武河遗(?)玉(?)官印从科俗(?)□□罪法事

四月四日仓曹史吴王白　　　　　　　　　　　　　　　　　（柒·1441）

【注】"俗"下□右半残缺,左半从"氵"。

仓曹言吴昌吏谢番殷□罪法……事

三月七日仓曹掾□□封　　　　　　　　　　　　　　　　　（柒·2603）

草言府依科结正武陵仓吏黄朋熊浩所应事　……月十日兼仓曹史□□白

　　　　　　　　　　　　　　　　　　　　　　　　　　　（柒·2970）

以上三例均是仓曹掾/史上书言邸阁、仓吏等罪法事,这些罪法事当均与仓米有关。这说明仓曹参与了与仓米相关的案件的审理。简柒·4114"……嘉禾六年五月十七日起仓曹"极可能是记录仓曹审理"朱表割米自首案"的相关情况。只可惜简文只残留下时间信息,无法得知更多信息。

（四）诸葛府君

"诸葛府君"在吴简中仅见于简柒·4107。简柒·4108"□□傍为道上粮米五十斛两傍人各廿五斛及告□□诣府君"之府君极可能也是诸葛府君。吴简中"府君"又见:

府君教　　　☑　　　　　　　　　　　　　　　　　　　　（贰·3620）

☑□府君(?)☑　　　　　　　　　　　　　　　　　　　　（贰·8692）

两汉三国地方州、郡、县三级行政单位,其机构、首长大致均有专称,其中,郡级行政机构称"府",首长太守称"府君""明府"(王素,1999:47;王子今,2010:89–98;徐畅,2011:292)。然而,吴简所记长沙郡太守为于望。如:

出长沙大守于望(?)□贷更□　　　　　　　　　　　　　　（壹·7270）

出长沙大守于望□　　　　　　　　　　　　　　　　　（叁·573）

□沙大守于望遣□□　　　　　　　　　　　　　　　　　（叁·1049）

此"诸葛府君"当姓诸葛,据其称"府君"应是长沙郡太守。其具体所指为何人、和于望的关系为何、二人是否是在不同时间段担任长沙郡太守等情况目前尚不明了。

(五)系曹

"系曹"不见于传世文献,吴简仅简柒·4086"以今年正月廿日诣县督系曹遣吏张孟传表以二月四日付临湘录"一例。据文意,系曹当属县廷列曹。"系"有拘囚、拘禁之义,如《史记·孝文本纪》:"五月,齐太仓令淳于公有罪当刑,诏狱逮徙系长安。"《史记·越王勾践世家》:"汤系夏台,文王囚羑里,晋重耳犇翟,齐小白犇莒,其卒王霸。"简柒·4118"□□如牒又表以文人没溺米事今年□月廿日诣县狱自系",表到县狱自请囚禁。"自系"即自请囚禁之义,亦见于传世文献。如《史记·循吏列传》:"石奢者,楚昭王相也。坚直廉正,无所阿避。行县,道有杀人者,相追之,乃其父也。纵其父而还自系焉。"故"系曹"当为司拘囚之曹,类似于后代的狱曹,当是孙吴时期长沙地区独具特色的曹职设置。[①]

(六)科正

"科正",辞书不见,在"朱表割米自首案"中凡3见。"科"当为律令、法规之义。《三国志·蜀书·诸葛亮传》:"若有作奸犯科及为忠善者,宜付有司论其刑赏,以昭陛下平明之理,不宜偏私,使内外异法也。""许迪割米案"中多见辛丑科。如:

贾米斛直钱一千五百合直钱十六万九千廿案辞正科罪迪具服辛丑科目今

（捌·4019）

□……一千五百迪凡臧十六万九千廿案辛丑科罪　　　　　　　　（捌·4245）

□□□考问迪具服案辛丑科目今诸楼船都尉监运仓曹　　　　　　（捌·4126）

"正"有正法、治罪义。《周礼·夏官·大司马》:"贼杀其亲,则正之。"郑玄注:"正之

---

① 王素先生曾云:"汉魏南北朝县廷列曹的设置,各县不尽相同,讨论临湘县机构设置时,应充分考虑其在地理、风俗上的特殊性,临湘属内陆县,从吴、蜀对峙来说又是边疆县,此外还处于汉、蛮混居地区和水陆交通要道,这些因素将促使一些独具特色的曹职设置。"参徐畅(2011:350)。

者,执而治其罪。"《后汉书·张酺传》:"酺部吏杨章等穷究,正海罪,徙朔方。""科正"当为据科治罪义。"许迪割米案"中也多见"科正"。如:

实是科正非记到据科行迪军法言君叩头叩头死罪死罪案文书 （捌·4210）
审实是科正非记到晃亟摄县据科行迪军法乞严下隽 （捌·4211）

(七)亟促

"亟促",辞书不见,始见于吴简。吴简多见,如:

临湘丞掾写移书到亟促部吏据科正处迪罪法所应不得稽留言如府旁书科令 （捌·4024）
临湘丞掾写移书到亟促部吏考核迪务得事实据 （捌·4049）
勅中部督邮亟促考核吏许迪钞米有出郡簿一百一十二 （捌·4110）
勅临湘录事主者亟促考实迪务得奸情据科弹 （捌·4123）
相速书到亟促部忠良大吏平心部决正处咨言会月十五 （捌·4250）
诺少受命料问事当覆验今遣吏□书到亟促条列□ （肆·1289）

亟,急也。《说文·二部》:"亟,敏疾也。"《尔雅·释诂下》:"亟,疾也。"邢昺疏:"皆谓急疾也。"《诗经·豳风·七月》:"亟其乘屋,其始播百谷。"郑玄笺:"亟,急。"促,紧迫、急促。《说文·人部》:"促,迫也。""亟"和"促"都有急义,"亟促"为同义连用。据上揭所引简例,"亟促"均出现在上级下达命令催促下级官吏办理某事的文书中。

(八)文入

"文入",辞书不见,始见于吴简,在"朱表割米自首案"中凡3见。它如:

黄武五年文入租吴平斛米二百七十七斛六斗料校不见前已列言更诡责负者□ （壹·6688）
黄龙元年文入叛士限吴平斛米六百七十四斛九斗七升料校不见前已列言更诡责负者 （壹·9587）
见者隐核度(?)对□叛者辄入所负有书县文入逋来 （肆·1222）

县文入逋长斛☐复☐不动们诣☐年无 (肆·1259)

吴简"文入"多和"料校不见""逋"等连用。杨芬先生(2012:273–275)认为"文入"之"文"可能指外表、表现形式或文簿,"文入"指虚文入仓。"文入"的米(钱)实际并不在仓。王素先生指出吴简"文入"之"文"大致有两个意思。一是表面,《论语·颜渊》:"君子质而已矣,何以文为?""文入"意为表面入而实际没入。二是掩饰,《论语·子张》:"小人之过也必文。""文入"意为以入为掩饰,或假装入实际没入。[①]杨芬先生和王素先生都认为"文入"是指表面上入而实际上并没有入。我们赞同这种看法。在"朱表割米自首案"中表以文入没溺米事到县狱自系,后又以为文入没溺米事、罪事都已完毕,企图按自首私结罪。实际上米并没有入仓,而是被表私吞了。

(九)中部督邮书掾王伟

督邮为郡监察官。职掌有三:一是督察,包括诸侯王、长吏、地方豪族及县署人事行政;二是督送邮书、奉宣教令;三是杂职,包括奉诏捕系,追案盗贼,录送囚徒,催租点兵,询核情实,等等。临湘县属中部督邮管辖范围(王素,1999:47)。表为临湘吏,"朱表割米自首案"发生后一直在中部督邮的掌控和干预下进行审理,参与此案的主要是中部督邮书掾王伟。督邮书掾王伟又见:

官告兼中部劝农督邮书掾王伟☐系☐ (肆·3585)

(十)临湘录事史潘真

参与"许迪割米案"的录事掾是潘琬。与"许迪割米案"相关的四份重要木牍中有三份出自录事掾潘琬之手。很显然,录事掾的工作与文书写作有关。[②]据"朱表割米自首案",录事史的工作同样与文书写作相关,而且录事史还直接参与案件的审核。"朱表割米自首案"中临湘录事史潘真承诏覆量中仓杂米是其明证。

(十一)核事掾

王彬先生(2014:77)认为:核事吏是县廷中负责究核文书是否属实的署吏,"核事"

---

① 　拙文写成后曾提请王素先生指教。王先生指出"文入"涉及案情判断,应增加对"文入"的解释,并给出了自己的观点。此特说明并致谢。

② 　王彬先生已指明录事掾的工作与文书写作有关,兹不赘述。参见王彬(2014:76)。

一职应为临时性的差使,不是固定的职务,类似后代朝廷中的使职差遣。许迪割米案中核事掾赵谭、这贵多次参与考实许迪。如:

应言君叩头=死罪=案文书被书辄部核事掾赵谭考实迪 （捌·4014）

临湘侯相管告叩头死罪白重部核事掾赵谭实核吏许迪 （捌·4139）

核事掾赵谭这贵言辄考实大男许迪坐剐用所典盐贾米一百一十二斛六斗八升…… （捌·4196）

"朱表割米自首案"中核事掾也参与了考实表,因简文残缺,参与该案的核事掾具体为何人尚不清楚。

(十二)主簿

主簿在汉魏之际的中央及郡县官署普遍设置,为门下吏之首。县主簿位在诸曹掾之上,是属吏中地位尊高的大吏,主要负责记录、检阅文书簿籍(凌文超,2014:58-59)。主簿当一直参与了"朱表割米自首案"。

(十三)临湘侯相君

"君"极可能是临湘侯相的名,全名是"郭君"。[①]现刊布吴简临湘侯相有三位:一是靖,主要活动时间在嘉禾元年(232);二是郭君,其活动时间跨度较长,自嘉禾二年至六年(233—237)均有相关记载;三是管告,其参与了"许迪割米案"的重考实工作。在"许迪割米案"中郭君和管告作为临湘侯相都参与了该案,我们推测管告极可能是郭君的继任者。

(十四)辛酉诏

"朱表割米自首案"案情重大,直接惊动了最高统治者,孙权下诏要求覆查此案。长沙郡中部督邮移孙权诏书要求临湘县对此案进行覆案。临湘录事史潘真承诏覆量中仓杂米之"诏"当即是辛酉诏。"辛酉诏"不见于《三国志·吴书》。

参考秦汉诉讼程序、[②]"许迪割米案"程序,[③]以及吴简"朱表割米自首案"的实际情

---

① 简肆·1230"·右连年逋空杂米三千五百二斛三斗八升□合□侯相郭君丞区让",简肆·1297"相郭君丞唐(?)祁录事主者周岑石彭谢进"。

② 秦汉诉讼程序为"告诉·告发—逮捕·拘禁·讯问—通知县、乡—查封—审判·再审"。参见[日]籾山明(2009:49-76)。

③ 参见徐畅(2015:71-83)。

况,本文对该案案情发展进程尝试梳理如下:

四月九日表自首称以米给廛昔所遗兵,四月十八日表复有辞以米给莽仁非自散用,二十日表又以文人没溺米事到县狱自请囚禁。由表自首的供辞一再变化可知该案案情十分复杂。有关部门受理表自首案件后即开始对表的供辞展开核查,核查的结果是"表用米给莽等斛数相应""米实已还",即表自首供辞属实。表本人也以为文入没溺米事、罪事都已经完毕,乞请按自首私结罪。

事觉。因简文残缺,无法得知事觉的确切原因。据"许迪割米案",许迪割米事发的原因是廖直事料校米不见所觉(简捌·4270、简捌·4279)。"朱表割米自首案"事觉的原因极可能也是廖直事料校米所觉[简柒·4093"囚(?)表自首皆在直所觉(?)后(?)令闻□□□讼愬□勉重罪者",简柒·4122"先自觉主者间缚□系自首不应为自(?)首表唯以□月七日更廖□□□"]。

由于表所割用米数量大,涉及军粮,案情复杂、严重,惊动了最高统治者孙权。这从简文"承诏"(简柒·4083)、"移辛酉诏"(简柒·4087)中可窥一斑。孙权亲自下诏要求彻查此案。诏书经中部督邮下达到临湘县,临湘县又将诏书下达到系曹,系曹派遣吏张孟传讯表。临湘录事史潘真奉诏覆量州中仓杂米,经过覆查,结果是米为表所割。查明真相后,对表盗割官米案进行定性:表自首是在事觉后自首,不应为自首,依科当治表罪,因表所盗割之米与军粮有关,故当行表军法。因简文残缺,对表这种虚假自首的案例,是否会从重、从严惩罚,尚不得而知。秦汉法律文献关于自首也只有所受惩罚减免的记载,而没有虚假自首后惩罚情况的记录。不过,无论如何,据孙吴辛丑科,表至少要受到斩首并没入妻子为奴的惩处。

需要说明的是,因"朱表割米自首案"简文残损严重,上述对该案案情发展进程的梳理只是一个大致的、概括的描述,更多详细信息还有待于新材料的进一步公布。据"许迪割米案"的相关记载,"朱表割米自首案"至少还应包括以下几点:表对自己籍贯、家庭情况的供辞,隐核表的供辞是否属实(包括家庭成员、年龄、是否同居等),[①]对表及其家人的惩处情况,不同机构部门之间上传下达的文书,等等。

---

① 《长沙走马楼三国吴简·竹简[捌]》中有多枚隐核许迪供辞的简,如简捌·4209"摄录小让甄没入为生口并乞隐核妾年纪家中人悉如迪所列上与不诡责八冰为迪入加",简捌·4237"迪家中悉如迪辞与不诡责八冰为迪入加臧钱十六万九千廿",简捌·4249"部吏傅送小让甄诣府并隐核妾年纪八冰异居□□",简捌·4255"前已列言乞傅前解行迪军法乞严下隽隐核迪家中人悉如□",简捌·4260"生口乞隐核家中人悉如迪辞列上与不诡责八冰为迪入加臧案文"。

四、"朱表割米自首案"与"许迪割米案"比较

"朱表割米自首案"与"许迪割米案"既有相同之处,又有不同之处。"许迪割米案"刊布的简牍资料很多,研究成果也比较多,案情分析已经比较明朗。故将"朱表割米自首案"与之进行比较,以期对"朱表割米自首案"有更深入的研究。

(一)相同点

1.两案都是官吏盗割官米,且均和军粮有关。查明真相后,均要行军法。"行表/迪军法"的简文多见。如:

解行表军法当遣主簿诣府白状县在治下吏役囗得	(柒·4082正)
……觉后不……乞囗前解行表军法……	(柒·4131)
囗囗乞囗囗前解行迪军法录事掾潘琬校……	(捌·4278)
于都市行迪军法本臧已入毕乞严下隽摄录小让囗囗囗囗	(捌·4244)

2.两案都经历了多次审讯和覆案。许迪先是承认割用官米,后录见都尉时翻供,使案情变得复杂,故需对案件进行覆案。"许迪割米案"中多见"重实核"等字样:

临湘侯相管咎叩头死罪白重部核事掾囗囗实核吏囗囗	(捌·4139)
临湘言重实核溇口典盐吏许迪割用所囗囗囗囗囗囗囗囗六斗八升前	(捌·4183)
囗被督邮勅囗囗囗囗囗囗囗囗囗重考实迪囗囗囗囗割所考囗所囗	(捌·4266)

"许迪割米案"涉及各方官吏,经过了多轮考实、核查。"朱表割米自首案"中表自首的供辞几经改变,且自首后第一次核查的结果是"斛数相应",后承诏覆查此案,结果是米为表所割。"朱表割米自首案"也应经过多次审讯、考实。

3.两案的审判工作均是在长沙郡中部督邮干预下,由县廷相关曹吏完成。简文如:

囗　囗月囗日兼中部督邮书囗囗溇口典盐囗囗囗	(捌·4064)

□中部督邮亟促考核吏许迪訟米有出郡簿一百一十二　　　　（捌·4110）

官中部督邮移辛酉诏曰写下度辞如牒又表以文入没溺米事　　　（柒·4087）

府　告兼中部督邮书掾王伟临湘□□□　　　　　　　　　　（柒·4119）

"许迪割米案"主要由中部督邮书掾晃参与，"朱表割米自首案"主要是中部督邮书掾王伟参与。

4.两案审理过程在时间上有重合。"许迪割米案"从案发到结案经历了嘉禾四、五、六年（235—237）共三个年头（徐畅，2015、2015:81）。"朱表割米自首案"有明确纪年的简是嘉禾六年（237）：

……　嘉禾六年五月十七日起仓曹　　　　　　　　　　　　（柒·4114）

嘉禾六年正月□□日……　　　　　　　　　　　　　　　　（柒·4123）

表自首的时间是四月九日（简柒·4104、简柒·4098、简柒·2526），临湘录事史潘真承诏覆量此案结束的时间也是在四月，"朱表割米自首案"至少经历了两个年头，极可能是嘉禾五年（236）和六年（237）。从纵的时间链条上来看，"朱表割米自首案"和"许迪割米案"在时间上是大体相同的。这也可能是两案分别由中部督邮书掾晃和中部督邮书掾王伟负责的原因。

5.两案的案犯均不是临湘县本地人。据许迪本人的供辞"卄一月七日大男许迪辞本下隽县民少失父逊与母姿兄别别男弟冰迪妻小冰妻（简捌·4117）"，许迪本是下隽县人。据《后汉书·郡国志》《晋书·地理志下》，下隽县属长沙郡。据简柒·4107"丹杨大男朱渡求哀以促作父表给吴昌昔遣吏鄀莽予诸葛府囷"，表应是丹杨人。据《晋书·地理志下》，丹杨郡属扬州。

（二）不同点

1.两案覆案的原因不同。许迪割用盐米后在第一次考实时承认米为自己所割用，但他未料到会处以斩罪（简捌·4003"饮食尽前见都尉实怖死诣府对云以困备摘"，简捌·4004"备入米付仓吏黄瑛悉毕前实怖猥死对都尉云以米备摘实如今辞□□"）。因畏死，许迪在录见都尉时改口供为以米备摘，又让其弟许冰持草归家改定。[①]由于许迪翻供,遂对此案展开了相关的覆查工作。表盗割官米担心事觉自首,事实上表自首时事已觉。表自首案首次核查情况属实,但由于某种原因(极可能是廖直事料校米所觉),需要覆查此案,且惊动了最高统治者孙权,由孙权亲自下诏对此案进行覆查。

2.两案所涉官米数量不同。许迪盗割官米一百一十二斛六斗八升,这个数字在简文中多次出现。表盗割官米一百七十斛,此数字在简文中亦多次出现。从盗割官米数量上看,表比许迪多盗割近六十斛。按一斛米值钱一千五百钱计,[②]表比许迪多八万五千九百八十钱,数量惊人。

3.两案案情不同。"许迪割米案"案情相对较简单。许迪私吞官盐米,廖咨、朱欣在料校仓米时发现米不见,上报此事并命许迪补入所割米,许迪割用官米事发。在中部督邮干预下,县廷相关各曹展开对案件的考实工作,许迪承认割用官米一百一十二斛六斗八升。针对许迪的供辞和辛丑科规定,判处许迪斩罪。许迪在录见都尉时,畏死改供为不割用米,以米备摘。以致对此案进行覆查,即重考实,结果是米确为许迪所割,依科治迪斩罪并没入妻子。

"朱表割米自首案"案情则相对复杂得多。且不说表是事觉前自首还是事觉后自首,仅就表自首的理由来说,表先说以米给廱昔所遗兵,后又称"以米给莽仁非自散用",再称"文入没溺米",表自首供辞多次改变,使案情显得十分复杂。第一次核查结果是表"用米给莽等斛数相应",米实已还,表自己也认为文入没溺米事、罪事均已完毕,乞请按自首私结罪。因某种原因,此案惊动了最高统治者孙权,孙权亲自下诏要求覆查此案。诏书层层下发到临湘县,县廷督促系曹等覆案,覆案结果是米为表所割,且不应为自首,当行表军法。由于"朱表割米自首案"现公布的简牍有限且简文多残缺,对此案具体的考实过程尚不很明了。但此案案情重大,涉及官米数量巨大,其调查、考实过程当比"许迪割米案"更复杂,参与调查的官吏更多。

"许迪割米案"的犯罪嫌疑人只有许迪一人,整个案情围绕着许迪招供—翻供—再招供展开。细究参与此案的人员,只有其弟许冰在许迪翻供时帮其改革,此外再

---

① 参《中贼曹掾陈旷白为考实大男许迪割食盐贾米事》:
中贼曹掾陈旷叩头死罪白:被曹敕,考实大男许迪,知断用所卖官盐贾米一百一十二斛六斗八升与不言。案文书,被敕辄考问,迪辞:所领盐贾米一百一十二斛六斗八升,迪自散用饮食尽。县前结迪斩罪,惧怖罪重,又辞:虚言以米雇摘,令弟冰持草归家改定。迪手下辞,不以米雇摘,自割食米。审实,谨列见辞状如牒,请以辞付本曹,据科治罪,谨下启白。旷诚惶诚恐叩头死罪死罪。
　　若(浓墨草书)　　　　　　　　四月廿一日白
　　释文来自王素、宋少华(2009:10)。
② 简捌·4019"贾米斛直钱一千五百合直钱一十六万九千廿案辞正科罪迪具服辛丑科目今"。

无他人参与此案。"朱表割米自首案"除犯罪嫌疑人表外，当有其他一些人，甚至是一些官吏参与此案。现有材料涉及的人员就有廪昔、莽仁、朱渡、吴昌长等。表先自首以米给廪昔所遗兵，"自首不如状"后，表改辞为"以米给莽仁非自散用"，调查结果是表"用米给莽等斛数相应"，即情况属实，米数相合。这中间估计牵涉合伙犯罪的问题。[1]表后以文人没溺米事诣县狱自系，乞请按自首私结罪，其子朱渡为他向吴昌昔求情遣吏。表和其子乞请私结罪，免重罪，服吏役。最终考实结果是"解行表军法当遣主簿诣府白状县在治下吏役不得"。据简柒·4130"正月一日吏昌写……录事史……复考实吴昌长"，极可能吴昌长参与了此案，并包庇表按自首罪论处服吏役。表自首事彻查清楚后，涉案的吴昌长也被立案调查。可以说，"朱表割米自首案"无论在案情上，还是在牵涉面上都比"许迪割米案"复杂得多。据现有简文，我们初步对"朱表割米自首案"案情进展有个大致的了解，但此案的更多细节还有待于新材料的进一步公布。

4.两案影响不同。"朱表割米自首案"案情重大，情节恶劣，其不良影响要比"许迪割米案"大得多。"许迪割米案"是在长沙郡中部督邮参与下，临湘县廷贼曹、金曹等相关曹吏具体考问、覆案，是在郡、县两级机构完成的。"朱表割米自首案"不仅郡、县两级机构参与，而且最高统治者孙权亲自下诏督促覆查此案，足见此案案情重大，影响恶劣。

此外，现有材料所见，参与调查"朱表割米自首案"的机构有仓曹、系曹，而在"许迪割米案"中未见这些曹参与。

五、余论

吴简"自首"一词除见于"朱表割米自首案"外，又见：

▨▨▨▨▨自首拘校八百廿九钱误少▨▨ ▨事 嘉禾▨▨▨ （肆·5599）

草言……自首人名年纪坐状簿事

……曹掾…… （柒·1498）

---

① 类似这种吏员合伙盗取官米的例子在历史上不乏其例。如《张家山汉简·奏谳书》简69-71："·七年八月己未江陵忠言：醴阳令恢盗县官米二百六十三石八斗。恢秩六百石，爵左庶长。恢曰：诚令从史石盗醴阳己乡县官米二百六十三石八斗，令舍人士五（伍）兴、义与石卖，得金六斤三两、钱万五千五十，罪，它如书。兴、义言皆如恢。"

草言府□私学烝弭还诣典田掾区光自首事

四月廿三日兼部曲田曹史孙□　　（柒·1499）

草言府条列叛自首士五人为簿事　八月十九日部曲田曹史荟□　　（柒·4434）

上揭四例"自首"简，前一例简文残缺严重，文意不甚明了；后三例据其行文格式当为草刺文书。沈刚先生（2016:53）认为"草言府"类草刺文书是列曹起草、撰写，提请县长吏进一步处理文书的登记记录。简柒·1498当是某曹掾撰写的自首人名年纪坐状文书。简柒·1499是部曲田曹史撰写的私学烝弭到典田掾区光处自首文书。简柒·4434是部曲田曹史逐条列出五名叛士自首文书。"叛士"大概指逃亡未遂或逃亡后"悔叛还首"的士卒（于振波，2015:167）。在社会极其动荡、战争频繁的三国时期，孙吴长沙地区存在着严重的人口叛逃现象（黎石生，2003:86-91；沈刚，2009:134-138；周能俊，2012:21-27）。秦汉时期非逃亡者犯罪未发自首称为"自告"，逃亡者事发自首称为"自出"。由吴简可知，三国孙吴时期无论是非逃亡者自首还是逃亡者自首均统称为"自首"。

秦汉出土法律文献只记述了自首可减免刑罚，而对自首的具体执行过程没有任何记载。传世文献也只是简略地记述了因自首而减免刑罚，而对自首案的具体审判过程，我们不得而知。吴简"朱表割米自首案"则提供了一个真实、可靠的自首案例，对了解中古时期自首制度等相关方面具有重要意义。因材料匮乏，研究者在梳理我国自首制度源流时，对魏晋时期的自首制度多较简略（萧典，2003:55-58；安斌、韩俊雯，2004:112-117；李中和、金伟，2010:18-22；王蓓遥，2011:146-148）。吴简"自首"简可为研究这一时段的自首制度提供鲜活的素材。

我们知道一种制度从萌芽、产生、发展到完善当经历了一个漫长的演进过程。我国自首制度萌芽于西周，发展于秦汉魏晋，完善于唐代。《唐律疏议》之《名例律》和《斗讼律》对自首的条件、自首的管辖机构等诸方面都有明确规定。这当是历代自首制度逐渐发展、完善的结果，而魏晋时期在这个发展链条中起到了衔接和纽带的作用。《唐律疏议·名例律》开篇云"诸犯罪未发而自首者，原其罪"。这和吴简"朱表割米自首案"反复实核表是事觉前自首还是事觉后自首一脉相承。

三国时期魏吴两国均设置了"校事"一职，其具体职掌两国略有不同。《三国志·吴书·吴主传》："初，权信任校事吕壹。"又《吴书·陆逊传》："时中书典校吕壹，窃弄权柄，擅作威福。"又《吴书·顾雍传》："久之，吕壹、秦博为中书，典校诸官府及州郡文书。"孙吴"校事"的职责之一是负责典校诸官府及州郡文书。关于孙吴"校事",史书记载及研究者的成果多指出其危害性很大(高敏,1994:14-21、2004:77-90;章义和,1996:21-24;李俊强,2007:53-55)。[1]因其威胁到豪族的利益,故豪族利益代表如陆逊、步骘、顾雍等多次上书陈述校事吕壹的危害。诚然,吕壹因深得孙权信任,权利极度膨胀,窃弄权柄,擅作威福,制造冤假错案,[2]对社会造成极大危害。

孙权建国是在北方淮泗集团和江东士族的基础上完成的。从建国之始,就存在中央和地方、皇权和将权的矛盾。尽管群臣反对,孙权还是设立了"校事"一职,是有其存在的理由的。虽然其弊端很大,但不能不说也有一定的积极作用。这一点可在史书中窥见一斑,如《三国志·吴书·步骘传》:"后中书吕壹典校文书,多所纠举。"这说明吕壹典校文书还是发现了很多存在的问题。

走马楼吴简中出土了一枚与吕壹有关的竹简,释文为"中书典校事吕壹□⊠"(王素、汪力工,2002:88)。王素、汪力工二先生(2002:91)专门撰文对这枚简的价值和意义进行了研究。他们认为:"虽然目前还不能确知'中书典校事吕壹'对长沙究竟造成了什么影响,但至少可以认为,这种影响值得探讨。"吴简中通过料校米发觉许迪、表盗割官米的廖咨的官职为"从吏位"。[3]"从吏位"一职不见于传世文献。徐畅先生(2015:74)认为"从史位系郡县官员之散职,无固定职掌"。我们认为极可能从吏位廖咨属吕壹统领,负责典校长沙郡及其下辖县的文书。根据吴简《嘉禾吏民田家莂》,孙吴仓库管理有例行的校核制度,校核时间一般在次年春,但这种校核更多的是形式上的,没有落到实处,故虽经校核,依然错误很多。[4]廖咨,吴简中又称"廖直事",如简捌·4054"囷不列见后廖直事及吏朱欣到料校米不见勑迪备入□□"。"直事",徐畅先生认为是当直,从吏位廖咨当直巡查仓库。此说可从。从吏位廖咨当直巡查仓库当和例行的校核不同,可能类似于后世的抽查、抽核。

---

① 史书相关资料详参《三国志·吴书·陆逊传》《三国志·吴书·步骘传》《三国志·吴书·顾雍传》等;研究者成果参见高敏(1994:14-21、2004:77-90);章义和(1996:21-24);李俊强(2007:53-55)。

② 如《三国志·吴书·是仪传》:"典校郎吕壹诬白故江夏太守刁嘉谤讪国政,权怒,收嘉系狱,悉验问。时同坐人皆怖畏壹,并言闻之,仪独云无闻。于是见穷诘累日,诏旨转厉,群臣为之屏息。仪对曰:'今刀锯已在臣颈,臣何敢为嘉隐讳,自取夷灭,为不忠之鬼!顾以闻知当有本末。'据实答问,辞不倾移。权遂舍之,嘉亦得免。"《三国志·吴书·朱据传》:"后(朱)据部曲应受三万缗,工王遂诈而受之,典校吕壹疑据实取,考问主者,死于杖下,据哀其无辜,厚棺敛之。壹又表据吏为据隐,故厚其殡。权数责问据,据无以自明,藉草待罪。数月,典军吏刘助觉,言王遂所取,权大感寤,曰:'朱据见枉,况吏民乎?'乃穷治壹罪,赏助百万。"

③ 如简捌·4062:"嘉禾四年八月丁未朔十八日甲子从史位臣廖咨顿首死罪十八……"

④ 如嘉禾四年(235)田家莂的错误率高达57.66%,是正确简例的2.39倍。参见苏俊林(2015:28)。

据吴简辛丑科,盗官物凡盐满一石米二石杂物直钱五千皆斩没入妻子(简捌·4021),足见孙吴对私吞官物的处罚是非常严苛的,同时也说明当时私吞官物的情况应非常普遍。正因为私吞官物泛滥,才设此重刑。[1]作为吏员的表和许迪不可能不知道辛丑科,明知故犯,足见孙权统治后期贪赃枉法之普遍及吏治之松弛。校事典校州郡县文书,纠举私吞官物等犯罪行为,这也许是孙权设置"校事"一职的积极作用。

附:

论文写成后曾提请王素先生指教,初稿曾在2016年长沙"纪念走马楼三国吴简发现二十周年长沙简帛研究国际学术研讨会"上宣读,得到了侯旭东先生及与会学者的指导,在此一并致谢。

【参考文献】

安　斌　韩俊雯　2004　《中国古代自首制度简论》,《中国人民公安大学学报》第4期。

邓玮光　2013　《走马楼吴简三州仓出米简的复原与研究——兼论"横向比较复原法"的可行性》,《文史》(第1辑),中华书局。

邓玮光　2014　《对三州仓"月旦簿"的复原尝试——兼论"纵向比较复原法"的可行性》,《文史》(第2辑),中华书局。

高　敏　1994　《曹魏与孙吴的"校事"官考略》,《史学月刊》第2期。

高　敏　2004　《曹魏与孙吴"校事"官考略》,《魏晋南北朝史发微》,中华书局。

胡平生　1999　《长沙走马楼三国孙吴简牍三文书考证》,《文物》第5期。

胡平生　宋少华　1997　《新发现的长沙走马楼简牍的重大意义》,《光明日报》1月14日。

黎石生　2003　《长沙市走马楼出土"叛走"简探讨》,《考古》第5期。

李俊强　2007　《三国时的校事与司法》,《南华大学学报(社会科学版)》第6期。

李中和　金　伟　2010　《中国古代自首制度考析》,《西部法学评论》第6期。

凌文超　2014　《走马楼吴简举私学簿整理与研究——兼论孙吴的占募》,《文史》(第2辑),中华书局。

毛远明　2012　《汉魏六朝碑刻异体字研究》,商务印书馆。

[日]籾山明著　李力译　2009　《中国古代诉讼制度研究》,上海古籍出版社。

彭　浩等　2007　《二年律令与奏谳书》,上海古籍出版社。

沈　刚　2009　《走马楼三国吴简所见"叛走"简剩义》,《江汉考古》第1期。

沈　刚　2016　《吴简所见孙吴县级草刺类文书处置问题考论》,《文史》(第1辑),中华书局。

[南朝梁]沈　约　1974　《宋书》卷三九《百官志上》,中华书局。

---

[1]　苏俊林先生通过对《嘉禾吏民田家莂》的研究,认为徇私舞弊成为孙吴基层吏治的重要特征。此也可以作一旁证。参见苏俊林(2014:395-402)。

宋少华　2011　《长沙三国吴简的现场揭取与室内揭剥——兼谈吴简的盆号和揭剥图》,《吴简研究》(第 3 辑),中华书局。

苏俊林　2014　《〈嘉禾吏民田家莂〉所见孙吴基层吏员的舞弊手法》,《湖南省博物馆馆刊》(第 11 辑),岳麓书社。

苏俊林　2015　《嘉禾吏民田家莂与孙吴身份等级体系》,《文史》(第 3 辑),中华书局。

万　荣　2013　《秦汉简牍"自告"、"自出"再辨析——兼论"自诣"、"自首"》,《江汉论坛》第 8 期。

王　素　汪力工　2002　《略谈走马楼孙吴"中书典校事吕壹"简的意义》,《文物》第 10 期。

王蓓遥　2011　《我国古代自首制度浅析》,《工会论坛》第 4 期。

王　彬　2014　《吴简许迪割米案相关文书所见孙吴临湘侯国的司法运作》,《文史》(第 2 辑),中华书局。

王　素　1999　《长沙走马楼三国孙吴简牍三文书新探》,《文物》第 9 期。

王　素　宋少华　2009　《长沙走马楼三国吴简的新材料与旧问题——以邸阁、许迪案、私学身份为中心》,《中华文史论丛》(第 1 辑),上海古籍出版社。

王　素　宋少华　2015　《长沙吴简〈录事掾潘琬白为考实吏许迪割用余米事〉释文补正》,《文史》(第 1 辑),中华书局。

王子今　2001　《走马楼许迪刱米事文牍释读商榷》,《郑州大学学报(哲学社会科学版)》第 4 期。

王子今　2005　《走马楼许迪割米案文牍所见盐米比价及相关问题》,《长沙三国吴简暨百年来简帛发现与研究国际学术研讨会论文集》,中华书局。

王子今　2010　《居延汉简所见"明府"称谓》,《简帛研究二〇〇七》,广西师范大学出版社。

魏　斌　2009　《走马楼孙吴"加臧米"简试论》,《魏晋南北朝隋唐史资料》(第 25 辑),武汉大学出版社。

萧　典　2003　《中国古代自首制度考——兼论自首制度演变发展的特征及其价值》,《武汉文史资料》第 5 期。

徐　畅　2011　《走马楼简所见孙吴临湘县廷列曹设置及曹吏》,《吴简研究》(第 3 辑),中华书局。

徐　畅　2015　《新刊长沙走马楼吴简与许迪割米案司法程序的复原》,《文物》第 12 期。

徐　畅　2015　《走马楼吴简竹木牍的刊布及相关研究述评》,《魏晋南北朝隋唐史资料》(第 31 辑),上海古籍出版社。

杨　芬　2012　《长沙走马楼吴简考释三则——"悬逋"、"文入"、"种领簿"》,《出土文献研究》(第 11 辑),中西书局。

杨小亮　2017　《"表坐割匿用米行军法"案勾稽考校》,《长沙简帛研究国际学术研讨会论文集》,中西书局。

于振波　2015　《走马楼吴简所见临湘县流动人口》,《简帛研究二〇一五(秋冬卷)》,广西师范大学出版社。

章义和　1996　《孙吴校事与吕壹事件》,《许昌师专学报》第 1 期。

周能俊　2012　《走马楼吴简"叛走"考释》,《南京晓庄学院学报》第 2 期。

走马楼简牍整理组　1999　《长沙走马楼三国吴简·嘉禾吏民田家莂》,文物出版社。

走马楼简牍整理组　2003　《长沙走马楼三国吴简·竹简·[壹]》,文物出版社。

走马楼简牍整理组　2007　《长沙走马楼三国吴简·竹简·[贰]》,文物出版社。

走马楼简牍整理组　2008　《长沙走马楼三国吴简·竹简·[叁]》,文物出版社。

走马楼简牍整理组　2011　《长沙走马楼三国吴简·竹简·[肆]》,文物出版社。

走马楼简牍整理组　2013　《长沙走马楼三国吴简·竹简·[柒]》,文物出版社。

走马楼简牍整理组　2015　《长沙走马楼三国吴简·竹简·[捌]》,文物出版社。

先秦两汉"打猎"义动词更替考

——基于出土文献、传世文献与异文材料的综合考察*

胡　波

摘　要：本文通过考察发现，"打猎"义动词在战国晚期以前主要用"田"，"狩"至晚在战国中期已被"田"取代，战国晚期主要用"猎"。综合秦简牍和战国晚期传世文献中"打猎"义动词的使用情况，并结合西汉早期异文材料中将"田"改为"猎"的现象，本文认为在战国晚期"猎"已经取代"田"成为"打猎"义动词的常用词，其原因当与"多义冲突"有关，也可能与秦"书同文字"的政策有关。本文通过实例说明，研究先秦两汉常用词的更替演变，应当结合出土文献与传世文献进行综合考察、相互印证，同时也要重视异文材料的佐证价值。

关键词：先秦两汉；"打猎"义动词；更替；出土文献；传世文献；异文材料

"打猎"（hunt）义动词是人类语言的基本词，斯瓦迪士（M.Swadesh）将其列入200核心词表（参看徐通锵，1991:470），陈保亚、汪锋（2006）也将其列入上古汉语核心语素

*本文为国家社科基金西部项目"先秦两汉出土简帛和传世典籍异文语言研究"（项目批准号：17XYY016）、贵州省哲学社会科学规划国学单列课题"先秦两汉出土简帛与传世典籍互见资料汇编"（项目批准号：17GZGX31）、西南大学"中央高校基本科研业务费专项资金资助"重点项目（项目批准号：SWU1909319）的阶段性成果。原文载于《语文研究》2022年第2期，此次收录仅做了部分文字表述上的修改。另外，本文在写作过程中曾得到业师汪维辉教授的悉心指导，初稿曾在中国语言学会第二十届学术年会（2021年4月，浙江杭州）上报告，得到了与会学者的指教，《语文研究》匿名审稿专家和编辑部也给本文提出了中肯的修改意见，谨此一并表示感谢。

表。在先秦两汉,"打猎"义动词主要有"田""狩""猎"①三个,而且它们曾发生过历时更替。王凤阳(2011:555)认为,"狩"在秦汉以后代替"田"成为打猎的泛称,"猎"则在战国秦汉之后成为打猎的通称。黄金贵(2016:291)指出,秦以后"猎"成为打猎的通称。黄成(2011:50)则提出,"猎"在战国时逐渐取代"田""狩",其地位在秦汉得到进一步巩固。不过,已有研究未能充分利用先秦两汉出土文献与传世文献进行互证,也未能结合异文材料来进行综合考察。因此,关于先秦两汉"打猎"义动词的更替演变,有些问题尚待进一步深入探讨。今不揣谫陋,略陈鄙见,并求教于方家。

一、更替的时间

清代以来甲骨文、金文以及简帛等材料的不断出土与公布,为汉语史研究提供了大量宝贵的"同时资料",极大地推动了汉语史研究的发展。在研究先秦两汉常用词的更替演变时采用"二重证据法",即结合出土文献与传世文献进行综合考察、相互印证,就成为使研究结论更加接近语言演变事实的重要方法。

(一)出土文献中的"打猎"义动词

甲骨文已见"田"字。郭沫若(1984:20)认为卜辞中常见的"田"字就是一个方块田的图画,陈年福(2019:309)认为"田"字象一块块的田土之形。其实,在甲骨文中"田"字有两种字形,它们的意义不完全一样。一种字形写作一块矩形的土地被分隔成四块规矩的田地形(田),除表示"田地"或有关主管田地的官员等义外,还用作"打猎"义;另一种字形则写作一块矩形的土地被分隔成少者六块、多者十二块规矩的田地形(畕、畾、畾),表示与田地相关的意义,不用作"打猎"义(参看许进雄,2016:372)。蒋礼鸿(1944)也指出:"有树谷之田字,有猎禽之田字,形同而非一字也。"不过,"耕田的'田'和田猎的'田',完全同字,这决不是偶然的,正反映着田猎为农耕做了准备工作"(中国农业遗产研究室,1959:43)。因为"在大量土地尚未开辟,为禽兽所栖息的林莽

---

① 在本文考察的文献中,"打猎"义动词"田"又写作"畋""狚",有时也借用"佃"来表示。"畋"当为"田"的后起分化字,或从犬作"狚"。需说明的是,甲骨文有被隶定为"畋"的字,其用法由于"辞均残泐,难以确指,但与田猎无关,则可以肯定"(于省吾,1996:2133)。"打猎"义动词"猎"又写作"巤""邋""玁"(此三字当为"猎"字之异体),有时也借用"臘"来表示。按,原稿未曾交代"打猎"义动词"田"或"猎"的各字形之间的关系,承蒙《语文研究》匿名审稿专家提醒,增加了相应的说明内容,谨此致谢。另外,为行文方便,除征引例句外,本文对此不再细作区分,但讨论与统计时均包含了这些字形用作"打猎"义动词的用例。下同。

几乎随处可见的上古时代,田猎与农业有很密切的关系"(裘锡圭,1992:168)。

在甲骨文中,"田"除常用作"田地"义外,用作"打猎"义动词的例子也很多。如:

(1)壬戌卜,贞:王往田。[不]雨。   (《合集》10532)①

(2)丁未卜,田于西。   (《合集》22043)

(3)戊戌卜,行贞:王其田于渊②,亡灾。   (《合集》24452)

(4)乙未卜,行贞:王其田,亡灾。   (《合集》24474)

(5)乙卯卜,王往田,不雨。   (《合集》33412)

《说文·犬部》:"狩,犬田也。从犬,守声。""狩"为后起形声字,初文作"嘼",即"嘼"字,甲骨文写作"𤉡""𤉢""𤉣""𤉤"等形,从单或干、从犬,会意。朱芳圃(1962:3)认为:"盖单为猎具,所以捕禽兽,犬知禽兽之迹,故狩必以犬。两者为田猎必具之条件,故古人造字,会合两文以见意。"杨树达(2013:306)亦指出:"盖古文只有会意之嘼字,形声字之狩乃后起字也。今狩猎之义为后起之狩字所独占,初形之嘼却只具后起禽兽之义矣。"在甲骨文中,"嘼(狩)"也常用作"打猎"义动词。如:

(6)贞:王勿嘼(狩)。   (《合集》06547)

(7)贞:翌己卯,王勿令嘼(狩)。   (《合集》10594)

(8)贞:王往嘼(狩)。   (《合集》10596)

(9)贞:王嘼(狩)于乂。   (《合集》10969 正)

(10)王其嘼(狩),不雨。   (《合集》28776)

根据陈炜湛(2018:5-17)的研究,甲骨文中约有 4500 片田猎卜辞,其中第一期多用"嘼(狩)"少用"田","嘼(狩)"在武丁田猎卜辞中可说是总名,从第二期开始,则多用"田"少用"嘼(狩)",至第五期时,则只用"田"不用"嘼(狩)"。张政烺(1973)亦指出,从第三期以后,打猎完全改称"田"。由此可见,"嘼(狩)"早在甲骨文时代就已逐渐开始消失了。这很可能与商代农业的发展有关。随着田猎活动与农业生产的联系

---

① 本文征引的出土文献例句,一律用通行字写出;重文、合文号一般直接析出,相关数据亦根据析出后的释文统计;根据文意或他本可确切补出的缺文,在不影响讨论的情况下,直接写出。另外,古今字、异体字、假借字随文注出通行字,写于( )号内;笔划不清或已残去的字用"□"表示,一个"□"对应一个字。

② "渊"采用的是陈年福(2010:2204)的释读意见。

越来越紧密,"田"逐渐取代了"獸(狩)"(参看黄成,2011:38)。

在商周金文中,由于体裁和内容的限制,"田""獸(狩)"虽多次出现,但较少用作"打猎"义动词。如:

(11)王来獸(狩),自豆麓。　　　　　　　　　　　　　　　　（宰甫卣　商代晚期）①

(12)唯正月既望癸酉,王獸(狩)于视廪,王令员执犬,休善。　　（员鼎　西周早期）

(13)我用田用獸(狩),用祈眉寿。　　　　　　　　　　　　　（伯大师鼎　西周中期）

在春秋晚期金文中,"猎"已可用作"打猎"义动词,但用例少见。如:

(14)吾以宴饮,于我室家,罞猎毋后,篹在我车。　　　　　　　（林氏壶　春秋晚期）

在春秋晚期的石鼓文中,"猎"作"打猎"义动词也有用例。如:

(15)吾车既好,吾马既駜。君子云邎(猎),云邎(猎)云游。　　（《车工》）②

在简牍中,"打猎"义动词主要用"田"和"猎","獸(狩)"已不见踪影。

战国至秦简牍中,"打猎"义动词的使用情况如下表所示。

表1　战国至秦代表性简牍中"打猎"义动词的使用情况③

"打猎"义动词	战国楚简				秦简牍			
	曾侯乙墓竹简	望山楚简	九店楚简	上博简	睡虎地秦简	龙岗秦简	里耶秦简	岳麓秦简
田	11	1	0	1	1(?)④	5(?)	0	0
猎	0	0	0	0	10	0	2	2
田猎	0	0	1	1	5	0	0	0

① 本文考察的金文与石鼓文的用例,均引自吴镇烽先生开发的"商周金文通鉴"数据库。

② 此例释文根据董珊的释读意见写出,参看董珊:《石鼓文考证》,复旦大学出土文献与古文字研究中心网站,2009年4月29日,http://www.gwz.fudan.edu.cn/srcshow.asp?src_id=776。

③ 本文表格中的数据仅统计出现有"打猎"义动词的简牍或传世文献的用例,未统计简帛中有传世本可资对照的早期古书,如上博简《周易》中的用例。下同。另外,本文所考察的先秦两汉代表性简帛与传世文献及其在正文与表格中的简称,详情参看文末附录"语料目录与说明"。

④ 睡虎地秦简中有1例"田",龙岗秦简中有5例"田",其整理者均认为用作"打猎"义动词,但这些用例可能存疑,故于表中数字后加"(?)"表示,详情参见下文分析。

由上表可见,战国楚简中,"打猎"义动词主要用"田",共见13例,其中用于复合词"田车"(打猎用的车)11例。如:

(16)驱逐畋(田)弋无期度。 (《上博简(伍)·竞建内之》10)①

(17)一畋(田)车。一櫹毂。 (《曾侯乙墓竹简》120)

(18)畋(田)车一乘。 (《望山楚简·2号墓竹简》5)

"猎"虽然也有用例,但仅用于同义复合词"田猎"中。如:

(19)驱骋畋(田)邋(猎),举狱讼,此所以失。 (《上博简(玖)·史蒥问于夫子》7)

(20)以田轣(猎),获。 (《九店楚简》31)

而在秦简牍中,"打猎"义动词的使用情况与战国楚简刚好相反,几乎仅用"猎"。以大多抄写于秦统一前的睡虎地秦简为例,"猎"共见15例,其中单用作"打猎"义10例,用于同义复合词"田猎"5例。如:

(21)利弋邋(猎)、报雠、攻军、围城、始杀。 (《睡虎地秦简·日书甲种》40正)

(22)可渔邋(猎),不可攻,可取不可予。 (《睡虎地秦简·日书乙种》59)

(23)可以冠,可请谒,可田邋(猎)。 (《睡虎地秦简·日书甲种》91正壹)

(24)戊午生,好田邋(猎)。 (《睡虎地秦简·日书乙种》246)

"田"虽然在秦简牍中共见46例,但用作"打猎"义仅见于"田猎"中,下面"田"单用1例比较特殊:

(25)邑之近皂及它禁苑者,麛时毋敢将犬以之田。

(《睡虎地秦简·秦律十八种》5-6)

此例整理者注曰:"将,带领。之田,去打猎。"②学者均从此说。按,此例出自关于农田生产的律文《田律》,故高恒认为《田律》非"田猎"之法,张伯元也认为《田律》不是纯粹指田猎,日本学者池田雄一则指出《田律》是对禁苑内的公田的管理规定(参看中国政法大学中国法制史基础史料研读会,2013:83)。为清楚起见,下面列出此例之后的简文:

> 百姓犬入禁苑中而不追兽及捕兽者,勿敢杀;其追兽及捕兽者,杀之。呵禁所杀犬,皆完入公;其他禁苑杀者,食其肉而入皮。

从内容来看,此条律文是为了限制禁苑周边的田猎以及对猎犬侵入禁苑进行处罚。虽然与田猎有关,但睡虎地秦简中"田"多用作"田地"义,用作"打猎"义仅见于"田猎"一词中。因此,这里的"田"很可能指的就是禁苑内的公田。条文大意应该是:居邑靠近畜养牛马的苑囿以及其他禁苑的,在幼兽繁殖时节不准带狗进入公田。若百姓的狗进入禁苑而没有追兽和捕兽的,不准打死;如追兽和捕兽,要打死。在专门设置警戒的地区被打死的狗,都要完整地上缴官府;在其他禁苑被打死的,可以吃掉肉而上缴皮。

此外,在抄写于秦统一后的龙岗秦简中,整理者认为简10、116、117、118、123中也有5例"田"用作"打猎"义。但可惜的是,这些简文后面均有残缺,这5例"田"是否就是用作"打猎"义,可能存疑。

值得注意的是,睡虎地秦简中"猎"均见于《日书》。此类文献的用语应当比较接近于当时的口语,在当时应该是一般人都能看得懂的。另外,其中律令的命名也有用"猎"的,如《睡虎地秦简·秦律杂抄》简26-27中就抄有"公车司马猎律"这一律名。

而在抄写于秦统一前的岳麓秦简收录的秦奏谳文书和抄写于秦统一后的《为吏治官及黔首》中,未见"田"的用例,仅见"猎"的用例。如:

(26)达曰:"亡,与猩等猎渔。不利,负债。"　　　　(《岳麓秦简(叁)》51正)
(27)贾市渔徽(猎)①。　　　　(《岳麓秦简(壹)·为吏治官及黔首》61正)

在绝大多数抄写于秦统一后的里耶秦简中,其中一枚内容与秦"书同文字"政策

---

① "徽"字原释文作"儌",此据复旦大学出土文献与古文字研究中心研究生读书会的意见改释,参看复旦大学出土文献与古文字研究中心研究生读书会:《读〈岳麓书院藏秦简(壹)〉》,复旦大学出土文献与古文字研究中心网站,2011年2月28日,http://www.gwz.fudan.edu.cn/SrcShow.asp?Src_ID=1416。

有关的"同文字方"①上还记载了如下一条规定：

(28)王<u>猎</u>曰皇帝<u>猎</u>。   (《里耶秦简(壹)》8-461BXXI)

在抄有战国古书或古佚书及《日书》的汉代简帛中，"打猎"义动词也基本只用"猎"。如：

(29)知王术者,驱骋驰<u>猎</u>而不禽荒……不知王术者,驱骋驰<u>猎</u>则禽荒。

(《马王堆简帛(肆)·经法》30下-31下)

(30)不杀,不尽群,诸侯出邋(<u>猎</u>)不合围。   (《银雀山汉简(贰)·禁》1699)

(31)利以田渔、弋<u>猎</u>、报雠。   (《孔家坡汉简·日书》41)

而其中的"田"则基本用作"田地""耕种"义,很少用作"打猎"义,即使有也大多见于复合词"田猎"中,基本上已不单用。如：

(32)五色使人目盲,驰骋<u>田</u>臘(<u>猎</u>)使人心发狂。

(《马王堆简帛(肆)·老子乙本》226下)

(33)可以冠,可□□,可<u>田猎</u>。   (《孔家坡汉简·日书》72)

综上可知,从秦汉简帛,尤其是秦简牍中"打猎"义动词的使用情况来看,可以说,在战国晚期,"打猎"义动词已经基本只用"猎"了。

(二)传世文献中的"打猎"义动词

先秦传世文献中,在战国中期以前,"猎"的用例还比较少见,"打猎"义动词主要用"田"和"狩"。"猎"始见于《诗经》里的春秋诗：

(34)不<u>狩</u>不<u>猎</u>,胡瞻尔庭有县貆兮?   (《诗经·魏风·伐檀》)

先秦传世文献中"打猎"义动词的使用情况如下表所示。

---

① 此枚里耶秦简木方,本文采用田炜(2018)的命名。

表2　先秦代表性传世文献中"打猎"义动词的使用情况

"打猎"义动词	西周春秋				战国早中期				战国晚期		
	尚书	周易	逸周书	诗经	左传	国语	孟子	庄子	韩非子	吕氏春秋	战国策
田	2	5	1	6	35	7	2	1	1	2	0
狩	0	0	1	7	6	2	0	0	1	0	0
猎	0	0	0	3	0	1	4	0	4	4	3
田猎	0	0	0	0	1	0	5	1	1	7	0

由上表可见,西周至战国早中期,表示"打猎"义动词最常用的是"田",共见59例。如:

(35)周公曰:"呜呼! 继自今嗣王,则其无淫于观、于逸、于游、于田,以万民惟正之供。"　　　　　　　　　　　　　　　　　　　　　　　　　(《尚书·无逸》)

(36)九四,田无禽。　　　　　　　　　　　　　　　　　　　　　　(《周易·恒》)

(37)譬若畋(田),犬骄用逐禽,其犹不克有获。　　　　　　　　　(《逸周书·皇门》)

(38)田车既好,四牡孔阜。　　　　　　　　　　　　　　　　(《诗经·小雅·车攻》)

(39)卫孙蒯田于曹隧,饮马于重丘,毁其瓶。　　　　　　　　(《左传·襄公十七年》)

(40)赵简子田于蝼,史黯闻之,以犬待于门。　　　　　　　　　(《国语·晋语九》)

(41)齐景公田,招虞人以旌,不至,将杀之。　　　　　　　　　　(《孟子·万章下》)

(42)虎豹之文,来田;猨狙之便、执斄之狗,来藉。　　　　　　　(《庄子·应帝王》)

其次是"狩",共见16例。如:

(43)武王狩,禽虎二十有二、猫二……鹿三千五百有八。　　　　(《逸周书·世俘》)

(44)之子于狩,言帐其弓。　　　　　　　　　　　　　　　(《诗经·小雅·采绿》)

(45)四年春正月,公狩于郎。　　　　　　　　　　　　　　　(《左传·桓公四年》)

(46)桓公亲逆之于郊,而与之坐而问焉,曰:"昔吾先君襄公筑台以为高位,田、狩、罝、弋,不听国政,卑圣侮士,而唯女是崇。"　　　　　　　　　(《国语·齐语》)

不过,从战国楚简和战国传世文献中"打猎"义动词的使用情况来看,"狩"至晚在战国中期已被"田"所取代。王凤阳(2011:555)认为"狩"在秦汉以后代替"田"成为打猎的泛称,显然与事实不符。

战国中期以后,"打猎"义的"田"虽有用例,但基本已是承用旧籍或述古。如:

(47)孟子曰:"昔齐景公田,招虞人以旌,不至,将杀之。"　　　　(《孟子·滕文公下》)

(48)夏后氏孔甲田于东阳萯山。　　　　(《吕氏春秋·音初》)

例(47)本自《左传·昭公二十年》,系承用旧籍。该例又见于《孟子·万章下》,即前引例(41)。例(48)系述古。

这一时期,"田"共见3例,"狩"仅见1例,而"猎"单用就有11例,用于"田猎"中还有8例。说明"猎"逐渐通行开来,至战国晚期已经占据"打猎"义动词的主导地位。"猎"单用的例子如:

(49)孟孙猎得麑,使秦西巴持之归,其母随之而啼。　　　　(《韩非子·说林上》)

(50)荆庄哀王猎于云梦,射随兕,中之。　　　　(《吕氏春秋·至忠》)

(51)猎者知其诈,伪举罔而进之,麋因得矣。　　　　(《战国策·楚策三》)

另外,"田猎"自战国中期开始常见,说明此时"猎"与"田"的竞争异常激烈。如:

(52)今王田猎于此,百姓闻王车马之音,见羽旄之美,举疾首蹙頞而相告曰:"吾王之好田猎,夫何使我至于此极也?父子不相见,兄弟妻子离散。"

(《孟子·梁惠王下》)

(53)荆庄王好周游田猎,驰骋弋射。　　　　(《吕氏春秋·情欲》)

但到了汉代,"打猎"义动词则基本只用"猎",具体情况如下表所示。

表3　两汉代表性传世文献中"打猎"义动词的使用情况

"打猎"义动词	西汉				合计	"打猎"义动词	东汉				合计
	淮南子	史记a	史记b	盐铁论			论衡	汉书	风俗通义	东汉译经①	
田	2/1	6/5	0	0	8/6	田	5/5	8/8	2/2	0	15/15
狩	0	7/5	1/1	0	8/6	狩	1/1	0	0	0	1/1
猎	12/1	20/0	26/1	1/0	59/2	猎	10/0	68/44	6/2	5/0	89/46
田猎	4/3	1/0	0	1/0	6/3	田猎	1/0	5/5	1/0	0	7/5

说明:表中"/"前为"打猎"义动词的用例数,"/"后为其中承用旧籍的用例数。《史记》a、《史记》b详见附录说明。

由上表可见,在西汉早期的《淮南子》《史记》中,"田"用作"打猎"义动词的仅见8例,其中就有6例是承用旧籍,余下2例又为述古。如:

(54)焚林而<u>田</u>,竭泽而渔。　　　　　　　　　　　　　　　　　　(《淮南子·本经》)

(55)王<u>田</u>不取群,公行不下众,王御不参一族。　　　　　　　　　(《史记·周本纪》)

(56)故先王之法,<u>畋(田)</u>不掩群,不取麛夭。　　　　　　　　　(《淮南子·主术》)

(57)二十四年,与魏王会<u>田</u>于郊。　　　　　　　　　　　　　(《史记·田敬仲完世家》)

例(54)本自《吕氏春秋·义赏》。另《淮南子》同篇中亦有"焚林而猎"的说法,显系作者所改,详见后文。例(55)本自《国语·周语上》。两例均系承用旧籍。例(56)(57)两例均系述古。

另据考察,《淮南子》《史记》中"田"虽然共见658例,但基本上都用于姓氏或表示"田地""耕种"等义。而"狩"虽然也有8例用作"打猎"义动词,但其中6例是承用旧籍,余下2例或是用典,或为述古。如:

(58)二十年,晋文公召襄王,襄王会之河阳、践土,诸侯毕朝,书讳曰"天王<u>狩</u>于河阳"。　　　　　　　　　　　　　　　　　　　　　　　　　(《史记·周本纪》)

(59)太史公曰:"……世以混浊莫能用,是以仲尼干七十余君无所遇,曰'苟有用我者,期月而已矣'。西<u>狩</u>获麟,曰'吾道穷矣'。"　　　　　　　(《史记·儒林列传》)

---

① 东汉译经包括28部汉译佛经,具体目录参看许理和(2001:306-309)所附"东汉汉译佛经目录"。

(60)二十年，齐景公与晏子狩竟，因入鲁问礼。　　　　　　　　（《史记·鲁周公世家》）

例(58)可参看《春秋·僖公二十八年》："天王狩于河阳。"《左传》曰："晋侯召王，以诸侯见，且使王狩。仲尼曰：'以臣召君，不可以训。故书曰"天王狩于河阳"，言非其地也，且明德也。'"该例系承用旧籍。例(59)"西狩获麟"又见于《史记·孔子世家》。《春秋·哀公十四年》曰："十有四年春，西狩获麟。"《左传》曰："十四年春，西狩于大野，叔孙氏之车子鉏商获麟，以为不祥，以赐虞人。"该例系用典。例(60)为述古。

此外，《淮南子》《史记》中还有5例"田猎"，其使用情况亦如"狩"。如：

(61)乃教于田猎，以习五戎。　　　　　　　　　　　　　　　（《淮南子·时则》）

(62)公子与魏王博，而北境传举烽，言"赵寇至，且入界"。魏王释博，欲召大臣谋。公子止王曰："赵王田猎耳，非为寇也。"复博如故。王恐，心不在博。居顷，复从北方来传言曰："赵王猎耳，非为寇也。"　　　　　　（《史记·魏公子列传》）

例(61)可参看《吕氏春秋·季秋》："是月也，天子乃教于田猎，以习五戎。"该例系承用旧籍。例(62)"田猎"后面改为了"猎"，该例系述古。

值得注意的是，"打猎"义动词"田""狩"绝大多数都见于叙述先秦与秦之事的"《史记》a"部分。不过，在这部分内容中"猎"共见20例，远多于"田""狩"，而且有不少地方是将前代古书中相应之处的"田"改为了"猎"（详见后文）。

而《淮南子》中"猎"共见12例，除1例是承用《韩非子·说林上》外，其余11例均为作者自用；《史记》中"猎"共见46例，其中有26例见于叙述楚汉之事的"《史记》b"部分，而且只有"猎"，并未见"田"。如：

(63)大夫种、范蠡存亡越，霸句践，立功成名而身死亡。野兽已尽而猎狗亨。

（《史记·淮阴侯列传》）

(64)高帝曰："诸君知猎乎？"曰："知之。""知猎狗乎？"曰："知之。"高帝曰："夫猎，追杀兽兔者狗也，而发踪指示兽处者人也。……"群臣皆莫敢言。

（《史记·萧相国世家》）

(65)周文王猎泾、渭，载吕尚而归，以王天下。　　（《史记·鲁仲连邹阳列传》）①

---

① 　按，此例引自邹阳《狱中上书》。

可见,西汉早期"打猎"义动词早已只用"猎","田""狩"已是古语词。汉语书面文献反映实际口语的情况往往具有滞后性,在实际口语中"猎"取代"田"应当早已完成。因此,"猎"应当在西汉之前就已是"打猎"义动词的常用词了。

至东汉,"田"用作"打猎"义动词虽然还有22例(包括单用和出现在复合词"田猎"中),但其中有20例都是承用旧籍(见表3)。而在东汉译经中,"田"已消失不见,"打猎"义动词仅用"猎"。此外,"田"在东汉已是一个不为大多数人所理解的古语词,这从汉人的注疏中可窥见一斑。如《楚辞·离骚》"羿淫游以佚畋兮"王逸注:"畋,猎也。"《吕氏春秋·音初》"夏后氏孔甲田于东阳萯山"高诱注:"田,猎也。"《吕氏春秋·直谏》"以畋于云梦"高诱注:"畋,猎也。"如果"田(畋)"不是古语词,就无需作注了。

(三)异文材料中的"打猎"义动词

汉语史研究主要依据的是历代传承下来的古代文献,包括出土文献与传世文献。这些文献在传抄过程中常会存有异文。但异文之"异",并非漫无边际、随性任意的,而是建立在对共同对象进行叙述的基础上(参看真大成,2008:55)。具体到某个词来说,不同时代的文献在叙述相同对象或表达同一概念时,相应之处彼此用词不同,就形成了同义异文。这些异文材料蕴含着丰富的词汇史信息,对于考察常用词的更替,具有重要的佐证价值。

前文指出,"打猎"义动词"猎"自战国中期开始便与"田"激烈竞争,至战国晚期已占据了主导地位,从下面的这组异文中亦可窥见一斑。如:

(66a)冬十月,庆封田于莱,陈无宇从。　　　　　　　　　　(《左传·襄公二十八年》)

(66b)庆封出猎,景公与陈无宇、公孙灶、公孙蚤诛封。　　　　(《吕氏春秋·慎行》)

上例中《吕氏春秋》引述《左传》的内容时,将相应之处的"田"改为了"猎"。这说明当时"猎"已比较常用了。另外,《史记·齐太公世家》也将此例中的"田"改为了"猎"。

同样,西汉早期的《淮南子》和叙述先秦与秦之事的《史记》a"部分中,在叙述与先秦文献相同或相似的内容时,亦多将"田"改为"猎"。如:

(67a)雍季对曰:"焚林而田,偷取多兽,后必无兽;以诈遇民,偷取一时,后必无复。"　　　　　　　　　　　　　　　　　　　　　　　(《韩非子·难一》)

(67b)文公以咎犯言告雍季,雍季曰:"竭泽而渔,岂不获得? 而明年无鱼。焚薮而<u>田</u>,岂不获得? 而明年无兽。" （《吕氏春秋·义赏》）

(67c)雍季对曰:"焚林而<u>猎</u>,愈多得兽,后必无兽。以诈伪遇人,虽愈利,后无复。君其正之而已矣。" （《淮南子·人间》)[①]

(68a)齐庆封好<u>田</u>而耆酒,与庆舍政。 （《左传·襄公二十八年》）

(68b)初,庆封已杀崔杼,益骄,嗜酒好<u>猎</u>,不听政令。 （《史记·齐太公世家》）

(69a)冬十二月,齐侯游于姑棼,遂<u>田</u>于贝丘。 （《左传·庄公八年》）

(69b)冬十二月,襄公游姑棼,遂<u>猎</u>沛丘。(《史记·齐太公世家》)

(70a)齐懿公之为公子也,与邴歜之父争<u>田</u>,弗胜。 （《左传·文公十八年》）

(70b)初,懿公为公子时,与丙戎之父<u>猎</u>,争获不胜。 （《史记·齐太公世家》）

(71a)宋昭公将<u>田</u>孟诸,未至,夫人王姬使帅甸攻而杀之。

（《左传·文公十六年》）

(71b)昭公出<u>猎</u>,夫人王姬使卫伯攻杀昭公杵臼。 （《史记·宋微子世家》）

(72a)公<u>田</u>,姬寘诸宫六日。公至,毒而献之。 （《左传·僖公四年》）

(72b)献公时出<u>猎</u>,置胙于宫中。骊姬使人置毒药胙中。 （《史记·晋世家》）

(73a)寺人披请见。公使让之,且辞焉,曰:蒲城之役,君命一宿,女即至。其后余从狄君以<u>田</u>渭滨,女为惠公来求杀余。" （《左传·僖公二十四年》）

(73b)文公不见,使人让曰:"蒲城之事,女斩予袪。其后我从狄君<u>猎</u>,女为惠公来求杀我。" （《史记·晋世家》）

(74a)厉公<u>田</u>,与妇人先杀而饮酒,后使大夫杀。 （《左传·成公十七年》）

(74b)厉公<u>猎</u>,与姬饮,郤至杀豕奉进,宦者夺之。 （《史记·晋世家》）

"《史记》a"部分"猎"共见20例,除上揭各例为司马迁所改外,其余诸例虽然来源无考,但应当均为司马迁自用。这些异文材料表明,"猎"取代"田"应当在西汉早期之前就已经完成,否则就不会有这么多改"田"为"猎"的例子了[②]。

综上,根据"打猎"义动词在秦简牍和战国晚期传世文献中的使用情况,并结合西

---

① 按,《淮南子》中还有类似的内容,如《本经》篇有"焚林而猎,烧燎大木",《主术》篇亦有"不涸泽而渔,不焚林而猎"。

② 已有学者关注到《史记》中将"田"改为"猎"的现象,如唐子恒(2012)在对比分析了《左传》的"田"与《史记》的"猎"并引例(69)(70)后认为:"在司马迁笔下,表狩猎义时'田'已经远不如'猎'通用了。"郜同麟(2013:279)也在引例(69)-(74)并分析了《史记》中的"田""猎"用法后指出:"先秦'田'的田猎义已基本让渡给了'猎'字,所以汉代文献遇到先秦文献中表田猎义的'田'也多改作'猎'。"

汉早期异文材料中多次出现将前代古书相应之处的"田"改为"猎"的现象来看,可以说,战国晚期"猎"已经取代"田"成为"打猎"义的常用词了。此后"田""狩"虽然还有用例,但或承用旧籍,或是用典,或为述古。可见,某一事实若在前期已经得到证明,则后期的反面证据可以不予采信,因为按照一般逻辑,某一种语言现象只会按着既定的方向向前发展,除非有特殊的原因,不会逆转(参看汪维辉、胡波,2013)。两汉文献中"打猎"义动词的使用情况证明,事实确实如此。

二、更替的原因

"打猎"义动词"田"在战国晚期被"猎"所取代,其原因主要有以下两个方面。

(一)内部原因

"猎"取代"田"的内部原因当与"多义冲突"(2021:74)有关。田地、耕种等义之"田"与打猎义的"田",自甲骨文就一直同字同音,影响了其表义的明晰性。"田"在先秦传世文献中的使用情况如下表所示。

表4　先秦代表性传世文献中"田"的使用分布情况①

时期	西周春秋				战国早中期				战国晚期			
文献	尚书	周易	逸周书	诗经	左传	国语	孟子	庄子	荀子	韩非子	吕氏春秋	战国策
田地、耕种等义及占比	17	9	1	28	119	35	26	0	37	117	72	144
	79.7%				77.6%				97.1%			
"打猎"义及占比	2	5	1	6	36	7	7	2	0	2	9	0
	20.3%				22.4%				2.9%			

由上表可见,先秦传世文献中的"田"更多是用作田地、耕种或姓氏、官名等义,其打猎义的占比一直不高。出土文献中亦是如此。汪维辉(2015)曾指出,汉语单音节基本词在人们的语感中一般是最熟悉、最容易感知的音义结合体,具有易知性。但打猎义的"田",其易知性显然不足,而且由于义项过多,导致语义负担过重,很容易引起歧义,这严重影响了它作为基本词的稳固性,于是在战国晚期打猎义的"田"就被"猎"取代了。

---

① "打猎"义含"田猎"。

(二)外部原因

"打猎"义动词"田"之所以被"猎"取代,其外部原因可能还与秦"书同文字"的政策有关。如表1、表2所示,"猎"集中出现在秦简牍和《韩非子》《吕氏春秋》中,而且从前文所引例(15)春秋时期石鼓文的"猎"以及睡虎地秦简抄写的秦律"公车司马猎律"来看,当时的秦人是以"猎"作为"打猎"义动词的。此外,里耶秦简"同文字方"上载有"王猎曰皇帝猎"这样"正用语"(参看田炜,2018:411)的规定。这些都表明,"猎"取代"田"可能与秦实施的"书同文字"政策有关。因为秦国自战国中期商鞅两次变法后,国力逐渐强大,通过兼并战争不断向外扩张,"书同文字"工作也随之展开,而并非是秦统一后才开始实施(参看陈昭容,1997:623;裘锡圭,2013:70;田炜,2018:413;赵平安,1994)。虽然"王猎曰皇帝猎"这样的规定是为了确保当时君主称谓的专属性和权威性,具有明显的政治色彩,但这势必也会直接影响到日常生活中打猎这一行为的用词变化。可见,随着秦统一六国后"书同文字"政策在全国范围的实施,"猎"的主导地位进一步得到了巩固,所以"打猎"义动词在西汉早期用"猎"不用"田"也就实属正常了。

三、结语

本文主要利用先秦两汉出土文献、传世文献与西汉早期异文材料考察了"打猎"义动词的更替情况。考察发现,"田""獸(狩)"早在甲骨文中就已习见,"猎"要到春秋才始见。"打猎"义动词在战国晚期以前主要用"田","狩"自战国中期始逐渐成为一个古语词;战国晚期主要用"猎","田""狩"基本已是承用旧籍、用典或述古。综合秦简牍和战国晚期传世文献中"打猎"义动词的使用情况,并结合西汉早期异文材料中多次将前代古书相应之处的"田"改为"猎"的现象来看,可以说,战国晚期"猎"已经取代"田"而成为"打猎"义动词的常用词。此后"田""狩"虽然还有用例,但或承用旧籍,或是用典,或为述古。"田"之所以会被"猎"所取代,其原因当与"多义冲突"有关,也可能与秦"书同文字"政策有关。文章通过这个实例说明,研究先秦两汉常用词的更替演变,应当结合出土文献与传世文献综合考察、相互印证,同时也要重视异文材料的佐证价值。

附：语料目录与说明

一、语料目录(括号内为简称)：(一)代表性传世文献。1.先秦传世文献：《今文尚书》(尚书)、《周易》《逸周书》《诗经》《论语》《左传》《国语》《孟子》《庄子》《荀子》《韩非子》《吕氏春秋》《战国策》。2.两汉传世文献：《淮南子》《史记》《盐铁论》《论衡》《汉书》《风俗通义》和东汉译经。(二)代表性甲骨文献：《甲骨文合集》(合集)。(三)代表性简帛文献。1.战国竹简：《包山楚简》《曾侯乙墓竹简》《郭店楚墓竹简》《望山楚墓竹简》(望山楚简)、《九店楚简》《长台关楚墓竹简》《清华大学藏战国竹简》《上海博物馆藏战国楚竹书》(上博简)。2.秦简牍：《睡虎地秦墓竹简》(睡虎地秦简)、《天水放马滩秦简》《龙岗秦简》《里耶秦简》《周家台秦墓简牍》《岳麓书院藏秦简》(岳麓秦简)。3.汉代简帛：《张家山汉墓竹简》《长沙马王堆汉墓简帛集成》(马王堆简帛)、《银雀山汉墓竹简》(银雀山汉简)、《随州孔家坡汉墓简牍》(孔家坡汉简)、《居延汉简》《敦煌汉简》《肩水金关汉简》。

二、语料说明：(一)《逸周书》仅考察了《克殷》《世俘》《商誓》《度邑》《作雒》《皇门》《祭公》《芮良夫》8篇；《庄子》仅考察了《内篇》。(二)《史记》排除了《司马相如列传》《太史公自序》和"十篇有录无书"的篇章以及十《表》、八《书》等26篇的内容，并删除了《史记》中属于褚少孙等人续补及后人窜入的内容。考察时将《史记》分为a、b两部分："《史记》a"包括叙述先秦与秦之事的6篇《本纪》、17篇《世家》、28篇《列传》以及《鲁仲连邹阳》《屈原贾生》《扁鹊仓公》等3篇《列传》中分别记载鲁仲连、屈原、扁鹊等事的部分；"《史记》b"包括叙述楚汉之事的4篇《本纪》、12篇《世家》、34篇《列传》以及《鲁仲连邹阳》《屈原贾生》《扁鹊仓公》等3篇《列传》中记载邹阳、贾谊、淳于意等事的部分。除以上文献外，本文对"语料目录"所列其他先秦两汉代表性简帛与传世文献均全部进行了考察。

【参考文献】

陈保亚 汪 锋 2006 《论核心语素表的确定——以上古汉语为例》，《语言学论丛》(第33辑)，商务印书馆。

陈年福 2010 《殷墟甲骨文摹释全编》，线装书局。

陈年福 2019 《实用甲骨文字典》，四川辞书出版社。

陈炜湛 2018 《甲骨文田猎刻辞研究》，中山大学出版社。

陈昭容 1997 《秦"书同文字"新探》，《"中研院"历史语言研究所集刊》第68本第3分。

邵同麟 2013 《文献异文与上古词汇史研究》，《汉语史学报》(第13辑)，上海教育出版社。

郭沫若 1984 《奴隶制时代》，《郭沫若全集·历史编》(第3卷)，人民出版社。

黄 成 2011 《上古汉语三组常用词演变研究》，西南大学硕士学位论文。

黄金贵 2016 《古代文化词义集类辨考》(新一版)，商务印书馆。

蒋礼鸿 1944 《读字肊记》，《说文月刊》第12期。

裘锡圭 1992 《甲骨文中所见的商代农业》，《古文字论集》，中华书局。

裘锡圭 2013 《文字学概要》(修订本)，商务印书馆。

睡虎地秦墓竹简整理小组　1990　《睡虎地秦墓竹简》,文物出版社。

唐子恒　2012　《论汉语词汇发展中的更替现象——以〈左传〉〈史记〉用词差异为例》,《山东大学学报(哲学社会科学版)》第1期。

田　炜　2018　《论秦始皇"书同文字"政策的内涵及影响——兼论判断出土秦文献文本年代的重要标尺》,《"中研院"历史语言研究所集刊》第89本第3分。

汪维辉　胡　波　2013　《汉语史研究中的语料使用问题——兼论系词"是"发展成熟的时代》,《中国语文》第4期。

汪维辉　2015　《关于基本词汇的稳固性及其演变原因的几点思考》,《厦大中文学报》(第2辑),厦门大学出版社。

汪维辉　2021　《汉语词汇史》,中西书局。

王凤阳　2011　《古辞辨》(增订本),中华书局。

徐通锵　1991　《历史语言学》,商务印书馆。

许进雄　2016　《文字小讲》,天津人民出版社。

[荷兰]许理和著　顾满林译　2001　《关于初期汉译佛经的新思考》,《汉语史研究集刊》(第4辑),巴蜀书社。

杨树达　2013　《积微居小学述林全编》,上海古籍出版社。

于省吾　1996　《甲骨文字诂林》,中华书局。

俞绍宏　2016　《上海博物馆藏楚简校注》,中国社会科学出版社。

张政烺　1973　《卜辞裒田及其相关诸问题》,《考古学报》第1期。

赵平安　1994　《试论秦国历史上的三次"书同文"》,《河北大学学报(哲学社会科学版)》第3期。

真大成　2008　《魏晋南北朝史书词语论考》,南京大学博士学位论文。

中国农业遗产研究室　1959　《中国农学史》上册,科学出版社。

中国政法大学中国法制史基础史料研读会　2013　《睡虎地秦简法律文书集释(二):〈秦律十八种〉〈四律〉〈厩苑律〉》,《中国古代法律文献研究》(第七辑),社会科学文献出版社。

朱芳圃　1962　《殷周文字释丛》卷上,中华书局。

民本与人性："民可使由之不可使知之"新解*

王化平

摘　要：文章对近年所见四种有代表性的解释做了分析，认为"不可使知之"句中的"知"当作"知晓"解，不宜破读。又分析了"知"字和《墨子·经上》对"知"的定义，认为在与"民可使由之"相对立的语境中，"不可使知之"句中的"知"含有采取强力手段或空洞说教使人知晓的含义。"民可使由之"句肯定了民智足以知"道"、人性之向善，"不可使知之"句若含有"民愚"之义，则与之矛盾。因此，此章反映了孔子基于民智与人性的深刻治国思想，与孔子的民本思想一以贯之，既无"民愚"背景，也无"愚民"思想。

关键词：《论语》；孔子；民愚；愚民

自古至今，人们对《论语·泰伯》"民可使由之，不可使知之"已经做了许多不同的解释。无论是从句读入手，还是从字词入手，两种途径几已穷尽其变。郭店楚简刊布之后，学界很快注意到《唐虞之道》不仅引用了《论语》这两句，而且有阐发。自此以后，人们对这两句话的解释方达成三点共识。一是句读，大家接受"民可使由之，不可使知之"是正确的句读，其他种种句读均不合理。二是"由"字的训释，虽然各家有"用""从""行"等不同释义，但本质上是相同的。三是这两句话与"愚民"思想应该没有关系。不过，分歧并没有完全消失，"不可使知之"一句至今没有相对一致的解释。这导致"民可使由之，不可使知之"两句话的语义、思想内涵均得不到正确阐发，孔子的政治思想在某些方面被误读。

*本文系西南大学创新团队项目"古文字与出土文献研究"（项目批准号：SWU2009108）、国家社科基金中国历史研究院重大历史问题研究专项重大招标项目"中华文明起源与先秦君主政体演进研究"（项目批准号：LSYZD21007）的阶段性成果之一。

一、四种有代表性的解释

对于前人的解释，王传龙（2017:67-76）、赵友林（2017:43-53,2018:279-307）两位先生已有全面系统的总结，这里没有必要重复，此处只讨论近年学界所见的四种有代表性的意见，顺带厘清某些误读。

（一）释"知"为强义

持此论者认为"不可使知之"之"知"有"强"义，比如彭忠德先生（2000）认为："由'民可道也'与上文'民可使道之'对举可知，'可道'为强调'道'而省略了'使'；'不可强也'亦应与上文'不可使智（知）之'对举成文。两者相较，'不可强'也是强调'不可使智'，因此，'强'、'知'含义应当相同。'强'为强迫之意，'智（知）'也必为强迫之意。知之一义为主持、掌管，此处即当引申为控制、强迫之意。"吴丕先生（2001:55-63）对彭忠德先生的分析有详细的反驳，主要涉及"使"字。从语法上来说，"民可使知之"句中，"使"的宾语当是"民"，这个宾语同时还是"知"的主语。将"知"理解为强，其主语就不再是"民"，这与《论语》原意并不相符。李锐先生（2008:11-15,2018:186-188）赞成彭忠德先生对"知"字的训义，并做了进一步的阐发。廖名春先生（2008:171-175）认为由"知"引申到"强"并无充分证据，他主张"知"与"折"通假，"折"是以强力阻止、挫败、折服、制伏。由于"强"与"折"义近，故简文以"强"释"折"。事实上，廖名春先生的解释仍然没有解决"使"字的问题。李景林先生（2013:1-11）对"民可使由之，不可使知之"两句的语法有较详细的分析，他认为这两句与《尊德义》"民可道也，而不可强也"语法结构不同，故其意义亦不能等同。释"知"为主持、掌管、管等义以使之相应于"强"字的解释路径既忽视了"使知之"这个句式中"使"字的语法地位，亦把"之"这个代词由圣王之"教"或礼乐之"道"改换成了"民"，这是讲不通的[①]。李景林先生的分析在语法上较为可信，值得参考。郭店竹简《尊德义》"民可道也，而不可强也"虽然可以看作是对"民可使由之，不可使知之"的解释，但这种解释并非字字对应的文字训释，而是基于句意和思想的意义阐发。也就是说，《尊德义》所用的"道""强"不是对"由"（《尊德义》原文作"道"）"知"做语言学上的解释。据《尊德义》来理解"民可使由之，不可使知之"，若不注意此点，就容易产生误解。

---

① 黄国辉也注意到了此点。参见黄国辉（2019:31-35+63）。

(二)释"知"为知晓、知道

这种解释由来已久,汉魏时期就已经出现,且多为后世学者沿用。朱熹(1983:105)解释此章云:"民可使之由于是理之当然,而不能使之知其所以然也。"这个解释的影响很大,到现代的杨伯峻、杨逢彬、丁四新等,仍然大体沿袭,或以之为基础作新自己的解释。如杨伯峻先生(2009:80)将此章译作:"老百姓,可以使他们照着我们的道路走去,不可以使他们知道那是为什么。"杨逢彬先生(2016:152)的今译与之相同。丁四新先生(2020:152)译作:"人民可以让他们跟从大道,但无法使他们知晓、认识到道本身。"这种解释在语法和义理上均较合理,唯独没有兼顾到两个"之"字的一律性。"民可使由之,不可使知之"这两句话中的"之"字出现在两个结构相同、前后承接的句子中,其内涵理应相同。像朱熹说的"理之当然""其所以然",虽然都说的是"理",但"当然"与"所以然"终究有差别。后来的解释不用"理"字,而用"道路"或"大道",避免了以今义释古义,不过前后不一的问题仍然存在。丁四新先生所说"大道"和"道本身",则存在模棱两可的地方,同样难令人信服。另外,这种解释还有一个问题,即人民或老百姓既然可以遵从大道,他们何以不知道"大道"呢?不知之,何以遵之?因此,照此解释终究有违逻辑。就儒家的政治哲学和思想主张来说,他们所说的"道"并非抽象、玄妙不可测的,而是可学、能知,且可切实操作的。如果认为"不可使知之"是指不可以使百姓知道或百姓无法知晓,则将儒家之"道"的全体或其一端置于抽象、玄妙不可测的境地,与孔子和儒家思想的整体特点发生矛盾。

(三)释"知之"为刑政

此种解释古人也早已提出,如皇侃《论语义疏》(2013:194)引张凭曰:"为政以德,则各得其性,天下日用而不知,故曰'可使由之'。若为政以刑,则防民之为奸,民知有防而为奸弥巧,故曰'不可使知之'。言为政当以德,民由之而已,不可用刑,民知其术也。"此后清人陈廷敬(1986:469)也有类似说法。黄国辉先生(2019:33–34)受丁原植先生的启发,认为:"'民可使由之,不可使知之'的思想中包含了这样的两个重要特点:其一,它是在说治民;其二,它明确了治民中'由(导)之'和'知之'之间的对立与抉择。……纵观整个先秦典籍文献,能够符合以上要求的实际上就只有叔向论刑书和孔子论刑鼎的史料了。"因此,他指出"民可使由之"章的真正含义当指"民可使由之以德礼,不可使知之以刑辟"。李景林先生(2013:1–11)同样认为此章涉及德教与刑政的对立关系,"不可使知之"之"知"应读如其字,"其所拒斥的正是人主以强力推行其政令那种愚民的暴政"。诚如黄国辉先生所言,若纯从文字训诂的层面入手,是不可能由"知之"解释出"刑政"的,所以他并不是从文字训诂的层面抽绎出"刑政",而是从思想史的角度进行推演。李景林先生同样采取这种方法,从分析《成之闻之》等文献中的相关文字入手,认为儒家政治思想中存在"德教"与"刑政"两种对立的施政手段,"由之"是德教,"知之"则至少涉及刑政。

将"知之"理解为刑政产生的最大问题是文字训释上无法说通。疏通古书文句,文字训释是基本工作,此种层面上的工作若存在障碍,相关论述就易成无根之木,难为凭信。

(四)释"知之"为"言教"

此点是庞朴先生(1999:36)首先提出来的。他指出:"要知道,老百姓是'不从其所以命,而从其所行'的,故而虽厚其命,存乎其词,说得天花乱坠,也是无济于事。这就叫'不可使知之'! 不可使知之而使之知,就叫做'强'叫做'牵',叫做'上不以其道,民之从之也难'。""争论了若干年的'使由使知'题,其关键原来不在'可'与'不可'上,不在后人所理解的能不能或该不该上;而在于,治民者以身教还是以言教,在于:'古之用民者,求之于己为恒'(《成之闻之》);在于:'正其身,然后正世'(《唐虞之道》)。"

将"知之"解释为"言教"与将"知之"解释为"刑政"一样,都缺乏语言学上的支持。不过,这两种解释确有一定的启发性,即它们都强调"由之"与"知之"是相互对立的,可从"由之"的释义出发,推导"知之"的含义。

二、"不可使知之"新解

从"民可使由之"章的语境看,"知之"的内涵应该与"由之"相反。从《论语》以及《尊德义》《孟子》等书中的材料看,"知"字应如字读,从通假的途径来理解是不妥当的。

将"知"字如字读的话,就是知道、知晓的意思,似与"由之"无相反内涵。不过,若我们仔细分析《论语》中的"知"字,会发现它在很多语境下是指人对外部世界的了解、认知,也即作为认知主体的人对外在客观世界的认识。如"人不知而不愠"(《学而》)、"知和而和"(《学而》)、"告诸往而知来者"(《学而》)、"不患人之不己知,患不知人也"(《学而》)、"温故而知新"(《为政》)、"人而无信,不知其可也"(《为政》)、"父母之年,不可不知也"(《里仁》)等。虽然《论语》中用到的"知"字有时未必是指人对外部世界的了解,但在很多情况下确实有这样的内涵。再如《大学》"致知在格物",其中"知"字也是指向外在于认知主体的客观世界。此"知"字虽是名词,与我们要讨论的动词"知"有所不同,但两者应该存在密切联系,因此仍有参考意义。《公羊传·宣公六年》"赵盾知之",何休注云:"由人曰知之,自己知曰觉焉。"(陈立,2017:1714)"知"是有人告知,"觉"是自我觉悟。"知"与"觉"混言之无别,析言之则有别。何休所说"知"与"觉"的关系有如"知"与"由"的关系,"知"是由外至内,"觉"和"由"是由内至外。《墨子·经上》:"知,接也。"(吴毓江,1993:469)《墨子·经说上》:"知也者,以其知遇物,而能貌之,若见。"这里指出"知"是人以自身智力、感官认知外部事物,就像人用眼睛看到外在之物。很显然,古人将"知"这种活动理解为人类通过自身器官感知、认知外在客观事物的过程。以此看,"不可使知之"的字面意思是不可以使老百姓知晓"道"。在与"民可使由之"对比的语境中,它的内涵是指"道"本可引起老百姓共鸣,不应该采取强力施压或言辞说教,从外部灌输给老百姓。人们因不了解先秦时期"知"字的特殊内涵,用后世语义理解"不可使知之"中的"知"字,所以生出不少误解。

孔子所说的"使由之"是与"使知之"完全不同的一种方式,它指统治者听任老百姓在人性产生共鸣之后的自觉行为。廖名春先生(1998:77-78)在介绍《尊德义》时就指出:"在作者看来,君子推行仁义固然当教民、导民,但这种教、导必须充分尊重老百姓的人格,必须因势利导,顺乎人心,不能让老百姓产生被动的感觉,更不能强迫命令。也就是说,要让'尊仁、亲忠、敬壮、归礼'成为老百姓出自内心的自觉行为,而不是觉得被人牵着鼻子走。因此,这是在重视老百姓人格,强调内因的重要性的前提下来谈教民、导民,难以说是'愚民'。"古籍中记载有这样的事例,如《左传·僖公二十七年》载晋文公治民:

> 晋侯始入而教其民,二年,欲用之。子犯曰:"民未知义,未安其居。"于是乎出定襄王,入务利民,民怀生矣。将用之。子犯曰:"民未知信,未宣其用。"于是乎伐原以示之信。民易资者,不求丰焉,明征其辞。公曰:"可矣乎?"子犯曰:"民未知礼,未生其共。"于是乎大蒐以示之礼,作执秩以正其官。民听不惑,而后用之。出穀戍,释宋围,一战而霸,文之教也。
>
> (杨伯峻,1990:447)

其中所说"定襄王"是指晋文公帮助周襄王避难,"务利民"是晋文公采取一系列政治、经济措施改善民生。"伐原"是征伐原地,起初"命三日之粮",结果"原不降",于是"命去之"(粮食已经用完,当守约结束战争)。尽管有谍报说原地将降,但晋文公仍然坚持撤军。"大蒐"是指蒐于被庐,此与"作执秩"同为政治制度方面的改革。其中提到的"民易资者,不求丰焉,明征其辞"是老百姓在晋文公统治之下,受社会氛围、政治和经济制度的影响做出来的自觉行为,此即"由之"。虽然这段文字中有"民未知义""民未知信""民未知礼",都用到"知"字,但晋文公采取的不是通过教育、法律等途径直接告诉(即"使知之")老百姓什么是义、信、忠,而是通过一系列治国措施使民众领会到义、信和礼,并有条件践行之,进而确立起它们的权威性和可信度。这个故事说明,老百姓具备能力知道义、信和忠这些被视作"道"之一端的道德伦常。另外,从这段文字还可以看出,治政理民事关国家命运,涉及政治、经济、社会等多个方面,"身教"固然重要,但仅有"身教"肯定是不够的。就《论语》一书来说,谈及治民时绝不止于重视"身教",如《论语·子路》记孔子到卫国后与冉有的对话:

> 子曰:"庶矣哉!"冉有曰:"既庶矣,又何加焉?"曰:"富之。"曰:"既富矣,又何加焉?"曰:"教之。"

要使人口增加、百姓富庶,"身教"未必有效,必须采取其他措施方可。在清华大学藏战国竹简中有一篇《越公其事》,详细记载了越王勾践惨败于吴国之后谋求复兴、复仇的整个过程,此过程比上引晋文公的故事更翔实,更能透露出古人的"治民"智慧与方略。

在复兴之初,越王勾践用三年时间休息民力(以下释文凡无争议或不准备讨论的文字均采用通行字形):

> 既建宗庙,修崇匜,乃大荐攻,以祈民之宁。王作安邦,乃因司袭常。王乃不咎不甚,不戮不罚;蔑弃怨罪,不称民恶;纵轻游民,不称贷役渤涂沟塘之功。王并无好修于民三工之堵,使民暇自相,农功得时,邦乃暇安,民乃蕃滋。至于三年,越王句践焉始作纪五政之律。
> (清华简七《越公其事》简26-29)

在民力休息三年之后,始行"五政之律"。所谓"五政之律"即"好农功""好信,修市政""好征人"(即征用贤能)"好兵""敕民、修令、审刑"。虽然在施行"五政"的过程中,越王勾践身体力行,充分体现出"身教",但是"身教"并不能覆盖全部"五政",比如"修市政""好征人""敕民、修令、审刑"就超出了"身教"的范围。在"五政"之后,越王勾践"乃试民","乃窃焚舟室,鼓命邦人救火。举邦走火,进者莫退,王惧,鼓而退之,死者三百人,王大喜"(清华简七《越公其事》简59下-简60)。越王勾践看到老百姓维护越国的行为全然发乎内心,无需号令,更不需要任何强制措施,故此"大喜"。

在上引晋文公、越王勾践的治民故事中,两者的目的均是使民众能够高度认同统治者的行为,采取的方法有解决民生问题、树立政府(统治者)信用、强化制度和法律建设、练兵。晋文公、越王勾践这类故事在先秦典籍中并非鲜见,而是极为常见的故事。在这些故事中,成功的统治者往往通过善政引导老百姓认可某种价值观,而非通过强力方式逼迫老百姓接受。可以这样说,在先秦典籍和诸子学说所建构的理想政治中,老百姓的自愿服从往往被认为是最佳形式。而要老百姓自愿服从的话,就必须先获得老百姓的认可和认同,且不宜有勉强或逼迫的情况。事实上,这正是民本思想的体现。《尚书·泰誓》云:"民之所欲,天必从之。"《尚书·蔡仲之命》:"皇天无亲,惟德是辅。民心无常,惟惠之怀。为善不同,同归于治;为恶不同,同归于乱。"统治者唯有施惠于民,方能获得民心、建立权威。在《论语》中,孔子论及治民时,往往表现出民本思想,如孔子说:"修己以安百姓。修己以安百姓,尧舜其犹病诸!"(《宪问》)又说:"因民之所利而利之,斯不亦惠而不费乎?"(《尧曰》)"民之所利"如同"民之所欲",从政者所应做的不是变百姓之欲以就己之欲,而是因势利导,满足百姓之所利,此即是"民可使由之"。《尧曰》还记有孔子说:"所重:民、食、丧、祭。宽则得众,信则民任焉,敏则有功,公则说。"理想的统治者应重视民众之福祉(民、食)和情感(丧、祭),以自身之宽、信、敏、公获得民众的信赖和诚服。

在以孔子为代表的儒家的思想框架下,老百姓的服从更是以自愿为基础。提拔贤才、厉行惩罚等既可施加于直接承受者,也可教化其他人。所以当季康子问"使民敬、忠以劝,如之何"时,孔子的回答是:"临之以庄则敬,孝慈则忠,举善而教不能则劝。"哀公问"何为则民服",孔子对曰:"举直错诸枉,则民服;举枉错诸直,则民不服。"(《为政》)这里的"民敬、忠以劝""民服"和"民不服"都是老百姓的自愿选择,绝非勉强为之,或逼迫之下的被动选择。当孔子教育弟子时,常常强调追求仁、义、礼、智当发端于内心,与其教民理路形成了内在的一致性。

宰我问:"三年之丧,期已久矣。君子三年不为礼,礼必坏;三年不为乐,乐必崩。旧谷既没,新谷既升,钻燧改火,期可已矣。"子曰:"食夫稻,衣夫锦,于女安乎?"曰:"安。""女安,则为之!夫君子之居丧,食旨不甘,闻乐不乐,居处不安,故不为也。今女安,则为之!"宰我出。子曰:"予之不仁也!子生三年,然后免于父母之怀。夫三年之丧,天下之通丧也。予也,有三年之爱于其父母乎?"(《阳货》)

颜渊问仁。子曰:"克己复礼为仁。一日克己复礼,天下归仁焉。为仁由己,而由人乎哉?"

(《颜渊》)

子曰:"仁远乎哉? 我欲仁,斯仁至矣。"

(《述而》)

孔子之所以对宰我说"今女安,则为之",是因为"三年之丧"源自子女对父母的感恩之情,若无此情,不如不行。情感沛然在心,礼即成自然。求仁亦是如此,故说"为仁由己,而由人乎哉"。情感和道德可以引导、养成,不可勉强,更不可强制。引导、养成情感和道德可以有多种途径,言传、身教皆可。于治民而言,言传、身教之外,更需要考虑统治者和政府的威信、制度的完善和可信、社会经济的富庶和稳定等。在一个经济富庶、制度完善、统治者具有良好形象和威信的社会,老百姓对统治者和政府的信赖就是一种自发自觉、发乎内心的情感,老百姓怀有对仁、义、忠、信的信仰,并付诸实践也是发自内心、自觉自由的,此时治民,"使由之"即可。在谈到刑政时,孔子认为:"道之以政,齐之以刑,民免而无耻;道之以德,齐之以礼,有耻且格。"(《为政》)朱熹(1983:54):"免而无耻,谓苟免刑罚而无所羞愧,盖虽不敢为恶,而为恶之心未尝忘也。""免而无耻",当指知道如何规避刑罚,但内心没有耻感。"免"相当于"不可使知之"的"知",刑是外在于人心的,统治者确立刑罚是希望借用暴力手段使老百姓知道何者不可为。刑罚确立之后,老百姓得以知晓,进而约束自己的行为。在孔子看来,这个过程并不能激发老百姓内在的耻感,老百姓的守法行为是被动的。如果以德、礼治民的话,则老百姓心中内在的耻感会被激发,因而"有耻且格",此时老百姓的行为就是自觉主动的,不需要有外在的约束。在孔子的思想中,始终贯穿着重视内在人性的精神。他对弟子讲礼时,不是试图以理服人,而是"以情动人",所以要问"于女安乎"。当听到宰我说"安"后,孔子就说"女安,则为之",丝毫没有勉强宰我行三年之丧的意思。扩展到治民,则需要激发老百姓的人性之善,最好的方法就是"道之以德,齐之以礼"。德和礼均扎根于人性、情感,相较于刑和政,它们更易引起内在人性的共鸣,使统治者意愿获得老百姓的认同,并转化为老百姓的自觉行动。

由以上分析可知,"民可使由之"是以人性为基础的。就人性来说,首先关心的是生存权能否得到保障。在古代社会,生存权的保障立足于稳定的农业生产、充足的粮食供给。在生存权基本得到保障之后,才有可能使老百姓养成礼、义、忠、信。儒家认为要使老百姓养成礼、义、忠、信的话,最重要、最可靠的途径是"教化"。"教化"至少有两种途径,一是通过政治感化,二是通过教育感化。无论何种途径,都旨在"感化"。

"感化"基于人性和自觉,不能从外部强加。人受到感化,有可能缘于德,也有可能缘于刑,因此,"民可使由之"固然包含"德教",却不止于"德教"。虽然孔子将"道之以德,齐之以礼"与"道之以政,齐之以刑"对比,但他并不主张放弃或废除政、刑,如《里仁》有子曰"君子怀刑",《子路》有"礼乐不兴,则刑罚不中",换而言之,"礼乐兴,则刑罚中"。在儒家典籍中,《尚书》中就有《吕刑》篇,主要内容是讲刑罚。儒家治国并非全然放弃、废除刑罚,不过是主张"先之以德",慎行刑罚而已。

郭店竹简《尊德义》(2011:89)有"故为政者,或论之,或议之,或由中出,或设之外,伦列其类。凡动民必顺民心,民心有恒,求其养。重义集理,言此章也"①,"民可使由之"就是施政治民者秉持"顺民心"原则,推行感化老百姓的政治,使老百姓最终自觉做出符合道义的行为。"使知之"则有悖于此,它试图通过政治、刑罚、教育等手段,使民众知晓、接受"道义"。与"使由之"相比,虽然使民众达到"道义"的最终目的不变,但手段和方法却有不同。从以上晋文公、越王勾践的故事来说,他们若直接向老百姓宣讲礼、义、忠、信及法律,而非从解决民生问题、确立威信开始逐步推进,就成了"使知之"。"使知之"的统治方法忽略了老百姓的人性(民心),着眼点不在于激发人性内在的灵性,而在于说服、灌输,甚至强制人被动接受某种理念、政策。郭店竹简《成之闻之》(2011:74)谈治民时说:"上不以其道,民之从之也难。是以民可敬导也,而不可弇也;可御也,而不可牵也。"御、牵的最终目的其实是相同的,不同的是,御是因其性而行,牵是强其性而行。

还有一点需要注意的是,《论语·季氏》有这么一段话:"生而知之者上也,学而知之者次也;困而学之,又其次也;困而不学,民斯为下矣。"②《述而》篇载孔子曰:"我非生而知之者,好古,敏以求之者也。"综合可知,孔子认为一般人只要通过学习,就能知晓"道","民"之劣性是"困而不学"。换而言之,只要"民"愿意"困而学之",他们也可以"知之"。"使知之"有违"民"之劣性,所以才有"不可使知之"一说。不过,民绝非冥顽不灵、不可教化之辈,关键在于教化的方法,故又有"民可使由之"一说。

---

① "或议之"句中的"议"字原简作"䜌",此从《楚地出土战国简合集(一)》第98页注释(115)中提到的李零先生的释读意见。

② 参看(河北省文物研究所、定州汉墓竹简整理小组,1997:78)。"民斯为下矣",定州汉简《论语》作"民也为下",从此读的话,"困而不学"就是对"民"的全体判断,与"民斯为下矣"似乎略有不同。

三、结论

　　以前人们因"不可使知之"是否包含有"愚民"思想而生出许多纠葛,并发明出"民愚"说。从孔子思想的系统性和内在逻辑的一致性来看,"不可使知之"不应有"民愚"的暗示。"民愚"说认为老百姓能力有限,不足以习知深奥的道理,这与孔子强调的"学而知之"、教化百姓是相背离的。民非不能也,实不为也,他们是"困而不学",并非"学而不知"或"教而不能"。再者,孔子和儒家所强调的仁、义、礼、智并非抽象或形而上的深奥理论,而是可以"知而行之"的道德伦常,所以子夏才说:"贤贤易色,事父母,能竭其力;事君,能致其身;与朋友交,言而有信。虽曰未学,吾必谓之学矣。"(《学而》)"民可使由之"其实是对老百姓之向善心性(人性)和习得能力(民智)的确认,也是民本思想的一种表现。民本思想的理论根基之一就是"民为神主",在政治实践中强调以"成民"为先,如果说"不可使知之"包含有"民愚"的话,显然就自相矛盾了。"不可使知之"一句中既无"愚民"思想,也无"民愚"一说,其宗旨是强调教化老百姓当基于人性,不可采取强力手段或空洞说教。"民可使由之,不可使知之"反映出孔子的治国思想在继承民本传统的基础上,又在具体的实践策略上有所发展,更加注重人性,强调统治者的所有施政行为应当基于人性、顺导人性。这种思想不仅在诸侯弱肉强食、民不聊生的春秋时代具有深刻的现实意义,就算是21世纪的今天,也仍然如此。

【参考文献】

[清]陈　立撰　刘尚慈点校　2017　《公羊义疏》,中华书局。

[清]陈廷敬　1986　《好名论下》,《午亭文编》卷32,《文渊阁四库全书》(影印本),台湾商务印书馆。

丁四新　2020　《"民可使由之,不可使知之"问题检讨与新解》,《东岳论丛》第5期。

河北省文物研究所　定州汉墓竹简整理小组　1997　《定州汉墓竹简〈论语〉》,文物出版社。

[南朝梁]皇　侃撰　高尚榘校点　2013　《论语义疏》,中华书局。

黄国辉　2019　《"民可使由之不可使知之"再论》,《石家庄学院学报》第1期

李景林　2013　《"民可使由之"说所见儒家人道精神》,《人文杂志》第10期。

李　锐　2008　《"民可使由之不可使知之"新释》,《齐鲁学刊》第1期。

李　锐　2018　《由清华简〈系年〉补论"民可使由之不可使知之"》,《纪念清华简入藏暨清华大学出土文献研究与保护中心成立十周年国际学术研讨会论文集》,清华大学。

李学勤　2017　《清华大学藏战国竹简(柒)》,中西书局。

廖名春　1998　《郭店楚简儒家著作考》,《孔子研究》第3期。

廖名春　2008　《〈论语〉"民可使由之"章的再研究:以郭店楚简〈尊德义〉篇为参照》,《华学(第9、10辑)》(一),上海古籍出版社。

庞　朴　1999　《"使由使知"解》,《文史知识》第9期。

彭忠德　2000　《也说"民可使由之"章》,《光明日报》5月16日。

王传龙　2017　《孔子"民可使由之"句的二十二种训释》,《孔子研究》第6期。

吴　丕　2001　《重申儒家"使民"思想:关于"民可使由之"章的最新解释》,《齐鲁学刊》第4期。

吴毓江撰　孙启治点校　1993　《墨子校注》,中华书局。

武汉大学简帛研究中心　荆门市博物馆　2011　《楚地出土战国简册合集(一)·郭店楚墓竹书》,文物出版社。

杨伯峻　1990　《春秋左传注》(修订本),中华书局。

杨伯峻　2009　《论语译注》(第3版),中华书局。

杨逢彬　2016　《论语新注新译》,北京大学出版社。

赵友林　2017　《古代学者"民可使由之不可使知之"阐释考》,《聊城大学学报(社会科学版)》第1期。

赵友林　2018　《百余年来"民可使由之不可使知之"阐释考》,《儒家典籍与思想研究》(第10辑),北京大学出版社。

[宋]朱　熹　1983　《四书章句集注·论语集注》,中华书局。

《仪礼》中与"席"相关的几个问题*

史淑琴　陈绪波

摘　要:作为古代最重要的起居用品,席在《仪礼》诸礼中的使用频率非常高,具体的使用规范反映了当时严格的礼制制度。先设为"筵",后设为"席","加席"显示了宾客身份的尊贵,"辞席"则表现了宾客的谦卑与对主人的尊重;"席面"与入席时人的面位相同;席在铺设时是有首尾的;席的一端为上位,具体"席上"的位置因布席的地点、对象而异。

关键词:《仪礼》;筵与席;席面;席之首尾;席上

《仪礼》为儒家十三经之一,记载了周代的各种礼仪,其中主要是士阶层礼仪,还有一些大夫、诸侯、天子之礼。《仪礼》现存十七篇,语言古奥,文辞简略,名物茫昧,仪节繁琐,素称难治,读之如聚讼。礼经诸礼多处描述"布席"的仪节,经、注及后世学者对于"席"及相关问题的讨论并不明晰。古人布席的情景已不能复现,考古发掘的材料也不足以取证,在此只能通过礼经及相关文献来进行研究。

一、"筵"与"席"

"筵"与"席"在《仪礼》诸礼中多次出现,据笔者统计,《仪礼》全文言"席"者共241例,言"筵"者共101例。"筵"与"席"二者之义或同或异,其用法又是如何? 后世学者鲜有论及。然而从《仪礼》中的使用频率来看,两者似有不同之处。

*本文为2019年度国家社会科学基金项目"敦煌汉藏对音语言文献和整理与研究"(项目批准号:19BYY150)阶段性成果;受西南大学出土文献综合研究中心资助。

《周礼·春官·司几筵》:"司几筵:下士二人。府二人,史一人,徒八人。"郑注云:"筵亦席也。铺陈曰筵,藉之曰席。然其言之筵、席通矣。"贾疏云:"'铺陈曰筵,藉之曰席'者,设席之法,先设者皆言筵,后加者为席……假令一席在地,或亦云筵,《仪礼·少牢》云'司宫筵于奥'是也。是先设者为铺陈曰筵,藉之曰席也。云'然其言之筵席通矣'者,所云'筵''席',惟据铺之先后为名,其筵、席止是一物,故云'然其言之筵席通矣'。"(彭林整理,2010:624)郑注云"铺陈曰筵,藉之曰席";贾疏云"是先设者为铺陈曰筵,藉之曰席也"。二者将先铺设者称之为"筵",后设者布之于筵上则称之为"席"。由郑注、贾疏可知,"筵"即是"席",两者实为一物。一物之所以有二名,原因在于铺设的次序不同。"筵"先铺,紧挨着地面,"席"后铺,加在"筵"之上,人则坐在席上。

在具体行礼过程中,有时或需设重席。重席,即多重席。《礼记·礼器》:"礼有以多为贵者,天子之席五重,诸侯三重,大夫再重。"(吕友仁整理,2008:963)士卑,则仅设一重席。《司几筵》云:"司几筵掌五几、五席"。郑注云:"五席,莞、藻、次、蒲、熊。"(彭林整理,2010:753)经、注皆称之为"席",而不称之为"筵",此言"席"是据物而言,不是据设而言。若是设时先铺于地,则当变言"席"为"筵";后布于筵上者则当称之为"席"。如下经所云:

(1)凡大朝觐、大飨、射,凡封国、命诸侯,王位设黼依,依前南乡设莞筵纷纯,加缫席画纯,加次席黼纯,左右玉几。 (《司几筵》)

(2)诸侯祭祀,席蒲筵缋纯,加莞席纷纯,右雕几。昨席莞筵纷纯,加缫席画纯。筵国宾于牖前,亦如之,左彤几。 (《司几筵》)

上言五席时言"莞席""蒲席",此设时变言"莞筵""蒲筵",可知是先设者称"筵"。"缫席""次席""莞席"是加席,加之于筵上。由此可知,后设于筵上者称之为"席"。

《周礼》中所言"筵""席"之别如此,然其在《仪礼》中的意义又是如何呢?通过详细考察,《仪礼》中言"筵""席"者,大体可分为以下三种情况:

(一)经文先言"筵",后言"席"

例如:

(1)宰夫设筵加席、几。 (《公食大夫礼》)

(2)司宫具几与蒲筵常,缁布纯,加萑席寻,玄帛纯,皆卷自末。 (《公食大夫礼》)

以上诸例皆先言"筵",后言"加席"或"加某席",与《周礼》中所言"筵""席"之例相同。先设于地者称为"筵",后加之于筵上者称为"席"。先言"筵"后又言"席",可知设的是多重席。按经义,此是为大夫设席,筵上又有加席,故有二重。清人吴之英《礼器图》云:"席谓之筵,对言则在地曰筵,加之曰席,故《诗·大雅》云:'肆筵设席。'特言在地亦曰席,如此经是已。"([清]吴之英,2002:606)

(二)经文中不言设筵,仅单言"加席"或"重席"

例如:

(1)主人大夫之右拜送。大夫辞加席。主人对,不去加席。 　　　　　　（《乡射礼》）

(2)小臣设公席于阼阶上,西乡,设加席。 　　　　　　　　　　　　　　（《燕礼》）

(3)卿辞重席,司宫彻之,乃荐脯醢。 　　　　　　　　　　　　　　　　（《燕礼》）

(4)司宫设宾席于户西,南面,有加席。 　　　　　　　　　　　　　　　（《大射仪》）

此不言设筵,仅单言"加席""重席"者,其实亦是加之于筵上之席,是设多重席。经文所以不见设筵之文,是省文。天子设席五重,诸侯设三重,大夫设二重,席之多少,盖以尊卑而定之。按诸经义,《乡射礼》"主人大夫之右拜送。大夫辞加席。主人对,不去加席",是言为大夫设二重席,筵一重,加席一重;《燕礼》"小臣设公席于阼阶上,西乡,设加席",是言为诸侯设席,诸侯之席三重,筵一重,加席二重;"卿辞重席,司宫彻之",此言为卿设席,卿是大夫之属,当设席二重,此卿辞重席,"司宫彻之",仅设筵一重而已;《大射仪》"司宫设宾席于户西,南面,有加席",此言为大射之宾设席,大射之宾是大夫之属,当设二重席。

(三)经文中或单言"筵",或单言"席"

1.单言"筵"者,如下:

(1)筵于东序,少北,西面。 　　　　　　　　　　　　　　　　　　　　（《士冠礼》）

(2)主人筵于户西,西上,右几。 　　　　　　　　　　　　　　　　　　（《士昏礼》）

(3)祝筵几于室中,东面。 　　　　　　　　　　　　　　　　　　　　（《特牲馈食礼》）

(4)司宫筵于奥,祝设几于筵上。 　　　　　　　　　　　　　　　　　（《少牢馈食礼》）

(5)司宫筵宾于户西,东上。 　　　　　　　　　　　　　　　　　　　　（《燕礼》）

（6）有司筵、几于室中。 （《聘礼》）

2.单言"席"者，如下：

（1）布席于门中阒西阈外，西面。 （《士冠礼》）

（2）赞见妇于舅姑，席于阼。舅即席。 （《士昏礼》）

（3）席于阼阶西，北面，东上。 （《燕礼》）

天子设席五重，诸侯设三重，大夫设二重，士设一重。《仪礼》诸礼以士礼为主，还有一些大夫、诸侯、天子之礼。考之经义，此单言"筵"或单言"席"者，实含"筵（即"铺陈曰筵"）"或"席（即"藉之曰席"）"之义。具体来说，或是为士设一重席，或是为大夫设二重席，或是为诸侯设三重席。士冠礼、士婚礼、特牲礼为士礼，或为主人设席，或为宾设席，主人与宾皆是士，此言"筵"或"席"，实设一重席；少牢礼为大夫礼，或为主人设席，或为宾设席，主人与宾皆是大夫，此言"筵"或"席"，实设二重席；燕礼为诸侯招待卿大夫的宴饮之礼，为之设席当是二重；聘礼为卿聘问其他诸侯国之礼，为之设席亦当是二重。

综上可知，《仪礼》中所言"筵""席"分为三种情况：第一，与《周礼》用法相同，筵是设之于地，席则是筵上之加席，即郑注所云"铺陈曰筵，藉之曰席"；第二，礼经中多言"加席"或"重席"，即加之于筵上之席，至于需加几重席，则要根据入席者的尊卑而定；第三，礼经单言"筵"或单言"席"者，实含"筵"或"席"之义，即包括初设之席，也包括加席。

二、席面

《仪礼》中布席常言面位，例如《士冠礼》"布席于门中阒西阈外，西面"；《士婚礼》"席于房外，南面"；《燕礼》"小臣设公席于阼阶上，西乡"；《大射仪》"席于阼阶西，北面，东上"。礼经中或言"面"或言"乡"，皆指席面而言。然何为席面？后世学者鲜有论及，或许席面为时人所熟知，毋庸言之。今宴不用席，席面更无所知之。

《周礼·考工记》："周人明堂，度九尺之筵。"（彭林整理，2010:667）《仪礼》所用之席是否为九尺，经无正文，不置可否。《士昏礼》设对席，经云"赞者设酱于席前，菹醢在其北。俎入,设于豆东,鱼次,腊特于俎北……设对酱于东,菹醢在其南,北上。设黍于腊北,其西稷,设湆于酱北"。郑注云"对酱,妇酱也,设之当特俎"。(王辉整理,2008:966)具体陈设,如下《夫妇同牢对席图》。

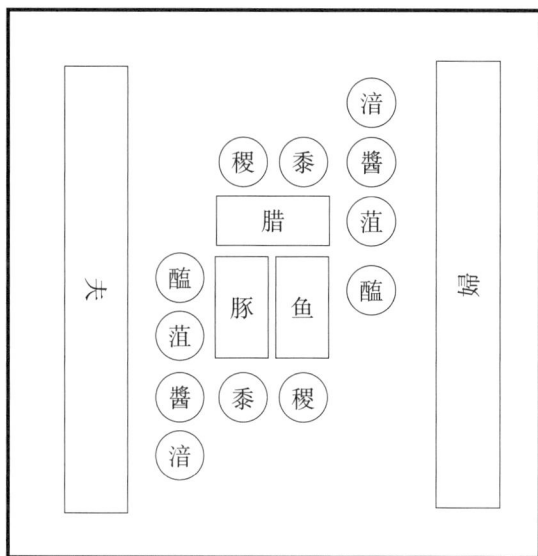

图1　夫妇同牢对席图

聂崇义《新定三礼图》:"又郑注《周礼》及《礼记》云:'豆,以木为之,受四升。口圆,径尺二寸。'。"(丁鼎点校,2006:427)"俎长二尺四寸,广尺二寸,高一尺。"(丁鼎点校,2006:434)夫、妇各在席上,菹、醢、酱、湆、鱼、腊、豚、黍、稷则在两席中间。从南北向上来说,其长度约有七豆,每豆径一尺二寸,七豆凡八尺四寸,再加上各豆间之空隙,此席南北长约有九尺,与《周礼》所言周人"九尺之筵"相同。由此可知,礼经士礼之席也是"九尺之筵"。

席是长方形,有两长边,两短边。席既设之,四边朝向四方。布席之时,何为席面?《礼记·曲礼上》云:"请席何乡?请衽何趾?"郑注云:"顺尊者所安也。衽,卧席也。坐问乡,卧问趾,因于阴阳。"孔颖达正义曰:"'请席何乡?请衽何趾'者,既奉席来,当随尊者所欲眠、坐也。席,坐席也。乡,面也。衽,卧席也。趾,足也。坐为阳,面亦阳也。坐故问面欲何所乡也?卧是阴,足亦阴也。卧故问足欲何所趾也?皆从尊者所安也。"(吕友仁整理,2008:54)此问布坐席、卧席之法,我们所讨论的是坐席之面。孔氏认为"乡"即"面","请席何乡",即问席面该朝向何方?孔氏又云席面"当随尊者所欲眠、坐也",这就是说席面的方向要根据坐席者的面位来定,人入席坐朝向何方,席面就该朝向何方。由此可知,孔氏认为席面不是根据席子的四边来定的,而是由人坐席时的面向决定的。

若如孔氏所言,人入席时,面位朝东,席则是东面;面位朝西,席则是西面,其他亦是如此。《仪礼》中所言席面是否如此,下文将细细考之。

《士冠礼》:"布席于门中阈西阈外,西面。"此言冠礼筮日,为筮人及卦者布席,布席"西面"。下经云"筮人许诺,右还,即席坐,西面。卦者在左。"前言席"西面",是布席时席面朝西,此言筮人"即席坐,西面",是说人入席时面向西,则席面与筮人入席之面相同。《钦定仪礼义疏》云:"筮人言即席西面,则当在席上西面。"([清]鄂尔泰,2005:1444)那么,此言西面与人入席之面向相同。另,《钦定仪礼义疏》云"卦者言在左,则同面"([清]佚名,2005:1444),可知卦者亦是西面。《燕礼》:"小臣设公席于阼阶上,西乡,设加席。公升,即位于席,西乡。"小臣在阼阶上设公席,席面朝西,公升入席亦是西向,席面与人面同。《大射仪》云"小臣设公席于阼阶上,西乡";下经云"公升,即位于席,西乡"。前言设席西向,此言入席"西乡",席面与人面亦是相同也。综上可知,《仪礼》中"席面"是据人入席时面向而言,经文中,布席不言面位者,亦当如此。

一般来说,主人之席常设于阼阶上,西面;宾之席常设于堂上户牖之间,南面;室中之席常设于奥,东面;妇人之席常设于房内,南面。其席面亦与人入席时面位相同。礼经中布席不言面位者,皆是省文。

三、席之首尾

关于席之首尾,《礼记》言"奉席如桥衡。"郑注云:"横奉之,令左昂右低,如有首尾。"孔颖达正义云:"'奉席如桥衡'者,所奉席,席头令左昂,右低如桥之衡。衡,横也。左尊故昂,右卑故垂也。但席舒则有首尾,卷则无首尾,此谓卷席奉之法,故注云'如有首尾'。然言'如有',则实无首尾。至于舒席之时,则有首尾,故《公食礼》云'莞席寻卷自末',注云'末终也,终则尾也'。"(吕友仁整理,2008:54-55)案孔疏所言,席之首尾的有无是据席之卷、舒而言的。席卷之时,首尾相迭,则无首尾可言;舒席之时,席布于地,则有首尾。又郑注云"如有首尾",则是说席没有首尾,此是据卷席奉时而言,故言无首尾。由此可知,孔氏之言不虚,席卷之时,首尾卷成一束,无所谓首尾,故言无首尾也;舒席之时,首尾各居一端,首尾可见矣。

《士昏礼》:"主人筵于户西,西上,右几。"郑注云:"席有首尾。"贾疏云:"'席有首尾'者,以《公食记》'蒲筵、萑席皆卷自末',是席有首尾也。"(王辉整理,2008:807)郑氏、贾氏皆谓席有首尾，然何以为席之首尾？《公食大夫礼》："司宫具几与蒲筵常，缁布纯，加萑席寻，玄帛纯，皆卷自末。"郑注："末经所终，有以识之。"贾疏云："'有以识之'者，席无异物为记，但织之自有首尾可为记识耳。"（王辉整理，2008:807）郑氏认为席之首尾有标识可寻；贾氏认为席的首、尾相同，首端和尾端没有标识，但是通过席的纹理能够辨识出。席之首尾是否有他物作为标识，郑、贾之说是否可信？已经无从考证，但有一点可以肯定，席是有首尾的。

四、席上

《仪礼》布席不仅言面位、首尾，还言"席上"。何谓"席上"？郑注云："上，谓席端也。"（彭林整理，2010:54）席上，即是说布席时以席的一端为上位。如《士昏礼》："主人筵于户西，西上，右几。"此处说布席"西上"，即是布席时以席的西端为上位。席南面，席西为右，"右几"者，则是几设于席上。那么，席的上位如何确定呢？《礼记·曲礼上》云：

> 席南乡北乡，以西方为上；东乡西乡，以南方为上。郑注云："布席无常，此其顺之也。上，谓席端也。坐在阳，则上左；坐在阴，则上右。"孔氏正义曰："'席南乡北乡，以西方为上'者，谓东西设席南乡北乡则以西方为上头也，所以然者，凡坐随于阴阳，若坐在阳，则贵左，坐在阴，则贵右。南坐是阳，其左在西；北坐是阴，其右亦在西也，俱以西方为上。东乡西乡以南方为上者，谓南北设席，皆以南方为上也。坐在东方西乡，是在阳，以南方为上；坐若在西方东乡，是在阴，亦以南方为上。亦是坐在阳，则上左；坐在阴，则上右。此据平常布席如此，若礼席则不然，案《乡饮酒礼》注云'宾席牖前，南面；主人席阼阶上，西面；介席西阶上，东面'与此不同是也。

（吕友仁整理，2008:54-55）

郑氏、孔氏都认为席上端是根据"阴阳"而定的，坐在阳，则以席之左端为上位；坐在阴，则以席之右端为上位。何为"阴阳"呢？东、南、西、北四方，东方、南方为阳；西方、北方为阴。"席南乡北乡，以西方为上"者，是说坐在南方则席面北乡，南方为阳，以席左为上，席左即席西也，故以西方为上；坐在北方则西面南乡，北方为阴，以席右为上，席右即席西，故以西方为上。席"东乡西乡，以南方为上"者，是说坐在东方则席西乡,东方为阳,以席左为上,席左即席南也,故以南方为上;坐在西方则席东乡,西方为阴,以席右为上,席右即席南也,故以南方为上。

但是,此布席之法与《仪礼》所言多不相同,故孔氏又以"此据平常布席如此,若礼席则不然"解之。然何为"平常布席",何为"礼席"?孔氏又不言之,我们更不得而知也。

凌廷堪《礼经释例》云:"凡设席,南乡、北乡,于神则西上,于人则东上;东乡、西乡,于神则南上,于人则北上。"(纪健生校点,2009:92)按凌氏之义,礼经中,为神、人布席之法不同。下文将分别加以论述。

(一)为神布席

1.布席于堂,南乡,西上。

《士昏礼》纳采及亲迎,皆云"主人筵于户西,西上,右几";《聘礼》行聘之时,"几筵既设"。凌氏以之为例。

2.布席于室,东乡,南上。

《特牲馈食礼》"祝筵几于室中,东面";《少牢馈食礼》"司宫筵于奥,祝设几于筵上,右之";《聘礼》宾将行,告祢,有司筵几于室中,使还奠告,"乃至于祢,筵几于室"。此皆室中东乡之筵,凌氏亦以之为例。凌氏由此认为,为神布席,南乡北乡以西为上,东乡西乡以南为上。

(二)为人布席

1.布席于堂,南乡,东上。

《士昏礼》为宾布席,"主人彻几改筵,东上";《聘礼》礼宾,"宰夫彻几改筵",郑注云"宾席东上";《乡射礼》"乃席宾,南面,东上。众宾之继而西";《燕礼》"司宫筵宾于户西,东上";《大射》"司宫设宾席于户西,南面有加席。卿席宾东,东上;小卿宾西,东上。大夫继而东上。"以上诸席皆是南乡、东上于堂上。

2.布席于堂,北乡,东上。

《大射仪》:"诸公阼阶西,北面,东上。"又《乡饮酒礼》中为四工布席"设席于堂廉,东上","工入,升自西阶,北面坐"。由此可知亦是北乡,东上。

3.布席于堂,西乡,北上。

《乡饮酒礼》中"若有诸公,则大夫于主人之北,西面",遵尊于主人,故席主人之北,以北为上。

4.布席于堂,东乡,北上。

《大射仪》"若有东面者,则北上",此是为大夫布席也。

凌氏由此认为,为人布席,南乡北乡以东为上,东乡西乡以北为上。

综上可知,设席时,若是席面南乡或北乡,为人布席当以东为上,为神布席当以西为上;设席时,若是席面东乡或西乡,为人布席当以北为上,为神布席当以南为上。此外,凌氏又云:"考《曲礼》,'席南乡北乡,以西方为上','席东乡西乡,以南方为上'。盖礼家见《士昏礼》有'筵于户西,西上'之文,遂为此说,不知经所谓'西上'是指神席也。《礼经》之例,'席于人,南乡北乡,以东方为上;东乡西乡,以北方为上',与《曲礼》正相反。《曲礼》出诸儒所记,信传固不如信经也。"(纪健生校点,2009:94)凌氏认为《曲礼》所言盖据《士昏礼》为神布席之一例所出,故有所偏颇。考诸经义,为人、为神布席之法,实则异也,凌氏所言不虚。

五、凌氏"席上"说补遗

按凌氏所言布席之法,孔氏正义所谓"平常布席"则是指为神布席,"礼席"则是为人布席。然凌氏言为神、为人布席之法皆据席在堂、在室而言,其在房与庙门布席之法又当如何呢?凌氏并未言及。今考诸经义,加以补充,分别申述如下。

(一)布席于房中

1.房中南面,东上。

《有司》:尸酢主妇"司宫设席于房中,南面。主妇立于席西"。敖继公《仪礼集说》云:"立于席西者,亦西为下。"([元]敖继公,2005:601)设席于房中南面,席西为下,由此可知席是东上。《特牲馈食礼》:主人"致爵于主妇。席于房中,南面"。其所言席之面位亦与《有司》同,可知其席东上。

2.房中东面,南上。

《有司》:"主妇北堂。司宫设席东面。主妇席北东面拜受爵。"郑注云:"席北东面者,北为下。"此席布于房中北堂东面,郑注云"北为下",可知此席为南上。

由上可知,妇席布于房中,其南乡北乡,当以东为上;东乡西乡,当以南为上。此房中为妇人布席之法,亦与凌氏所言为人设席同也。

(二)布席于庙门,席西乡,南上

《士冠礼》:筮日"布席于门中闑西阈外,西面",此言冠礼筮日时所布之席,席西乡,入席时经言筮人"即席坐,西面。卦者在左",筮人尊于卦者,卦人在左,筮人在右,席右为上也。席西乡,席右即席南也,可知此席南上。又《特牲馈食礼》:筮日"席于门中闑西阈外","筮人许诺,还,即席,西面坐,卦者在左";《丧礼》卜日"席于阈西阈外","即席,西面坐",此布席皆与冠礼筮日同也,同是布席于"门中闑西阈外",席西乡,南上。门中布席盖如是也。由此可知,庙门布筮席之法亦是东乡西乡,以南为上,与凌氏所言为人布席同也。

综上可知,《仪礼》所言布席,于人设时,南乡北乡以东为上,东乡西乡以北为上;于神、于筮设时,则是南乡北乡以西为上,东乡西乡以南为上。

六、结语

席是古代礼仪中的重要礼器之一,在具体使用中,或铺设一重席,或铺设多重席。此外,铺设时还要注意到席面、席之首尾、席上等具体仪节。

第一,"筵""席"实为一物,之所以有二名,是由它们铺设情况的不同而定。"先设者为铺陈曰筵,后加者为藉之曰席",也就是说铺在地上的、先设的称为筵,铺在筵上的、后设的称为席。不管经文中是先言"筵"后言"席",单言"加席"或"重席",还是单言"筵"或单言"席",实际上都含有"筵"与"席"二义。

第二,《仪礼》中的"席面"是据人入席时的面向而言的。人入席时朝向哪个方向,席面就是哪个方向。

第三,席是有首尾的,舒席时首尾可见,席卷成一束时,则无首尾可言。

第四,《仪礼》中所言布席时以其一端为上位,为人设席,南向北向时以东为上,东向西向时以北为上;为神、为筮设席,南向北向时以西为上,东向西向时以南为上。

《仪礼》中的名物研究是"《仪礼》学"研究的重要内容之一,也是"《仪礼》学"研究中最基本的问题,只有这些问题得到顺利解决,才有助于理解《仪礼》本经,有助于进一步探研"《仪礼》学"的相关问题。

【参考文献】

［汉］郑玄注　［唐］贾公彦疏　彭林整理　2010　《周礼注疏》，上海古籍出版社。

［汉］郑玄注　［唐］孔颖达正义　吕友仁整理　2008　《礼记正义》，上海古籍出版社。

［清］吴之英　2002　《寿栎庐仪礼奭固礼器图》，《续修四库全书》，上海古籍出版社。

［汉］郑玄注　［唐］贾公彦疏　王辉整理　2008　《仪礼注疏》，上海古籍出版社。

［宋］聂崇义纂辑　丁鼎点校、解说　2006　《新定三礼图》，清华大学出版社。

［清］鄂尔泰　2005　《钦定仪礼义疏》，《钦定四库全书荟要》，吉林出版集团有限责任公司。

［清］凌廷堪　纪健生校点　2009　《凌廷堪全集·礼经释例》，黄山书社。

［元］敖继公　2005　《仪礼集说》，《钦定四库全书荟要》，吉林出版集团有限责任公司。

东汉镇墓文中"解離"释读及相关问题研究*

李明晓

摘　要:本文通过考察汉代出土材料中"離"的字形,分析东汉五件镇墓文材料中的"解離"一词的具体涵意。

关键词:东汉;镇墓文;解離

东汉镇墓文中出现"解離"一词,黄景春先生(2004:141)指出其意为"分离,拆散"。但目前学界对此词的解释尚有争议,且对相关"離"之字形隶定亦有不同认识。本文将以五件东汉镇墓文材料为基础,考察汉代出土材料中"離"的字形,并结合其他相关材料,分析"解離"的具体含义。

一、汉代出土材料中"離"的字形考察

笔者首先搜集东汉镇墓器中出现"解離"一词的材料,主要出现在以下五件器上,现列表如下(见表1)。

表1　东汉镇墓文中与"解離"之"離"相关的字形表

	A	B	C	D	E
镇墓器	建和二年(148)告氏镇墓陶瓶	元嘉二年(152)许苏氏镇墓陶瓶	永寿三年(157)镇墓陶瓶	东汉晚期镇墓陶罐	东汉晚期张氏镇墓陶瓶
字形	（M3:6）（M6:3）	（M1:3）	（M2:20）	（M1:122）	（M5:5）
备注		此字摹本无	学者多释作"猿"		

*本文为国家社会哲学科学后期资助项目(19FYYB014)阶段性成果。原载《古文字研究》(第34辑)第513-518页(中华书局,2022年),收入本论文集时根据新出材料做了一定修改。

从表1可见，A、D三种字形相近，E摹本字形作"隹"，应是"離"之左侧脱落造成的，唯C与其他差距相大。

笔者进一步考察汉代出土材料中"離"的典型形体，主要材料有简帛、碑刻、陶文、封泥等（见表2）。

表2　汉代出土材料中的"離"之典型形体

材料	简帛							碑刻	陶文	封泥
字形										
出处	《汉代文字编》第517-518页		《肩水金关汉简字形编》第629页			《马王堆汉墓简帛文字全编》第412页		《汉碑文字通释》第207页	《汉代文字编》第518页	

从表2可见，"離"的右边"隹"之形体基本相同，左边或作"离""禹""萬"。

1999年，陕西咸阳出土东汉永寿三年（157）镇墓陶瓶①，上有"建立大镇，慈、礜、雄黄、曾青、丹沙（砂），五石会精，众药辅神，冢墓安宁，解**䕞**，□草，□□为盟"②。其中"**䕞**"，刘卫鹏先生（2000:167）释作"莸"，是一种有毒的草，并引《山海经》："大騩之山……有草焉，其状如蓍而毛，青华而白实，其名曰莸，服之不夭，可以为腹病。"刘卫鹏先生（2009:1,4）则释作"莸"，即蒗。《山海经·中山经·中次七经》原文是："又东三十里，曰大騩之山，其阴多铁、美玉、青垩。有草焉，其状如蓍而毛，青华而白实，名曰莸，服之不夭（疴）③，可以为腹病。"此处"莸"，是"蒗"字之误，《玉篇·艹部》："蒗，胡垦切。草名，似蓍，花青白。"郝懿行《山海行笺疏》指出："莸，当为'蒗'。"④陈亮先生（2018:254）释作"離"。其他学者均未释此字。如果单就字形来看，"**䕞**"确实可如刘卫鹏

---

① 咸阳市文物考古研究所：《咸阳教育学院汉墓清理简报》，《文物考古论集——咸阳市文物考古研究所成立十周年纪念》，三秦出版社，2000年，第227-235页。

② 原释"永平初三年"，永平三年，汉明帝刘庄年号，60年。陈亮（2019:67-68）指出："根据发掘简报的释读，其铭文的开首几个字当释作'永平初三年'（见图13），故而将其断代于公元60年。然而笔者在田野考察中，将该瓶铭文用喷壶喷湿之后（见图14），发现铭文的摹本不太准确，而且'永平初'的纪年方式不符合汉代纪年的常规，故而重新审视了一下，认定这段铭文应当释读作'永寿三年'，相应于公元157年。"可参陈亮（2019:43-71）。

③ "夭"之改读据陈剑先生之释，可参陈剑（2019:319）。

④ 沈海波校点：《山海经笺疏》，上海古籍出版社，2019年，第155页。

（2000:167,2009:1,4）所释作"猿"或"猿"，但"解🔲"一词难以确诂。

不过，陈亮先生的释读给我们以启示，"🔲"尽管与汉代出土材料中的"離"相关甚远，但有无可能从其他材料中找到相似形体。而传抄古文中的"離"之形体有与之相近的（见表3）。

表3　传抄古文中的"離"之典型形体①

A	B	C	D	E
🔲	🔲	🔲	🔲	🔲

从上表3可见，D与"🔲"之上半及右半部分相近。我们推测之所以写作"🔲"，有可能是镇墓瓶的书写者手书过草或者摹写有误导致"離"之字形出现误差。

二、东汉镇墓文中"解離"释读及相关问题研究

目前，东汉镇墓文材料中共有五件与"解離"有关。现列如下：

（1）故以铅人、解離，以当复衷（重）年命句（拘）校，无有祸央（殃）。

[2011年，陕西咸阳出土东汉建和二年（148）告（?）氏镇墓陶瓶②]

（2）苏罷之后，生人阿铜宪女适（谪）过，为🔲五石、人参、解□、□□。

[1974年，河南洛阳出土东汉元嘉二年（152）镇墓陶瓶③]

（3）建立大镇，慈、礜、雄黄、曾青、丹沙（砂），五石会精，众药辅神，冢墓安宁，解🔲、□草，□□为盟。

[1999年，陕西咸阳出土东汉永寿三年（157）镇墓陶瓶]

（4）人参、解離，无归以闭（?）□。

（1963年，河南郑州市密县城出土东汉晚期镇墓陶罐④）

①　徐在国：《传抄古文字编》，线装书局，2006年，第351页。

②　陕西省考古研究院：《陕西咸阳渭城区民生工程汉墓发掘简报》，《考古与文物》2017年第2期。

③　洛阳市文物工作队：《洛阳李屯东汉元嘉二年墓发掘简报》，《考古与文物》1997年第2期；另见《元嘉二年（152）河南缑氏中华里许苏阿墓》，谢虎军、张剑编著：《洛阳纪年墓研究》第6-12页，大象出版社，2013年。

④　河南省文物研究所：《密县后士郭汉画像石墓发掘报告》，《华夏考古》1987年第2期。

（5）玫持鈆（铅）人、人参、雄黄、<u>解隹（離）</u>、襄草、別蠲，以代生人之名。

（1987年，陕西长安县南李王村出土东汉晚期张氏镇墓陶瓶^①）

材料（4）学者多断作"人参解離"，而材料（1）原断作"故以铅人解離"（《简报》第21页），无疑是受到前者的影响。黄景春先生（2004:141）指出"人参解離"指使用人参驱逐亡魂，使死者与生者分离。吕志峰先生（2009:85-86,112）在此基础上进一步指出"分画""解離""别解"意思相同，都体现了"隔绝死者与其在世亲人的关系"的功能。分解清楚生人和死人的区别，即是请巫师作法，断绝死者与现实世界的一切关系，让死者进入阴间世界。人参是汉代解禳用药之一，主要作用是代替生人。正因为其形似人，所以将人参埋入地下，就如同将生人埋入地下，以后家中不会再有死人了，这就增强了在世生人对今后生活的信心，减少了他们对死亡的恐惧。周金泰先生（2019:93）指出："镇墓文所见人参，其功用显而易见是凭借外貌特征而充当人形。人形可分为两类：一类替代死者受冥界谪罚之苦；另一类替代生人陪伴死者以确保'生死异路'。上引镇墓文中人参应该都是替代生人的，甚至还可以进一步分出两类：第一类，凭借人形外观直接替代生人。如史料2，我猜测九枚人参很有可能是替代死者九位阳间亲人。史料3文字残缺，但它与蜜人代死者受谪相封，书写结构与史料2似，应属同类。第二类，人参作为禳除神药而替代生人，从而达到生死隔离目的。这一类情形中，人参常搭配五石、雄黄等神药，共同发挥禳除功用，如史料1、4、5。在聚多药草中，人参之所以最常充当隔离阴阳两界的禳除神药，根源上仍是由其人形外观决定的，所以两类情形并不矛盾。"由此可见，人参替代生人、铅人替代死人的功能是显而易见的，但利用人参驱逐亡魂，使死者与生者分离的说法并不准确，故将"解離"释作"分离、拆散"可能有误。因此，陈亮先生（2019:59）将两件东汉建和二年（148）告（？）氏镇墓陶瓶均释作"故以铅人、解離，以当复衷（重）年命句（拘）校"，这种断读是正确的。

材料（2），其中 **敊**，刘卫鹏先生（2009:1）释作"汝"，张剑先生（2013:10）释作"治"，黄景春先生（2018:180）释作"设"。邓诗漫女士（2019:32）隶作"敊"，且断作"为敊，五石、人参解……"。而"解"之后，张勋燎、白彬先生（2006:147）补作"诸咎殃"。陈亮先生（2018:248）释作"解離"。由河南郑州市密县城出土东汉晚期镇墓陶罐上有"人参、解離"^②来看，陈亮先生所补为是。

材料（3）中，"□草"，刘卫鹏先生（2000:168）指出长安县南王李村M5出土的一件

① 负安志、马志军：《长安县南李王村汉墓发掘简报》，《考古与文物》1990年第4期。
② 河南省文物研究所：《密县后士郭汉画像石墓发掘报告》，《华夏考古》1987年第2期。

朱书瓶有"解□襄草,别羁以氏生人之名"的文字,可见□草应为襄草,襄同"蘘",即蘘荷,亦称阳藿,多年生草,叶尖类姜。夏月开淡黄色花,由地下茎而生,嫩芽供食用,根可入药,是有解毒作用的药草。刘卫鹏、程义先生(2008:83)认为"襄"通"禳",为禳除之义。禳草应为和桃木作用相同的"苇索""苇茭"之属。刘卫鹏先生(2009:1,4)则认为"襄草"可能是狼毒草,味苦有毒,能够驱逐蛊毒。镇墓文中的"襄草"也有可能是甘(苷)草。张勋燎、白彬先生(2006:135-136)认为鸡蛋壳应与瓶文"解猨□草为盟"有关,也是黄神使者在墓主下葬时举行"大镇"醮仪,除央(殃)去咎,令死人无适(谪),生人无患,利后子孙,与鬼神为盟所用的一种信物。陈亮先生(2018:365)则将"解𧤖、□草"释作"解離、襄草"。许飞先生(2021:320)认为"解猨"是解除术使用物品,具体不明。

材料(5)中,"弢"字王育成先生(1996:66)疑是"弼",辅佐,表示文首六鬼神为解除之"主",然后以他物作为辅助手段。刘卫鹏先生(2009:4)释作"考"。吕志峰先生(2009:95)指出:"由于此件镇墓文我们只看到摹本,所以无法根据原来的照片审查。在目前能见的所有镇墓文中,未见'弢持'一词,遍查各类其他文献,同样未见,'弼持''敹持'也不见,所以我们对释文作'弢持'持怀疑态度。根据东汉出土镇墓文的内容和此篇镇墓文的文意,我们认为这里的所谓'弢持'可能就是其他镇墓文中的'钩挍'。"据此,吕氏将"钩挍"归上作"重复钩挍"。"解佳(離)",张勋燎、白彬先生(2006:125)释作"解住(注)"。刘昭瑞先生(2007:70)、刘卫鹏先生(2009:4)释作"解□"。陈亮先生(2018:365)释作"解離",此说可从。"别羁",刘昭瑞先生(2001:221,2007:70)释作"别羁",黄景春先生(2004:99)、吕志峰先生(2009:95)断作"人参、雄黄、解佳、襄草、别羁",陈亮先生(2019:60)断作"人参,雄黄,解離,襄草,别羁",张勋燎、白彬先生(2006:125)、刘卫鹏、程义先生(2008:79)断作"别羁以代生人之名"。黄景春先生(2004:100)指出:"解佳、襄草、别羁"与雄黄等一样属于"以代生人之名"的药物。具体是些什么药物,待考。张勋燎、白彬先生(2006:125)将前后文意解作"用铅人和人参、雄黄作为代人和辟鬼的神药,以免死者变成注鬼或兴冥讼按姓名注祟、纠缠生人,羁系其魂魄代其受害"。可见,他是将"别羁"理解为"羁系"。别羁,是治疗痛风的重要药物,一名别枝,草药,味苦,微温,无毒,主风寒湿痹、身重、四肢酸疼、历节痛等。

由材料(5)中"人参、雄黄、解佳(離)、襄草"等并列来看,材料(1)中的"铅人、解離"、材料4中的"人参、解離"均需断开理解,即"解離"应是与"人参、雄黄"等并列的药物。镇墓文中的解離,可能是防己之别名。《神农本草经·中品·草部》:"防己(巳):味辛,平。主风寒、温疟、热气诸痫,除邪,利大小便。一名解離,生川谷。"孙思邈《千金翼方·本草上·草部中品之下》指出防己的特征是"一名解離,文如车辐理解者良",强调防己木部断面从中央向外作二歧或三岐分叉,呈现放射状车轮辐解的形态。①

另外,2015年12月—2016年2月,为配合敦煌机场扩建工程,甘肃省文物考古研究所会同敦煌市博物馆等单位,对位于甘肃省敦煌市五墩乡新店台村南的佛爷庙湾—新店台墓群进行清理,共清理古墓葬180座。其中三国曹魏墓中出土四件镇墓斗瓶,上亦有"解離"一词出现。

甘肃敦煌佛爷庙湾—新店台墓群出土三国曹魏正始七年(246)窦氏镇墓文有"岁月转更,持与他家,铅人、蒒政、人参、远志、讓(襄)草、解难(離)、伏(茯)令(苓)、曾青、赤粟与代重复之家"②。三国曹魏正元二年(255)窦氏镇墓文有"人参、远志、铅人、蒒政、讓(襄)草、解难(離)、伏(茯)令(苓)、曾青、赤粟与代重复之家□"③。三国曹魏甘露三年(258)窦阿氏镇墓文有"人参、远志、讓(襄)草、解难(離)、伏(茯)令(苓)、曾青、赤粟,以代重重复之家""……与他家。人参、远志、讓(襄)草、解难(離)、伏(茯)令(苓)、曾青、赤粟,以代重复之家"④。以上四件镇墓文中出现"解離",原报告(第96、94、91、93页)释作"解□""□难"或"解难"。马洪连(2023:76)与后连读作"持与他家。人参、远志、铅人,让尊解难;伏令、曾青、赤粟与代重复之家"。原字形作"𤲃",以上所释均有误,应是"解離"。

尽管"解𤲃"之"𤲃"与同时代"離"的形体存在一定的差异,但从文意来看,"解𤲃"释作"解離"可能更合适。至于"解離"是否确指防己则有待进一步研究。

【参考文献】

黄景春　2004　《早期买地券与镇墓文整理与研究》,华东师范大学博士学位论文。

徐正考　肖　攀　2016　《汉代文字编》,作家出版社。

黄艳萍　张再兴　2018　《肩水金关汉简字形编》,学苑出版社。

---

① 王蒙:《防己的性味研究》,黑龙江中医药大学博士学位论文,2016年,第18页。

② 甘肃省文物考古研究所:《敦煌佛爷庙湾—新店台墓群2015年度发掘报告》上册,甘肃教育出版社,2021年,第96页。

③ 甘肃省文物考古研究所:《敦煌佛爷庙湾—新店台墓群2015年度发掘报告》上册,甘肃教育出版社,2021年,第94页。

④ 甘肃省文物考古研究所:《敦煌佛爷庙湾—新店台墓群2015年度发掘报告》上册,甘肃教育出版社,2021年,第91-93页。

刘　钊　2020　《马王堆汉墓简帛文字全编》，中华书局。

王立军　2020　《汉碑文字通释》，中华书局。

刘卫鹏　2000　《汉永平三年朱书陶瓶考释》，《文物考古论集——咸阳市文物考古研究所成立十周年纪念》，三秦出版社。

刘卫鹏　2009　《汉代镇墓瓶所见"神药"考》，《宗教学研究》第3期。

刘卫鹏　程　义　2008　《汉晋墓葬中随葬陶瓶内盛物的初步研究》，《江汉考古》第3期。

陈　亮　2018　《汉代社会变迁中的丧葬文本》(德语本，Begräbnistexte im sozialen Wandel der Han-Zeit:eine typologische Untersuchung der Jenseitsvorstellung)，海德堡大学博士学位论文。

陈　亮　2019　《东汉镇墓文所见道巫关系的再思考》，《形象史学》(总第13辑)，社会科学文献出版社。

吕志峰　2009　《东汉石刻砖陶等民俗性文字资料词汇研究》，上海人民出版社。

陈　剑　2019　《据出土文献表"虐""傲"等词的用字情况说古书中几处相关校读问题》，《出土文献与古文字研究》(第8辑)，上海古籍出版社。

周金泰　2019　《人参考——本草与中古宗教、政治的互动》，《文史》第1期。

邓诗漫　2019　《东汉至魏晋南北朝镇墓陶文集释及字表》，吉林大学硕士学位论文。

张勋燎　白　彬　2006　《中国道教考古》(第1卷)，线装书局。

许　飞　2021　《慎终追远——汉魏晋南北朝墓葬观念研究(日文版)》，上海交通大学出版社。

王育成　1996　《南李王陶瓶朱书与相关宗教文化问题研究》，《考古与文物》第2期。

刘昭瑞　2001　《汉魏石刻文字系年》，新文丰出版公司。

刘昭瑞　2007　《考古发现与早期道教研究》，文物出版社。

马洪连　2023　《敦煌新出曹魏朱书镇墓文考释》，《敦煌研究》第2期。

隋唐碑刻疑难字考释十题

何　山

摘　要：隋唐碑刻俗字十分丰富，一些讹变字形难辨难识，已有释读结论各异，需要进一步探讨。本文通过综合考察认为："溺""䨓""嗟""朕""紉""美""䶂""鼠""舁""蘸"应分别为"漏""雷""嗟""状""纽""美""鼠""昇""薤"字之讹。这些新的考释结论既可为近代汉字研究、汉字编码等提供参考，又可为充分发挥隋唐碑刻文献在历史学、语言文字学等方面的研究价值提供帮助。

关键词：隋唐碑刻；疑难字；考释

隋唐碑刻蕴含着丰富的俗字，一些讹变字形难辨难识，已有著录成果往往认识各异，莫衷一是，有的甚至自材料公布后一直未得到妥善释读。这些问题既给相关碑志材料的科学解读留下障碍，又导致有关珍贵字形材料不能被适时纳入汉字史研究，同时也无法满足字书收字、汉字编码等实际应用之需求。因此，学界仍须高度重视隋唐碑刻疑难字考释工作。本文选取隋唐碑刻中较为典型的十则疑难字，以原刻字形为依据，结合碑铭语境及所涉文史信息，在客观辨析已有观点的基础上进行综合考查，试图得出更为合理、可靠的新结论，以便为充分发挥隋唐碑志文献在历史学、语言文字学等方面的研究价值提供帮助，也为近代汉字研究、汉字编码等提供参考。

一、释"溺"

隋开皇五年(585)《宋虎墓志》："君立身立行，始终如一，精专紫闼，趋奉黄扉，润玉鸣腰，刚金耀首。不溺丝纶，克张诸艺。趑谈史迁，顾有惭色。"（《高阳》，2016:6）

拓本"溺""趑"两字，《三方》(2005:236)缺录；《汇考》(2007:1/159)、《高阳》(2016:7)均录作"涡""趄"，恐误。二者乃"漏""赵"之异体。(1)碑刻"漏"之构件"雨"或简写为"丙"。唐《大般若波罗蜜多经》"于意云何？有阿罗汉诸漏永尽"（《房山石经》，2000:

5/76），北宋《灵岩寺楞严经偈》"欲漏不先除，畜闻成过误"（《北图》，1989:41/81），其"漏"分别作"漏""漏"。讹变构件"丙"再省上部横笔，或与构件"尸"共用横笔，"漏"即变异作"漏"。其形变过程大致为：漏→漏→漏。(2)碑刻"赵"有类似写法，如隋《夫蒙子祥造像碑》之"趙"（《总集》，2013:4/148），唐《赵建遂及妻董氏王氏墓志》之"趙"（《北图》，1989:32/106），皆其例，则"趙"亦应为"赵"。

漏，表遗漏。志文前六句记述宋虎表现优秀，得到很多褒奖；"不漏丝纶，克张诸艺"意谓皇帝常表扬之，几无遗漏。最后两句用人名之典。赵谈，西汉宦官。《汉书·佞幸传》："其后宠臣，孝文时士人则邓通，宦者则赵谈……赵谈者，以星气幸。"史迁，即汉司马迁之别称。志文以"赵谈"作比，表明皇帝十分爱戴宋虎；又以司马迁作比，表明宋虎才学出众。志文以两者为衬托，表达赞颂之意；"顾有惭色"则带有明显的夸饰意味。

二、释"霛"

隋开皇九年(589)《元叡墓志》："金丹神霛，乐通侯之术不成；玉沥蓬莱，淮南王之方无验。"

（《搜佚》，2012:1/87）

拓本"霛"字，上部和下部应分别为"雨""电"之俗体，中间可认同为两"口"之黏合，故原刻字形可转写为"霛"，乃"霤"之俗字。《字汇补·雨部》："霛，与霤同。"霤，本指屋檐的流水，引申指屋檐，又借指屋宇、房屋。志文当取后者。神霤，神屋、神宇。

此段志文两涉典故。(1)乐通侯，指栾大。《史记·孝武本纪》《汉书·郊祀志上》等有相关记载。武帝时，大为胶东王尚方。言多方略，敢为大言。会武帝求仙方，大因乐成侯丁义见帝，自言尝往来海中，可致不死药。帝拜为五利将军，封乐通侯。"乐通侯之术"当指栾大致长寿药之术。(2)淮南王，即刘安。《汉书·淮南厉王刘长》记云："淮南王安为人好书……招致宾客方术之士数千人……言神仙黄白之术，亦二十余万言。"《艺文类聚》卷七十八引《列仙传》云："汉淮南王刘安言神仙黄白之事，名为《鸿宝》，《万毕》三卷，论变化之道，于是八公乃诣王，授《丹经》及《三十六水方》。俗传安之临仙去，余药器在庭中，鸡犬舐之，皆得飞升。"上引志文"淮南王之方"当指刘安修道成仙之方。

志文金丹、玉沥皆指长生不老或服用即能成仙之药,神雷、蓬莱均为神仙所居之地,四者两两相对,互文见义,并与典实相照应。上引四句志文意在表达斯人已去,金丹无验,玉沥不灵,即使是乐通侯、淮南王等仙道之人也无力回天,让人哀之痛之。因此,释"䨄"为"雷",契合用典,文从字顺。《疏证》(2019:122)释文作"䨄",《辑录》(2012:11)释文作"电",均误。另,唐《郭摩墓志》:"岂期金壶漏尽,玉䨄烟沉。""䨄"亦为"雷"的俗字,《汇释》(2019:文89①)录作"电",误。玉雷,屋檐下接水槽之美称,志文代指屋舍,与前句"金壶"对仗。撰者意在暗示志主将亡,该志下文云:"隋大业十一年,卒于家第,春秋六十三。"前后文文意顺畅。

<h2>三、释"𡋽"</h2>

隋仁寿二年(602)《陈虔墓铭》:"有美徽音,空𡋽不朽。"　　　　(《汇释》,2019:图60)

拓本"空"后之字清晰作"𡋽",《汇释》(2019:文68)缺录,并注云:"'空'下一字清楚,但暂不识,存疑待考。"该字形字书未载,碑志等文献罕见,值得探究。

此字乃"嗟"之俗体。"嗟"或作"䍎",如北魏《李达及妻张氏墓志》之"嗟",唐《张明墓志》之"嗟"。其右下构件"匕"或书作"工","䍎"又作"嗟",见北齐《高淹夫人冯娑罗墓志》。隶书"嗟"又作"嗟""嗟""嗟"等形,分别见北齐《暴诞墓志》《高允墓志》《吴迁墓志》。陈虔志铭文字虽整体风格为楷书,但有很强的隶书意味,故"𡋽"右下部应为"老"之俗变,并伴有省笔。碑刻文字构件"艹"或书作"北",如北魏《李伯钦墓志》"华"作"华",东魏《元湛墓志》"护"作"䕶"。于是"嗟"可俗变作"𡋽"。《汇释》(2019:图43)所收北齐隶书《刘通墓志》:"天下嗟伤,辰中发怆。"其"嗟"作"嗟",与待考字形近,可为比勘。

嗟,叹惜。上引志文"空嗟"即"空叹",白白地叹惜。唐《屈元寿墓志》:"三千白日,独叹滕公;百万黄泉,空嗟季布。"例中"独叹""空嗟"对举,"嗟"表叹惜义甚明。唐《罗伯墓志》"空嗟不朽,身殁名存"之表述,为待考字提供了直接语例。可见,"𡋽"确为"嗟"字,《汇释》缺文可补。

---

① "文"代表《汇释》释文卷,后文"图"代表《汇释》图版卷。

四、释"胀"

隋大业五年(609)《施太妃墓志》:"踵此二桥,非关缜发;光斯二**胀**,无待更衣。"

(《长安新出墓志》,2011:28)

　　拓本"**胀**"字,已有释读情况如下:(1)直接缺录。如《汇考》(2007:3/363)。(2)释作"肷"。如《唐代历史文化研究》(2005:360)。字形与原刻不符,字义亦与文句不谐。(3)释作"服"。如《长安碑刻》(2014:352),《长安新出墓志》(2011:29)。"服"可俗变作"朋",与待考字形近,见隋《周藻墓志》:"自非明哲,匪服遽彰。"虽字形或能沟通,但"服"于文意难解。(4)释作"胀"。如《文博》(2001),《新出》(2016:513),《续考》(2011:242),《唐史论丛》(2013:127),等等。《文博》诠释此段文辞云:"踵,钟也……胀,通'帐'。二帐,与上句'二桥'相对,隐指'二丈'。此谓施氏母女相继得宠于二帝。"《新出》《续考》承其说。待考字右边构件或可视为"长"之异写,"長"作"长",汉简即有出现,释"**胀**"作"胀"与字形产生的时代特征相符,但问题也很明显,详下文分析。(5)释作"帐"。如《补遗》(2004:237)。据《补遗》尾注,其录文沿自《文博》,将"胀"改为"帐",故问题依旧。

　　有关成果主要立足于文字形体、文句对仗等形式层面的信息而作出结论,忽视了具体词句的逻辑语义联系;同时,修辞及字词关系的判断亦有可商榷之处。首先,"胀""帐"非通假,两者应是同源关系(《王力古汉语字典》,2002:625)。其次,志文"光"的具体含义是什么,已有分析似不明确。再次,若二胀(帐)隐指"二丈",则改变了志文本有的施受关系。最后,从修辞上看,此段志文非单纯隐喻,而应是互文。因此,上述观点难以为信。

　　今谓"**胀**"应为"状"字。(1)字形分析。书者将"丬"左边笔画连写,就产生与"月"形近的变体,碑刻等出土文献有相关字形实例。如居延图100:15·2之"**将**(将)"、居延图329:317·11A之"**状**(状)"(《木简字典》,1985:231、485),以及楚简郭·缁·二三之"**妆**(妆)"(《楚系简帛文字编(增订本)》,2008:1015)。北宋《昭陵六骏图碑》:"岩径峭险,欲登者难之,因谕邑官仿其石像带箭之**状**,并丘行恭真塑于邑西门外太宗庙庭。"(《陕西碑石精华》,2006:211)"**状**"即"状",与待考字构形基本一致。此可佐证"**胀**"为"状"的俗字。(2)词义分析。"状"指容貌,志文意在强调女主容貌之姣美。(3)修辞效果分析。"踵"本指脚后跟,引申指追随义,志文又引申表钟爱义。"光"为宠爱义。《广雅·释言》:"光,宠也。"上引四句志文互文见义,言施氏母女具有沉鱼落雁之姿,倾国倾城之貌。《隋书·后妃传》:"(宁远公主)性聪慧,姿貌无双。"志文以三国吴大、小桥(乔)作比,"非关缜发""无待更衣"更显示出母女二人乃秀美绝伦、貌压群芳之佳丽。正因为如此,她们才受到帝王的无比宠爱。综上,"朕"确应为"状"之俗体。

五、释"紉"

隋大业七年(611)《周良墓志》:"殷已失紉,尚抽殷之苗。"　　　　　　(《新见》,2018:88)

拓本"紉"《新见》(2018:89)转录作"纫",其后标注"(纲)",意谓原刻"纫"当作"纲"。著者注意到"纫"非本字本用,值得肯定,但"纲"与"纫"字形难以沟通,至于文字误刻,碑石仅偶然出现,故"纫"非"纲"字之讹俗。

此处"纫"乃"纽"之俗体。首先,"纫""纽"讹混,关键是"刃""丑"可互讹。敦煌写卷S.6981V《十恩德》:"母腹似刀分,楚痛不忍闻。""忍"即"忍"字,其"刃"讹作"丑"。形变方式逆推,"丑"又讹作"刃",例详下。其次,碑刻存在两者讹混之例。(1)"纫"讹作"纽"。北齐《高建墓志》:"纽兰佩芷,怀瑾握瑜。""纽"即"纽",当为"纫"之讹,表搓、捻。《楚辞·离骚》:"扈江离与辟芷兮,纫秋兰以为佩。"王逸注:"纫,索也。"(2)"纽"讹作"纫"。北魏《元谭墓志》:"贵显玉筐,亲隆石紉。""紉"即"纫",当为"纽"之讹①。原志铭"久""纽""首"协韵。石纽,古地名,志铭喻指帝室。同篇下文又云:"始趋羽翼,出紉邦印。""紉"乃"纽"字②。北魏《辛璞墓志》:"资灵石紉,表觉伊川。""紉"同"纽"。最后,"纽"表纲纽,"殷已失纽"意谓殷已失其纲纪、法度。墓志下文云"周末下车,方受周之土",表明周良先祖发端于商周时期,其家族源浚流长,根深叶茂。唐《王赞墓志》:"天网失纽,地网绝维。"为此条考释提供了文献用例。因此,"紉"确为"纽"字,与表"单绳"义的"纫"同形,容易误辨误释。

---

① 毛远明《汉魏六朝碑刻异体字典》(下)误将该字归于"纫"下。中华书局,2014年,第749页。
② 韩理洲辑校编年《全北魏东魏西魏文补遗》误作"纫"。三秦出版社,2010年,第270页。

六、释"䩅"

隋大业八年(612)《任清奴墓志》:"布水火而兼行,举絃䩅而并济。"

(《汇释》,2019:图68)

　　拓本"䩅"清晰可辨,《汇释》(2019:文77)缺录,并于注中云:"'絃'下一字清楚,似'草'字,但'絃草'费解,且竖画为竖钩;又似'尊'的俗字,'絃尊'大抵谓絃歌、酒尊,只是字形相去较远……存疑以俟方家。"

　　该字既非"草",又非"尊",而应是"革"之讹俗。革,西周金文作"(毛公厝鼎"韓"字所从)"、"(毛公厝鼎"勒"字所从)",战·晋·玺汇3103作"",战·楚·鄂君启车节作"(集成12110)",《说文》古文作"",《汗简》卷五作""。形体隶定,《古文训·咸有一德》作"",《古文训·洪范》作""(《〈尚书〉古文字编》,2015:67)。这些大概是"革"变异作"䩅"的形源依据。从字形传承关系看,"䩅"下部的钩画当承自战国楚简之""""(革);其构件"䒑"应源自""""""等上部像兽头的"廿"之草写,隶楷书"革"之"廿"多作"卅""䒑"等形,如东汉《石门铭》之"",西晋《临辟雍碑》之"",北魏《王温墓志》之"";构件"曰"当为""""等中部组合之省变。可见,"䩅"为"革"字,其形变源流关系可溯。《可洪音义》B210a03"革"作""(《可洪》,2009:453),可资比勘。

　　上引志文中的"絃"同"弦"。《集韵·先韵》:"絃,八音之丝也,通作弦。"故"絃革"即"弦革",文献或用以表乐器。《元丰类稿·补遗》:"若夫觞豆之丰约,弦革之嘲嗷。"革,本指加工去毛的兽皮,与"韦"词义相近。《易·遯》:"执之用黄牛之革。"惠栋述:"始拆谓之皮,已干谓之革,既熟谓之韦,其实一物也。"《说文·韦部》"韦"字段玉裁注云:"韦,其始用为革缕束物之字,其后凡革皆称韦。""弦革"同"弦韦",喻指缓急。《文选·任昉〈王文宪集序〉》:"夷雅之体,无待韦弦。"李善注:"韦,皮绳,喻缓也;弦,弓弦,喻急也。"《韩非子·观行》:"西门豹之性急,故佩韦以自缓;董安于之心缓,故佩弦以自急。"志文"絃革并济"比喻缓急相济,其上句"水火兼行"比喻刚柔兼施,两句互文见义,对仗工整,意谓志主足智多谋,能多措并举应对各种复杂局面。同(近)义语素替换,弦韦又作弦革,碑志文多用前者。东魏《元悰墓志》:"存缓急于弦韦,济宽猛于水火。"唐《王君德墓志》:"弦韦两兼,水火交济。"或用"韦弦"。北齐《薛广墓志》:"韦弦迭举,火水相仍。"唐《孙义普墓志》:"君顾水火以铭怀,佩韦弦而取诫。"

利用上述"章"为"革"字的考辨和认知成果,可以校正其他碑志文献有关"革"字的释读错误。(1)北凉《沮渠安周造像记》:"□□□岩土,三涂革为道场。""革"为"革"字,表改变义。《校碑随笔》误作"草"(《增补校碑随笔》,1981:211),《西域碑铭录》(2013:22)、《中国西北宗教文献:佛教新疆》卷五(2012:371)沿误。北魏《折冲将军薪兴令造寺碑》:"□□羊为道场。""羊"即"革",《新疆图志·卷八十九·金石二》(2015:下/1668)亦误作"草"。"汉魏六朝碑刻数据库"收北魏《邢僧兰墓志》,其中一句志文录作:"轸心草皀,虽改火而无歇。"①前半句意思费解。核之拓本,"轸"实作"斩",乃"斩"字;"草"本作"革",与上文"章"形近,同样乃"革"的俗字,与"草"仅为同形关系;"皀"为"皃"的俗字,通作"貌"。斩,哀痛。革貌,改变容颜。志文"斩心革貌"承接上文表达志主因"蓼莪之痛""黍稷之悲"而哀痛毁瘠,发愤图强,为家国效力,以致下句云其"虽改火而无歇"。故数据库所录之"草"应为"革"字,"轸心草皀"应校理为"斩心革貌"。东魏《张满墓志》:"以君语通书革之国,言辩刻木之乡,遂轻传告晓,示导成败。"其"革"同"革"。书革,书于皮革。古代西北少数民族以皮革为书写材料,"书革"又用以代指胡人。《精粹》(2000:263)释"革"为"草",同误。唐《刘静墓志》:"高祖提三尺之剑,三王功革;帝尧钦四岳之道,四凶伏罪。"图片字应为"革"的俗字,表变革义。其所在志文用"汉高祖刘邦提剑"之典。典出《史记·高祖本纪》:"高祖击布时,为流矢所中,行道病。病甚,吕后迎良医……医曰:'病可治。'于是高祖嫚骂之曰:'吾以布衣提三尺剑取天下,此非天命乎?命乃在天,虽扁鹊何益!'"上引志文承其前"陶唐盛族,汉皇兴派"而言,撰者以汉高祖、帝尧为比拟,赞颂志主先祖德厚功高。《文物》(2020)录文作"草","功草"费解,误。(2)南朝梁《萧敷墓志》:"泰靡革情,约不移操。"拓本"革"稍漶,去其漶痕可得"革",即"革"字,与下句"移"同义并举。《汉魏南北朝墓志汇编》误作"华"。②(3)南朝梁《萧憺碑》:"承天革命,盘石斯建,维城大启。"拓本"革"稍漶,《金石萃编》卷二十六释作"业",于文意难通,恐误。去掉漶痕,字形基本轮廓为"革",实乃"革"字。革命,古人认为王者受命于天,改朝换代系天命变更,故称革命。碑文指萧衍称帝,以梁代齐。(4)东魏《崔混墓志》:"孝诚之感,飞走革心。"拓本"革"亦为"革"字,《汉魏南

北朝墓志汇编》释作"苹"①,非。

碑刻"草"或混作"革"。武周《范词墓志》:"泣露草之无訾,痛风枝之不及。"(《汇释》,2019:图155)其"草"拓本作"草",与"革"形近。书写使用中,"革"出现系列俗变字形,碑刻多见"羊""革"等写法,也有少数基于其古文字形隶定、讹变、简省而形似"草"的字形,从碑文著录成果看,整理者误"革"为"草"的实例较多,后续碑刻文字释读应多加留意。

七、释"莽"

隋大业九年(613)《张顺墓志》:"既奔其区,停轩居此。"　　　　(《汇释》,2019:图73)

拓本"莽""奥"均甚清晰,《汇释》(2019:文82)分别录作"奔"和"其",并为前者加注云:"'奔'字清楚,但形体颇异,似'奔'的异体字,录以备参。"《汇释》所录文句意思费解,且字形悬殊,碑志等文献未见类似写法。其实,两者应分别为"美""奥"之俗字。

(1)"美"作"莽",其形变机制为:其一,"羊"可隶定变异而作"芉"。北魏《韩期姬墓志》:"却临洛川洋洋之美。"后一"洋"字拓本作"洋"。唐《俞仁玩墓志》"道义通洽"之"义"作"義","一登帅位,五拜国庠"之"庠"作"庠"。这些字形中的"羊"与待考字上部构件写法相似。其二,碑刻文字构件"大""廾"互作已成通例。东汉《乙瑛碑》"司空臣戒"之"戒"作"戒",构件"廾"写作"大"。北魏《韩期姬墓志》:"使阶陛为稷契,归元首于尧舜。"拓本"契"作"契",下部构件"大"写作"廾"。组成"美"字的两个构件各自变异,书者取"羊"之隶定形体"芉"及"大"之讹混形体"廾",组装成新的俗变字形"莽"。北齐《徐显秀墓志》:"亦有美貌盛颜,擅高名于齐北。"唐《俞仁玩墓志》:"勒琬琰而纪美。""美"分别作"莽""美",与待考字构形相同。"莽"虽与"奔"形近,但两者构形理据迥异,不可相混。

(2)碑刻"奥"有类似"奥"的字形,武周《甘元柬墓志》之"奥",唐《朱元昊墓志》之"奥",唐《王道智及妻刘氏墓志》之"奥",皆其例。"奥"同"隩"。《尔雅·释宫》:"西南隅谓之奥。"陆德明释文:"奥,本或作隩。"《楚辞·招魂》:"经堂入奥。"朱熹集注:"奥,古作隩。"隩区,深险之地。《文选·班固〈西都赋〉》:"防御之阻,则天地之隩区焉。"吕延济

---

① 赵超:《汉魏南北朝墓志汇编》,天津古籍出版社,1992年,第327页。该书2008年版沿误。中华书局2021版第414页校订为"革",是也。

薪火相传——庆祝西南大学汉语言文献研究所成立四十周年论文集

注:"陕,犹深险也。"碑志文献多见用例。北周《尉迟运墓志》:"同州陕区,埒于神牧。"唐《道因法师碑》:"而灵关之右,是曰陕区。"上引志文中的"陕区"当引申指僻静或隐居之处,志主以之为美善之地,故下句云"停轩居此",即带领老幼避乱而居于此。

"既美奥区"符合志文"天保之末,衅起萧墙。内外骚动,人情危瞿。君扶老携幼,涉水登山"所述之情状,又与后句"不交人事,惟坟典自娱"的记述相衔接。而老幼无以言"奔",《汇释》所录失之。

八、释"鼫"

唐天宝四年(745)《蒋九墓志》:"不谓巢篱起祲,藤鼫催年。"

(《安阳墓志选编》,2015:43)

拓本"鼫",《安阳墓志选编》(2015:184)释为"麂",但"麂"无此写法,恐误。《专题》(2018:28)据《字汇补·羽部》"翌,古文没字"作出判断:"鼫"不是"麂",而应是"没"之俗体。否认"鼫"为"麂"字,可从;但"翌"与"鼫"下部构件截然不同,写本文字未见互作之例,故"鼫"非为"翌(没)"字。《汇释》(2019:文232)录文作"翼",其意费解,亦非是。

今谓"鼫"为"鼠"之俗字。楚简帛乙一三·一六之"鼬"(《楚系简帛文字编》,2008:867),北齐《段通墓志》之"鼠",唐《张善墓志》之"鼠",汉晋流简纸之"鼠"(《字形表》,2011:1181),均为"鼠"之异写,这些字形的上、下构件与待考字写法有相近之处。也就是说,"鼠"可俗变作"鼫"。

志文"藤"同"藤"。藤鼠,啮藤之鼠。典出《大集经》:"昔有一人避二醉象(生死),缘藤(命根)入井(无常)。有黑白二鼠(日月)啮藤将断,旁有四蛇(四大)欲螫,下有三龙(三毒)吐火,张爪拒之。其人仰望二象已临井上,忧恼无托。"文中"二鼠"喻指昼夜(时间),"藤"指代生命。昼夜相继,岁月易逝,人的生命转瞬即终,犹如黑白二鼠之争相啮藤。佛教常用"二鼠啮藤"比喻人生苦短,人命无常。正如《性灵集》所云:"两鼠争伐于命藤……命藤夜断,入死王之殃。"唐代碑志文或直接化用此典而表其意。唐《弘福寺首律师高德颂》:"皇情轸悼,怛二鼠之侵藤;列辟缠哀,惊四蛇之毁箧。"唐《赵隆墓志》:"二鼠不停,悬藤已绝。"或割裂作"藤鼠"。唐《法琬塔碑》:"岂谓隙驹易往,藤鼠难留。"唐《王贞及妻李氏墓志》:"岂意藏舟□远,藤鼠雕年。"或作"鼠藤"。唐《萧胜墓志》:“然而过鸟忽惊,悲鼠藤之何促;隟驹俄谢,怨鹤林之已空。”唐《李君妻吕华墓志》:“三相弗留,鼠藤易尽。”

上引志文“巢鵟”意指凶鸟戴鵟筑巢于门,为死亡之征兆,故谓之“起祲”。“巢鵟”“藤鼠”相对成文,“起祲”“催年”相互呼应,文意和谐,委婉表达志主蒋九即将离世,于是墓志后文记其“以开元十九年二月廿七日死”。唐《李度墓志》:“不图灾生庭鼠,祲起门鵟。”与“不谓巢鵟起祲,藤催年”表达方式和效果极为相似。这些都可证明“”为“鼠”字无疑。

九、释“”

唐大历十三年(778)《崔沔墓志》:“始东都副留守,复秘书监。上籍田东都留守太子宾客兼怀州刺史。俄而去兼,加通议大夫。” (《北图》,1989:27/162)

拓本“”即“昇”之俗字。《全唐文补遗》(第3辑)(1997:114)缺录,可补;《唐代墓志汇编》(1992:1800)、《两唐书疑义考释·新唐书卷》(2012:205)、《崔氏统谱》(2007:332)、《洛阳新出唐志研究》(2014:585)、《洛阳古代官吏事约》(2007:51)均释作“册”,“册”既无此变体,又于句意不谐,误。“昇”有晋级、迁升义,其后与官职搭配,正合志文表述。其例又如唐《赵益及妻杨氏墓志》:“未几,昇长史兼太子家令,俄迁试光禄少卿。”唐《苏日荣及妻智氏墓志》:“迁右监门卫将军,遽昇本卫大将军。”因误释文字,《全唐文补遗》《洛阳新出唐志研究》均疑“留守”为衍文,不可从。唐代隶书碑刻多见“昇”的类似写法。唐《北岳庙碑》:“自中检玉,再展岱宗。”唐《赵叡冲神道碑》:“由魏历隋,位与时。”唐《李元琮墓志》:“入室堂,陪游接武。”三字形均即“昇”。

“”下部构件乃“升”隶古定写法之变体。“升”小篆作“”,传抄古文有作“”“”(《传抄古文字编》,2006:1425)者,虽线条穿插和弯曲程度有别,但三者构形理据无异,书者据之隶定而作“”。唐代隶书碑刻有相似字例。唐《抱腹寺碑》之“”,唐《玄灵应颂》之“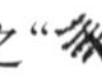”,唐《嵩阳观碑》之“”,均为“升”字。若不明此俗体,碑文释读就会出错。如唐《崔佑甫墓志》:“有言上封章者,多疾于相府,劝公择其才者用之,不肖者黜退之,无害至公,足以销谤。”又云:“明堂辟雝,未之能建;中告禅,未之能行。”“”“”皆同“升”,志文“升用”“黜退”对举,“升中告禅”与“明堂辟雝”对仗,

文意和谐。《唐代墓志汇编》(1992:1823)、《集粹》(2015:184)误将两字释作"人";《崔氏统谱》(2007:333)、《全唐文补遗》(第4辑)(1997:63)均将前一字释作"人",后一字释作"人",亦误。唐开元二十八年(740)《郑德曜墓志》:"寻𣏗𣏗吏部侍郎,进号为郡。"又云:"又𣏗𣏗工部尚书。"两组图片字均应为"以升"的俗字,《续集》(2001:575)录文作"改册",《藏石》(2020:171)录"升"作"任",误。值得一提的是,碑刻确有"人"增撇繁化的例子。如南宋《柴道静圹志》之"人",南宋《彭君妻刘氏墓志》之"人",明《五人墓碑》之"人",等等。这些字形与"𠦜(升)"等形体近而不同,不可误混。

"升"据古文字形隶定变异作"𠦜""𠦜"等形,从"升"之"昇"形变类推而有"昇""昇"等写法,故待考字"昇"应为"昇"字无疑。

十、释"𩇕"

唐乾符六年(879)《郭夫人乌氏墓志》:"路叙勋猷,𩇕聿厥旨。"

(《新获》,2017:361)

拓本"𩇕"字形清晰,字书未收,形体怪异,较难辨认。《晚唐》(2018:121)缺录该字。此字当为"薤"之俗体,其俗变理据为:"韭"变异作"韮","薤"变为"薤",见隋《薛舒墓志》。构件"艹"位移至字形右上部,"薤"变为"薤",见唐《王赟墓志》。"艹"书作"䒑",并位移至字形右上部,"薤"变作"薤",见唐《高严仁墓志》;"薤""薤"简省"艹"或"䒑",得字形"薤",见东魏《元延明妃冯氏墓志》。构件"䒑"与其下"韭"由相离变相接,"薤"变作"薤",见唐《高严仁墓志》。"薤""薤"简省讹变而作"薤""薤",分别见北魏《王翊墓志》、唐《郑玄杲及妻元氏墓志》。"𩇕"则是"薤"等的进一步讹变,具体包括构件"匚"下部笔画改变笔形而作提,"非"左下横笔与提画共用,"非"简省右边笔画等俗变环节。故待考字形产生途径大致为:薤→薤→薤、薤、薤→薤→𩇕。

上引志文"路"通"露",其用法又如唐《李岸及徐氏墓志》:"泉中镜而无再磨,薤上路而徒悲歌。""薤上路"本为"薤上露",语出《乐府诗集·相和歌辞二·薤露》:"薤上露,何易晞。""路叙勋猷"即"露叙勋猷",与"薤聿厥旨"相对仗。"勋猷"指功绩和谋略;"聿""叙"同义对举,均表叙述义。《诗·大雅·文王》:"无念尔祖,聿修厥德。"毛传:"聿,述。"厥,代词,代指志主乌氏之父乌道。旨,本指美味,志文引申指美德。两句赞颂乌道一生品德、功业俱佳,受到世人赞誉,与墓志前文"(乌道)累佐公卿,并居烈位。播芳誉于人间,立殊功于不朽"相呼应。"薤""露"为碑志文寄托情思的重要意象,常常搭配使用。唐《王才及妻毛氏墓志》:"岂意薤歌先唱,溘从玉露之危。"武周《冯庆墓志》:"薤草晨晞,方婴坠露之惨。"可见,释"𦶜"为"薤",字形沟通无碍,文意疏解顺畅,能够真实传递撰者意图。

本文引书简称表

北图	北京图书馆藏中国历代石刻拓本汇编	补遗	全隋文补遗
藏石	洛阳市文物考古研究院藏石集粹:墓志篇	高阳	长安高阳原新出土隋唐墓志
汇考	隋代墓志铭汇考	汇释	西南大学新藏石刻拓本汇释
集粹	琬琰流芳——河南博物院藏碑志集粹	辑录	洛阳出土鸳鸯志辑录
精粹	辽宁省博物馆藏碑志精粹	可洪	《可洪音义》研究——以文字为中心
三方	西安南郊新出土的三方隋代墓志	搜佚	秦晋豫新出墓志搜佚
疏证	贞石可凭:新见隋代墓志铭疏证	晚唐	《秦晋豫新出墓志搜佚续编》晚唐墓志整理及词语专题研究
新出	新出魏晋南北朝墓志疏证	新见	陕西新见隋朝墓志
新获	洛阳新获墓志二〇一五	续集	唐代墓志汇编续集
续考	义门陈文史续考	专题	《安阳墓志选编》字词专题研究
字形表	汉魏六朝隋唐五代字形表	总集	陕西药王山碑刻艺术总集

【参考文献】

安阳市文物考古研究所 安阳博物馆 2015 《安阳墓志选编》,科学出版社。

北京图书馆金石组 1989 《北京图书馆藏中国历代石刻拓本汇编》,中州古籍出版社。

陈月海 陈 刚 2011 《义门陈文史续考》,江西人民出版社。

崔梦彦 2007 《崔氏统谱》,光明日报出版社。

戴良佐　2013　《西域碑铭录》，新疆人民出版社。

董　理　2001　《〈陈临贺王国太妃墓志铭〉考释》，《文博》第5期。

[清]方若著　王壮弘增补　1981　《增补校碑随笔》，上海书店出版社。

郭茂育　赵水森　2012　《洛阳出土鸳鸯志辑录》，国家图书馆出版社。

韩理洲　2004　《全隋文补遗》，三秦出版社。

韩小荆　2009　《〈可洪音义〉研究——以文字为中心》，巴蜀书社。

胡楷奇　2018　《〈安阳墓志选编〉字词专题研究》，西南大学硕士学位论文。

李炳武　黄留珠　2005　《唐代历史文化研究》，三秦出版社。

刘呆运　李　明　2005　《西安南郊新出土的三方隋代墓志》，《碑林集刊》（第11辑），陕西人民美术出版社。

刘　文　2018　《陕西新见隋朝墓志》，三秦出版社。

柳金福　2014　《洛阳新出唐志研究》，中州古籍出版社。

罗　新　叶　炜　2016　《新出魏晋南北朝墓志疏证》，中华书局。

洛阳市文物考古研究院　2020　《洛阳市文物考古研究院藏石集粹：墓志篇》，中州古籍出版社。

毛远明　2019　《西南大学新藏石刻拓本汇释》，中华书局。

穆晓军　宋　英　2014　《长安碑刻》，陕西人民出版社。

宁夏考古研究所　2020　《宁夏固原南郊唐墓发掘简报》，《文物》第12期。

齐运通　杨建锋　2017　《洛阳新获墓志二〇一五》，中华书局。

陕西省考古研究院　2016　《长安高阳原新出土隋唐墓志》，文物出版社。

陕西省考古研究院　陕西省铜川市药王山管理局　2013　《陕西药王山碑刻艺术总集》，上海辞书出版社。

谭淑琴　2015　《琬琰流芳——河南博物院藏碑志集粹》，中州古籍出版社。

滕壬生　2008　《楚系简帛文字编》（增订本），湖北教育出版社。

[清]王　昶　《金石萃编》，清嘉庆十年经训堂刊本。

王　力　2002　《王力古汉语字典》，中华书局。

王绵厚　王海萍　2000　《辽宁省博物馆藏碑志精粹》，文物出版社。

王其祎　周晓薇　2007　《隋代墓志铭汇考》，线装书局。

王其祎　周晓薇　2019　《贞石可凭：新见隋代墓志铭疏证》，科学出版社。

[清]王树枬等纂修　朱玉麒等整理　2015　《新疆图志》，上海古籍出版社。

吴　钢　1997　《全唐文补遗》（第3辑），三秦出版社。

吴　钢　1997　《全唐文补遗》（第4辑），三秦出版社。

西安市长安博物馆　2011　《长安新出墓志》，文物出版社。

肖　游　2018　《〈秦晋豫新出墓志搜佚续编〉晚唐墓志整理及词语专题研究》，西南大学硕士学位论文。

徐在国　2006　《传抄古文字编》，线装书局。

尤炜祥　2012　《两唐书疑义考释》（《新唐书》卷），西泠印社出版社。

余华青　张廷皓　2006　《陕西碑石精华》,三秦出版社。

臧克和　2011　《汉魏六朝隋唐五代字形表》,南方日报出版社。

杨作龙　2007　《洛阳古代官吏事约》,朝华出版社。

赵　超　2021　《汉魏南北朝墓志汇编》(修订本),中华书局。

赵君平　赵文成　2012　《秦晋豫新出墓志搜佚》,国家图书馆出版社。

赵立伟　2015　《〈尚书〉古文字编》,中国社会科学出版社。

中国佛教协会　中国佛教图书文物馆　2000　《房山石经》,华夏出版社。

周绍良　赵　超　1992　《唐代墓志汇编》,上海古籍出版社。

周绍良　赵　超　2001　《唐代墓志汇编续集》,上海古籍出版社。

周晓薇　王　菁　2013　《兰蕙俱摧:陈朝妃子入隋后的蹇促命运——以隋大业五年〈施太妃志〉为中心》,《唐史论丛》(第16辑),陕西师范大学出版社。

卓新平　杨富学　2012　《中国西北宗教文献:佛教新疆卷》,甘肃民族出版社。

[日]佐野光一　1985　《木简字典》,日本雄山阁。

唐代墓志隶古定字疏误举证*

徐海东

摘　要：隶古定字是用隶书或楷书转写古文字的现象，其来源多途，隶定方式灵活，加上书写者转写改造，导致异体繁多，给释读文献造成很大困难。本文对近年出版的碑刻文献著录中所收唐代墓志释文进行梳理，对其中隶古定字的来源及类型进行分类，并对释读中出现的疏误进行勘正，希望通过整理，能够助力学界更科学地利用这些墓志文献，也为古文字及汉字史研究提供一些文字材料。

关键字：唐代墓志；隶古定字；疏误举证

隶古定字（又称隶定古文）是用隶书或楷书转写古文字的现象。裘锡圭先生认为其是"指用隶书的笔法来写'古文'的字形。后人把用楷书的笔法来写古文字的字形称为'隶定'"①。汉字隶变楷化以后，虽然古文字逐渐退出历史舞台，但由于复古思想的影响，在崇古、仿古心理作用下，用楷书、隶书形式仿写古文字的字形结构形成的隶古定字，在碑刻墓志中仍然大量存在。隶古定字来源比较复杂，有些来源于甲金文、战国文字，有些则与《说文》小篆、《说文》古文等相合，有些则来自其他古文字书。隶古定字形体隶定方式灵活，加上书刻时大胆地转写改造，往往形体怪异，给文献释读带来一定困难。本文试选取唐代墓志中出现的若干隶古定字进行研究，对近年出版的碑刻文献著录中误释及未释隶古定字进行校勘和补正。

本文所引材料先列出历史年份及墓志名称；括弧内注明原著录书名及原页码，便于复核；原释文为通行繁体，为了全文统一，除非必要，一律改为简体。

*本文为重庆市社科规划项目"清代金石学稿抄本书法史料整理与研究"（2021PY67）的阶段性成果。

① 裘锡圭：《文字学概要》，商务印书馆，1988年，第78页。

一、与《说文》小篆相合的隶古定字

作为文字学的重要著作，《说文》小篆对碑刻书体影响深远。唐代墓志中有一些隶古定字，其中不少是《说文》小篆转写。整理者只要对《说文》篆书字形比较熟悉，就能够较快地释读出来。之所以出现误释，很大程度上是由于整理者受楷书文字思维的影响，特别是在全篇多数为楷书字形的情况下，很容易将这些隶古定字误认为楷书中与之形近的字形，或是将石花、笔画混淆，也容易将这部分字形误释。

(1)唐景龙元年(707)《严君妻任氏墓志》："沉疾一构,弃此而△。"

按:《汇编》(1073页)①释"止",误。应是"亡"隶古定字。"亡"字甲骨文作（合10628）、（合26899），从刀,刀刃施短竖表示刀刃之锋芒,短竖乃指事符号,金文作（献簋）、（天亡簋）、（史墙盘）等。隶书作（睡虎地秦简·法5）、（老子甲16）等形,《说文》小篆作。"△"为"亡"字《说文》小篆的隶定,墓志中指墓主的死亡,句通理顺。

"△"在汉魏六朝碑刻古文字中就已经常见,如北魏《元理墓志》："哲人云△,于差悲矣。"东魏《元悰墓志》："春秋鼎盛,志业方隆,天道如何,人△奄及。"北齐《僧馥造像记》："武平元年,二月十三日,比丘僧馥为△父母敬造白玉思惟像一区。"其中"亡"均作"△"。

(2)唐景龙二年(708)《张利宾墓志》："时而扬之,授蕃维于吴越。"

按:《汇编》(1082页)释"加",《全唐文》亦释"加"②,误。按照字形应隶定为"尻",乃"居"字异体。

"尻"字战国文字作（鄂君启车节）、（包山2.3）、（包山2.156）、（郭店·成.8）、（郭店·性自54）等。《说文》小篆作。《说文·几部》："尻,处也。从尸得几而止。〈孝经〉曰:'仲尼尻。'尻,谓闲居如此。"段玉裁注："凡尸得几谓之尻。尸即人也。引申之为凡尻处之字。既又以蹲居之字代尻。别制踞为蹲居字。乃致居行而尻废矣。"《说文·尸部》："居,蹲也。从尸,古者居从古。踞,俗居从足。"段玉裁改作:"居,蹲也。从尸,

---

① 书名简称之后括弧内为索引页码,采用"(卷名)+页码"的格式,下同。

② 周绍良主编:《全唐文新编》第2部第1册,吉林文史出版社,1999年,第3034页。

薪火相传——庆祝西南大学汉语言文献研究所成立四十周年论文集

古声。"并注:"凡今人居处字,古只作凥处。居,蹲也。凡今人蹲踞字,古只作居。"又"今字用蹲居字为凥处字而凥字废矣,又别制踞字为蹲居字而居之本义废矣。"

传抄古文字书中,"居"字《汗简》作、《古文四声韵》作、、等形。在后世使用过程中,"凥""居"在表居处之义时逐渐形成一对异体字。墓志字形本应作，其上部的"尸"被整理者误认为是石花,而下部之"几"的撇画与"尸"的撇画存在一定程度粘连,横折弯钩被误认为"口",故出现误释。

墓志文献中,唐开元三年(715)《胡佺及妻石氏墓志》:"远祖因宦,遂凥介休。"唐天宝四年(745)《俞仁玩墓志》:"爱泊临淮,徙凥江左,公则其后也。"其中"居"字均作"凥"形。

(3)唐开元三年(715)《胡佺及妻石氏墓志》:"光懿烈,不替先风。"

按:《汇编》(1177页)释"炎",误。实为"光"字。

"光"字甲骨文作(合1380)、(合184),从卩,从火,会人首火光明亮之义,金文沿袭甲骨作(小子启尊)、(麦盉)、(召卣二)、(通泉钟)、(毛公鼎)等《说文·火部》:"光,明也。从火在人上,光明意也。"《说文》小篆作,与古文字一脉相承。北魏《崔隆墓志》作、北魏《侯憎墓志》作,则在小篆"光"字基础上进行楷书转写。传世字书中,《古文四声韵》作。"光光××"句式在墓志文献中常见。如唐贞元十七年(801)《元襄墓志》:"光光祖祢,盛于关东。"唐显庆元年(656)《范重明墓志》:"光光列胄,焕乎前史。"

(4)唐开元三年(715)《别智福及妻温氏墓志》:"威德所被,辕门多颡之□。"

按:《新藏》(上册,308页)释"诣",误。字形从旨,从首,乃"𦣝"字。

"𦣝"字金文作(小臣守簋)、(大师虘簋)、(师馀簋盖)、(颂壶盖)等,皆从从首,旨声。《说文·首部》:"𦣝,下首也。从首,旨声。"《说文》小篆作。"𦣝"为叩头至地,后作"稽"。

"稽"字见于《说文》。《说文·稽部》:"稽,留止也。从禾,从尤,旨声。"《说文》小篆作。传抄古文字书中,《汗简》作，《古文四声韵》作、、等形。"稽"字《说文》本义为停留、延迟。徐锴《系传》:"禾,木之曲止也;尤者,异也。有所异处,必稽考之,考

219

之,即迟留也。"又表叩头到地义。《书·舜典》:"禹拜稽首,让于稷、契暨皋陶。"孔传:"稽首,首至地。"孔颖达疏:"稽首为敬之极,故为首至地。"

墓志中"稽颡"同"稽首",系古代一种跪拜礼,屈膝下拜,以额触地,表示极度的虔诚。《仪礼·士丧礼》:"吊者致命,主人哭拜,稽颡成踊。"《说文》:"颡,额也。从页,桑声。"《公羊传·昭公二十五年》:"丧人不佞,失守鲁国之社稷,执事以羞,再拜颡。"何休注:"颡者,犹今叩头矣。""稽颡"一词在唐代墓志多见,如唐天宝九年(750)《李系墓志》:"稽颡山门,已泣高柴之血;板舆归路,宁忘闵子之心。"武周万岁通天二年(697)《康氏墓志》:"倾宗举族,稽颡来王。"

(5)唐开元六年(718)《王子麟及妻冯氏墓志》:"君陵川公第式子也。天星降神,识量周敏,解褐**拜**越王府仓曹。"

按:《汇编》(1197页)释"授",误。应据字形隶定为"拜",乃"拜"的隶古定字。

"拜"字金文作**拜**(大作大仲簋)、**拜**(或方鼎)等,从手,羍声。或作**拜**(虞簋)、**拜**(友簋),从手,从页,会稽首之义。战国秦简作**拜**(睡虎地秦简·日甲166),《说文》小篆作**拜**。碑刻文字中,东汉建宁元年(168)《杨著墓碑》作**拜**、唐大历十三年(778)《崔沔墓志》作**拜**,基本与《说文》小篆一脉相承。墓志此处字形也是《说文》小篆转写,且"拜某某官职"在碑刻及传世文献中多见,不烦举例。

碑刻整理中,由于不了解"拜"的隶古定字,造成误释的并不少见。如唐天宝十年(751)《赵冬曦及妻牛氏崔氏墓志》:"服阕,重**拜**本官。""重"字后一字《续集》(630页)释"操"。唐开元十八年(730)《李述及妻卢氏墓志》:"俄**拜**太常博士。""俄"后一字《续集》(521页)释"捧",皆是"拜"隶古定字的误释。

(6)唐开元十七年(729)《唐皇堂叔祖故国子监祭酒嗣韩王(李讷)志文》:"**往**属□臣翼佐,先帝负桐宫之冤。"

按:《新中国》(陕西卷,卷二,92页)未释。实为"往"字隶古定字。

"往来"之"往"甲骨文作**往**(合6989),从止,王声,战国文字则在竖笔中间添加装饰符号写作**往**(货系4076)、**往**(温县盟书),再进一步添加撇笔为饰作**往**(郭店.老子乙11),战国时期又出现了㞷之繁体,添加辵部作**往**(郭店·老丙4)、**往**(吴王光鉴)等;《三体石经》古文作徃;《说文》小篆作徃。隶变以后，"往"字形虽有变化，但基本保存了字形结构大体轮廓。

碑刻材料中，东汉《西岳华山亭碑》作徃;隋《刘多墓志》作徍，《尔朱敬墓志》作徍。传世字书中，《古文四声韵》作徃。《玉篇》："徍，往的古文。"上述"往"字与《说文》小篆及出土文字基本相合。"往属"一词连用，即过去、以前之意。唐代墓志铭文多见，如唐咸亨三年(672)《董满墓志》："往属隋叶雕残，华戎掎鹿。"唐仪凤三年(678)《周广及妻傅氏朱氏墓志》："往属皇家创业，风尘未宁。"例不备举。

此外，唐天宝元年(742)《蔡郑客墓志》："挹波注兹，实归虚泩，凡凿贰井，阖境称神。""虚"后一字《洛阳辑录》(22-1页)释"泾"字，误。亦"往"字。"虚往"墓志用例如唐显庆三年(658)《元万子墓志》："虚往实归，义先身后。"神龙二年(706)《李延祐墓志》："邓殷茂士，仇览大贤，虚往实归，上钦下理。"

二、与《说文》古文或《石经》古文相合的隶古定字

墓志中还有一些隶古定字，与《说文》小篆并不相近，而是与《说文》古文或《石经》古文相合。许慎所谓的"古文"，指从仓颉一直到太史籀之前的文字。据清末吴大澂、陈介祺至近人王国维、马叙伦等人的研究，逐渐弄明白《说文》古文为战国六国文字。关于《说文》古文来源，据曾宪通先生研究，并不仅来自《说文叙》所称"一曰古文，孔子壁中书也"，而是有多种来源。[①]

《三体石经》为魏正始二年(241)刊立，亦称《正始石经》，主要以古文、小篆、汉隶三种字体对照刻写，内容为《尚书》《春秋》及《左传》之一部分，其中古文部分实际上就是三国时人所见战国文字，这部分文字大多属于东方六国文字，文字异体很多。墓志所见古文字形举例如下：

(1)唐龙朔二年(662)《唐故彭国太妃王氏墓志铭》："春梦口征，维城载诞。"

按：《新中国》(陕西卷，卷二，35页)释"古"。实为"春"隶古定字。

"春"，《说文》小篆作春，北齐《刘悦墓志》作春，完全是"春"字小篆隶定。东魏《李

① 曾宪通:《三体石经与〈说文〉古文合证》，《古文字与出土文献丛考》，中山大学出版社，2005年，第71页。

祈年墓志》作䒶，也是小篆的隶定。《集韵·谆韵》："䒶，隶作春。"墓志字形与上述字形不似，很明显不是来自小篆一系。

此外，"春"古形体作"旾"，从日，屯声。如战国秦简作䒶（睡虎地秦简·日乙202），战国楚系简帛作䒶（楚帛书甲1.3）、䒶（楚帛书乙1.13）、䒶（楚帛书丙3.1）、䒶（郭店.语丛3.20）等，战国玺印文字作䒶（玺汇2415）、䒶（玺汇0005），汉印文字作䒶（汉印文字征1.19），上述文例中，皆读为"春"字。这些字形虽与《说文》小篆不合，但在出土文字中屡见不鲜，《三体石经》古文中更是收录了大量"春"字古文写法，如䒶（石29下）、䒶（京二）等。

碑刻文字中，"春"的古文写法，又有不同变体。北魏孝昌元年（525）《元宝月墓志》作䒶，唐开元二十一年（733）《张翼墓志》作䒶，均是"旾"的隶定古文，按照字形可隶定作"旹"，声符"屯"在隶变楷化过程中有不同程度变形。

传世字书中，"春"隶古定写法仍然存在，由于辗转传抄，发生了不同程度的讹变。如《汗简》"春"作䒶，《古文四声韵》"春"作䒶、䒶、䒶、䒶等。《龙龛手鉴》："旹，春的古文。"

墓志例字在"旾"基础上进一步省变而来。"春梦"比喻易逝的荣华和无常的世事。"春"的问题解决了，"梦"下缺释之字也可以得到解释，原拓缺释字虽漫漶不清，但根据上下文意及"春梦"之义，可推测为"无"字。"某某无征"的句式在碑刻文献中多见，如北魏熙平元年（516）《元广墓志》："而天道无征，福庆徒闻。"北魏神龟二年（519）《元腾及妻程法珠墓志铭》："仁寿无征，信顺虚设。"北周大成元年（579）《寇炽墓志》："福善无征，祸衅奄及。"例不备举。

（2）唐开元十八年（730）《韦麟及妻赵氏墓志》："周曰唐杜，旹惟厥先。"

按：《汇编》（1375页）释"昔"，误。按字形可隶定作"旹"，从日，㞢声，乃古文"时"字。

"时"字战国文字作䒶（中山王壶）、䒶（郭店·穷达以时14）、䒶（郭店·穷达以时15）、䒶（包山2.137反）、䒶（玺汇4343）等；《三体石经》古文作䒶；《说文》古文作䒶。传抄古文字书中，《汗简》"时"字作䒶，《古文四声韵》作䒶等，皆从日，㞢声，与甲金文一致。

除了上述一脉文字，"时"字《石鼓文》作䒶，《睡虎地简》作䒶，改从"寺"声。《说文》

小篆作𣅱。汉代碑刻、简帛多作"时",说明已成通用字。

碑刻文献材料中,"旹"有不同变体。三国魏太和五年(231)《何晏砖志》作𣅱,北魏孝昌元年(525)《元诱妻薛伯徽墓志》作旹,北周天和二年(567)《华岳庙碑》作旹。各形体虽异,但都沿袭上述古文字而来,只是已有不同程度的讹变,如不能仔细分析,则很容易在释读时出错。

唐太极元年(712)《刘崇嗣及妻杜氏墓志》:"呜呼!冯唐有位,嗟不得旹。"墓志书体为隶书,其中"旹"也是"时"的隶古定字,《汇编》(1140页)释"昔",误。再比如唐开元十二年(724)《邓宾墓志》:"光光飞龙,利见旹邕。""时"也作隶古定字形。《汇编》(1292页)释"岁",亦误。"时雍"亦作"时邕"。犹和熙。《书·尧典》:"百姓昭明,协和万邦,黎民于变时雍。"孔传:"时,是;雍,和也。"《隶释·汉张平子碑》:"出相河间,则黎民时雍。"《隶释·汉泰山都尉孔宙碑》:"于天时廱。"

(3)唐开元十八年(730)《李述及妻卢氏墓志》:"移孝为忠,经邦济俗兮,𠅜成厥勋。"

按:《续集》(521页)释"声",误。当为"克"隶古定字。

"克"字产生时代甚早,甲骨文作𩂋(合27796)、𩂋(合31219)、𩂋(合19187)形;金文作𩂋(利簋)、𩂋(何尊)、𩂋(克镈)、𩂋(小克鼎)、𩂋(秦公镈)等,其下部形体一直为封闭状态,至𩂋(克公錞)其下端才打开,成为《诅楚文》𩂋和《说文》古文𩂋的形体来源。《说文》小篆"克"𩂋跟《说文》古文𩂋极其相似,只不过末笔稍加弯曲。结合后世隶书"克"字来看,现在使用的"克"是从甲金文封闭形态演变来的,如马王堆帛书《老子乙前》42上作𩂋,碑刻中的"克"字,即为上述古文字的隶古定写法。唐开元十一年(723)《崔泰之墓志》"克"字作𠅜,与《李述及妻卢氏墓志》中"克"字形体也相同。后来在"丿"右方添加饰笔,如《流沙坠简》作𠅜、《春秋事语》作𠅜,字形再调整,即为《熹平石经》之𩂋。三体石经《尚书·君奭》《多方》《立政》均作𠅜。传抄古文字书中,《汗简》"克"字作𩂋,《古文四声韵》作𠅜、𠅜、𠅜、𠅜等,与碑刻及其古文字一脉相承,可为旁证。

"克"有"成"义,且"克"与"成"常常互相解释,或者彼此连用。如《左传·宣公八年》:"雨,不克葬。庚寅,日中而克葬。"杜预注:"克,成也。"《尚书·武成》:"我文考文王,克成厥勋,诞膺天命,以抚方夏。"《周书·文帝纪上》:"然凡欲立大功,匡社稷,未有不因地势,总英雄,而能克成者也。"

"克成"在碑刻中用例亦多见,如西晋太康十年(289)《吕望表》:"肆伐大商,克成厥功。"北魏太和五年(481)《塔基石函铭刻》:"十方世界,六趣众生,咸同斯福,克成佛果。"

理清"克"的形体演变,再来看唐代墓志文献整理中的一些疏漏。唐天宝元年(742)《蔡郑客墓志》:"乃祖乃父,尹勤王家。"《洛阳新获》(236页)释"事",实为"克"字,与《古文四声韵》所收声形体接近。"克勤"即勤劳,《旧唐书·卷一百二十》:"克勤公家,允辅王室。"墓志相似用例如唐垂拱四年(688)《梁寺及妻唐惠儿墓志》:"丕承帝绪,自雍墟而逮夏阳,克勤王家,由安定而宅京兆。"唐开元十八年(730)《王靖及妻袁氏墓志》:"并经德秉哲,克勤王家。"

三、与《说文》籀文相合的隶古定字

籀文是《史籀篇》文字。前人如吴大澂、陈介祺、王国维、唐兰等对籀文是否是西周晚期文字有怀疑,赵卫《说文籀文研究》对籀文的性质做了很好的总结:"因《史籀篇》而得名的籀文是源于殷周甲、金文,并在其基础上整齐、规范了的古文字,其书写风格和形体结构近同于西周晚期的克器、颂器、虢季子白盘和春秋战国秦器上的铭文,所以我们推断,籀文的使用年代主要在西周末年和春秋战国时期。战国时六国用的古文,是籀文在民间的一种变体,秦国用的小篆,也是在籀文基础上演变了的文字。秦统一六国之后,废除了'不与秦文合'的六国古文,对原来秦国通用的籀文和小篆加以改造,从而使其发展成为标准的小篆,实现了'书同文'的目的。"[1] 墓志所见隶古定字中,也时见与《说文》籀文相合字形。兹举例如下:

武周万岁登封元年(696)《五品亡官墓志》:"既而倚伏何在,鬼神僭听,舟遽悲于迁壑,日俄见于归山。"

按:《汇编》(882页)释"侃",误。此字形可隶定为"僭",为"愆"字异体。
《说文·心部》:"愆,过也。从心,衍声。寋,或从寒省。謇,籀文。"《说文》小篆作𢝱。《说文》籀文作謇。对《说文》籀文字形,段玉裁注:"从言、侃声。过在多言。故从言。"《诗·大雅》:"不愆于仪。"《礼记·缁衣》引《诗》作"謇"。郑注:"过也。"《文选·司马

---

① 赵卫:《说文籀文研究》,《文字学论丛》(第1辑),吉林文史出版社,2001年,第71页。

相如〈长门赋〉》："揄长袂以自翳兮,数昔日之愆殃。"李善注引《尔雅》："愆,过也。"《汉书·刘辅传》:"元首无失道之愆。"

出土文字中,春秋晚期晋国《侯马盟书》作𧮫,与《说文》籀文相比,上下结构变为左右结构。曹魏《三体石经·无逸》作僁。传世字书中,《玉篇》:"愆,籀文愆字。"《汗简》作𧮫。《古文四声韵》作𧮫、僁、𧮫等形,其上部所从之"倒"或少有变异,皆为《说文》籀文形体之遗存。

在文字使用过程中,"愆"字不断发生变异。一是上部"倒"讹变为"保",如唐开元二十年(732)《郭怿墓志》:"洁俎趋事,式礼莫愆。"其中"愆"作𧮫。"莫愆"犹"不愆"。天宝十一年(752)《李君妻张氏墓志》:"宜其好合,罔有愆义。"其中"愆"作𧮫。皆上从"保",下从"言"。《古文四声韵》"愆"字作𧮫,就是这一系文字的反映。

二是对"倒"进行构字理据重解,由于𤰇字形类似上口下三,逐渐变为"品"形,上文墓志字形"僁"正是由此而来。传世字书中,如《字汇补·人部》:"僁,古文愆字。见〈集韵〉。"今本《集韵·僊韵》作"愆"。

三是"愆"所从之"倒"省略上部之"口"作僁。如唐景龙三年(709)《梁嘉运墓志》:"六行莫愆,四德无爽。"其中"愆"字作𧮫,拓片稍有泐蚀,《碑别字新编·愆字》引《唐梁嘉运墓志》作僁。《敦煌俗字典》(319页)S.799《隶古定尚书》:"今日之事,弗愆于六步七步。"其中"愆"字作僁,都是这一脉文字的反映。

厘清"愆"字相关异体的演变过程,对碑刻整理中出现的一些错误就能及时发现。如唐麟德二年(665)《程知节及妻孙氏崔氏墓志》:"狄第加荣。虽福𧮫偕老,而义遵同穴。"《续集》(151页)释作"信",误。实为"愆"字异体"僁"。"福愆"墓志文献亦多见,如武周大足元年(701)《刘广宗妻岑平等墓志》:"既而福愆眉寿,天忘介福。"唐显庆元年(656)《史索岩墓志》:"不谓德懋福愆,未卒为山之业。"龙朔三年(663)《杜传义及妻皇甫氏墓志》:"福愆天蔂,道毁人伦。"可为佐证。

四、隶古定字来源古文字,且经过转写、隶定后,与后世楷书成为同形字

同一个字形符号记录两个或两个以上的词,各词之间意义上没有内在联系,有的读音也不相同,只是字形偶合,这样的字称同形字。石刻文献中有一部分同形字,其内部关系相当复杂,是石刻文献整理中的一个难点。碑刻文字整理中会遇到下面这种情况,即碑刻材料中的某字与楷书某字同形,但实际上这个新字形的来源与楷书系

统中的另一字形并不相同,它是古文字经过隶变过程之后而生成的新字形。这个新字形与楷书系统中的某个文字构成同形字,如果不结合语境考察辨析,很容易造成误释。

> 唐垂拱四年(688)《张英墓志》:"公自地诞灵,惟岳生德,情疏束帛,志逸业园。"

按:《汾阳选编》(26页)释"业",语义不可解。原拓字形似"业"字,其实为"丘"异体,字形承袭古文字而来。

"丘"甲骨文作❍(合8381)、❍(合9774)、❍(合5602)等,象山丘之形。《说文·丘部》:"一曰四方高,中央下为丘。象形。"金文作❍(商丘叔簠)、❍(䣛丘为鸠造戈)、❍(齐刀背文)等,隶书作❍(睡虎地秦简·封诊47),文字逐渐线条化。《说文》小篆作❍则进一步规范美化。碑刻于金文二体都承用了下来,但与《说文》小篆存在形体差异。承❍者如北魏《元悦墓志》作❍、唐《萧遇墓志》作❍等,承❍者如汉《华山庙碑》作❍等。特别是第一种类型的"丘"字,释文整理中很容易与"业"相混淆,需要特别小心。

再看"丘园"一词。《易·贲》:"六五,贲于丘园,束帛戋戋。"王肃注:"失位无应,隐处丘园。"孔颖达疏:"丘谓丘墟,园谓园圃。"后以"丘园"指隐居之处。碑刻习见,如北魏《贾思伯碑》:"岩栖以空,丘园知慕。"《元昭墓志》:"太和年中,贲帛丘园,游旌招士。"此取其义,言志主不意官场,志趋隐逸。如作"业园"则义不可释。

了解"丘"的古文字形体及碑刻中隶古定形体的变化,再来看释文整理中出现的一些错误,就比较容易发现。如唐开元十年(722)《任祈墓志》:"南临郭路,王孙公子之游,西迩灵丘,神仙隐遁之处。"《汾阳选编》(40页)释"业",实乃"丘"字。"灵丘",言神仙所居之山。如王褒《九怀·蓄英》:"玄鸟兮辞归,飞翔兮灵丘。"王逸注:"悲鸣神山,奋羽翼也。"此义同,且"灵丘"与下句"神仙隐遁之处"照应,语义可通。再比如唐开元三年(715)《侯感及妻董氏墓志》:"功成身罢,晦迹丘园。"《续集》(458页)释"业",亦为"丘"字之误。

总之,墓志中隶古定字散见于碑铭字里行间,多有变形,因隶定方式不同,又会出现大量异体,字形怪异,多与通行汉字不同,必须沟通古今,寻找文字演变的内在轨迹,将这些隶古定字的来源梳理清晰,将有所差别的字形贯穿起来,并将所释字形结合墓志文献的实际语境进行检验,才能较好地进行释文整理工作,从而更好地为文字学、汉字发展史、词汇史研究提供有用的资料。

本文引书简称表

汾阳选编	汾阳市博物馆藏墓志选编	新藏	西安碑林博物馆新藏墓志汇编
汇编	唐代墓志汇编	新中国	新中国出土墓志
洛阳辑录	洛阳出土鸳鸯志辑录	续集	唐代墓志汇编续集
洛阳新获	洛阳新获七朝墓志		

【参考文献】

郭茂育　赵水森　2012　《洛阳出土鸳鸯志辑录》,国家图书馆出版社。

[宋]郭忠恕编　李　零　刘新光整理　2010　《汗简·古文四声韵》,中华书局。

毛远明　2012　《汉魏六朝碑刻异体字研究》,商务印书馆。

潘重规　1988　《龙龛手鉴新编》,中华书局。

齐运通　2012　《洛阳新获七朝墓志》,中华书局。

王仲璋　2010　《汾阳市博物馆藏墓志选编》,三晋出版社。

赵力光　2007　《西安碑林博物馆新藏墓志汇编》,线装书局。

中国文物研究所　陕西省古籍整理办公室　2003　《新中国出土墓志·陕西·贰》,文物出版社。

周绍良　赵　超　1992　《唐代墓志汇编》,上海古籍出版社。

周绍良　赵　超　2001　《唐代墓志汇编续集》,上海古籍出版社。

"汉英融合词"的生成过程及其演化机制[*]

杨文全

摘　要：本文拟从当代汉语"粉"族新词的结构要素与句法功能，"粉"字新义的产生及其新创词族的语义嬗变，"粉"的语素化、语法化和词汇化过程，"粉"族新词的词语模式属性的全息描写等维度进行分析，进而勾画出"粉"族新词的生成过程和变异路径，揭示"汉英融合词"的一般演化机制，以期对这类词语的衍生变异规律进行较为全面的解析和总结。

关键词："粉"族新词；语素化；语法化；词汇化；演化机制

引言

　　随着汉语和英语接触的日益频繁，汉语中出现了许多与自身固有词语"粉"同形同音的"粉"和含"粉"的词语。这些"粉"源于英语"fans"（粉丝）的节略式音译，意义和用法都是汉语"粉"原先所不具备的；同时这类"粉"作为构词语素，构词能力非常强，短时间内产生了许多以"粉"为构词语素的"×粉"和"粉×"式新词，本文统称之为"粉"族新词[①]。由于这类词语是英源性成分与汉语成分"嫁接""融合"而形成的新词语，故也可称之为"汉英融合词（Chinese-English fusion words）"。例如"凉粉""华粉""铁粉""圈粉""互粉""脑残粉""粉头""粉团"等。这些新词不仅在网络中被使用，而且也被广泛用于融媒体和日常口语之中，对当今中国社会语言生活的影响越来越大。对于"粉丝"及其相关的新词，徐坤福（2006）、周日安（2006）、沈家煊（2007）、陈流芳

*本文系重庆市2017年度社会科学规划重点项目"当代汉语'汉外融合词'新生词族的形成机制研究"（项目批准号：2017ZDYY10）的系列成果之一，谨此致谢！

①　由英源性成分"fans"的其他变异形式"饭"（如"盒饭"——歌手何洁的粉丝；"庚饭"——歌手韩庚的粉丝）、"丝"（如"蕾丝"——电影演员徐静蕾的粉丝）构成的新词语，均不属本文讨论对象。

（2011）、党静鹏（2017）曾分别从不同角度进行过较为细致的分析。但把"粉"族新词作为一个整体，专门探究其内部的"家族式"语义嬗变、"粉"作为模标的演化过程、"粉"族新词的模式类推扩展及其衍生变异机理等，类似的研究目前还不多见。为此，本文以"粉"族新词为例，将其作为"汉英融合词"的典型代表，拟从结构要素与句法功能、语义嬗变、语素化、语法化和词汇化过程、构造模式属性等维度进行分析阐释，进而探索其造词模式和演化机制，以期获得对该类"汉英融合词"的衍生机理及变异规律的深入认识和了解。

一、"粉"族新词的结构要素与句法功能

"粉"族新词的结构要素，主要是指其内部的语素成分所呈现出来的相关特征，比如音节特征、词性特征、内部结构；其句法功能，则从功能分布来考察"粉"族新词在特定句法环境下充当句法成分的能力。

（一）"粉"族新词的构成要素

"粉"族新词的构成要素，主要分为"标志性语素"（即"模标"）和"潜在性语素"（即"模槽"），前者是显性的、固定的恒量成分，后者是隐性的、动态的变量成分，二者共同构成一个"词语模"①。在"粉"族新词中，根据标志性语素在"词语框架"中所处的位置，大体可分为后标性词框"×粉"和前标性词框"粉×"两类。从这两类词框中"×"的词性来看，最常见的是单音节的名词性语素、形容词性语素、动词性语素、副词性语素。从音节构成角度看，多数"粉"族新词通常由潜在性语素"×"加上标志性语素"粉"，构成"1+1"音步的双音节附缀式新词。例如：

（1）场景在转换，世界各地社交媒体成千上万的"<u>姚粉</u>们"却始终没有将视线从姚明的身影上移开。
（《人民日报》2014-10-31）

（2）玩微博的人都知道，微博是完全开放的陌生人平台，基于"<u>互粉</u>"关系传播，内容不超过140字，传播速度以秒计，其"转发""@"等功能更是让信息以"核裂变"的方式传播。
（《光明日报》2013-07-06）

---

① "词语模"是李宇明首先提出的概念，本文有时称作"造词模式"或"词语框架"，简称"词模"或"词框"。

也有双音节的语素或语素组,附加上类后缀"粉",构成"2+1"音步的三音节附缀式单词。例如:

(3)规定指出,不得制造虚假的微博客用户,通俗地讲,就是不得买卖"粉丝"、不得制造人为捏造的"僵尸粉"。 (《光明日报》2011-12-18)

此外,还有"粉"加变量成分"×"构成新创词语的用例。例如:

(4)专家认为,手机"粉团"大战折射出了很明显的行业趋势:目前中高端市场是手机品牌攻城略地的主要战场,而创新已成为关键竞争力。

(《搜狐科技》2016-02-09)

从词性来看,"粉"族新词绝大多数是名词性和动词性的。例如:

(5)尤其是近两年,苹果以不断的创新,先后超越竞争对手,成为全球市值最高的上市公司,拥有大批"果粉"。 (《人民日报》2012-07-03)

(6)更有甚者,虚假微博依靠"刷粉"盈利,公然买卖粉丝、账号,衍生出"变味"的网络营销链。 (《人民日报》2012-07-19)

从内部结构关系看,"粉"族新词主要有偏正、述宾两种,也有少数是述补关系。例如:

(7)那么,到底什么是"活粉"呢?业内人跟记者解释说,"活粉"是由人工添加的虚假粉丝,有头像、有资料,活跃度很高,与真粉丝非常相似。

(《扬子晚报》2011-09-06)

(8)没有温度和人情味的公号只会"掉粉",违法违规的公号终究会关门并被追责。 (《人民日报》2016-02-22)

(9)@廉洁广州上线,纪委书记要求做到有问必答,好事!推荐各位市民先"粉起来"。 (《新快报》2012-09-25)

从用法来看,"粉"族新词作为一种临时的词法单位,一般情况下都须带上引号才能

使用,但在一些表述简洁的新闻标题中,也出现了不加引号就直接使用的情况。例如:

(10)今天,我们都是祖国的<u>铁粉</u>! （《人民日报》2015-09-03）

"粉"还可以单独使用,是完全不同于其他新兴类词缀的用法。例如:

(11)在电影节开幕前夕,记者也"<u>粉</u>"了一把:趁周末赶了回微电影《童真》海选群众演员的场子。 （《吉林日报》2015-09-16）

(二)"粉"族新词的句法功能

从功能分布看,受模标影响,"粉"族新词大多呈体词性,能在句中充当主语、宾语、定语和中心语,动词性的"粉"族新词则主要充当谓语。例如:

(12)"<u>粉头</u>"原本是俚语,多贬义,现今网络上把粉丝团的头目称为"<u>粉头</u>",真正是无厘头了。 （《光明日报》2015-07-24）

(13)一年来,她的微博简直成了书法天地,不断"<u>涨粉</u>",她还成了同事朋友的偶像。 （《人民日报》2014-04-24）

二、"粉"字新义的产生及其新创词族的语义嬗变

(一)"粉"字新义的产生

汉语中的"粉"字,最初的意义比较单一(见《说文解字·米部》《字源》《正字通·米部》),后引申并指代化妆用的粉末(见宋玉《登徒子好色赋》),又引申为擦粉、绘画用的颜料,还引申为粉碎、用淀粉制成的食品等意义。《辞源》收录了"粉"的五个义项,《汉语大词典》则收了九个义项,可见,其意义呈现逐渐增益的趋势。

《现代汉语词典》第7版(385-386)除收录"粉"的八个义项(名词义、动词义和形容词义)之外,还特别收录了两个同形词"粉丝":"【粉丝】[1]"是汉语固有词,"【粉丝】[2]"是英源外来词。

当代汉语新创词族中的"粉"与汉语固有词"粉"的意义截然不同。它最初来源于"fans",汉语音译为"粉丝"。这个"粉"不是指绿豆、红薯等的淀粉及其丝状食品。《牛津高阶英汉双解词典》第8版(745)释为：a person who admires sb/sth or enjoys watching or listening to sb/sth very much（狂热爱好者或仰慕者）。可见，"粉"的本义指"某人或某事物的狂热崇拜者、爱好者"，是对英语"fans"的非完全音译；其完整汉语音译写为"粉丝"，即上文【粉丝】[2]。

(二)"粉"新创词族的意义嬗变

汉语已有"粉丝"一词，同时又引进英源外来概念词"粉丝"，为何没造成人们语言表达上的混乱呢？原因在于，这两个词语形同而义异[①]。尽管汉语固有词"迷"也能表达外来词"粉丝"所指称的部分意义（"对某事物的狂热喜爱者"，如"影迷、戏迷"等），却不能表达"对某人的狂热崇拜者"的意义，因此，英源外来词"粉丝"实则是对汉语词汇意义"缺位"的一种"补位"，是汉语差异性和精细性表达的有益补充。如：

(14)每当孙杨上场，观众席上的尖叫和欢呼都让人感到了"粉丝"的狂热，这些从全国各地"追星"而来的粉丝，他们已不同于传统意义上的体育迷。

（《中国青年报》2017-04-17）

因此，"粉"如何从"【粉丝】[2]"中裂变出来，单独作为构词成分，参与构造了一系列的"粉"族新词，其词义嬗变的路径值得探究。如上所述，从"粉丝(fans)"到"粉"，二者着眼点不同，前者表达的是一个泛称概念，后者表达的更多是一个特称概念；前者通常作为一个词来使用，而后者则多以构词语素的身份出现。那么，"粉"作为一个外源性成分，是如何参与汉语新词构造并促发词义的不断变化？我们认为其变化大致分为三个阶段。首先，"粉"截取"fans"的首音节音译并使之语素化[②]，然后与汉语表人名词姓名中的某一字组合，构成"中西合璧"的特指类名词，表示"某一人（明星）或事物的狂热爱好者"的意思，如"凉粉"表示"张靓颖的歌迷"，"姚粉"表示"姚明的球迷"，"华粉"表示"华为手机等产品的狂热爱好者"，"果粉"表示"苹果手机等产品的狂热爱好者"。类似的有"马粉、脑残粉、真爱粉"等。其次，在基本义的基础上，"粉"衍生出

---

① 《现代汉语词典》(第7版)第386页：【粉丝】[1]释为"名用绿豆等的淀粉制成的线状食品"，【粉丝】[2]释作"名指迷恋、崇拜某个名人的人。"

② 杨文全、彭晓(2010)除外来词音节(或音素)的语素化现象，还分析了汉语表动物类联绵词和汉语单音词、复合词的语素化问题。

薪火相传——庆祝西南大学汉语言文献研究所成立四十周年论文集

"对某个微博保持持续关注的人",如"死粉、活粉、僵尸粉"等。最后,引申出"关注"的意义,如"掉粉、涨粉、互粉"等。

那么,"粉"及其新创词语的意义变化是由什么促成的呢? 我们认为,"粉"的意义演变与其所在造词模式之间的关系,可用图1表示:

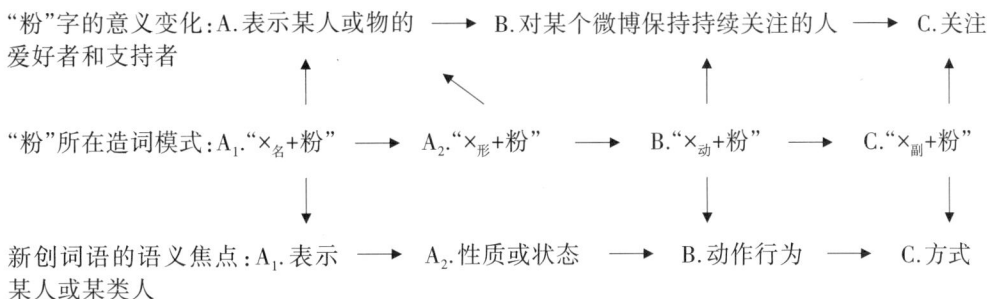

"粉"字的意义变化:A.表示某人或物的 ⟶ B.对某个微博保持持续关注的人 ⟶ C.关注
爱好者和支持者

"粉"所在造词模式:A_1."$\times_名$+粉" ⟶ A_2."$\times_形$+粉" ⟶ B."$\times_动$+粉" ⟶ C."$\times_副$+粉"

新创词语的语义焦点:A_1.表示 ⟶ A_2.性质或状态 ⟶ B.动作行为 ⟶ C.方式
某人或某类人

图1 "粉"及其新创词族的意义与造词模式之间的关联互动

上图表明,从纵向维度(发生历程)看,作为模标的"粉"的意义,从最初表示"A"发展到"B",再到最终表示"C";与之相对,其参与构成的一系列新词语的语义焦点也发生了从表"A_1""A_2"到"B"再到"C"的平行变化。虽然在上述演变过程中,"粉"的原初意义对整个"粉"族新词的词义发展具有一定的引导和规约作用,但从横向维度(要素类型)看,造词模式中模槽"×"的词性和功能差异也对"粉"的词性和意义具有一定的反作用:当"×"为"$\times_名$"和"$\times_形$"时,其所修饰的中心成分"粉"为名词性语素,在词义上表示"A";当"×"为"$\times_动$"或"$\times_副$"时,其所支配或修饰的中心成分"粉"则变异为动词性语素,在词义上表示"B"和"C"。也就是说,模标"粉"和模槽"×"变量(variable)与造词模式(word-formation models)三者之间存在一种大致平行的双向互动关系。

三、"粉"的语素化、词缀化、语法化和词汇化过程

作为能指符号,在英汉两种语言相互接触的过程中,"粉"的演变过程显得十分典型,可以作为一般外源性成分"汉化"的样本。我们看到,"粉"起初是作为英源外来词"fans"("粉丝")的一部分而被整体引进的。如:

(15)偶像培养了规模庞大的<u>粉丝</u>群体,单个偶像<u>粉丝</u>群体用千万计丝毫不夸张。……其所产生的明星效应及其偶像消费可以说不容小觑。(《文汇报》2017-08-08)

然后通过抽取该词的首音节,音译并使之语素化,再与汉语相关成分"嫁接""融合",从而归化为汉语的构词成分,最后成为汉语中一个构词能量巨大的语素。在这个过程中,"粉"大致经历了语素化(含词缀化)、语法化和词汇化的功能变异历程。

(一)"粉"的语素化与词缀化

关于外来词音节(或音素)的语素化,周洪波(1995)、苏新春(2003)①等先后从不同角度做过研究,概括起来,是指某些外来双音节或多音节单纯词中一些本来不表义的音节(或音素)升格为表义的语素,并代替整词的意义参与构词的一种语言现象。"【粉丝】²"中的"粉",最初只出现在"fans"一词中,它原来只是这个英译外来词("粉丝")中的音节成分,本身并不表示什么意义,只有与后面的音节"丝"构成一个整体才能成为一个语素(或词)。在引进汉语之后,为适应汉语词语构造的模式,"粉"独立出来("丝"脱落),由单纯记音的音节演变为音义兼表的语素参与新词构造,如"凉粉、果粉"等。其语素化过程可概括为:"复音外来词→单音节(或音素)抽取→参与构词;重复构词→单音语素的完成"。

随着"粉"参与汉语构词的频度增加,其词汇意义逐渐虚化,并产生了若干附加意义,具有词缀类化表义(词缀化)的倾向,从而发展成为类词缀。"粉"可以和名词性语素构词,如"马粉、美剧粉";也可以和形容词性语素构词,比如"黑粉、傻粉"等;还可以和动词性语素构词,比如"刷粉、删粉"等;甚至可以和副词性语素构词,如"互粉""已粉"。从这些新词语产生的过程不难发现,"粉"的构词能力不断增强,意义渐趋类化,衍生出表"某人或事物的狂热崇拜者和热心爱好者""对某一微博保持持续关注的人"和"关注"三个不同的意义类型,已然变成了一个类词缀,实现了外来音节词缀化的蜕变。

---

① 周洪波(1995)最先对"的""巴""模""啤"等译音成分的语素化现象进行了描述;苏新春(2003)则特别指出,"单音语素化指的是本来一个纯粹记音的汉字逐渐获得了表意功能,由单纯表音到音义兼表"。

（二）"粉"的语法化和词汇化

语法化通常指语言中意义实在的词转化为无实在意义、表语法功能的成分这样一种过程或现象，也包括语法成分发展出新的语法功能的现象或过程。语法化实际上就是实词虚化为语法标记的一个历时过程；虚化和泛化的结果就是实词的部分具体义素跌落，使得词义的适用范围（词容量）扩大。一般说来，外源性成分的语法化通常具有跨域性，并伴随"母语磨蚀（Attrition）"[①]的现象。在汉英接触的背景下，通过引介、移植、嫁接、融合和汉化的过程，外源类词缀的语法化也要受到母语磨蚀的影响。如"粉"在汉语中的构词能力十分有限，单用为词或指人的情况较少[②]。从上述英源性成分"粉"的语法化进程可以看出，汉语"粉"族新词的语素义与英语原词"粉丝"的意义始终存在着一定的联系；其词义的语法化总是跟其实词意义的磨蚀存在正相关，即由具象变抽象，在动态演化中呈现出一种混沌的悬浮状态，最终，实词意义渐趋模糊、泡沫化而成为一个语法意义的符号标记。

词汇化指组合性句法结构演变为整体性词汇单位的过程。"粉"的词汇化不仅表现在将组合性结构整合为词汇单位（如"原著粉、TFBOYS粉"等），还表现在它从各种"粉"族新词的组合中分裂出来，独立承担原来"粉丝"或"关注"的词义、性质和功能，如：

（16）180斤的"偶像练习生"和226斤的当红"小鲜肉"，你还会是他们的<u>粉</u>吗？

（腾讯百科，2018-04-20）

（17）既然粉丝的主体是年轻人，那么在选择文化偶像的时候，……在这个所谓的"娱乐时代"里，倒是真心希望粉丝们多<u>粉</u>一些娱乐之外的更有底蕴的人与物。

（《人民日报》2017-02-23）

总的说来，"粉"族新词中"粉"的衍生变异过程，具体如图2所示：

---

① 　使用两种语言的人，其母语语法受第二语言影响而发生改变或重构。
② 　只有在将"特指化妆用的粉末"的"粉"与"黛"组合成词并"借指妇女"之例中，才产生了指人的意义。如唐·白居易《长恨歌》："回眸一笑百媚生，六宫粉黛无颜色。"

"粉"作为外来词"粉丝(fans)"中的表音成分。	获得"某人或某事物的狂热崇拜者和热心爱好者"的意义,成为音义结合的语素。
"粉"从"粉丝"中抽取出来,成为代表原词意义的语素(语素化),参与汉语新词的创制。	意义偏向"狂热崇拜者和热心爱好者"及其性质状态和行为特征,且引申出"对某一微博保持持续关注的人"。
在线产词能力剧增,重复生成大量"粉"族新词,获得汉语类词缀身份,最终完成词缀化。	"粉"的意义逐步泛化和虚化(语法化),成为一个意义空泛的符号标记。"粉"从新词组合中分蘖、单说、单用(词汇化),并独立承担"粉丝"或"关注"的词义、性质和功能。

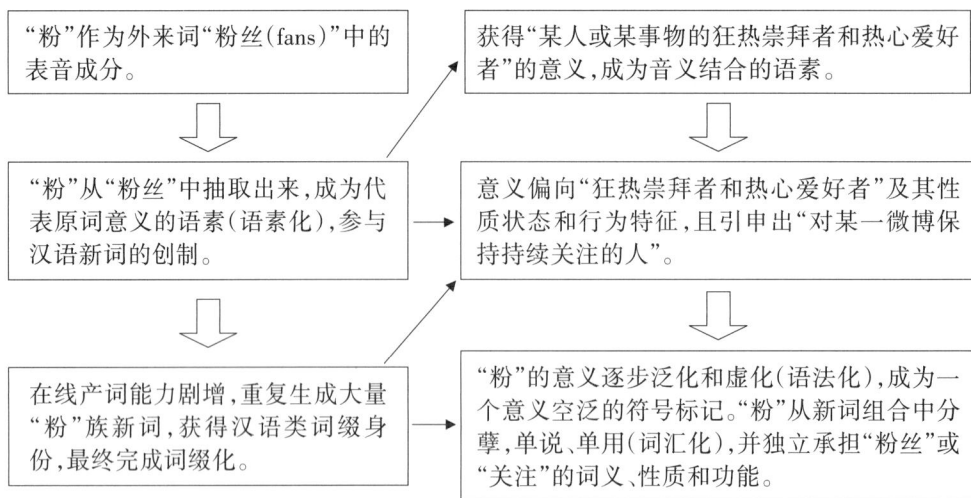

图2 "粉"的语素化、词缀化、语法化和词汇化过程

四、"粉"族新词之词语模式属性的全息分析

当代汉语的新词通常是在固定的背景框架下进行创制的,同一词语模式下生成的词,在音步构成、词法结构、语义结构及标志性语素的语义等方面,均有规律可循。对词语模式的不同分类,实际上体现了看待词语模式的不同视角,而每一种视角,都只反映了词语模式某一方面的属性。因此,对词语模式的认识,不应仅停留于单一视角,一个词语模式的属性应包括它的各个方面,如音步结构(A)、词法结构(B)、语义结构(C)、标志性语素的语义(D)等。总而言之,正是上述诸方面属性的整合——"属性束",才构成了一个完整的词语模式,因而对一个词语模式的完整分析,应综合考虑到上述各方面属性。

利用属性束来进行全息描写和分析,就会发现"粉"族新词在很大程度上并不是同构的,而是涉及多个有着相似关系的词语模式,根据"粉"的意义可以将"粉"族新词分成三类:第一类是指某人或某物的狂热崇拜者和爱好者,第二类是指对某一微博保持持续关注的人,第三类是指关注的意思。我们将第一类称为"粉$_1$"词群,第二类称为"粉$_2$"词群,第三类称为"粉$_3$"词群。"粉$_1$"词群类推的原型是"凉粉","粉$_2$"词群类推的原型是"掉粉","粉$_3$"词群类推的原型是"互粉"("原型"是就该词在同类词中产生时间最早而言的）。"粉"族新词的创造性类推构词①就是在这三个范畴内进行的，因此，对"粉"族新词的词语模式的分析，也应在这三个词群的范围内进行。如表1所示：

表1 "粉"族新词词语模式属性的全息分析

全息分析	词族类型			
	"粉₁"类（"X$_名$+粉"；"X$_形$+粉"）		"粉₂"类（"X$_动$+粉"）	"粉₃"类（"X$_副$+粉"）
	①动漫粉、TFBOYS粉；②职粉；③粉头；④粉团	⑤铁粉；⑥黑粉；⑦脑残粉；⑧真人粉	①掉粉；②粉我；③粉一下；④粉转黑；⑤粉一回十；⑥有粉必回；⑦粉来粉去	互粉；已粉
音步构成	1+1；2+1；4+1；字母+1	1+1；2+1	1+1；1+2；1+1+1；2+2；1+1+2；1+1+1+1	1+1
词法结构	N+N$_粉$定中式	A+N$_粉$定中式	V+N$_粉$述宾式；V$_粉$+N$_人称$述宾式；V$_粉$+C述补式；V$_粉$+V$_转变$+V$_结果$主谓式；V$_粉$+Q$_数量$+V+Q$_数量$连动式；V+N$_粉$+A+V连动式；V$_粉$+V$_趋向$+V$_粉$+V$_趋向$联合式	AD$_方式$+V$_粉$状中式
语义结构	N$_粉$（–V$_崇拜和爱好$）–N；N$_粉$（–V$_崇拜和爱好$–N$_人或物$）–N$_职业$；N$_头$–（V$_掌控$–N$_粉$）–N；N$_粉$（–V$_组成$）–N$_团$	N$_粉$–A；N$_粉$–V$_A$（–N）；N$_粉$–R$_像$–N；N$_粉$–R$_像$–N	（N–）V–V$_粉$；V$_粉$+N$_对象$；V$_粉$–V$_趋向$或V$_粉$–Q$_数量$；V$_粉$+V$_转变$+V$_结果$；V$_粉$–Q$_数量$–V–Q$_数量$；（N）–V–N$_粉$–（N）–AD–V；（N）–V$_粉$–V$_趋向$（–N）–V$_粉$–V$_趋向$	AD$_方式$–V$_粉$
模标语义	"粉₁"指某人或某物的狂热崇拜者和爱好者		"粉₂"指对某微博持续关注的人和行为	"粉₃"表"关注"行为

上表显示："粉"族新词意义发生巨大变化的分水岭，是从"粉₂"开始的。"粉₂"①的类词语既指对明星或名人微博持续关注的人，同时也兼表"关注"行为本身；"粉₃"的①②两个词语，则只表"关注"的行为而不再表人。在词语的词法结构和语义结构方面，"粉₂""粉₃"与"粉₁"相比，也有很大的差异。这是微博的出现导致了粉丝群体的行为变化，反映到语言层面则表现为"粉"族新词意义、结构和功能的连锁反应和演变。此外，上表"粉"族新词所构成的词群，在词语模式及相关内容上存在着差异（见数字和

---

① 朱彦（2010）将类推分为完全类推和不完全类推。不完全类推又可以称为创造性类推，是指原式和类推式在音步构成、词法结构、语义结构和标志性语素的语义等方面的属性只有部分相同。

字符标记)。可大致分析如下:

1."粉1"类词群:"凉粉"作为该类词群中最早出现的词语,在其成词之后,基于"×粉"的形式不断类推出"凉粉、崔粉、果粉"等新词。这种小规模类推较易严格遵循原式的词语模式,采取完全类推的方式,得到的类推式与原式在音步构成、词法结构和语义结构等方面的特征高度一致。而大规模类推,则容易发生创造性类推现象,其结果是逐渐偏离原式的词语模式,产生新的词语模式。基于这种原理,"×$_名$+粉"又创造性类推出"黑粉、铁粉、脑残粉"等新词。上表第一、二纵列,展示了"×$_名$+粉"与"×$_形$+粉"八种词语模式相互之间的家族相似性(Family Resemblance)关系,从中可以清楚地看到词语模式家族内部的相似关系及其扩展脉络。

2."粉2"与"粉3"类词群:"掉粉"是该类词群类推的起点,从起点完全类推出诸如"刷粉、涨粉"等词,同时又进行创造性类推,构造出"有粉必回、互粉"等新词语。这一类推过程表明,"×$_动$+粉"与"×$_副$+粉"词群扩展得越远,新生的七种词语模式与扩展的起点"掉粉"的相似度则越低,反之则越高。如:

(18)西南地区各大城市也彼此"互粉"。贵阳的自由行游客对云南、四川的关注度相对较高,而重庆、成都自由行游客对于贵州旅游的关注度仅次于北上广深。

(人民网,2018-05-24)

五、"粉"族新词的衍生变异的若干机制

"粉"族新词的衍生变异机制,可从宏观和微观两个层面考察。宏观层面的机制主要有三:

1.双语触变机制。语言的一切变化源于社会群体的实际运用,作为汉英融合词的"粉"族新词,可以说是汉语和英语两种语言双向接触中所导致的深度变异现象。近年来,汉语中类似的例子有"×门"(如"窃听门、通俄门")、"×的"(如"的哥、的姐、摩的、面的、货的、飞的")等新生词族,无不是在汉语和英语的接触、引进、移植、嫁接和融合过程中形成的。

2.三性共轭机制。这里的所谓"三性",特指一般语言变异所遵循的语言经济性、

模因(Meme)传递性和语言类推性的合称。"共轭(Conjugate)"[①],含"兼摄"之意,指语言的经济性原则同时统辖模因传递性和言语类推性,共同激发汉外融合词的产生和变异。语言的经济性是认识主体用言语片段表征现实世界时生理的一种本能反应,同时也是能指有限性与所指无限性之间矛盾冲突的必然选择,它以追求"节省力量消耗"为目标;"模因传递"是语言在运用中的动态变异(如英语的"fans"在汉英接触融合过程中,词义上经历了从表"人或事物的崇拜者、热爱者"到表"关注"的语义基因变异和传递,其新创词在词语结构和词性功能上也发生了递进式演变;"类推"主要基于原始的背景框架"×+粉",通过完全类推和创造性类推,不断产出结构相同或相近的新创词语。即在"省力原则"的统摄之下,模因传递将源语中"fans"(粉丝)的"语义基因(Semantic gene)"提取出来,抟注到经过语素化并参与汉语新词构造的"粉"身上,当所造词语达到一定数量时,抽绎出相应的抽象的词语框架——"×粉",并根据交际的需要,在类推机制的驱动下,在线(on-line)填入不同的言语材料——变量(variable),便可批量生产出具有家族式相似性的系列词语(其家族成员在语义变异传递和词内成分关系上,呈现出 AB→BC→CD→DE 式的家族相似关系)——"粉"族新词。概言之,此"三性"之中,经济性原则是驱动模因传递和言语类推的引擎与枢纽,后两者则是其实现的方式和手段。

3.融媒扩散机制。语言与社会始终处于"共变"关系之中,在互联网时代,这种"共变"关系变得愈加频繁和快捷。许多新词新语往往是在新媒体和传统媒体等"融媒体(Integrating media)"的合力推动下产生的,如湖南卫视"超级女声"选秀节目中所产生的"粉丝""凉粉""盒饭"等词语即此。

从微观层面看,"粉"族新词这类"英汉融合词",其引进、移植、嫁接和融合的全部过程,蕴含了所有外来词(或外源性成分)完全"融入"汉语的一般规律:

1.语音——和谐配置机制。外来成分参与汉语构词的优选方式之一,就是"褪去"其源语词语的某些"外来色彩",如"fans"中的"fan"一般音译为"粉",较少翻译为"饭",目的就是为了更好地适应汉语"×+粉"的语音配置环境。比如"凉粉(张靓颖的歌迷)—凉饭""果粉(苹果手机的热爱者)—果饭""铁粉(铁杆粉丝)—铁饭",每组中的前一个词,听上去都比后一个词要顺耳一些,原因就在于其语音配置要比后者更和谐一些,且更易让人联想起汉语中相应的固有词。

---

① 所谓"共轭(Conjugate)",指"具有关联性的若干事物,在同一外力作用下同步运行"之意。"扼"本义指"驾车时架在牲口脖子上的曲木",引申义为"用力掐住;控制"(《现代汉语词典》第7版第340页)。

2.词义——变量决定机制。这里的"变量"或称"填项",是词语模中处于模槽位置上的待嵌成分(Pending component)。它虽受模标的牵引和规约,但同时又反过来影响或决定模标的意义走向。就"粉"族新词来说,其模标"粉"的义基(崇拜者和热爱者)牵引和规约着模槽里"变量"的性质和功能:填入的可以是指人或指物名词,也可是表性状或行为的形容词和动词,甚至是表相互关系的副词;反过来,"变量"又影响模标"粉"的意义走向,即:从表对人和事物的热爱者到表对偶像或微博的关注,从表单项的关注再到表双向的关注。

3.词模——开放增量机制。"粉"族新词主要有"×+粉"和"粉+×"两个构词框架,但二者产词能力差异巨大,后者产词数量有限,前者却能量巨大。在本文搜集到的95个"粉"族新词中,"粉+×"词框产词仅有9个(占9.47%),"×+粉"词模产词高达86个(占90.52%);"X+粉"词语模,可根据不同的交际环境,在线即时地填入相关变量,从而产出海量的新词语,以适应人们个性化和精细化的表达需求。可见,这样的词语模式具有相当的开放性。

六、结语

陈原(2000)指出,语言是一个变数,社会也是一个变数……语言与社会始终处于"共变"关系之中。因此,不同社会的语言相互碰撞发生"共变"时,语言接触(Language contact)无疑是引发语言变异的深刻动因之一,语言接触导致的语言借用也是一个复杂的过程;汉语借用其他语言的词汇和句法成分总的趋势,是在评价、选择、本土化、传播和融入的过程中进行的。当代汉语在继承以往整词吸收外来语的几种主要方式的基础上,出现了截取外来词的局部成分,将其与汉语固有成分"组合""嫁接"或"融合",并磨蚀掉自身的外来色彩而完全"融入"汉语的新方式。概括来说:

1.从外来成分的引入路径来看,"fans"引进汉语的路径主要有三:一是整词译音("粉丝")赋义,与汉语固有词语"粉丝"形成读音相同而意义无关的同形同音词;二是通过首音节("fan")的语素化(含词缀化),引进汉语并参与新词创制;三是通过位居词末的音素("-s")的语素化来参与汉语新词的构造。

2.从"粉"语义嬗变的角度来看,当代汉语新词中的"粉"源于英语"fans"的音译词"粉丝",跟汉语固有词"粉"的意义毫无关系,其本义为"某人或某物的狂热崇拜者和热心爱好者",后引申出"对某个微博保持持续关注的人"和"关注"等意义。

3.从"粉"语素化的过程来看,外来成分"粉"经历"复音外来词→单音节抽取→独立运用;重复构词→单音语素的完成"的语素化过程,成为汉语中的一个语素,然后进一步泛化,产生多种不同的语义,进而生成各种各样的"粉"族新词,从而发展成为类词缀。

4.从"粉"族新词的生成机制来看,"粉"族新词批量衍生的内在动因来源于语言的经济机制、类推机制和模因传递机制。基于构词模标"粉"所形成的词语模("词框"),具有相当的包容性,它呈现出一种开放的姿态,即根据人们表达的需要,只要符合词框要求的成分,都可以在"模槽"(slot)中实时地"在线填入"相应的自选变量成分——"填项"(slot-holder),从而产出在理论上讲数量无限的词语系列。

5.从"粉"族新词"家族式"繁衍裂变的特征看,其每一种次范畴词语模式的衍生裂变,在音步构成、语法结构、语义结构和标志性语素等方面,均存在着些微差异,同时又具有一个共同的形式特征——标志性语素"粉"。由此可见,带标志性语素"粉"的词语模式在大规模类推构词时,很容易发生变异,从而产生创造性类推,而非完全类推。变异或者说创造性类推的结果,便是得到在词语模式上并不同质的具有家族相似性的词群。

【参考文献】

陈　原　2000　《社会语言学》,商务印书馆。

陈流芳　曲卫国　2011　《外来词与本土词的语义互补初探——以"粉丝"的引入为例》,《当代修辞学》第2期。

党静鹏　2017　《外来词本土化过程的微观考察——外来词"粉丝"个案研究》,《当代修辞学》第2期。

刁晏斌　2005　《外来词语对当代汉语的影响及其发展趋势》,《中国语文通讯(香港)》第73期。

胡　惮　高精錬　赵　玲　2011　《语义基因与词义结构的形式化表达初论》,《长江学术》第4期。

[英]霍恩比(A.S.Hornby)著　赵翠莲等译　2015　《牛津高阶英汉双解词典(第8版)》,商务印书馆、牛津大学出版社。

[英]理查德·道金斯(Richard Dawkins)　卢允中等译　1998　《自私的基因》,吉林人民出版社。

李宇明　2002　《词语模》,《语法研究录》,商务印书馆。

中国社会科学院语言研究所词典编辑室　2016　《现代汉语词典(第7版)》,商务印书馆。

沈家煊　2007　《"粉丝"和"海龟"》,《东方语言学》第1期。

苏金智　2010　《语言接触与语言借用——汉语借词消长研究》,《中国语言学报》第1期。

苏新春　2003　《当代汉语外来单音语素的形成与提取》,《中国语文》第6期。

涂海强　杨文全　2011　《媒体语言"×+哥"类词语的衍生机制与语义关联框架》,《语言教学与研究》第6期。

辛仪烨　2010　《流行语的扩散:从泛化到框填——评本刊2009年的流行语研究,兼论一个流行语研究框架的建构》,《当代修辞学》第2期。

徐福坤　2006　《浅议"粉丝"》,《修辞学习》第2期。

杨文全　彭　晓　2010　《语素化的基本路径及其相关问题》,《词汇学理论与应用》(五),商务印书馆。

杨文全　彭　晓　2006　《"PK"及其相关词语的意义与生命力》,《语言文字应用》第4期。

张谊生　2007　《附缀式新词"×门"试析》,《语言文字应用》第4期。

周洪波　1995　《外来词译音成分的语素化》,《语言文字应用》第4期。

周日安　2006　《"粉丝""铁丝"与"钢丝"》,《修辞学习》第6期。

朱　彦　2010　《创造性类推构词中词语模式的范畴扩展》,《中国语文》第2期。

近成体结构的惊险义和强主观性*

王远杰

摘　要："差点VP"这类近成体结构具有惊险义，原因在于近成体表示事件极为接近发生但实际并未发生，一件事若极有可能发生但最终却没发生，其发展过程就可能使事件经历者在心理上感觉惊险。因为有惊险义，近成体结构就在情感义、意外义、偏向性等方面表现出极强的主观性。

关键词："差点"；"险些"；近成体；惊险义；主观性

一、引言

近成体（avertive）这一语法范畴，由Kuteva（1998，2001:75-112）基于语言类型学的研究最先提出。该范畴可定义为表示某个事件极为接近发生但实际并未发生。汉语"差点/几乎/险些"等都可做近成体标记，如"差点摔倒"就是含有近成体标记"差点"的近成体结构，表示摔倒事件极为接近发生但实际并未发生（参王远杰，2021a）。

Kuo（2016）首次从近成体的角度，讨论汉语相关问题。除Kuo外，汉语界过去虽未使用近成体名目，但自朱德熙（1959）至今，实际上已对以"差点VP"为代表的近成体结构做了大量研究，同时对这类结构的句法、语义、语用特性及动因，又一直争论不断（可参鲁承发，2014；鲁承发、陈振宇，2020）。从近成体的角度看，"差点VP"结构反映的很多现象，并非限于汉语，在其他不少语言都同样存在。本文基于汉语和其他语言

*本文得到2018年度重庆市社会科学规划一般项目"汉语韵律-语法界面的单双音节问题研究"（项目批准号：2018YBYY136）、2019年度国家社会科学基金一般项目"汉语个性探索背景下的单双音节语法问题多维度研究"（项目批准号：19BYY020）、西南大学创新研究2035先导计划（项目批准号：SWUPilotPlan017）资助。

的相关事实,论证过去未足够注意的一个现象,即近成体结构具有惊险义,同时揭示,认清近成体结构有惊险义,就能统一解释涉及近成体结构主观性的一些看起来互不相关的现象。

二、近成体标记的启示

近成体结构具有惊险义,这可通过观察近成体标记的来源成分得到启示。Kuteva(1998:138)通过跨语言调查,发现近成体标记有四类来源:一是系动词(be),二是表示意愿或意图的动词(volitional/purposive),三是表示犯错、犯罪、不及、错过的动词(err/sin/fail/miss),四是表示拥有的动词(have)。就汉语事实看,汉语史上先后出现的近成体标记,主要有两类来源(参Kuo,2016;王远杰,2021a)。一是表不及义的"争/差"[如例(1)a—c],二是表危险义的"几/危/殆/险"[如例(1)d—i]。

(1)a.争些儿羞杀桃腮杏脸　　　　　　　　　　　　(宋代《洞仙歌·摧残万物》)

b.差些没一脚踢杀了　　　　　　　　　　　　　　(明代《金瓶梅词话》62回)

c.差一点儿就鳖杀我了　　　　　　　　　　　　　(明清《醒世姻缘传》4回)

d.子若无言,吾几失子矣　　　　　　　　　　　　(东周《左传·昭公二十八年》)

e.几乎错认定盘星　　　　　　　　　　(宋代《五灯会元》14卷"青原下十四世")

f.危杀之矣　　　　　　　　　　　　　　　　(东汉《汉书》97卷下"外戚传")

g.殆不免周瑜之手　　　　　　　　　　　(西晋《三国志》37卷"庞统法正传")

h.犹今人言险不杀耳　　　　　　　　(隋唐《颜师古汉书注》97卷下"外戚传")

i.险些把我气冲倒　　　　　　　　　　(元代《唐明皇秋夜梧桐雨》4折)

汉语来自"争/差"的近成体标记,跟Kuteva(1998)提及的第三类来源一致。汉语来自"几/危/殆/险"的近成体标记,在其调查材料中未见同类现象,因而更具语言类型学价值。不及义的"争/差"发展出近成体标记,这跟近成体的语义特性一致,因为近成体表示接近VP而未VP,也就是不及VP。由此可推测,既然危险义的"几/危/殆/险"也能发展出近成体标记,那么近成体在语义上就可能也跟危险义有联系。

三、危险义和惊险义

例(2)近成体结构"差点VP"的VP,"摔倒""考上"表示叙实事件,在说话语境中发生和不发生都有一定程度的可能性,其中"摔倒"是说者不愿意发生的受损事件,"考上"是说者愿意发生的受益事件。"把我累死""把敌人累死"表示夸张事件,在说话语境中不可能发生,或者发生可能性极低,其中"把我累死"是说者不愿意发生的受损事件,"把敌人累死"是说者愿意发生的受益事件。

(2)a.[真危险/真惊险],差点摔倒

b.[*真危险/真惊险],差点考上

c.[*真危险/真惊险],差点把我累死

d.[*真危险/真惊险],差点把敌人累死

例(2)a近成体结构能跟"真危险"共现,而例(2)b—d不能,这说明例(2)a近成体结构具有危险义,而例(2)b—d近成体结构没有危险义。例(2)所有近成体结构都能跟"真惊险"共现,这说明虽然只有某些类型的近成体结构有危险义,但所有类型的近成体结构都有惊险义。

例(2)的接受度判断,要注意两点。第一,这里的接受度,是指带共现成分"真危险"的说法,跟相应带共现成分"真惊险"的说法,它们之间的相对接受度差别。第二,"惊险"跟"危险"有别,前者虽包含构词语素"险",但实际语义更侧重"惊"(惊人)而不是"险"(危险),后者则侧重"险"(危险)。

《现代汉语词典》(第7版)将"危险"解释为"有遭到损害或失败的可能",将"惊险"解释为"(场面、情景)危险,使人惊惧紧张"。综合起来看,危险义和惊险义之间既有区别又有联系。两者的不同在于,危险义含有受损特征,惊险义不一定含受损特征;两者的相同在于,危险和惊险都会导致事件经历者心理上感觉极度紧张。惊险义包含危险义,危险是惊险的一种。危险一定使人感觉惊险,但惊险不一定使人感觉危险,即危险义衍推惊险义。如"差点摔倒"会使人感觉危险,也就会感觉惊险,但"差点把我累死"会使人感觉惊险,却不会感觉危险;因为后者"把我累死"是夸张事件,通常不可能发生,即实际并不存在发生该事件的危险。

危险义和惊险义相比较,前者可分析为含语义特征[+受损,+惊人],后者可分析为含语义特征[±受损,+惊人]。惊险义在受损特征上已无限制,语义比危险义就更加泛化。从历时语料看,惊险义也可由危险义发展而来。如"险"的危险义在先秦已见(如《韩非子·有度》"伺其危险之陂,以恐其主"),而"险"较为确定的惊险义,据本文对语料的初步考察,直到唐代才出现(如唐代王建诗《寄上韩愈侍郎》"叙述异篇经总别,鞭驱险句最先投")。①

危险义和惊险义之所以跟近成体有语义联系,原因在于:近成体表示事件极为接近发生但实际并未发生,一件事若极有可能发生但最终却没发生,其发展过程就可能使事件经历者在心理上感觉极度紧张,即感觉惊险。若这件事属于实际可能发生的受损事件,就会使人既感觉惊险又感觉危险[比较例(2)a];若这件事不属于实际可能发生的受损事件,就只会使人感觉惊险而不会感觉危险[比较例(2)b—d]。危险义、惊险义跟近成体语义联系的这种异同,就造成例(2)"真危险""真惊险"跟近成体结构共现的不同表现。

四、近成体结构强主观性的根源

以往研究已注意到,"差点VP"这类近成体结构具有极强的主观性,例如可能表示说者的庆幸后怕、惋惜遗憾等感情,具有意外语气,真实语料中VP大多为不如意事件。认清近成体结构有惊险义以后就能明白,这些不同的主观性表现,都是在惊险义基础上产生的,惊险义是近成体结构具有强主观性的根源。

(一)情感义

以往研究一般将近成体结构体现的情感分为庆幸后怕、惋惜遗憾两类,认为"差点VP"的VP是说者不希望的事时,整个结构含庆幸后怕情感;是说者希望的事时,整个结构含惋惜遗憾情感(如吕叔湘,1999:112;王还,1990;徐素琴,2008:259–260;江蓝

---

① 《韩非子·三守》"险言祸福得失之形"的"险",《汉语大字典》(第2版)释为"惊人的(多指语言文字)",《王力古汉语字典》释为"惊人的,使人吃惊的",即都认为此例"险"属惊险义。但此例"险"除可能释为惊险外,更有可能释为"阴险,险恶",因为后一意义在先秦文献中还有其他用法(如《韩非子·说疑》"内险以贼,其外小谨")。可比较刘乾先等所著《韩非子译注》对此例的译文"别有用心地分析祸福得失的形势"(第175页,黑龙江人民出版社,2003年)。

生,2008:487;袁毓林,2013:55)。比较例(3)可看出,这种分析有局限。①

(3)a.[真侥幸/真后怕/*真可惜/*真遗憾/真惊险],差点摔倒

b.[*真侥幸/*真后怕/真可惜/真遗憾/真惊险],差点考上

c.[*真侥幸/*真后怕/真可惜/*真遗憾/真惊险],差点把我累死

d.[*真侥幸/*真后怕/*真可惜/*真遗憾/真惊险],差点把敌人累死

以往关于"差点VP"情感类型的分析,实际上只适用于VP为叙实事件的情况。例(3)a—b"摔倒""考上"为叙实事件,说者不希望摔倒而希望考上(此处假设把是否希望发生,理解为是否愿意发生,参本页注①),前者含庆幸后怕感情,能跟"真侥幸/真后怕"共现;后者含惋惜遗憾感情,能跟"真可惜/真遗憾"共现。但是以往的分析不适用于VP为夸张事件的情况。例(3)c—d"把我累死""把敌人累死"为夸张事件,说者不愿意自己累死而愿意敌人累死,但两者都既不能跟"真侥幸/真后怕"共现,也不能跟"真可惜/真遗憾"共现,即两者都既不含庆幸后怕感情,也不含惋惜遗憾感情。

例(3)所有"差点VP"都能跟"真惊险"共现,都含惊险义(前文第三节)。例(3)a—b"摔倒""考上"为叙实事件,在说话语境中可能发生也可能不发生,因此就存在"摔倒""没考上"的潜在危险。当"摔倒"这一潜在危险实际并未发生时("差点摔倒"),说者就会感到庆幸后怕。当"没考上"这一潜在危险实际发生了时("差点考上"),说者就会感到惋惜遗憾。例(3)c—d"把我累死""把敌人累死"为夸张事件,在说话语境中通常不可能发生,因此自己被累死,或者敌人没被累死,都不会成为一种潜在危险而影响说者的心理感受。

可见例(3)"差点VP"是否含庆幸后怕或惋惜遗憾感情,取决于是否含危险义。而前文第三节的讨论已说明,危险义只是惊险义的一种,是惊险义在某些叙实事件中的具体实现。

(二)意外义

渡边丽玲(1994:88)注意到,"差点VP"的VP具有意外义。例(4)a不能说而例(4)

---

① "差点VP"这类结构的很多不同表现,过去一般认为受制于其VP是否表示说者希望的事。这种观点的"希望",实际上包括两种既有联系又有分别的特性:一是意愿性,指说者是否愿意发生某一事件;二是期待性,指说者是否指望发生某一事件。例(3)"把我累死"是说者不愿意发生的,"把敌人累死"是说者愿意发生的,但两者都不是说者期待真正会发生的。王远杰(2021b)已论证,制约"差点VP"不同表现的影响因素,应是期待性而不是意愿性。

b—c能说,因为通常语境中,前者"带了书包"是正常事件,不会使人感觉意外,而后者"没带书包""带了弟弟的书包"属非正常事件,会使人感觉意外。

(4)a.*早上我差点带了书包

b.早上我差点没带书包

c.早上我差点带了弟弟的书包

范晓蕾(2019:214-216)进一步认为,不同类型的"差点VP",所含意外义的稳固程度不同:羡余否定的"差点VP",意外义是其稳固的语法义;非羡余否定的"差点VP",意外义只是其伴随的语用义。

事实上,不管是不是羡余否定,都有可能在某些语境中不再具有意外义。假设例(5)用于以下语境:某次考试考了满分的同学,都遭到了残害。例(5)说者认为张三这次考试极有可能考满分但最终未考满分,因而极有可能被人残害但侥幸避免。例(5)的语境中,考满分事件很可能发生,因而对说者而言不具有意外性,但"差点考满分""差点没考满分"都能说("没"下加波浪线表示轻读,"差点VP"羡余否定的"没"必须轻读,参王远杰,2021b)。

(5)a.张三以前每次都考满分,这次差点考满分

b.张三以前每次都考满分,这次差点没考满分(实际没考满分,羡余否定)

例(4)和例(5)能说的"差点VP",前者有意外义而后者没有。但它们都有惊险义,因为如例(6)所示,它们都可跟"真惊险"共现。

(6)a.真惊险,早上我差点没带书包

b.真惊险,早上我差点带了弟弟的书包

c.张三以前每次都考满分,这次差点考满分,真惊险

d.张三以前每次都考满分,这次差点没考满分,真惊险(羡余否定)

惊险义和意外义之间有联系,使人感觉危险或惊险的事,一般都不会是生活中习以为常的事,即一般也会使人感到意外。但以上讨论说明,对"差点VP"这类近成体结构而言,惊险义更为根本,其意外义应该是在惊险义基础上产生的。

例(7)俄语的用例,也能说明近成体结构的惊险义比意外义更为根本。据 Kagan and Wolf(2015)的事实描写,俄语 čut'ne 跟汉语近成体标记"差点"相当,表示接近但未发生某个事件;俄语 počti 跟汉语接近义程度副词"差不多"相当,表示接近但未达到某个程度等级(关于近成体标记和接近义程度副词的异同,参王远杰,2021a)。Kagan and Wolf(2015:64)设想以下语境:一颗彗星在运行中极为靠近地球,但据运行轨迹已事先知道,它绝不可能跟地球相撞。这种语境下,使用近成体标记 čut'ne 的例(7)a 不能说,但使用接近义程度副词 počti 的例(7)b 能说。从对应的汉语译文可见,汉语也不能用近成体标记"差点",而能用接近义程度副词"差不多"。

(7)俄语(Kagan and Wolf,2015:64):

a.*Kometa	čut'ne	stolknulas's	Zemljoj
彗星	差点	碰撞 跟	地球

*彗星差点跟地球相撞了

b. Kometa	počti	stolknulas's	Zemljoj
彗星	差不多	碰撞 跟	地球

彗星差不多跟地球相撞了

Kagan and Wolf(2015:64)认为例(7)a 不能说,是因为 čut'ne 表示极有可能发生某事件但最终没发生,而该例的撞地球事件不可能发生。这种解释只适用于例(7)a 这种 VP 为叙实事件的情况,对 VP 为夸张事件不适用,如例(2)c"差点把我累死"的 VP 在说话语境中也不可能发生,但整个结构能说。其中原因在于,例(7)a 和例(2)c 接受度的真正制约条件是惊险义。VP 为叙实事件时,说出"差点 VP"就一定会认为 VP 有可能发生;VP 为夸张事件时,说出"差点 VP"并不是认为 VP 有可能发生,夸张事件只是说者主观认为的一种极限情况。例(7)a 这一叙实事件语境中,撞地球不可能发生,就没有发生撞地球的危险,也就没有相应的惊险义。例(2)c"差点把我累死"这一夸张事件语境中,虽没有发生累死的危险,但说累死这一表示极限情况的事件都接近发生了,就会使人感觉惊险。

例(7)a 的语境中,彗星没撞地球是意料之中的事,因此其 VP"stolknulas's Zemljoj"(跟地球相撞)就是意外事件,即具有意外义。例(7)a 虽有意外义,但因为没有惊险义,就仍不能说,这也说明近成体结构的惊险义比意外义更为根本。

（三）偏向性

近成体结构的偏向性，一是表现在其VP多为不如意事件[如例(2)a]，二是表现在其VP多为夸张事件[如例(2)c—d]。对于第一点，已经有研究者在讨论汉语、西班牙语、波兰语、保加利亚语等语言的近成体结构时论及(毛修敬，1985:59-63；袁毓林，2013:60-63；陈秀清，2018:55-56；Pons Bordería and Schwenter, 2005: 269；Ziegeler, 2016:5-7等)。对于第二点，过去未足够注意，只有Ziegeler(2016:14-15)和Kuo(2015)有所论及。Kuteva(1998)列举了很多语言的近成体用例，这些用例实际上也反映出近成体结构具有偏向性，虽然她自己并未指出这一现象。

对于近成体结构VP多为不如意事件，袁毓林(2013:56-57)、Ziegeler (2016:5-7)、陈秀清(2018:55-56)都借用Boucher and Osgood(1969)的乐观说(Pollyanna Hypothesis)来解释。乐观说认为语言中表达积极正面内容的词语，使用频率高于表达消极负面内容的词语。据乐观说能解释为什么"差点摔倒"这类用例，比"差点考上"这类用例更常见，因为前者整体上表示没摔倒这一正面内容，后者整体上表示没考上这一负面内容。但不能解释为什么真性否定的"差点没考上"这类用例不常见，因为该例整体上表示考上了这一正面内容，按说就应常见。同时也不好解释为什么"差点把我累死/差点把敌人累死"这类夸张用例常见，这类用例并非要表达实际没有累死，因为累死事件在说话语境中根本不会发生。

近成体结构的这种偏向性，从其所含惊险义的角度就较好解释。近成体结构使用频率的高低，取决于其所含惊险义的程度高低。VP为叙实事件的近成体结构，不如意事件的惊险义程度高于如意事件；因为前者表示极有可能受损，后者表示极有可能受益。受损跟受益相比，前者跟惊险义联系更深，危险义(表示可能受损)能发展出惊险义就是一个证明(前文第三节)。据此能解释为什么"差点摔倒"这类用例，比"差点考上"这类用例更常见。

VP为夸张事件的近成体结构，其惊险义程度较高。因为夸张事件是说者心目中的极限情况，表示极限情况的夸张事件都差点发生，自然会使人感觉惊险[比较前文例(7)的分析]。据此能解释为什么"差点把我累死/差点把敌人累死"这类用例较常见。

真性否定的"差点没考上"这类用例，虽也表示极有可能受损，但仍不常见。原因在于：否定式"没考上"是针对肯定式"考上"而言的，既然"差点考上"少见，那么"差点没考上"也就相应少见(关于肯定式和否定式之间的关系，可参沈家煊，1999:43-57)。

羡余否定的"差点没摔倒/差点没把我累死/差点没把敌人累死"这类用例,是对应的"差点摔倒/差点把我累死/差点把敌人累死"的强调形式,其使用频率跟对应的非强调形式一致(关于近成体结构的羡余否定,参王远杰,2021b、c)。

五、结语

以往研究已注意到,"差点VP"这类近成体结构在情感义、意外义、偏向性等方面表现出强主观性。本文的讨论显示,近成体结构强主观性的根源在于其具有惊险义。该结构以往看似没有关联的各种主观性现象,通过所含惊险义,都能得到更深层的统一解释。

【参考文献】

陈秀清　2018　《现代汉语羡余否定研究》,华东师范大学博士学位论文。

[日]渡边丽玲　1994　《"差一点"句的逻辑关系和语义结构》,《语言教学与研究》第3期。

范晓蕾　2019　《"差一点"的语义特征及其句法后果——兼谈否定、反预期、时体的关联》,《当代语言学》第2期。

江蓝生　2008　《概念叠加与构式整合——肯定否定不对称的解释》,《中国语文》第6期。

鲁承发　2014　《"差一点"句式研究及其方法论探讨》,武汉大学博士学位论文。

鲁承发　陈振宇　2020　《透视与展望:"差一点没VP"句式研究60年》,《语言研究集刊》(第二十六辑),上海辞书出版社。

吕叔湘　1999　《现代汉语八百词》(增订本),商务印书馆。

毛修敬　1985　《汉语里的对立格式》,《语言教学与研究》第2期。

沈家煊　1999　《不对称和标记论》,江西教育出版社。

王　还　1990　《"差(一)点儿"和"差不多"》,《语言教学与研究》第1期。

王远杰　2021a　《副词"差点""差不多"的异同——近成体的视角》,未刊稿。

王远杰　2021b　《近成体结构羡余否定的条件——从希望说到期待说》,未刊稿。

王远杰　2021c　《近成体结构羡余否定的动因——从否定副词到近成体标记》,未刊稿。

徐素琴　2008　《"差不多"和"差点儿"的多角度比较分析》,《对外汉语论丛》(第6集),学林出版社。

袁毓林　2013　《"差点儿"中的隐性否定及其语法效应》,《语言研究》第2期。

朱德熙　1959　《说"差一点"》,《中国语文》第9期。

Boucher, J. and C. E. Osgood.　1969　The Pollyanna hypothesis. *Journal of Verbal Learning and*

Verbal Behavior, (1).

Kagan, O. and L.Wolf. 2015 Gradability versus counterfactuality: *Almost* in English and Russian. *Proceedings of IATL 30* (Israel Association for Theoretical Linguistics). *MIT Working Papers in Linguistics* (78).

Kuo, Y. H. 2015 A diachronic pragmatics account of *chayidian*'s ambiguity and development. *Proceedings of the 18th Conference of the Pragmatics Society of Japan*.

Kuo, Y. H. 2016 *A Diachronic Constructional Investigation into the Adverse Avertive Schema in Chinese*. Master Thesis. The University of Edinburgh.

Kuteva, T. 1998 On identifying an evasive gram: Action narrowly averted. *Studies in Language*, (1).

Kuteva, T. 2001 *Auxiliation: An Enquiry into the Nature of Grammaticalization*. Oxford: Oxford University Press.

Pons Bordería, S. and S. A. Schwenter. 2005 Polar meaning and "expletive" negation in approximative adverbs: Spanish *por poco* (*no*). *Journal of Historical Pragmatics* (2).

Ziegeler, D. 2016 Intersubjectivity and the diachronic development of counterfactual almost. *Journal of Historical Pragmatics* (1).

《纳西东巴文献字释合集》序

喻遂生

　　《纳西东巴文献字释合集》是我主持的国家社科基金重大招标项目"纳西东巴文献字释合集"的最终成果。该项目从 2011 年立项到 2020 年结项，再到现在修改、出版，已是十二年磨一剑了。在《纳西东巴文献字释合集》出版之际，我作为项目主持人和本书的主编，谨就东巴文献字释的历史源流和本书的有关情况作一简要的说明。

　　纳西东巴文是一种形貌和制度都非常古老的文字，至今还在纳西东巴教祭司中使用，被称为原始文字的活化石。用东巴文书写的经书，国内外收藏约 30000 册，不同的经书有 1000 余种，另外还有相当数量的应用性文献，其内容涉及纳西族古代社会的语言、文字、历史、地理、宗教、哲学、民族、民俗、文学、艺术、天文、历法、农业、畜牧、百工、医药等领域，是纳西族古代文化的百科全书。2003 年 8 月，纳西东巴古籍文献被联合国教科文组织列入世界记忆遗产名录。东巴文化研究现在是一门国际性的显学，国内外学者和爱好者对东巴文献解读有强烈的需求，但目前普通读者对东巴文献的释读还存在较大的困难，不利于东巴文化的学习、研究和学科的发展。

　　东巴文献释读存在的困难，主要是因为东巴经书大多没有逐词记录语言，文字不成线性排列而成图画式排列，字和词不能完全对应，加上大量的假借字、疑难字，即使读者认识每一个单字，也未必能读懂经文，所以外人释读东巴经，非要有东巴帮助读经、解释不可。为解决东巴文献释读的困难，前辈学者创造了经书原图、国际音标记音、汉语译文、注释"四对照"的译注方法，为读者带来了极大的方便，成为后来东巴文献译注的范式。

　　但"四对照"本因为体例的限制，不可能对字的结构和变化、字的读音是本音还是变音、词义是本义还是引申义或假借义有详细的说明，很难将东巴文献的字词分析落到实处。李霖灿先生在《么些经典译注六种序》中说："在这里微觉欠缺的一点是'字源'有时没法交代，因为么些经文用字，通假时多，只能于音值下注'义'，字源就不能不从阙。好在我们编有《么些象形文字字典》，那上面对每一个象形文字的字源，都有很详细的记载，读者可以对照检阅。"其实任何字典都不可能绝对地全，时时翻检字典也不太现实，况且许多内容如虚词、俗语之类，字典中很多都没有。因此，"四对照"本对于一般的研究者和读者，实际上还是难以使用的，应有更详尽、更完善的译注形式才能满足读者的需要，这种方式就是"字释"。

所谓"字释"，是指对东巴文献进行逐字解释。用"字释"的方法译注东巴文献，最早可追溯到美国学者洛克1939年发表的《开美久命金的爱情故事》。洛克的方法是先记一页或一段经书的读音，然后英译大意，再逐字解释。解释时不摹写字形，而用叙述的方式，如说"第一个字是什么什么，接下来的字是什么什么"，等等。洛克的体例还不完善，但他可以说是东巴文献字释的先驱。严格意义的"字释"译注方式，最早见于傅懋勣先生的《丽江么些象形文〈古事记〉研究》（1948年），是在"四对照"的基础上增加对文献的逐字解释。后来傅先生又用基本相同的体例作了《纳西族图画文字〈白蝙蝠取经记〉研究》（1981年）。两书的译注形式、文字形音义的解释、经义的解释和翻译，都达到了同时期最高的水平，也很便于读者使用。

"字释"这一术语，最早见于方国瑜、和志武先生的《纳西象形文字谱》。该书第四部分《纳西文字应用举例》列举了10段东巴文献，先用"字释"逐字解释文字，再全段标音和意译。"字释"解释每个字的音义，有的还有字形、字义的分析。如果是假借字，还要解释其假借义和读音。如果有一字读多次、有字无词、借形字等情况，还要作出适当的解释。"字释"每字单列一行，眉目清楚，伸缩自如，是目前最好的译注方法。

遗憾的是，截至本书出版前，正式出版的完整的东巴经的"字释"本仍只有傅懋勣先生所作的两种。其原因可能主要是："字释"要将经文的每一个字词都落到实处，必须面对文字的切分、结构、音义、使用和语音、词汇及文献中的所有疑难问题，无法回避，难度较大；"字释"工作量很大，费时费力；"字释"本篇幅较多、出版困难等。

东巴文化研究要发展，就必须突破上述难点。因此，选择相当数量的、重要的、有代表性的文献，由专业团队按"字释"的方式进行译注，以作为一般读者学习和研究的基本材料与桥梁，就显得十分必要且紧迫。有鉴于此，从2004年开始，我指导西南大学汉语言文献研究所中国少数民族语言文学专业的研究生，将东巴经字释作为硕士论文的选题，至2011年，完成了8本东巴经的字释。在此基础上，我们向全国哲学社会科学工作办公室报送了"纳西东巴文献字释合集"重大项目选题，并经招标竞争于2011年顺利立项。项目团队经过10年的努力，完成了110本东巴文献（应用性文献若干件辑为一本）的字释，于2020年顺利结项，等级评定为"优秀"。

重庆大学出版社为了弘扬中华民族优秀文化,组织本项目成果申报国家出版基金的出版资助,于2017年获得批准。经过5年的编辑、加工,将110本东巴文献字释辑为50册出版。

本书字释的110本东巴文献中,选自已刊《纳西东巴古籍译注全集》《哈佛燕京学社藏纳西东巴经书》的东巴经66本,辑为30册;新近田野调查获得的东巴经书和应用性文献40本、编译自洛克英文原著的东巴经4本,辑为20册。所选经书,充分考虑了不同宗教仪式、时代、地域、内容、书写风格、写经著名东巴等因素,分布比较合理,具有代表性。宗教仪式涵盖了东巴教祈福延寿、禳鬼消灾、丧葬超度、占卜四大部类。时代有清代、民国、新中国成立初期及少量近年书写的经书。文献产出地域包括云南丽江、宁蒗、香格里拉、维西,四川木里、盐源等地。经书内容包含东巴经的三大名著《创世纪》《董术争战》《鲁般鲁饶》,以及其他一些著名经书;应用性文献有契约、账簿、书信、题词、文书、日记、石刻、经书跋语、规程、舞谱等。书写风格有古拙、庄重、豪放、清秀、飘逸等不同书体。文献书写者包括了清代、民国和当代著名大东巴和鸿、东知、和凤书、和世俊、和文质、和泗泉、和才、和云章、和开祥、和即贵、久嗄吉、习阿牛、树银甲、和占元、和志本、木瓜林青等。

本书选自《纳西东巴古籍译注全集》的经书,经书图片原来都是黑白版,为了提高出版质量,更真实地展示东巴经的原貌,在经书收藏单位丽江市东巴文化研究院的大力支持下,重新扫描了这一部分经书,换成了彩版。选自《哈佛燕京学社藏纳西东巴经书》的经书,则换成了哈佛大学图书馆网站上刊布的彩版。

本书的创新和价值主要有:

一、第一次大规模推出了东巴文献字释的成果,"可以帮助研究者特别是初学者扫清阅读障碍,引导学者更好地利用原典,促进东巴文研究的进一步深化;还可以吸引更多学者的加入,壮大东巴文研究的队伍"(王元鹿教授推荐书语)。本书在继承前人译注模式的基础上,进行了一些改进和创新,根据科学、合理、简洁、易读的原则,制定了字释各环节的操作规范和术语体系,经过大规模实践,形成了使用效果较好的文献释读模式,为民族古籍整理提供了一个可供参考的范式。

二、较大规模地刊布了白地、俄亚、依吉等地的经书及各地的应用性文献,共计40本。白地是东巴教的圣地,白地、俄亚、依吉都是目前东巴文化保留得较好的地区,以前由于各种原因,其经书尚无图文对照的译注本刊布。东巴文应用性文献是社会生活的直接记录,是研究纳西族社会历史的重要史料,也是东巴文突破纯宗教性质的实证,具有独特的文献价值和语料价值。但因其比较零散,以前未受到重视,流失消亡的情况非常严重。本项目通过田野调查,抢救、保存了大批珍贵的文献,也填补了东巴文献刊布在地域和类别上的一些空白。

三、第一次推出了东巴文献专书字典。几十年来,学界所用的只有李霖灿《么些象形文字字典》、方国瑜《纳西象形文字谱》、洛克《纳西语英语百科辞典》三部综合性字典,没有人编过专书字典。本书仿照汉语史研究重视专书字典的做法,编写了103本文献的专书字典,详细列出了书中每一个东巴文的异体、异读、词义、用法及每一次出处,为今后东巴文献的专书研究、文字词汇研究及分域、断代、计量研究,为东巴文大字典、纳西语大词典的编纂提供了丰富、翔实的第一手资料。

相信本书的出版对民族古文献的抢救整理、民族语言文字的调查研究及字词典编纂,对纳西东巴文化研究和普通语言学、普通文字学、民族学等学科的研究,会具有较重要的学术意义和现实意义。但由于本书体量较大,田野调查和字释难度大、程序复杂、符号烦琐,书稿成于众手,工时绵延,再加上我们的水平和经验有限,肯定会存在各种各样的问题,希望读者和同行专家不吝批评指正。

"纳西东巴文献字释合集"项目最终得以完成,是项目团队60名汉族、纳西族、土家族、壮族、满族师生和研究人员团结奋斗的结果。团队成员主要是西南大学汉语言文献研究所的师生和丽江市东巴文化研究院的研究人员,此外还有西南民族大学西南民族研究院的研究生、四川木里县俄亚乡的大学生等。喻遂生、杨亦花、李晓亮、周寅承担了字释稿的审校、修改工作,是所审字释的共同作者。

项目合作单位丽江市东巴文化研究院、丽江市博物院、华东师范大学中文系对项目的申报工作给予了很大的支持。丽江市东巴文化研究院赵世红、李德静两任院长,在项目申报、队伍组织、项目实施、经书文本提供等方面做了大量工作,保证了项目的顺利推进。

和力民、王元鹿、和继全、邓章应先生和甘露女士担任了项目申报的子课题负责人,为项目申报成功作出了重要的贡献。和力民、和继全先生在经书的选择方面提供了重要的意见。

和少英教授作为项目开题报告会指导专家组组长,对项目的开展提出了重要的指导意见。

本项目选用了丽江市东巴文化研究院所出《纳西东巴古籍译注全集》《哈佛燕京学社藏纳西东巴经书》中的66本经书,这两套书凝聚着几代写经东巴、读经东巴、科研人员、组织者、出版者的大量智慧、劳动和心血,是本项目得以完成的重要基础。

在项目进行过程中,特别是田野调查期间,项目团队得到了丽江、香格里拉、宁滇、木里、盐源等地纳西族干部、群众的热情接待和支持,得到了东巴祭司和志华、和旭辉、和丽宝、和学东、和义、习尚洪、和桂全、和丽军、和树昆、杨扎实、石春、阿公塔、英扎茨里、降初、杨兵玛直之等先生在经书释读、答疑解难等方面的指教和帮助,得到了纳西族学者郭大烈、白庚胜、杨福泉、李静生、王世英、李锡、木琛、杨正文、和尚礼、和树荣等先生的指导和帮助。

本项目结项时,得到了评审专家和少英、杨福泉、杨林军、黄德宽、刘钊教授的指教、支持和鼓励。

重庆大学出版社组织了本项目申报国家出版基金的工作,申报时承蒙李静生研究员、王元鹿教授的大力推荐。申报成功后,重庆大学出版社组织了近30人的强大编辑队伍,对书稿进行了细致审查和精心编辑,纠正了原稿中的许多讹误,提高了书稿的整体质量。在本项目申报国家出版基金和后续出版过程中,重庆大学出版社社长饶帮华、总编辑陈晓阳、副总编辑雷少波,以及孙英姿、张慧梓、许璐、张家钧等同志出力尤多。

本项目书稿送审时,云南省民族宗教事务委员会的纳西语专家认真抽查、审读了部分书稿,指出了书稿中的不少疏漏,提出了很多有价值的修改意见。

"纳西东巴文献字释合集"项目的申报、立项、完成、出版得到了全国哲学社会科学工作办公室、国家出版基金规划管理办公室、重庆市社会科学规划办公室、西南大学社会科学处、西南大学汉语言文献研究所的指导和支持。

谨向以上所有给予我们指导、支持和帮助的领导、师长、朋友、纳西族父老乡亲、专家学者致以深深的谢意!谨向团队中所有团结奋战的老师、同学和科研人员致以深深的谢意!

感恩这个伟大的时代,为我们提供了宽松的学术环境和强大的资金支持。感谢合作单位和项目团队齐心协力努力奋斗,使我们能将学术理想变为现实,将前人开创的事业推进了一步。但这只是中华民族文化复兴伟业中的沧海一粟,我们还要继续努力!

2022年7月于重庆北碚

西方纳西学史述要

李晓亮

摘　要:西方纳西学按照时间顺序可分为萌芽期、创立期、成熟期和发展期。19世纪末是西方纳西学的萌芽期,此时纳西族开始进入西方人的视野,纳西象形文字——东巴文经典的发现标志着西方纳西学的产生。20世纪初是西方纳西学的创立期,法国学者雅克·巴克《么些研究》一书的出版标志着纳西族正式进入西方学者的研究范围。20世纪中期,美国学者约瑟夫·洛克将纳西学推向一个新高度,成为西方纳西学的集大成者。20世纪70年代以来,西方纳西学在挫折中不断前进。

关键词:纳西学;丽江;约瑟夫·洛克

　　纳西族,汉文史籍称之为"么些",生活在我国大西南川、滇、藏交界地区的金沙江畔,玉龙雪山脚下,现有约30万人,主要分布在云南的丽江、永胜、宁蒗、中甸、维西、剑川、鹤庆,四川的木里、盐源和西藏的盐井、芒康等县。纳西族虽然只是我国西南边陲的一个少数民族,但纳西族先民创造了独一无二的东巴文化,发明了一种象形文字——东巴文,并留下了数以万计的用东巴文书写的宗教经典。早在19世纪后期,法国传教士德斯古丁斯便发现了这种用象形文字书写的文本,随后将之传播到欧洲,此后百余年间,不断有中外学者对纳西族的语言文字、宗教信仰、自然环境等方面进行研究,逐渐形成了一门以东巴文化为核心的学科——纳西学。"纳西学"一词是纳西族学者白庚胜先生在20世纪末首先提出来的。虽然"纳西学"这一概念的提出比较晚,但实际上纳西学已经有了一百多年的积淀。

　　"西方纳西学"是笔者提出的一个概念,主要指19世纪中后期以来西方来华传教士、探险家和学者对于纳西族历史、地理、风俗、语言、文字等方面的认识、理解和研究，内容包括西方从事纳西族研究的主要学者、论著及相关活动。从19世纪中后期开始算起，纳西学已经有150多年的历史，回顾过去，展望未来，就学科发展角度来看，我们应该认真地梳理纳西学研究的历史，写出一部西方纳西学史。

我们按照时间顺序把西方纳西学史分为四个时期：萌芽期、创立期、成熟期和发展期。

一、萌芽期：19世纪后30年

西方纳西学的萌芽期主要有两个基本特征：

1.有关纳西族的记载出现在西方传教士和探险家的游记中。

英国探险家库帕（Thomas Thornville Cooper，1839—1878）在1871年出版的游记《商业先驱者游记，或从中国去印度的陆路旅行》（*Travel of a Pioneer of Commerce in Pigtail and Petticoats，Or an Overland Journey from China towards India*）中第一次提到纳西族。库帕这样描述："么些人表面上还保留着自己民族的习惯，但这一切很快消失了，融入到Ya-tsu族，因为他们统治着么些人。他们表面看起来跟汉族没什么两样，男子穿着普通的蓝色的夹克和又短又宽的裤子，前面的头发剃光，后面留一根猪尾辫。"[①]库帕所说的Ya-tsu应该写作Ye-tche，也就是现在的云南省维西傈僳族自治县叶枝镇。Ya-tsu族就是住在叶枝的汉族。根据库帕的记述，我们知道19世纪后期的纳西族汉化已经很严重。法国海军军官安邺（Marie Joseph François Garnier，1839—1873）在1873年出版的《印度—中国的旅行探险》（*Voyage d'exploration en Indo-Chine*）中记录纳西语的一个词汇和一个短句。词汇是hantse，意思是吃；短句是Khépa khé tche ma seu，汉语是"我不懂汉语"或者"我不会说汉语"。此外还有英国探险家吉尔（William John Gill，1843—1882）、爱德华·巴柏（Edward Baber，1843—1890）、法国探险家亨利·奥尔良（Prince Henri of Orléans，1867—1901）都在游记中记录了纳西族的风土人情。但是，初期未见关于纳西族的专论，纳西族的相关信息散见于西方人在川、滇、藏地区的游记和笔记，我们称这个阶段为传教士、游记纳西学。

2.用东巴象形文字书写的经书被西方传教士发现并传播到西方，这是西方纳西学产生的标志。

[①] Thomas Thornville Cooper, Travels of a pioneer of commerce in pigtail and petticoats; or An overland journey from China towards India, London: J. Murray, 1871, pp. 312-313.

法国传教士德斯古丁斯(Père Auguste Desgodins，1826—1913)1855年赴西藏地区传教，一直活动在澜沧江、怒江和伊洛瓦底江沿岸。1867年他发现了一种用象形文字书写的文本(后来人们称之为东巴经)并复制了其中的一本11页，将它们寄回法国的家，但没有做任何解释。1885年，英国学者拉克伯里(Terrien de Lacouperie，1844—1894)在《西藏及其周边文字的起源》(Beginnings of writing in and around Tibet)一文中最早报道并刊布这11页经书。在德斯古丁斯之后，又有法国学者泊宁(Charles-Eude Bonin，1865—1929)、美国探险家尼尔(Francis Nichols，1869—1904)相继在纳西族地区搜集到东巴经。

起初，西方人认为，这种文字跟在埃及发现的象形文字一样神秘，他们希望可以破译纳西族象形文字中隐藏的秘密。他们甚至认为这种文字跟楔形文字和埃及圣书字一样产生于人类文明的初期。因此，更多西方人来到纳西族地区，有关纳西族的记载也开始频繁地出现在西方文献当中，尽管这些记载很多只是停留在感性层面，有些看法并不十分客观，但这是一个不断深化的认识过程。随着越来越多的东巴象形文字的经典及经典的翻译本被带回欧洲并被大英博物馆(The British Museum)等欧洲著名的博物馆收藏，像沙畹(Emmanuel-èdouard Chavannes，1865—1918)、拉克伯里和劳费尔(Berthold Laufer，1874—1934)等一些西方汉学家对其产生广泛关注。

二、创立期:20世纪前20年

1897年，法国学者泊宁在《么些经典笔记》(Note sur un manuscript Mosso)一文中首次发表了东巴经典的译本，后又将此文收入1911年出版的《雪白的王国:喜马拉雅王国》(Les Royaumes des Neiges)一书，但泊宁的译本没有附上经书的图片，泊宁一共翻译了一册东巴经典中的30个小节。亨利·奥尔良在《从东京湾到印度》(Du Tonkin aux Indes)一书中还刊布了8页东巴经图片，并翻译了这8页经书。

无论是泊宁还是亨利·奥尔良，他们的翻译都不甚准确，其中的原因可能有两个。其一，语言不通。泊宁和亨利·奥尔良既不懂纳西语又不懂汉语，只能请人先将纳西语译成汉语，再将汉语译成法语，在这中间就会造成很大的偏差。其二，考察时间短。泊宁和亨利·奥尔良在纳西族地区都只停留了很短的一段时间，对东巴经典不可能有那么深刻的理解。

1907年至1909年，法国藏学家巴克(Jacques Bacot，1877—1965)两次深入西藏及周边地区探险,并考察了纳西族的历史地理、风俗人情和语言文字。1913年,他在荷兰莱顿出版《么些研究》(*Les Mo-so*)一书,这是第一本纳西学专著。巴克在《么些研究》中刊布了17幅东巴经的照片,并对它们进行了翻译。在《么些研究》出版之前,法国著名汉学家考狄(Henri Cordier, 1849—1925)在《么些》(*Les Mo-sos. Mo-sie* 么些)一文中首先刊布了3页巴克搜集的东巴经,其中两页是用哥巴文书写的,第3页是一本经书的封面。这些经书现藏在法国巴黎东方语言文化学院图书馆(Ecole des Langues Orientales de Pairs)。

巴克《么些研究》的出版有着里程碑式的意义,它是西方纳西学走向科学化、专业化的标志。这一时期属于西方纳西学的创立期。虽然当时巴克还不到20岁,但他两赴纳西族地区,在纳西族地区做了较为详细的田野调查并带回了大量的文献和文物资料,尤其是《么些研究》的出版引起国内外学者的高度关注。之前,有关纳西族的记载都散见在游记或单篇论文中,其影响力有限。而巴克的《么些研究》由出版国际著名汉学期刊《通报》(*T'oung Pao*)的博睿出版社出版,并受到了法国著名汉学家沙畹和考狄的强力推荐,沙畹专门为其撰写书评,这些都使纳西族在西方的影响力空前加强。更为重要的是,《么些研究》引起了刘半农、闻宥、罗常培等当时中国知名学者的关注,促使更多的国内学者开始关注纳西学的研究。

20世纪初的纳西学研究有以下三个特点:

1. 这一时期的研究重点仍集中在语言文字和文献上。

任何学科的研究都是以基础性研究开始的,研究一个民族的语言文字,解读它的文献是深入研究这个民族文化的钥匙。当越来越多的传教士和探险家将东巴经典带回欧洲以后,他们发现没有东巴祭司的帮助是无法解读这些古文献的内容的。虽然亨利·奥尔良和泊宁也翻译了一些经书的片段,但是他们的翻译本错漏百出,甚至难以组织成一个完整的句子。此时,巴克先后两次来到纳西族地区搜集东巴经书,聘请东巴祭司为他解经,并以西方语言学的观点对纳西语的语音、词汇、语法进行了较为全面的研究。巴克是西方纳西学史的标志性的人物。

2. 巴克将田野调查和文献研究结合起来。

此前,西方传教士和探险家记录在纳西族地区的见闻和搜集东巴经书,欧洲汉学家依靠自己深厚的专业知识和这些传教士、探险家搜集来的资料进行研究,鲜有学者可以将田野考察和学术研究相结合。泊宁虽然是古文献学家,有很深的学术涵养,又亲自到过丽江考察,但是毕竟时间很短,对东巴经没有给予足够的重视,所以其研究难有大的进展。巴克做了比较详尽的田野调查,对纳西语语法、象形文字和文献都做了深入的研究,得出很多有益的结论。虽然《么些研究》中也存在一些错误,但这些错误大多是由于辗转翻译造成的。排除这一因素,巴克对纳西语言文字及文献的研究基本是正确的,而不是毫无根据臆想出来的。

3. 巴克重视汉文献和文物的搜集。

巴克不仅带回了二十余册东巴经,还带回了一本二十六世本的《木氏宦谱》和丽江石鼓的照片、碑文。《木氏宦谱》是研究纳西族木氏土司的重要史料。经过风化和人为的破坏,目前丽江石鼓碑文早已模糊不清,国内已经很难找到一张完整石鼓碑文拓片,但这些照片在一百多年前被巴克带回法国,至今还收藏在法国吉美特博物馆(Musée Guimet)中。

三、成熟期:20世纪20年代至中期

由于巴克在出版《么些研究》之后转入藏文古文献的研究,所以此后的西方纳西学沉寂了很长一段时间,直到20世纪20年代美籍奥地利学者洛克(Joseph Rock,1884—1962)横空出世,西方纳西学才迎来第一个高峰。20世纪中期是西方纳西学研究的成熟期,洛克在纳西族人文历史地理的考察、东巴经的搜集、整理和翻译、东巴教仪式的分析和研究等方面所取得的成就至今难以为后人所超越。

洛克在纳西学上的成就主要体现在对东巴经的搜集和对纳西东巴文献的研究两个方面,下面具体谈一下:

第一,大规模搜集东巴经典。洛克自1927年来到中国到1949年离开,一直在丽江各地搜集东巴经书,现在藏在海外的东巴经绝大多数是经洛克之手搜集的。据英国学者杰克逊(Anthony Jackson,? —2011)统计,洛克搜集的东巴经大约有7118册。1941年,洛克把自己搜集的部分经书和论文手稿运回美国,但是船舶在途中遭到日本军舰的袭击而沉没,很多珍贵的东巴经被毁。据我们调查,目前现存的洛克搜集的经书主要被收藏在以下几个机构。

表1 洛克收集的纳西东巴古籍在海外的收藏情况

收藏机构或个人	数量(册)	入藏时间
哈佛大学燕京图书馆	598	1945年
美国国会图书馆	1392	1924、1927和1930年

收藏机构或个人	数量(册)	入藏时间
德国国家图书馆	1115	20世纪50年代
法国远东学院	49	20世纪30年代
私人收藏	约3500	不详

洛克搜集的东巴经典不但数量多而且价值高。例如,洛克在《中国与西藏边境纳西族的文化和生活》(*The Life and Culture of the Na-khi Tribe of the China-Tibet Borderland*)一书中提到一本东巴经,从经书的跋语来看,这本书的抄写年代可以追溯到明万历元年(1573)八月十四日。抄写人是住在丽江白沙的东拉。除此之外,洛克还搜集到很多当年大东巴抄写的精美的经书。另外,洛克还搜集到纳西族汝卡支系的东巴经典25册,他是第一个关注和搜集汝卡东巴经的学者。

图1　东拉抄写的东巴经,现藏哈佛燕京图书馆,编号B64

图2　清末东知东巴抄写的东巴经,现藏哈佛燕京图书馆,编号A28

图3　民国东发东巴抄写的东巴经,现藏哈佛燕京图书馆,编号M9

图4　汝卡东巴经,现藏哈佛燕京图书馆,编号M29

从已经公布的材料来看,洛克搜集的东巴经有以下三个特点:

1.洛克收集的经书体系完成。

与前人偶然的、零星的、盲目地搜集东巴经不同,洛克首先在东巴的帮助下按照经书所属仪式的类别列出所有仪式需要念诵的经书目录,然后根据目录来搜集,这样使经书的搜集更为系统化,避免了遗漏和重复。

2.洛克经书的地域集中在丽江城周边及玉龙山北部地区。

洛克虽然足迹遍布纳西族各个地区,但他所搜集的大部分经书都来源于丽江城周边及玉龙山北部地区。我们认为,主要是由于这些地区的东巴文化兴盛,经书的品相较好、版本较老、书写流畅、字体优美,大多出自当时著名的大东巴之手,都是不可多得的东巴经中的精品。这些经书大都抄写于19世纪中后期,无论从装帧、插图和文字上都比国内收藏的经书的水平要高。

3.明万历年间的东巴经抄本值得追寻。

洛克在其论著中多次提到这本经书的跋语显示其为明万历年间的东巴经抄本，如果确实的话，这本经书将是目前所知的年代最早的东巴经抄本。只不过目前刊布的材料中，我们没有见到这本经书，但是，我们相信，日后当这批东巴经被全部刊布后，我们一定可以找到这本经书。

第二，发表了大量关于纳西族的论著。自1924年洛克在美国《国家地理》(National Geographic)发表第一篇关于介绍纳西族的文章《纳西人中的驱病魔仪式：一个中国云南腹地边疆民族举行的古怪仪式》(Banishing the Devil of Disease Among the Nashi: Weird Ceremonies Performed by an Aboriginal Tribe in the Heart of Yunnan Province)到1972年出版最后一部专著《纳西语-英语百科辞典》下卷(A Na-khi-English Encyclopedic Dictionary, Part II: Gods, Priests, Ceremonies, Stars, Geographical Names)，近五十年间洛克共出版纳西学研究的专著4部，发表论文9篇，内容涉及纳西族历史地理、宗教、文献、语言文字等诸多方面，其中《纳西语-英语百科辞典》上、下卷(A Na-khi-English Encyclopedic Dictionary, Part I& II)被公认为是西方纳西学研究的集大成之作。洛克不仅学术成就高，在西方的影响力也巨大，很多西方学者都是通过洛克的论著了解纳西学的，所以，洛克被西方学界称为"西方纳西学之父"。

洛克的纳西学研究的成就主要体现在以下几个方面：

1.对东巴经典的翻译和研究。

洛克在东巴教仪式和东巴文献的研究方面成果最为丰富。关于这方面的论著主要有《纳西族洪水的故事》[The Story of the Flood in the Literature of the Mo-so(Na-khi) Tribe]、《纳西族占卜书的起源》(The Origin of the Tso-La Books, Or Books of Divination of the Na-khi or Mo-so Tribe)、《东巴经中关于纳西萨满教主东巴什罗的诞生的故事》(The Birth and Origin of Dto-mba Shi-lo, the Founder of the Mo-so Shamanism according to Mo-so Manuscripts)、《开美久命金的爱情故事》(The Romance of K'a-mä-gyu-mi-gkyi)。

2.对纳西宗教仪式的研究。

洛克对纳西学的研究源于对这种原始宗教仪式的好奇。前期，他着重于个别经书的研究，后期致力于东巴教仪式的研究，比如《纳西人的祭天仪式》(The Mùan-bpö Ceremony or the Sacrifice to Heavenas Practised by the Na-khi)、《纳西族的纳迦崇拜及其相关仪式》(The Na-khi Naga Cult and Related Ceremonies, Vol. I & II)、《中国西南纳西族的日美丧仪》(The Zhi Mä Funeral Ceremony of the Na-khi of Southwest China)、《与

纳西武器的起源有特殊关系的纳西人"达努"葬礼仪式》(*The Na-khi D'a Nv Funeral Ceremony with Special Reference to the Origin of Na-khi Weapons*)等。但是由于他的去世,这个工作只能被无限地搁置了。他已经出版的关于东巴教仪式的论著是一笔巨大的财富。

3.对纳西族语言文字的研究。

洛克在纳西语言文字方面的研究集中在《纳西语-英语百科辞典》当中。语言方面,洛克在该书中收录了三千多个纳西语词汇,这些词汇包括书面语、古语、口语和少量的借词,几乎涵盖纳西人日常生活的各个方面,有些词汇还附有例句。更为可贵的是其中还收录了大量的虚词,并简单阐述了其语法功能。文字方面,洛克在《纳西语-英语百科辞典》引言中阐述了东巴文与哥巴文的来源及特点,正文中的每一个纳西语词都附有东巴文或哥巴文的写法。洛克为了记录纳西语而专门制定了一套音标系统,它与国际音标有区别,我们称之为"洛克音标"。

20世纪中期纳西学研究有以下特点:

1.田野调查的时间最长、范围最广。

洛克27年间的足迹几乎遍布纳西族生活的所有地区(川、滇交界的俄亚地区除外),而且到我国甘肃、青海、西藏,以及缅甸、越南、锡金等地进行过考察。

2.拓宽了纳西学的研究领域。

洛克的研究领域并不局限于语言文字及文献,而是以扎实的文献研究为基础将研究拓展到历史、地理、宗教等多个领域。洛克的研究成果也为后辈学者提供了很多宝贵的资料。最为典型的例子是英国学者杰克逊,他的研究完全是以洛克的论著为基础的。

3.影响最大。

洛克大量有趣、有深度的纳西学论著在西方产生巨大的影响,作为一个传播纳西文化的使者,他使无数西方旅行者慕名来到云南丽江。作为一个严谨的学者,他引导更多的西方学者进入纳西学的研究领域。英国作家詹姆士·希尔顿(James Hilton,1900—1954)的小说《消失的地平线》(*Lost horizon*)为西方世界描绘了一个名字叫作"香格里拉"的世外桃源,而他创作这部小说的灵感正是来源于洛克在美国《国家地理》发表的系列文章和照片。洛克去世后,不断有介绍他在中国传奇经历的文章发表。1974年,美国学者萨顿(Stephanne Sutton,1940—1997)出版洛克传记《约瑟夫·洛克在中国边境省份的探险经历》(*In China's Border Provinces. The Turbulent Career of Joseph Rock, Botanist-Explorer*)。很多西方旅行家奉洛克为偶像,不断有旅行者发起

"重走洛克路"的活动。2011年,在奥地利维也纳大学还举办了名为"植物学家、探险家和文化的保护者约瑟夫·洛克"(*Joseph Francis Rock, Botanist, Explorer and Preserver of Culture*)的专题讨论会,有来自世界各地的十几位学者做了报告,以此来缅怀洛克。在丽江白沙镇玉湖村,洛博士的奇闻逸事至今广为流传。

四、发展期:20世纪中期以后

新中国成立以后到改革开放之前,鲜有西方学者到纳西族地区进行田野调查,他们只能依靠洛克的论著或之前的考察报告作为研究的基础,但是研究没有中断,一直在发展,不过从研究成果的数量和质量来看,都不及前人。这个时期的代表人物是英国的杰克逊、德国的雅纳特(Klaus L. Janert,1922—1994)和日本的西田龙雄。

在德国,20世纪60年代初德国国家图书馆将意大利罗马东方学研究所和洛克所藏的两千多册东巴经买回,并由梵文学者雅纳特协助洛克编纂成《纳西东巴经典目录》(*Na-khi Manuscripts*)(1-2)。1962年,洛克去世以后,雅纳特与其夫人合作将德国国家图书馆所藏的东巴经摹写编印并出版《纳西东巴经目录》(*NACHITEXTEDITION*)。

在英国,爱丁堡大学社会人类学系教授杰克逊是西方继洛克之后较早研究纳西族东巴文化的学者,1963年开始投身纳西学的研究,1970年在瑞典哥德堡大学获得博士学位,研究方向为社会人类学,主要关注纳西族的宗教信仰。他从1965年到1979年先后发表有关纳西学的论著8种,其中的《纳西宗教:基于纳西宗教仪式的分析评估》(*Na-khi religion:An Analytical Appraisal of the Na-khi Ritual Texts*)就是利用洛克收集的资料,用西方文化人类学的方法写成的。

在日本,1966年,西田龙雄出版《活着的象形文字》一书,很快建立起一支以文字学为先锋,以神话学为中坚,以宗教学、民族学为两翼的队伍,开创了立体地、多角度地接近、探讨纳西学的局面。

20世纪80年代以后,西方学者又有机会到纳西族地区进行田野调查。田野调查的范围从城市扩大到偏僻的乡村。有些西方学者深入到像俄亚、白地这些偏远的纳西族聚居区进行考察。研究的范围从文献的解读到宗教信仰、婚姻制度等方面。

随着全球化的趋势不断加强,中外学者的交流与互动不断增多,其中以1997年的瑞士东巴文化展览、1999年的首届国际东巴文化艺术节、2003年的第二届国际东巴文化艺术节、2009年的国际人类学与民族学联合会第16届大会和2011年的美国鲁宾博物馆纳西文化展览影响最大。

这个时期西方纳西学研究有以下四个特点：

1.该时期鲜有西方学者到纳西族地区进行田野调查,他们只能依靠洛克论著或之前的考察记录作为研究的基础,研究成果虽然不少,但研究水平不及前人。

2.西方专业学者加入纳西学研究。此前的海外纳西学的研究者大多不是专业学者,而是从传教士、探险家、植物学家等转向纳西学的研究的,因此缺乏应有的专业学术训练,研究的深度不够。

3.20世纪80年代以后,西方学者又有机会到纳西族地区进行田野调查。田野调查的范围从城市扩大到偏僻的乡村。20世纪前期,西方学者的调查范围局限于丽江及其周边地区。虽然洛克也曾到过永宁、贡嘎山等地,但是他也未曾到过俄亚。20世纪80年代以来,海外学者深入到像俄亚、白地这些偏远地区进行调查。

4.西方纳西学与国内纳西学从各自独立发展到沟通与合作。例如,日本学者诹访哲郎在《中国西南纳西族的农耕民特征与畜牧民特征》一书中认为,纳西族源于农耕民族而不是游牧民族。就此问题中国学者林向萧在《纳西族族源新说三疑——访哲郎先生商榷》中对诹访哲郎的观点进行驳斥。接着诹访哲郎又发文《再论纳西族的成立过程——答和发源先生及林向萧先生》进行回应,林向萧又发文《纳西族族源新说再质疑——与该访哲郎先生进一步商榷》。这种就学术问题进行探讨的精神是值得肯定的。另外,改革开放以后,不少海外学者都是在中国学者的帮助下进行研究的,尤其是丽江东巴文化研究院的各位学者对海外学者的研究帮助很大。

五、结语

英文中"Sinology"一词被译作"汉学"或"中国学"。余英时先生认为:"它包括了有关最广义的'中国'的一切研究成果。其中,很重要的一部分是关于中国边疆和内地的'非汉族'的历史、语言、文化、宗教、风俗、地理等方面的探讨。"[1]目前海外汉学除汉族研究之外的分支有蒙古学、满洲学、藏学、西域学、西夏学、渤海学等。我们认为,汉学中也有纳西学的一席之地。纳西学走过了近150多年的历史,研究领域涉及历史地理、宗教民俗、语言文字等各个方面,成果丰富,早期的纳西学研究者中有沙畹、考狄、

---

[1]　余英时:《东西方汉学和〈东西方汉学思想史〉》,《世界汉学》1998年第1期。

巴克、劳费尔这些学贯中西的大师级的东方学家,刊登纳西学研究成果的刊物有《通报》《大不列颠及北爱尔兰皇家亚洲学会会刊》(*Journal of the Royal Asiatic Society of Great Britain and Ireland*)《法国远东学院学报》(*Bulletin de l'École française d'Extrême-Orient, BEFEO*)等享誉世界的国际汉学期刊。从19世纪中期至今,西方纳西学虽然遇到过挫折和困难,但它并没有停下脚步,经过一代又一代学人的不懈努力才有了今天纳西学的繁荣。

【参考文献】

白庚胜　2008　《纳西学发凡》,《白庚胜纳西纳西学论集》,民族出版社。

和匠宇　2002　《〈纳西语-英语百科辞典〉在东巴文化研究中的地位和作用》,《玉振金声探东巴——国际东巴文化艺术学术研讨会论文集》,社会科学文献出版社。

Charles-Eude Bonin　1898　Note sur un manuscript Mosso//*Actes du onzième Congar*. Pairs: Inter. des Orientalistes, 2d section.

Terrien de Lacouperie　1885　Beginnings of writing in and around Tibet. *Journal of the Royal Asiatic Society of Great Britain and Ireland*, New Series. 17(3)

Prince d'Orleans　1898　Du Tonkin aux Indes. Paris: Calmann lévy.

J. Bacot　1913　*Les Mo-so, Ethnographie des Mo-so, leurs religions, leur langue et leur éctriture.* E. J. Brill.

Henri Cordier　1908　Les Mo-sos. Mo-sie 么些. *T'oung Pao*, Second Series.

Anthony Jackson　1965　Mo-so magical texts. *Bulletin John Ryland Library*, 48(1).

J.F. Rock　1948　The Mùan-bpö Ceremony or the Sacrifice to Heavenas Practised by the Na-khi. *Monumenta Serica*, Vol. 13.

J.F. Rock. 1963　*The Life and Culture of the Na-khi Tribe of the China-Tibet Borderland*, Wiesbaden: Franz Steiner Verlag Gmbh.

俄亚东巴文广告译释及研究*

杨亦花

摘　要:随着调查研究的深入,被发现的纳西东巴文应用性文献越来越多,但东巴文的广告还未见刊布和研究。本文对木里县俄亚乡原乡政府里边一个小卖部墙上的东巴文广告进行刊布译释。

关键词:俄亚;纳西东巴文;广告;译释

引言

俄亚是四川木里县的一个纳西族民族乡,离县城300多千米,山高谷深,交通十分不便,近年才通汽车,是东巴文化保留最好的地区之一。2014年8月10日,笔者在俄亚做田野调查时,在乡政府次尔乡长家厨房的外墙上发现了一些东巴图文(见下图)。与次尔乡长仔细研读后,次尔乡长笑着说,他的家属当时在乡政府开了一个小卖部,父亲阿丹来此小住时写了这则广告,时间大概是2010年。

① ② ③ ④ ⑤ ⑥ ⑦ ⑧ ⑨

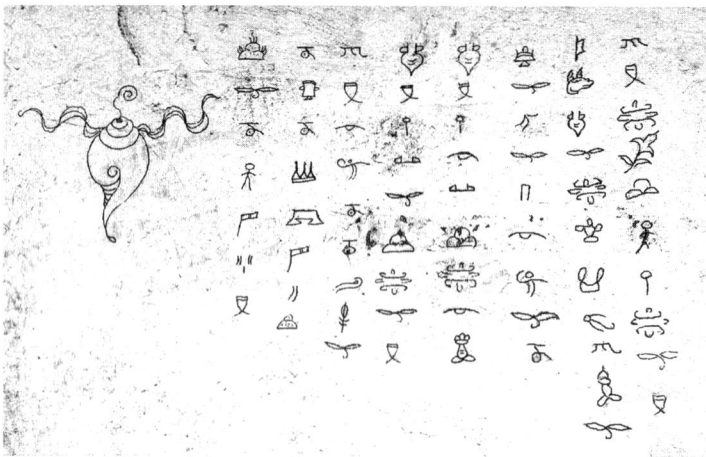

*本文是重庆市社会科学规划项目"新发现东巴文应用性文献的释读与研究"(项目批准号:2018ZDYY13)的阶段性成果。本文的写作得到了俄亚次尔乡长、依德次里东巴和俄亚纳西族父老乡亲及喻遂生先生的大力帮助,在此谨致谢忱。

纳西东巴文主要用于宗教经典,也用于日常生活的写信、记账等,喻遂生先生将其称为东巴文应用性文献,并分为医书、契约、书信等13类,但没有提到东巴文广告。在丽江街头,东巴文店名、招牌随处可见,但成文的东巴文广告,特别是纳西族农民写的广告,还没有见过。因此,这则东巴文广告是一份很罕见也很有意思的新材料,对于东巴文研究有一定的学术价值,特予刊布以供学界同行参考。文中的标音依照笔者调查所得的纳西语俄亚方言音系。

一、东巴文广告译释

这则东巴文广告约70厘米×50厘米,从左至右竖行书写,我们为各行进行了编号,共9行72字,除第1行外,其余每行一句话。下面逐字释读,重复出现且音义相同的字以"同某行"表示。

① fv^{55}ze^{33}海螺。字写得特别大,还添加了飘带,只是作为表示吉祥的装饰图画,不读音。

② uo^{21}谷堆。一般写作 。 iə^{21}尤草。两字连读借作村名uo^{21}iə^{55}俄亚。 na^{21}纳,族名,哥巴文,字符借藏文 na。 fii^{33}人。两字连读作na^{21}fii^{33}纳西。 ṣua^{21}高,借作汉语借词ṣa^{55}te^{213}商店的前一音节。比较第三行,可知 后漏写了一个 te^{33}字。 ua^{33}五,借作ua^{21}是。 me^{55}雌阴,借作语气词。

③ 同②。 zo^{21}坛子,借作zo^{33}男子。 同②。 mi^{33}火,借作mi^{55}女子。四字连读作na^{21}zo^{33}na^{21}mi^{55}纳儿纳女,即纳西儿女。 gə^{21}上,借作gə^{33}的。 ṣua^{21}高。 te^{33}两个手指接触桌子等。两字连读借作汉语借词ṣa^{55}te^{213}商店。 uo^{21}谷堆,借作是。

④ ka^{33}好,哥巴文,字符借藏文 ka。 me^{55}雌阴,借作me^{33}的。 mə^{33}不。 ndzo^{21}飞石,借作dzo^{33}有。 na^{55}但是。 tʂhʅ^{33}悬挂,借作这。 lo^{21}山谷,借作里。 ly^{33}矛,借作ly^{21}看。 iə^{21}尤草,借作iə^{55}请。

⑤ nɯ^{33}心。 me^{55}雌阴。两字连读作nv^{55}me^{33}心。 ko^{21}针,借作里。 thv^{21}桶,借作thv^{33}喜欢。 iə^{21}尤草。 lv^{33}石头。两字连读借作假设连词

iə³³lv⁵⁵……的话。〔图〕hæ²¹金,引申作买。〔图〕同④。〔图〕同②。

⑥〔图〕nɯ³³心。〔图〕me⁵⁵雌阴。两字连读作nv⁵⁵me³³心。〔图〕同⑤。〔图〕同④。〔图〕同⑤。〔图〕lv³³石头,借作假设连词lv⁵⁵……的话。〔图〕同⑤。〔图〕同④。〔图〕du²¹督神,借作ndu³³时兴。

⑦〔图〕ha³³饭。〔图〕iə²¹尤草,借作iə⁵⁵给。〔图〕le⁵⁵茶。〔图〕同⑦。〔图〕to³³木板,借作东西、事情。〔图〕同④。〔图〕同④。〔图〕iə²¹尤草,借作语气词iə³³。〔图〕同④。

⑧〔图〕khu³³门。〔图〕khɯ³³狗,借作旁。两字连读作khu³³khɯ⁵⁵门口。〔图〕nɯ³³心,借作助词。〔图〕iə²¹尤草,借作iə³³烟。〔图〕hæ²¹金,借形作ʂʅ²¹黄。两字连读作iə³³ʂʅ²¹黄烟,即旱烟。〔图〕dɯ²¹大,借作dɯ³³一。〔图〕kuɛ⁵⁵划刀,借作量词杆。〔图〕thɯ²¹喝,引申作抽、吸。〔图〕ka²¹累。〔图〕he²¹神,借作he³³休息。两字连读作ka²¹he³³休息。〔图〕iə²¹同④。

⑨〔图〕ka³³好。〔图〕同④。〔图〕同⑤。〔图〕ba²¹花,借作bɯ³³要。〔图〕同⑥。〔图〕fii³³人,引申作别人。〔图〕ko²¹针,借作家。〔图〕同⑤。〔图〕同④。〔图〕同②。

全篇标音:

〔图符〕

② o²¹ iə⁵⁵ na²¹ fii³³ʂa⁵⁵te²¹³ua²¹ me⁵⁵。③na²¹ zo³³na²¹ mi⁵⁵gə³³ʂa⁵⁵te²¹³o²¹。
　　 俄亚　纳西　商店　是(语)　　纳儿 纳 女 的 商店 是

〔图符〕

④ka³³me³³mə³³dzo³³na⁵⁵tʂhʅ³³lo²¹ly²¹ iə⁵⁵。⑤ nv⁵⁵me³³ko²¹thv³³　iə³³ lv⁵⁵ hæ²¹ iə⁵⁵ me⁵⁵,
　好 的 没 有 但 这里面看 请　　　心里　喜欢　的话 买　请(语)

〔图符〕

⑥nv⁵⁵me³³ko²¹ mə³³thv³³ lv⁵⁵ hæ²¹ mə³³ ndu³³。⑦ha³³ iə⁵⁵　le⁵⁵　iə⁵⁵to³³mə³³dzo³³ iə³³ na⁵⁵,
　心 里 不喜欢的话买 不 兴　　饭 给 茶 给事情没 有(语)但是

〔图符〕

⑧kho³³khɯ⁵⁵nɯ³³iə³³　ʂʅ²¹ dɯ³³kuɛ⁵⁵thɯ²¹ka²¹ he³³ iə⁵⁵。⑨ka³³me³³hæ²¹bɯ³³lv⁵⁵ fii³³ ko²¹
　门口　(助)烟 黄 一 杆 抽 休息 请　 好 的 买 要 的话别人家里

〔图符〕

hæ²¹ iə⁵⁵me⁵⁵。
买　请(语)

译文：

②是俄亚纳西族的商店。③是纳西儿女的商店。④没有好的东西，但请(往)这里面看看。⑤心里喜欢的话请买吧，⑥心里不喜欢的话不要买。⑦不能招待茶饭，但⑧请在门口抽一杆烟休息吧。⑨要买好的(东西)的话，请到别人家里买吧。

二、东巴文广告的书写人、时间和内容

(一)广告的书写人

俄亚乡政府离俄亚大村有15分钟的路程，乡政府的个别干部家属，为了方便来乡里办事的老乡，开了一两个小卖部。这则广告的书写人是次尔乡长的父亲 ʥi²¹ʂə³³⁴ɑ⁵⁵tæ⁵⁵ 吉舍阿丹，俄亚卡瓦村人，属兔，1939年生，2010年71岁。阿丹老人性格开朗，擅唱民歌，是卡瓦村东巴的助手，通晓东巴文和东巴教仪式，也有一些占卜类的经书。从广告看，阿丹老人能够正确地运用东巴文，字的本义、引申义、假借义运用得当，文从字顺。文字书写娴熟，字体清秀，大小匀称，间距和谐。作为装饰图案的海螺和正文对比鲜明，海螺和飘带的线条流畅飘逸，具有强烈的感染力。需要指出的是，阿丹老人并不是东巴，他只是经常参与东巴教活动，耳濡目染，逐渐掌握了东巴文，并偶尔显露了出来。在俄亚，这种多少掌握一些东巴文的普通农民还很多，他们这方面的技能并没被我们知晓，这显示了东巴文化对群众的深刻影响，也显示了东巴文化深厚的群众基础，值得我们注意。

(二)广告的书写时间

2014年8月我们拜访次尔乡长时，他说他家当时独立的木楞房小卖部建于2012年，以前在厨房开办小卖部，在外墙写了这则广告，因此这则广告大致写于2010年。按2010年推算，那时阿丹老人已过70岁，东巴文能写得这么整齐流畅，真的不简单。如今因为乡政府重建，老房子已拆除，这则东巴文广告已经不复存在，只存在于我们的影像中了。

(三)广告的要素和内容

现代广告的要素包括广告主、广告经营者和发布者、广告媒体、广告信息、广告受众。这则东巴文广告基本符合这些要素。其广告主、广告经营者和发布者就是小

卖部的主人次尔乡长的家属,包括写这则广告的阿丹老人。广告的媒体是小卖部的外墙,因此这则广告可以称之为东巴文墙体广告。广告的受众就是俄亚乡亲,纳西族儿女。

这则广告的信息即广告的内容,有四层意思:一是说明这个商店是俄亚纳西族开的商店,是纳西儿女的商店;二是说商店虽然没有了不得的东西,但也值得一看,看了买不买随便;三是表示虽无力用茶饭招待乡亲,但也欢迎来抽烟歇脚;四是若是本店没有的好东西,可以到其他商店去买。

广告的内容突出了亲情、真诚、大度和自信。因为是纳西族民族乡,强调民族感情容易让人感到亲切,拉近店主和顾客的距离。广告没有玄乎夸耀之词,老爷爷真诚地请大家进来看一看,即使不买东西,也可以抽抽烟歇歇脚,不中意这里的东西可以再到别人家去买,这样的态度更符合消费者的心理。顾客进了店,也就是消费的开始,老爷爷心里其实充满着自信。广告的字里行间透露出了阿丹老人与人为善、不卑不亢、诚实守信的性格和心理,广告甚至没有具体的商品名称,但态度诚恳,言语接地气,能抓住顾客,整个内容看似无意,其实独具匠心。

三、东巴文广告的语言文字

(一)字词关系和用字情况

这则东巴文广告共72字(次),记录了73个音节,其中第②行漏写了一个东巴文〻te³³。所以,这则广告的字词之间是一一对应的关系。

72字(次)中,有哥巴文8次:ō5次,兀3次,占总次数的11.11%。在64字(次)东巴文中,用作本义、引申义的12次,占东巴文总次数的18.75%;用作假借义的52次,81.25%,其中同音假借17次,音近假借35次;这说明广告假借字的数量很大、比例很高。值得一提的是广告中有几个本有其字的假借字:zo²¹坛子,借作zo³³男子。男子本有象形字ꯟ、꯫等,此处借用坛子,可能是为了避免和前面的fi³³人混淆。mi³³火,借作mi⁵⁵女子。女子本有象形字ꯁ,此处借用火,可能是为了与用坛子假借的男子相对应。ɖɯ²¹大,借作数词ɖɯ³³一。数词一本有很简单的指事字〡,此处借用大,可能是觉得〡的字形太简单、单调。

(二)特殊字形

这则东巴文广告中,有一些与丽江东巴文不同的特殊字形:

⛰ ⛰ uo²¹谷堆,象形字,借作判断词uo²¹是。李霖灿《么些象形文字字典》(1972)把它归入若喀(现多译汝卡)字类。俄亚为纳喜支系和汝卡支系杂居的区域,所以两个支系的东巴会共用一些东巴文。谷堆丽江、白地一般写作⛰。⛰在⛰的基础上加了可能是表示水汽的⛰,此字形现有东巴文字典均未收录,我们在以前调查的文献中也没有见过,可能是阿丹老人为了装饰或突出粮食而自创的字形。

⌐ ʂuɑ²¹高,指事字,借作ʂɑ⁵⁵te²¹³商店的第一音节。木琛《纳西象形文字》(2003)字表收录了此字形,标明是俄亚区域的字形。丽江一般写作⌐。

⑂ te³³两个手指接触桌子等东西,借作ʂɑ⁵⁵te²¹³商店的第二音节。此字形为俄亚、依吉区域特有,现有东巴文字典均未收录,丽江、白地区域未见。我们问过好几个俄亚和依吉的东巴,但他们的解释难以让人信服。俄亚托地村的依德茨里东巴说是两个手指(一般是食指和中指)接触桌子等东西的意思,结合字形及纳西语中te³³有接触之意,觉得基本可信。

⛉ zo²¹坛子,象形字,借作zo³³男子。此字相对于丽江一般的写法⛉,显得更古朴、逼真。

⛙ uɑ³³五,指事字,借作判断词uɑ²¹是。俄亚、依吉数词的东巴文写法一般比较散漫。丽江一般写作⛙。

ʊ tʂhʅ³³悬挂,借作这。丽江一般写作ʊ,白地一般写作ʊ,木琛《纳西象形文字》(2003)字表中收录了ʊ,标明是俄亚区域的字形。此字和丽江、白地的区别主要是竖形笔画不出头。

⛎ hæ²¹金子,引申作hæ²¹买,或借形作ʂʅ²¹黄。此字形比丽江、白地一般写作的⛎、⛎字形显得简单、古朴些。

(三)特殊的语音、词汇问题

俄亚纳西语和丽江纳西语在语音、词汇方面有一些区别,喻遂生在《俄亚、白地东巴文化调查研究》(2016)中有一些专门的研究。这则广告中有些词的读音和结构方式与丽江有些差异。

1.𓂢人，$\hbar i^{33}$-ςi^{33}两种读音并存。

"人"的读音，俄亚区域本都读$\hbar i^{33}$，但由于经济、交通、传媒等因素的影响，俄亚年轻人跟丽江交往增多，他们说"人"的时候已经跟丽江趋同成ςi^{33}，只有跟外界交流较少的中老年人仍读$\hbar i^{33}$。也就是说"人"的读音在俄亚已经有了社会方言式的读音区别。

2.𓇋𓏤$\mathit{s}a^{55}te^{213}$商店。

纳西语没有鼻音韵尾，所以借用有鼻音韵尾的汉语借词时，韵母和声调都会有所变化。如汉语"商店$\mathit{s}a\eta^{55}tia\eta^{51}$"，丽江、白地等区域纳西语读作$\mathit{s}a^{33}tiæ^{55}$。但俄亚纳西语在借用汉语借词的时候，声调跟四川方言基本相同，如"商店"读作$\mathit{s}a^{55}te^{213}$。

3.𓐬𓎁𓐬𓏢$na^{21}zo^{33}na^{21}mi^{55}$纳西族儿女。

彼此陌生的纳西族见面交流后，经常会说一句表示民族认同感的话"是纳西族儿女"，丽江一般说成$na^{21}\varsigma i^{33}zo^{33}mi^{55}uo^{21}$，直译为"是纳西族儿女"，俄亚、依吉等区域都说成$na^{21}zo^{33}na^{21}mi^{55}uo^{21}$，直译为"是纳儿纳女"。

4.𓊪to^{33}木板，借音作东西、事情。

to^{33}前带动词定语，表示与动词相关的东西或事情，如广告的𓃻𓂋𓆱𓊪$ha^{33}i\partial^{55}le^{55}i\partial^{55}to^{33}$给饭给茶的事情。后面再加动词$dz o^{33}$有或$m\partial^{33}dz o^{33}$没有，即表示有或没有这样的东西或事情。同义的词丽江用$ts\eta^{33}$或tso^{33}。

另外，这则广告的左边是一幅漂亮并富有寓意的装饰画：𓁛海螺和飘带。海螺是纳西族、藏族等民族的吉祥宝物，因此带有祝福生意兴隆、大家吉祥如意的意义；飘带和哈达一样，代表虔诚和圣洁，在此处具有真诚、童叟无欺的意义。图案的大小与后面的广告比例协调，和谐得当，相得益彰。这幅醒目的吉祥图比右边的东巴文单字大很多倍，从远处就可以吸引消费者的注意力，从搭配、比例、寓意各方面来看，它都是这则广告的点睛之笔，是不可或缺的。

四、结语

且不说写得正确、规范与否，用东巴文写的店名、客栈名等广告牌，丽江比比皆是，但在丽江和其他地方，笔者询问了其他本土的学者和东巴，他们都说没见过也没写过类似的东巴文广告。因此，这则俄亚小卖部的东巴文广告，是对东巴文应用性文献的有益补充，是非常珍贵的资料，对研究纳西族的东巴文献、语言文字、社会经济、民风民俗、民族心理等，都有重要的价值。

【参考文献】

李霖灿　1972　《么些象形文字字典》,文史哲出版社。

木　琛　2003　《纳西象形文字》,云南人民出版社。

喻遂生　2016　《俄亚、白地东巴文化调查研究》,中国社会科学出版社出版。

方块壮字借源俗字的方式*

高　魏　王　丹

摘　要:从新刊材料看,方块壮字俗借字的产生方式有两种:一是整字俗借,又分为字音俗借、字义俗借、音义俗借;二是部件俗借,又分为音符俗借、意符俗借、记号俗借、多符俗借。研究俗借字对于解读方块壮字、整理壮族古籍、编纂方块壮字字典、开拓近代汉字学新领域均具有重要价值。

关键词:方块壮字;俗借字;产生方式

　　方块壮字俗借字,是一种借用汉语俗字记录壮语的文字现象。目前学界已有人关注俗借字:聂鸿音(1998:85)认为"壮族人在写字的时候总是把借用的汉字和自造的壮字夹杂起来使用的,要把壮字和原有的俗体汉字区别开来本身就有不小的困难"。张青松(2018:4)认为有些方块壮字"与汉语俗字在形义甚至在形音义诸方面都有关联"。韦亮节(2018)以《宋元以来俗字谱》为据举例分析了《古壮字字典》中的部分俗字。这些研究都意识到方块壮字与俗字的复杂关系,但限于材料,尚未真正厘清俗借字的产生方式。随着壮族古籍整理工作的推进,近年新刊了大量来源明确、整理科学的方块壮字抄本,使借助实际文献研究俗借字成为可能。本文在全面整理新刊方块

---

*本文是国家社科基金冷门绝学项目"方块壮字濒危文献搜集、整理、汇释及数据库建设"(项目批准号:19VJX120)、教育部人文社会科学研究青年项目"基于字料库的新刊方块壮字文献字词整理研究"(项目批准号:18YJC850008)、重庆市社会科学规划项目"新刊壮族古籍整理研究"(项目批准号:2022YC060)、重庆市语言文字科研重点项目"方块壮字字形资料库建设与字形规范研究"(项目批准号:yyk23104)、重庆市语言文字科研重点项目"方块壮字借源俗字研究"(项目批准号:yyk22108)的成果。

壮字抄本字形的基础上,①考察俗借字的产生方式。从新刊材料看,方块壮字俗借字的产生方式主要有两种:一是整字俗借,又细分为字音俗借、字义俗借、音义俗借;二是部件俗借,又细分为音符俗借、意符俗借、记号俗借、多符俗借。

一、整字俗借

整字俗借,即直接借用整个俗字字形来记录壮语。借用整个俗字时,既可借俗字之音,又可借俗字之义,又可全借俗字之音义。据此,此类方块壮字俗借字的产生方式又具体分为以下3种。

(一)字音俗借

字音俗借,即借用俗字的字音来记录壮语。通过此种方式产生的方块壮字俗借字,其字音与所借俗字的字音相近,字义与所借俗字的字义无关。

例如,俗借字"邙"(kau¹/角)借自汉语俗字"邙"的读音。例见:

(1)提喉门**邙**怀,tək⁷ hau³ mən² kau¹ waːi²,塞　进　圆　角　牛。

（黄明标,2016:卷三 273、272）②

"邙"在方块壮字抄本中共出现34次,其他例见"双**邙**岩到那"(张声震,2004:1354、1230),"提候門**邙**懷"(黄明标,2016:卷三 257、256),等等。

"邙"本为古代的乡名,《说文·邑部》:"邙,京兆蓝田乡。"(许慎 1963:132)因形体相近,"邙"又用作"叩"的俗体,出土文献和传世文献足证。《敦煌汉简》简176"叩头","叩"作**邙**(张德芳,2013:208)。《额济纳汉简》简2000ES7SF1:1B"叩头死罪","叩"作**邙**(魏坚,2005:137)。北魏《唐耀墓志》"叩"作邙(毛远明,2014:480)。唐敦煌文献S.238《金真玉光八景飞经》"叩齿九通","叩"作**邙**(黄征,2005:10)。明世德堂本《西游记》第三十三回"二小妖叩头","叩"作**邙**(曾良、陈敏,2018:335)。"叩"常表"敲击、叩

---

① 本文所据材料包括:张声震主编的《壮族麽经布洛陀影印译注》,广西民族出版社,2004年。何正廷、欧薇薇主编的《壮族鸡卜经影印译注》,广西民族出版社,2013年。黄明标主编的《壮族麽经布洛陀遗本影印译注》,广西人民出版社,2016年。

② 引例依次为方块壮字句、国际音标句、汉语对译句。夹注中,译注页码在前,影印页码在后。

头"等义,中古音拟作[khəu](郭锡良,2010:275)。在方块壮字抄本流传地,"叩"的粤语和官话分别读作[khɐu³³]、[khɐu²⁴](谢建猷,2007:612)。

按:"叩"用作"叩"的俗字较早见于汉代简牍,后代一直沿用,其"敲击、叩头"义与壮语词kau¹的"角"义没有关联,其汉语读音与壮语词kau¹之音相近。故可借"叩"的字音来记录壮语词kau¹,从而产生字音俗借字"叩"(kau¹/角)。

又如,俗借字"北"(pa:k⁷/口)借自汉语俗字"北"的读音。例见:

(2)她到肝**北**盏,pauɯ⁴ ta:u⁵ taŋ² pa:k⁷ ça:n²,媳妇　回　到　口　晒台。

（张声震,2004:470、478）

"北"在方块壮字抄本中共出现50次,其他例见"糫**北**礃許"(黄明标,2016:卷二231、230),"**北**兆程未煙"(张声震,2004:891、883),等等。

"北"是"北"的俗字。《字鉴·德韵》:"北,俗从地土,字作北。"(李文仲,1985:183)《正字通·匕部》:"北,俗作北。"(张自烈,1996:108)证以出土文献和传世文献。唐敦煌文献Φ096《双恩记》"在上茅东北十五里","北"作**北**(黄征,2005:13)。唐吐鲁番文书《武周延载元年氾德达轻车都尉告身》"北指龙庭","北"作**北**(唐长孺,1996:叁406)。清刊本《北魏奇史闺孝烈传》第二十八回"北魏人马","北"作**北**(曾良、陈敏,2018:27)。"北"常表"相背、北方、败北"等义,中古音拟作[pək](郭锡良,2010:211)。在方块壮字抄本流传地,"北"的粤语和官话分别读作[pɐk⁵⁵][pə³¹](谢建猷,2007:932)。

按:"北"作为"北"的俗字较早见于唐代敦煌写卷和吐鲁番文书,又见于元明清的文献及字书,其"相背、北方、败北"等义与壮语词pa:k⁷的"口"义无关,其汉语读音与pa:k⁷相近。故可借"北"的字音来记录壮语词pa:k⁷,由此产生字音俗借字"北"(pa:k⁷/口)。

(二)字义俗借

字义俗借,即借用俗字的字义来记录壮语。通过此种方式产生的方块壮字俗借字,其字义与所借俗字的字义相同或相近,其字音与所借俗字的字音无关。

例如,俗借字"肉"(no⁶/肉)借自汉语俗字"肉"的字义。例见:

(3)春各**肉**送碍,çun³ kuək⁸ no⁶ θoŋ⁵ ŋa:i²,代替　做　肉　送饭。

（张声震,2004:1903、1541）

"宍"在方块壮字抄本中共出现61次,其他例见"濛宍十二王"(黄明标,2016:卷一310、308),"宍鸿迫隆贱"(张声震,2004:2409、1874),等等。

"宍"是"肉"的俗字。《字鉴·屋韵》:"肉,俗作宍。"(李文仲,1985:157)《俗书刊误·屋韵》:"肉,俗作宍。"(焦竑,1935:卷四2)证以出土文献和传世文献。唐敦煌文献敦研256《佛经》"主倩小儿买肉","肉"作宍(黄征,2005:340)。《宋元以来俗字谱》引《列女传》《取经诗话》《通俗小说》等,"肉"作宍(刘复、李家瑞,1957:65)。明刊本《西洋记》第七十六回"一心要吃老虎肉",清刊本《集咏楼》第四回"酒肉厌了","肉"分别作宍、宍(曾良、陈敏,2018:522)。"肉"的中古音拟作[nzǐuk](郭锡良,2010:279)。在方块壮字抄本流传地,"肉"的粤语和官话分别读作[iuk²²][iu³¹](谢建猷,2007:1044)。

按:"宍"作为"肉"的俗字较早见于唐代敦煌文献,又常见于宋元以来的文献及字书,其汉语读音与壮语词no⁶的读音差异很大,但其意义与壮语词no⁶的"肉"义相同。故可借"宍"的字义来记录壮语词no⁶,由此产生字义俗借字"宍"(no⁶/肉)。

又如,俗借字"迯"(teːu²/逃走)借自汉语俗字"迯"的字义。例见:

(4)迯避嵩陌咘,teːu² pai¹ taːi¹ paːk⁷ bo⁵,逃 去 死 口

(黄明标,2016:卷三157、156)

"迯"在方块壮字抄本中共出现31次,其他例见"亦奴漢黄迯"(张声震,2004:1768、1463),"晤懷王迯散"(黄明标,2016:卷一109、108),等等。

"迯"是"逃"的俗字。《集韵·豪韵》:"逃,俗作迯。"(丁度,1985:194)《字鉴·豪韵》:"逃,俗作迯。"(李文仲,1985:43)《正字通·辵部》:"迯,俗逃字。"(张自烈,1996:1149)唐敦煌文献S.328《伍子胥变文》"我昔逃迯至此","逃"作迯(黄征,2005:399)。《宋元以来俗字谱》引《通俗小说》《太平乐府》《白袍记》等,"逃"作迯(刘复、李家瑞,1957:94)。"逃"常表"逃走、躲避、离去"等义,中古音拟作[dɑu](郭锡良,2010:250)。在方块壮字抄本流传地,"逃"的粤语和官话分别读作[theu³¹][theu²¹](谢建猷,2007:550)。

按:"迯"作为"逃"的俗字较早见于唐代敦煌文献,又常见于宋元以来的文献及字书,其汉语读音与壮语词teːu²的主要元音差异很大,但其"逃走"义与teːu²的"逃走"义相同。因此,可借"迯"的字义来记录壮语词teːu²,从而产生字义俗借字"迯"(teːu²/逃走)。

(三)音义俗借

音义俗借,即借用俗字的音义来记录壮语。通过此种方式产生的方块壮字俗借字,其音义与所借俗字的音义相近或相同。

例如,俗借字"扠"(ȼau¹/收)借自汉语俗字"扠"的音义。例见:

(5)**扠**提垧度莽,ȼau¹ tu² na:m⁶ to⁴ ȼo:m²,收　使　土　相

（张声震,2004:343、349）

"扠"在方块壮字抄本中共出现47次,其他例见"娄衫娄**扠**倫"(何正廷、欧薇薇,2013:289、288),"邑幽志**农**邦"(黄明标,2016:卷一 347、346),等等。

"扠"是"收"的俗字。《广韵·尤韵》:"收,俗作扠。"(陈彭年等,1935:卷二 39)证以出土文献和传世文献。北魏《银青光禄大夫于纂墓志》"收"作**扠**(毛远明,2014:814)。唐敦煌文献 S.238《金真玉光八景飞经》"收摄群魔名","收"作**扠**(黄征,2005:371)。明刻本《唐三藏出身全传》"往黄风洞收妖",清刻本《终须梦》第十二回"如收鲤鱼的南海","收"分别作**扠**、**扠**(曾良、陈敏,2018:560)。"收"常表"逮捕、聚集、招回"等义,中古音拟作[ȼɪəu](郭锡良,2010:278)。在方块壮字抄本流传地,"收"的粤语和官话分别读作[ʃɐu⁵⁵][sɐu³³](谢建猷,2007:630)。

按:"扠"作为"收"的俗字较早见于北魏碑刻,又常见于唐宋以来的文献及字书,其汉语读音与壮语词 ȼau¹ 的读音相近,其意义与 ȼau¹ 的"收"义相同。因此,可全借"扠"的音义来记录壮语词 ȼau¹,从而产生音义俗借字"扠"(ȼau¹/收)。

二、部件俗借

部件俗借,即借用俗字作为构字部件来重新构造方块壮字。俗字可分别充当方块壮字的音符、意符及记号。据此,该类俗借字的产生又分为以下4种。

(一)音符俗借

音符俗借,即借用俗字作为方块壮字的音符。充当音符的俗字,其汉语读音与所记壮语词的读音相近,其意义与所记壮语词的意义无关。

例如，"嗌"（nau²/说）的音符"晋"，借自汉字"留"的俗字。例见：

（6）麼六甲造**嗌**，moˡ luk⁸ tɕa:p⁷ ɕa:u⁴ <u>nau²</u>，麼　渌　甲　就　说。

（张声震，2004:81、76）

"嗌"在方块壮字抄本中共出现644次，其他例见"崩**嗌**故不太"（黄明标，2016:卷一 30、28），"茶**嗌**哋樣你"（张声震，2004:1142、1074），等等。

"嗌"的部件"晋"是"留"的俗字，宋元以来的文献可证。宋元徽州文书"留"作**晋**（方孝坤，2012:216）。《宋元以来俗字谱》引《三国志平话》《娇红记》等，"留"作**晋**（刘复、李家瑞，1957:54）。明刻本《唐三藏出身全传》卷一《猴王勒宝勾簿》"不敢久留"，"留"作**晋**（曾良、陈敏，2018:377）。清刊本《赛红丝》第十一回"若要留清史"，"留"作**晋**（曾良、陈敏，2018:378）。"留"常表"停留、挽留、保留"等义，中古音拟作[lɪəu]（郭锡良，2010:291）。在方块壮字抄本流传地，"留"的粤语和官话分别读作[lɐu⁵²][lieu²¹]（谢建猷，2007:618）。"嗌"的部件"口"常表"嘴巴、出入通道、刀刃"等义，中古音拟作[khəu]（郭锡良，2010:275）。在方块壮字抄本流传地，"口"的粤语和官话分别读作[hɐu³⁵][khɐu⁵²]（谢建猷，2007:612）。

按："晋"作为"留"的俗字较早见于宋元时期的徽州文书，又常见于元明清时期的文献，其意义与壮语词nau²的"说"义无关，但其汉语读音与nau²的读音相近。"口"的意义与壮语词nau²的"说"义相关，其汉语读音与nau²的读音也相近。在重构方块壮字记录nau²时，可借"口"作为音符兼意符，同时借"晋"作为音符，由此产生音符俗借字"嗌"（nau²/说）。

又如，"呍"（va⁴/愚蠢）的音符"瓦"，借自汉字"瓦"的俗字。例见：

（7）召貫**呍**元**呍**，ɕi:u⁶ ko:n⁵ <u>va⁴</u> jiən² <u>va⁴</u>，代　前　笨　又　笨。

（张声震，2004:2963、2311）

"呍"在方块壮字抄本中共出现6次，其他例见"為咱**呍**娘嗌"（张声震，2004:2970、2317），"攔召貫攔**呍**"（张声震，2004:2972、2320），等等。

"呍"的部件"瓦"是"瓦"的俗字。《字鉴·马韵》："瓦，俗作瓦。"（李文仲，1985:97）

《俗书刊误·马韵》:"瓦,俗作瓦。"(焦竑,1935:卷二2)宋元以来的文献也可证。宋元时期的徽州文书"瓦"作瓦(方孝坤,2012:183)。明刊本《二刻拍案惊奇》卷二"向瓦盆中一醮","瓦"作瓦(曾良、陈敏,2018:632)。"瓦"常表"用土烧制成的器物、屋瓦"等义,中古音拟作[ŋwa](郭锡良,2010:17)。在方块壮字抄本流传地,"瓦"的粤语和官话分别读作[ŋa²³][ua⁵²](谢建猷,2007:350)。

按:"瓦"作为"瓦"的俗字较早见于宋元时期的徽州文书,又见于元明以来的文献及字书,其意义与壮语词va⁴的"愚蠢"义没有关联,但其汉语读音与壮语词va⁴的读音相近。"口"的音义(见上文)与壮语词va⁴的音义均无关。在重构方块壮字时,"口"和"瓦"可分别作为区别性记号和音符记录va⁴,由此产生音符俗借字"唲"(va⁴/愚蠢)。

(二)意符俗借

意符俗借,即借用俗字作为方块壮字的意符。充当意符的俗字,其意义与所记录壮语词的词义相同或相关,其读音与所记录壮语词的读音无关。

例如,"虤"(kuk⁷/老虎)的意符"虎",借自汉字"虎"的俗字。例见:

(8)批利畜**虤**得,pai¹ li⁶ tuə³ kuk⁷ tuu², 去　畜地　只　老虎　抓

(张声震,2004:1336、1208)

"虤"在方块壮字抄本中共出现43次,其他例见"**虤**当那未彭"(张声震,2004:80、74),"临歐**虤**卡倍"(张声震,2004:2974、2321),等等。

"虤"的部件"虎"是"虎"的俗字。《字鉴·姥韵》:"虎,俗作虎。"(李文仲,1985:80)《重订直音篇·虎部》:"虎,虎俗。"(吴道长,1996:257)出土文献和传世文献亦可证。东魏《王偃墓志》"虎"作虎(毛远明,2014:16)。敦煌文献中,凡"虍"旁多写作"严"形(张涌泉,2015:699)。《宋元以来俗字谱》引《列女传》《通俗小说》《古今杂剧》等,"虎"作虎(刘复、李家瑞,1957:68)。清至民国时期的徽州文书,"虎"作虎(方孝坤,2012:198)。"虎"常表"老虎、勇猛"等义,中古音拟作[xu](郭锡良,2010:151)。在方块壮字抄本流传地,"虎"的粤语和官话分别读作[fu³⁵][fu⁵²](谢建猷,2007:372)。"虤"的部件"谷"常表"谷地、谷物"等义,中古音拟作[kuk](郭锡良,2010:148)。在方块壮字抄本流传地,"谷"的粤语和官话分别读作[kuk⁵⁵][ku²¹](谢建猷,2007:1028)。

按:"虎"作为"虎"的俗字较早见于东魏碑刻,又见于唐宋以来的文献及字书,其

汉语读音与壮语词kuk⁷的读音差异甚大,但其"老虎"义与kuk⁷之义相同。"谷"的意义
与壮语词kuk⁷的"老虎"义无关,但其汉语读音与kuk⁷的读音相近。在重构方块壮字
时,"虎"和"谷"可分别作为意符和音符记录kuk⁷,由此产生意符俗借字"豰"(kuk⁷/
老虎)。

又如,"魤"(tɕa¹/鱼)的意符"奐",借自汉字"鱼"的俗字。例见:

(9)力閉峃絞**魤**,lək⁸ pai¹ toŋ⁶ kwe:u³ tɕa¹,儿 去 田峃 缠绕 鱼。

(黄明标,2016:卷一167、166)

"魤"在方块壮字抄本中共出现70次,其他例见"哏**魤**不哏头"(张声震,2004:169、
163),"絞**魤**肉獁縢"(黄明标,2016:卷一175、174),等等。

"魤"的部件"奐"是"鱼"的俗字,出土文献和传世文献足证。北魏《元瞻墓志》
"鱼"作**奐**(毛远明,2014:1123)。唐敦煌文献Φ96《双恩记》"佩鱼衣紫入朝门","鱼"作
奐(黄征,2005:513)。《宋元以来俗字谱》引《古今杂剧》《太平乐府》,"鱼"作**奐**(刘复、李
家瑞,1957:110)。清刊本《警世选言》第一回"隐几何神鱼异兽","鱼"作**奐**(曾良、陈
敏,2018:763)。"鱼"的中古音拟作[ŋɪo](郭锡良,2010:178)。在方块壮字抄本流传
地,"鱼"的粤语和官话分别读作[y⁵²][ʔy²¹](谢建猷,2007:388)。"魤"的部件"岜"义为
"山、石山",读作[tɕa¹](《古壮字字典》,1989:38)。

按:"奐"作为"鱼"的俗字较早见于北魏碑刻,又见于唐宋以来的历代文献,其汉
语读音与壮语词tɕa¹的读音差异甚大,但其意义与壮语词tɕa¹相同。"岜"意义与壮语词
tɕa¹无关,但其读音与壮语词tɕa¹相同。在重构方块壮字记录tɕa¹时,"奐"和"岜"可分
别作为意符和音符,由此产生意符俗借字"魤"(tɕa¹/鱼)。

(三)记号俗借

记号俗借,即借用俗字作为方块壮字的区别性符号。充当记号的俗字,其原有的
音义与所记录壮语词的音义没有任何关联,只起到区别作用。

例如,"跳"(naŋ⁶/神龛)的区别性记号"昻",借自"足"的俗字。例见:

(10)叭麻口床**跳**,tɕa:t⁷ ma¹ hau³ ɕo:ŋ² naŋ⁶,殃怪 来 进 神 龛。

(张声震,2004:769、741)

"跳"在方块壮字抄本中共出现 13 次,其他例见"度题佛床跳"(黄明标,2016:卷二 141、140),"王歐頭麻的床跳"(黄明标,2016:卷三 754、727),等等。

"𤴓"是"足"俗体,历代出土文献与传世文献足证。《睡虎地秦墓竹简·封诊式》简 47 "坐父甲谒鋈其足","足"作𤴓(陈伟,2014:1106)。《敦煌汉简》简 723A"适足","足"作𤴓(张德芳,2013:292)。晋王羲之《兰亭叙》、隋智永《真草千字文》、唐欧阳询《温彦博碑》,"足"分别作𤴓、𤴓、𤴓(黑须雪子,2007:2567)。唐敦煌文献 S.388《正名要录》,"足"作𤴓(黄征,2005:575)。《宋元以来俗字谱》引《取经诗话》《古今杂剧》《太平乐府》等,"足"作足(刘复、李家瑞,1957:89)。同时,"足"作偏旁时,也可作"𤴓"。例如,《居延汉简》简 50.16"路人","路"作路一(简牍整理小组,2014:161)。《宋元以来俗字谱》引《通俗小说》《太平乐府》等,"路"作路(刘复、李家瑞,1957:89)。《京本通俗小说·碾玉观音》"行人路上添凄切","路"作路(曾良、陈敏,2018:391)。"足"常表"脚、根茎、充足、足够"等义,中古音拟作[tsɪwok](郭锡良,2010:162)。在方块壮字抄本流传地,"足"的粤语和官话分别读作[tʃuk⁵⁵][tsu²¹](谢建猷,2007:1052)。"跳"的部件"能"常表"才干、胜任、应该"等义,中古音拟作[nə](郭锡良,2010:426)。在方块壮字抄本流传地,"能"的粤语和官话分别读作[nɐŋ⁵²][nɐn²¹](谢建猷,2007:936)。

按:"𤴓"作为"足"的俗字在秦汉时期就已存在,后代一直沿用,其音义与壮语词 naŋ⁶ 的音义均无关联。"能"的意义与壮语词 naŋ⁶ 的"神龛"义无关,但其读音与 naŋ⁶ 的读音相近。在重构方块壮字记录 naŋ⁶ 时,"𤴓"和"能"可分别作为区别性记号和音符,由此产生记号俗借字"跳"(naŋ⁶/神龛)。

(四)多符俗借

多符俗借,即重新构造方块壮字时,多个构字部件同时借自俗字。例如,"㤗"(laːi¹/多)的意符"多"和音符"未"均借自俗字。例见:

(11) 㤗妹㤗同骂,laːi¹ me⁶ laːi¹ toŋ⁶ da⁶,多 老婆 多 相互 吵架。

(张声震,2004:2923、2277)

"㤗"在方块壮字抄本中共出现 12 次,其他例见"中皇歐㤗妣"(张声震,2004:2922、2277),"加錢㤗襠灰"(张声震,2004:2905、2259),等等。

"𦝻"的部件"夛"是"多"的俗字。《俗书刊误·歌韵》："多，俗作夛。"（焦竑，1935：卷一10）《正字通·夕部》："多，俗作夛。"（张自烈，1996：215）《宋元以来俗字谱》引《娇红记》《白袍记》等，"多"作夛（刘复、李家瑞，1957：117）。宋元时期的徽州文书，"多"作夛、夛（方孝坤，2012：189）。明刊本《大宋中兴通俗演义》卷五《诏岳飞征讨湖寇》"岳节使带多少人马来"，"多"作夛（曾良、陈敏，2018：152）。"多"的中古音拟作[tɑ]（郭锡良，2010：52）。在方块壮字抄本流传地，"多"的粤语和官话分别读作[tɔ⁵⁵][tɔ³³]（谢建猷，2007：304）。

"𦝻"的部件"耒"本指古代翻土农具耜的曲木柄。《说文·耒部》："耒，手耕曲木也。"（许慎，1963：93）《周易·系辞下》："斫木为耜，揉木为耒。"陆德明释文引京房云："耒，耜上句木也。"（陆德明，1985：128）因形体相似，"耒"又用作"来"的俗体，历代出土文献和传世文献足证。北魏敦煌文献敦研007《大慈如来十月廿四日告疏》"大慈如来"，"来"作耒（黄征，2005：230）。隋《隋宫人姜氏墓志》"来"作耒（秦公，1985：48）。唐吐鲁番文书《相辞为共公乘芰与杜庆毯事》"共来到南门前"，"来"作耒（唐长孺，1996：壹105）。《宋元以来俗字谱》引《古今杂剧》《娇红记》，"来"作耒（刘复、李家瑞，1957：118）。明世德堂本《西游记》第一回"原来是歌唱之声"，"来"作耒（曾良、陈敏，2018：345）。"来"的中古音拟作[lɒi]（郭锡良，2010：203）。在方块壮字抄本流传地，"来"的粤语和官话分别读作[lɔi⁵²][lai²¹]（谢建猷，2007：416）。

按："夛"作为"多"的俗字较早见于宋元时期的徽州文书，又见于元明清文献及字书，其读音与壮语词la:i¹的读音相去甚远，但其意义与la:i¹相同。"耒"作为"来"的俗字较早见于北魏敦煌写卷，又见于隋唐以来的历代文献，其意义与壮语词la:i¹完全无关，但其汉语读音与壮语词la:i¹相近。在重构方块壮字记录la:i¹时，"夛"和"耒"可分别作为意符和音符，由此产生多符俗借字"𦝻"（la:i¹/多）。

三、结语

写法纷繁、理据隐晦的方块壮字俗借字一直是开展壮族古籍整理和相关研究的一大障碍。通过以上分析，我们不难发现方块壮字俗借字虽然复杂，但有迹可循。如果能够全面系统地搜集、整理、研究俗借字，则对于解读方块壮字、整理壮族古籍、编纂方块壮字字典、开拓近代汉字学新领域均具有重要价值。

　　首先,有助于正确解读方块壮字。长期以来,人们对于源自俗字的方块壮字时有误解。例如,张元生(1984:519)将"叩"列为音义未明的方块壮字,覃晓航(2010:130)则将该字视为"嘟"(daŋ⁵/碱、咸)的省形。又如,覃晓航(2010:182)认为"迯"(teːu²/逃走)是自造会意字,"辶"与"外"组成"外走"之意,"外走"即"逃"。这些结论都有偏颇,显然是忽视俗借字所致。前文已论及,"叩""迯"分别是"叩""逃"的俗字,方块壮字"叩"和"迯"分别是字音和字义俗借字。如果我们能结合俗借字的研究来解读方块壮字,就可以在很大程度上避免类似上述的差错。此外,以方块壮字为典型代表的仿汉文字,其显著特点之一就是借用汉字来记录本民族词语,俗借字自然也是其他仿汉文字共有的文字现象。因此,研究方块壮字俗借字,对于正确解读其他仿汉文字同样具有借鉴意义。

　　其次,有助于提高壮族古籍整理的品质。一方面,俗借字的研究可以为完备壮族古籍的注释提供借鉴。目前壮族古籍的注释多侧重于词语,几乎未涉及以俗借字为主的疑难字,这无疑是一个缺憾。整理壮族古籍时,若能吸收俗借字的研究成果对疑难字进行注解,定会受到读者的欢迎。另一方面,俗借字的研究可以为订正壮族古籍的释文提供参考。限于篇幅,在此仅举一例。《壮族麽经布洛陀影印译注》有一处释文为"请藤邦蘭硯"(张声震,2004:415、428),"硯"(ŋva⁴/瓦)的图版作 **硙**。从理据看,"硯"的部件"尾"不成字。细察图版,"尾"当为"厓",且 **硙** 释为"硙"才符合理据。从前文可知,"厓"是"瓦"的俗字,其汉语读音与壮语词ŋva⁴的读音相近,其意义与ŋva⁴的"瓦"义相同,故可分别借其音义作为音符和意符来提示ŋva⁴。"石"的读音与ŋva⁴的读音差异很大,但其意义与ŋva⁴的"瓦"义相关,可作为意符。可见,"硙"是一个多符俗借字,原释文因不明俗借字而误作"硯",应订正。

　　再次,有助于提高方块壮字字典编纂的质量。限于材料,目前唯一的《古壮字字典》尚有不尽如人意之处,俗借字的研究至少可以为编纂方块壮字字典提供以下参考。一是增补字形。如前文所举的"叩"(kauˡ/角)、"比"(paːk⁷/口)、"肉"(no⁶/肉)、"扨"(çauˡ/收)、"呍"(va⁴/愚蠢)、"髜"(kuk⁷/老虎)、"鮠"(tɕaˡ/鱼)、"跳"(naŋ⁶/神龛)均为《古壮字字典》未收字,它们的来源清楚、音义明确、使用频率高,当然可以增补到字典中。二是增补解说。俗借字的构字理据隐晦,编纂方块壮字字典时,若能参考有关成果对俗借字的理据进行解说,定可提高字典的学术性。三是增补例证。《古壮字字典》的例证或缺无,或为自造例,无法证明字形和义项的客观存在,这在很大程度上降低了字典的价值。加强俗借字的研究,可为方块壮字字典提供真实例证。例如,《古壮字字典》第122页第1个条目中的"迻"(teːu²/逃走)没有例证,第344页第5个条目中的"嘈"(nau²/说)为自造例。若将前文所举"迻"和"嘈"的用例增补为例证,则不仅证明了此二字客观存在于实际文献中,而且明确了它们的来源地区和使用时期,其语料价值势必得以提升。

最后,有助于开拓近代汉字研究的新领域。方块壮字俗借字是俗字在不同时期传播到壮族地区的历史产物。对各时期、各地区的俗借字进行细致考辨与系统整理,可以反映俗字在壮族地区的基本概貌,为近代汉字研究提供新的原始材料。同时,如果将碑刻文献、敦煌写卷、契约文书、通俗小说等材料中的俗字,与方块壮字及其他仿汉文字的俗借字结合起来,梳理源流,总结规律,则不仅可以更加全面地勾勒近代汉字形体发展演变的轨迹,而且能够更加深刻地认识汉字在民族地区传播、接触、变异、使用的情况,近代汉字的理论研究也将得到进一步发展。

【参考文献】

陈　伟　2014　《秦简牍合集(壹)》,武汉大学出版社。

[宋]陈彭年等　1935　《广韵》,中华书局。

[宋]丁　度　1985　《集韵》,上海古籍出版社。

方孝坤　2012　《徽州文书俗字研究》,人民出版社。

广西壮族自治区少数民族古籍整理出版规划领导小组办公室　1989　《古壮字字典》,广西民族出版社。

郭锡良　2010　《汉字古音手册》,商务印书馆。

何正廷　欧薇薇　2013　《壮族鸡卜经影印译注》,广西民族出版社。

黄　征　2005　《敦煌俗字典》,上海教育出版社。

黄明标　2016　《壮族麽经布洛陀遗本影印译注》,广西人民出版社。

简牍整理小组　2014　《居延汉简(壹)》,台湾"中研院"史语所。

[明]焦　竑　1935　《俗书刊误》,上海商务印书馆。

[元]李文仲　1985　《字鉴》,中华书局。

刘　复　李家瑞　1957　《宋元以来俗字谱》,文字改革出版社。

[唐]陆德明　1985　《经典释文》,上海古籍出版社。

毛远明　2014　《汉魏六朝碑刻异体字典》,中华书局。

聂鸿音　1998　《中国文字概略》,语文出版社。

秦　公　1985　《碑别字新编》,文物出版社。

覃晓航　2010　《方块壮字研究》,民族出版社。

唐长孺　1996　《吐鲁番出土文书》，文物出版社。

韦亮节　2018　《方块壮字向异、俗、简字借源举隅》，《河池学院学报》第6期。

魏　坚　2005　《额济纳汉简》，广西师范大学出版社。

［明］吴道长　1996　《重订直音篇》，上海古籍出版社。

谢建猷　2007　《广西汉语方言研究》，广西人民出版社。

［汉］许　慎　1963　《说文解字》，中华书局。

张德芳　2013　《敦煌马圈湾汉简集释》，甘肃文化出版社。

张青松　2018　《十年来古壮字研究简评》，《兴义民族师范学院学报》第5期。

张声震　2004　《壮族么经布洛陀影印译注》，广西民族出版社。

张涌泉　2015　《敦煌俗字研究》(第2版)，上海教育出版社。

张元生　1984　《壮族人民的文化遗产——方块壮字》，《中国民族古文字研究》，中国社会科学出版社。

［明］张自烈　［清］廖文英　1996　《正字通》，中国工人出版社。

曾　良　陈　敏　2018　《明清小说俗字典》，广陵书社。

［日］黑须雪子　2007　《大书源》，二玄社。

西南大学汉语言文献研究所简志

（1984—2024）

朱华忠　执笔

西南大学汉语言文献研究所所务委员会　审定

第一章　概述

一、概况

西南大学汉语言文献研究所（简称"文献所"）是1984年10月经教育部批准建立的专门从事古籍整理与研究的教学、科研机构，是教育部全国高等院校古籍整理研究工作委员会直接资助和重点建设的研究所之一，是西南地区古籍整理研究及专业人才培养的重要学术基地。

建所40年来，在高校古委会、学校党政领导以及学校社科处、研究生院等部门的领导和支持下，在前辈学者的辛勤经营和全体科研人员的艰苦奋斗下，文献所在学科建设、科学研究和人才培养等方面都取得了丰硕的成果，积累了丰富的经验，逐步形成了自己的特色。

文献所与西南大学文学院、中国新诗研究所共有中国语言文学一级学科硕士、博士点和博士后流动站，目前本所硕博士招生专业有汉语言文字学、中国古典文献学、历史文献学、中国少数民族语言文学、语言学及应用语言学，汉语言文字学2001年、2006年两次被评为重庆市重点学科。目前已经培养硕士研究生33届，共641名；博士研究生15届，共95名；高师硕士6届，共38名。研究生课程教学改革曾获得教育部二等奖、重庆市一等奖。

建所以来，先后有教授22人，副教授18人在所工作。目前在编人员21人，其中教授5人，副教授7人，科研人员具有较高的学历层次，有博士19人，形成了一支老中青结合，研究领域结构合理，团结合作的学术队伍。

40年来，文献所已经承担国家级、省部级项目146项，出版专著100余部，发表核心期刊以上论文300多篇，获得省部级科研奖励50余项，形成了以出土文献整理研究、西南少数民族文字和文献整理研究为主要学科，并兼及中国古典文献学、语言学及应用语言学的整体学科布局。

二、历届领导班子

首任所长李运益（1984年10月至1987年6月在任）；副所长徐永年（编制在中文系，1984年10月至1985年6月在任）；副所长漆泽邦（编制在历史系，1984年10月至1987年9月在任）；党支部书记张静书。

第二任所长漆泽邦（编制在历史系，1987年12月至1990年5月在任）；党支部书记侯昌吉，其间曾短暂代理所长。

第三任所长刘重来（1990年12月至1999年1月在任）；副所长喻遂生（1990年12月至1999年1月在任）；党支部书记夏春芳。

第四任所长喻遂生（1999年1月至2012年6月在任）；副所长毛远明（1999年1月至2008年8月在任）；副所长张显成（2008年8月至2012年6月在任）；副所长邓章应（2008年8月起）；党支部书记毛远明（兼）。

第五任所长张显成（2012年6月至2017年5月在任）；副所长邓章应、王化平（2012年6月起）；党支部书记王化平（兼）。

第六任负责人为邓章应副所长（主持全所工作，2017年4月至2019年7月）；副所长王化平；党支部书记王化平（兼）。

第七任所长孟蓬生（2019年7月至2023年6月在任），并兼党支部书记（2019年至2023年）；副所长王化平。

现任所长孟蓬生（2023年7月起）；党支部书记王化平（2023年11月起）。

历任办公室主任：夏春芳（1987年至1998在任）、欧昌俊（1998年至2002年）、苏文英（2002年至2014年）、李学渊（2014年至今）

历任办公室工作人员（含辅导员）：黄立凌、李发（兼）、郭丽华、赵鑫晔（兼）、李学渊、吴燕林（2021年9月起，劳务派遣）。

资料室人员：曹光季、欧昌俊、陈蕊、陈荣杰（兼）、朱华忠。

现任所务委员会委员：孟蓬生、王化平、李发、李学渊。

现任所学术委员会委员：孟蓬生、王化平、李发、邓飞、李晓亮。

在岗人员：孟蓬生、李发、王化平、陈荣杰、邓飞、虎维铎、朱华忠、苏文英、李明晓、郭丽华、王远杰、杨亦花、李学渊、胡波、李晓亮、史淑琴、杜锋、马超、袁伦强、黄程伟、王子鑫。

退休人员：冯昌敏、赵家怡、侯昌吉、刘重来、欧昌俊、黄立凌、李海霞、喻遂生、毛远明、张显成、杨文全。

曾在岗后调离人员：张静书、齐仕蓉、李景白、刘萍、黎邦正、王大炎、许答应、霍永恒、徐适端、钱光、严志君、张明富、张颖超、李琼英、庞俊、徐难于、董艳艳、陈晓华、何锡光、刘青、蒋宗福、陈蕊、廖强、沈祖春、赵鑫晔、邓章应、唐光荣、高魏、何山、徐海东。

第二章　1984—2024年大事记

1984年10月,西南师范学院汉语言文献研究所在"《汉语大字典》西南师范学院编写组"的基础上成立,李运益任所长,徐永年、漆泽邦任副所长。

1984年,曹慕樊著《杜诗杂说》获四川省社科优秀成果奖三等奖、重庆市社科优秀成果奖三等奖。

1985年9月,汉语史专业首届硕士研究生汪启明、吴福祥、吴泽顺、顾之川、李岗、周继琛入学,导师李运益、刘继华。

1986年9月,文献所参与的国家"七五"重点科研项目《汉语大字典》(第6、7卷)出版,本所承担了《康熙字典》门部至鬲部的所有字头,所长李运益任《汉语大字典》副主编,杨欣安、冯昌敏、张静书任编委,侯昌吉、欧昌俊等参编。

1987年12月,漆泽邦任所长。

1988年6月,第一届硕士研究生毕业。

1988年,曹慕樊主编《东坡选集》获四川省社科优秀成果奖三等奖、重庆市社科优秀成果奖二等奖。

1989年7月,虎维铎于四川大学硕士毕业后来所工作。

1990年6月,刘重来由历史系调入,后任所长。喻遂生由中文系调入,任副所长。

1990年7月,蒋宗福于四川大学硕士毕业后来所工作。

1992年10月,李运益、刘重来被授予国务院政府特殊津贴。

1993年,欧昌俊主持的"六朝唐五代石刻俗字研究"获"中华社科基金"项目资助,是文献所建所以来第一个国家级社科基金项目。

1994年7月,朱华忠于北京师范大学硕士毕业后来所工作。

1994年12月,刘重来领衔整理的《明实录类纂·四川史料卷》获重庆市社科优秀成果奖三等奖。

1995年6月,中国古典文献学学科获得硕士学位授予权,方向带头人为熊宪光、刘重来、喻遂生、蒋宗福。

1995年7月,张显成于四川大学博士毕业后来所工作。

1995年7月,刘重来被聘为《中华大典·法律典》编委、《刑法分典》副主编。

1995年9月,李运益主编《论语词典》获重庆市社科优秀成果奖一等奖、四川省优秀图书奖。

1996年4月,陈年福获第四届"中国古文献学奖学金"三等奖(硕士生组),这是文献所研究生首次获得此类奖项。

1996年12月,刘重来、郑家福、徐适端、张明富、张颖超、杨光华、姜晓萍、孔毅、夏春芳、秦学顺、李廷勇、黎邦正等整理的《明实录类纂·司法监察卷》获四川省社科优秀成果奖三等奖。

1997年7月,刘青硕士毕业后留所工作。

1997年9月,中国古典文献学专业首届硕士研究生入学,赵俊芳、沈利斌、陈晓华由刘重来指导,杨阳由蒋宗福指导。

1997年10月,全国高等院校古籍整理研究工作委员会秘书长杨忠教授来所视察。

1998年3月,毛远明由阿坝师范专科学校调入本所。

1998年7月,张显成《简帛药名研究》获重庆市第一次社科优秀成果奖二等奖,喻遂生、蒋宗福、张显成、虎维铎、李海霞等点校《十三经注疏》(6种)获优秀成果奖二等奖,刘重来等整理《明实录类纂·四川史料卷》《明实录类纂·司法监察卷》《明实录类纂·宗藩贵戚卷》获优秀成果奖三等奖。

1999年8月,张显成《简帛药名研究》获第二届全国古籍整理图书奖二等奖,这是文献所首次获得此类奖项。

1999年1月,喻遂生任所长,毛远明任副所长、党支部书记。

1999年7月,苏文英于湖北大学硕士毕业后来所工作。

2000年10月,喻遂生、张显成、蒋宗福、毛远明《汉语史方向研究生课程的改革和创新》获重庆市教学成果一等奖。

2001年5月,刘重来在《历史研究》1999年第6期发表的论文《中国二十世纪文献辨伪学述略》获重庆市第二次社科优秀成果奖二等奖。

2001年7月,唐光荣、陈晓华硕士毕业后留所工作。同年两人均考上北京师范大学博士研究生。

2001年9月,汉语言文字学学科被评为重庆市重点学科,学术带头人为喻遂生。

2001年12月,喻遂生《纳西东巴文形声字研究》系列论文获王力语言学奖二等奖。

2001年12月,喻遂生、张显成、蒋宗福、毛远明《汉语史方向研究生课程的改革和创新》获国家级教学成果二等奖。

2002年3月,与文学院联合举办"庆祝刘又辛教授90寿辰学术讨论会"。

2002年4月,苏文英任办公室主任。

2002年7月,刘重来被评为重庆市首届学术技术带头人。

2002年11月,《简帛语言文字研究》创刊,张显成担任主编。

2003年7月,董艳艳、邓飞、廖强硕士毕业后留所工作。

2003年9月,刘重来被聘为重庆市人民政府文史研究馆馆员。

2003年12月,获得中国少数民族语言文学学科硕士学位授予权,方向带头人喻遂生、李静生、刘青。

2004年9月,中国少数民族语言文学专业首届硕士研究生入学,共3位学生,分别是刘沨雪、孔明玉、张毅,由喻遂生、李静生联合指导。

2006年7月,王化平于四川大学博士毕业、李明晓于中山大学博士毕业后来所工作,陈荣杰、李发硕士毕业后留所工作。

2006年7月,汉语言文字学"高师硕士"首届研究生入学,共15位学生,分别由喻遂生、张显成、毛远明、李海霞指导。

2006年9月,历史文献学学科开始招收硕士研究生。

2006年10月,举办"中国训诂学会年会暨刘又辛教授从教60周年学术研讨会"。

2006年10月,张显成《简帛文献学通论》获重庆市第五次社科优秀成果奖一等奖。

2006年12月,汉语言文字学学科获得博士学位授予权,方向带头人喻遂生、张显成、毛远明、蒋宗福。

2006年12月,汉语言文字学学科再次被重庆市评为重点学科,方向带头人喻遂生、张显成、毛远明、蒋宗福。

2006年12月,喻遂生《纳西东巴文研究丛稿》获教育部第四届人文社会科学优秀成果奖三等奖。

2007年2月,喻遂生被授予国务院政府特殊津贴。

2007年8月,邓章应由内江师范学院调入文献所工作。

2007年9月,汉语言文字学首届博士研究生入学,喻遂生教授指导的共3位,分别是马锦卫、邓飞、钟耀萍;张显成教授指导的共2位,分别是李建平、龙仕平;毛远明教授指导的共2位,分别是何山、安美娜(泰国)。

2008年6月,喻遂生、张显成、毛远明分别被评为汉语言文字学、中国古典文献学、历史文献学重庆市第二届学术技术带头人,李明晓、邓章应、朱华忠、王化平分别被评为汉语言文字学、中国少数民族语言文学、历史文献学、中国古典文献学重庆市第二届学术技术带头人后备人选。

2008年6月,刘重来《卢作孚与民国乡村建设研究》获重庆市第六次社科优秀成果奖一等奖。

2008年7月,王远杰于首都师范大学博士毕业后来所工作,郭丽华硕士毕业后留所工作。

2008年7月31日下午2时,文献所所在的第一教学楼因维修施工不慎引发火灾,教学楼大部分被焚毁。所办公室、会议室、研究室、教室全部被毁。一楼的资料室未被烧及,但书多被水浸湿。文献所随后迁往21教学楼。

2008年9月,喻遂生继续任所长,张显成、邓章应任副所长。

2008年10月,举办"出土文献与巴蜀文献学术研讨会暨中国历史文献研究会第29届年会"。

2008年10月,文献所研究生会成立。

2008年10月,李运益获中国辞书学会颁发的"辞书终身成就奖"。

2009年5月,与国际处、文学院、历史学院共同申报国际汉语教育专业硕士学位获得批准,领衔人喻遂生。

2009年7月,赵鑫晔于南京师范大学博士毕业后来所工作。

2009年9月,喻遂生获"西南大学突出贡献奖"。

2009年10月,举办"全国首届博士生论坛(出土文献语言文字研究与比较文字学研究领域)"。

2010年7月,何山博士毕业后留所工作、沈祖春于华东师范大学博士毕业后来所工作。

2010年10月,举办"全国第十届古代汉语暨出土文献语言研究学术研讨会"。

2010年10月,举办"重庆市语言学研究生学术论坛"。

2010年11月,首次承办"重庆市青年语言学沙龙"。

2010年12月,《学行堂文史集刊》创刊,由文献所研究生会主办。

2010年,张显成《秦简逐字索引》《尹湾汉墓简牍校理》获国家古籍整理出版资助项目资助。

2011年3月,与文学院、新诗所共同申报中国语言文学一级学科博士学位授予权获得批准,领衔人喻遂生,汉语言文字学方向带头人喻遂生、张显成、毛远明。

2011年5月,成立"甲骨文金文整理研究中心",喻遂生任中心主任;成立"简帛整理研究中心",张显成任中心主任;成立"碑刻整理研究中心",毛远明任中心主任;成立"民族古文字研究中心",喻遂生任中心主任。

2011年6月,毛远明《汉魏六朝碑刻校注》获重庆市第七次社科优秀成果奖一等奖。

2011年8月,毛远明"石刻文字搜集与整理"获新闻出版总署重大文化工程项目,批准经费1580万元。

2011年10月,举办"第二届全国博士生论坛(出土文献语言文字研究与比较文字学研究领域)"。

2011年11月,喻遂生"纳西东巴文献字释合集"获准国家社科基金重大招标项目,经费80万元。

2011年12月,与文学院、中国新诗研究所共同申报重庆市中国语言文学一级学科重点学科获得批准,领衔人喻遂生,汉语言文字学方向带头人喻遂生、张显成、毛远明。

2011年12月,文献所获"西南大学科研工作先进单位"称号。

2011年12月,《学行堂语言文字论丛》创刊,邓章应担任主编。

2012年4月,喻遂生被重庆市人民政府授予"重庆市第四届先进工作者"荣誉称号。

2012年6月,张显成任所长,邓章应、王化平任副所长。

2012年10月,张显成"简帛医书综合研究"获准国家社科基金重大招标项目,经费80万元,后又追加50万元。

2012年10月,举办"首届西南地区语言学研究生论坛"。

2012年12月,与文学院、中国新诗研究所共同申报获准中国语言文学学科博士后流动站。

2013年5月,整合"甲骨文金文整理研究中心""简帛整理研究中心""碑刻整理研究中心",成立"出土文献综合研究中心",张显成任中心主任,并在重庆理工大学、重庆工商大学建立分中心。

2013年7月,杨亦花博士毕业、李学渊硕士毕业后留所工作,徐海东博士毕业后进入博士后流动站,为师资博士后。

2013年7月,举办"中国语言文字与传统文化"夏令营。

2013年10月,举办"第三届全国博士生论坛(出土文献语言文字研究与比较文字学研究领域)"。

2013年10月，文献所研究生会获"西南大学特色研究生会"称号。

2013年，张显成《楚简逐字索引》获国家出版基金项目资助。

2014年4月，"庆祝汉语言文献研究所成立三十周年系列学术活动启动"。

2014年6月，文献所由21教学楼迁入文化村2舍。

2014年6月，首任所长李运益教授逝世，享年90岁。

2014年7月，胡波于浙江大学博士毕业后来所工作，李晓亮博士毕业后进入博士后流动站，为师资博士后。

2014年9月，《出土文献综合研究集刊》创刊。

2014年9月，伏俊琏由西北师范大学来所里工作，准备调入，后未成功，转而调入西华师范大学。

2014年11月，举办"庆祝汉语言文献研究所成立三十周年学术研讨会"。

2014年11月，举办"第四届全国博士生论坛（出土文献语言文字研究与比较文字学研究领域）"。

2014年，张显成《吐鲁番出土文书字形全谱》获国家出版基金项目资助。

2015年7月，徐海东博士后流动站出站，随后留所工作。

2015年8月，喻遂生教授领衔，杨亦花、曾小鹏、和继全、李晓亮、周寅参加的研究成果《俄亚、白地东巴文化调查研究》入选2015年度《国家哲学社会科学成果文库》。

2015年10月，"第五届出土文献研究与比较文字学全国博士生学术论坛"成功举办。

2015年10月，"出土文献与古汉语语法研讨会暨第九届海峡两岸汉语语法史研讨会"成功举办。

2016年4月，张显成获国务院重大文化工程"中华大典·农业典·园艺、药用作物分典"项目。

2016年6月，史淑琴于厦门大学中文系博士后流动站出站后来所工作。

2016年7月，李晓亮博士后流动站出站，随后留所工作。

2016年10月，文献所承办的"第六届出土文献研究与比较文字学全国博士生学术论坛"成功举行。

2016年，李发副研究员、李晓亮讲师赴美访学，加强了国际的学术交流与合作。

2017年3月，毛远明教授编著的《历代石刻总目提要（汉至五代）》获国家出版基金项目资助。

2017年3月,毛远明教授因病逝世,享年68岁。

2017年3月,喻遂生教授主编的《纳西东巴文献字释合集》获国家出版基金项目资助。

2017年4月,张显成卸任所长职位,副所长邓章应主持工作。

2017年5月,文献所主办的"第二届出土涉医文献研讨会"成功举行。

2017年7月,杨文全由西南交通大学调入本所工作。

2017年10月,文献承办的"第七届出土文献研究与比较文字学全国博士生学术论坛"成功举行。

2017年10月,文献所、四川外国语大学中文系联合主办的"第二届古文字与出土文献语言研究学术研讨会"在西南大学成功举行。

2017年10月,已故毛远明先生著作《汉魏六朝碑刻异体字典》(中华书局,2014年)荣获第十七届北京大学王力语言学奖二等奖。

2017年12月,文献所获"2017年西南大学科研工作先进单位"称号。

2018年4月,召开"纪念毛远明教授逝世一周年座谈会"。

2018年6月,召开"中国文字学高端论坛暨中国文字学会理事会会议"。

2018年6月,已故毛远明教授著作《汉魏六朝碑刻异体字典》获重庆市第九次社科优秀成果奖二等奖。

2018年7月,孟蓬生由中国社会科学院语言所调入文献所工作,杜锋、高魏博士后流动站出站后留所工作。

2018年7月,成功举办第一届"语言、文字与文献夏令营活动"。

2018年11月,孟蓬生教授国家社科基金重大项目"汉字谐声大系"开题报告会顺利举行。

2018年11月,"第八届出土文献研究与比较文字学全国博士生学术论坛"成功举办。

2019年7月,孟蓬生教授任文献所所长,王化平教授任副所长。

2019年7月,成功举办第二届"语言、文字与文献夏令营"。

2019年9月,"语言与文献"微信公众号创刊。

2019年9月,创建"安大简《诗经》读书班"微信群。

2019年9月,陈荣杰、高魏成功申报国家社科基金冷门绝学项目。

2019年10月,"第十二届全国语文辞书学术研讨会"成功举行。

2019年11月,喻遂生教授赴人民大会堂出席"纪念甲骨文发现120周年座谈会"。

2019年12月,成功举办"集刊与学科建设高端论坛"。

2020年1月,已故毛远明教授著作《汉魏六朝碑刻异体字典》荣获第八届高等学校科学研究优秀成果奖二等奖。

2020年1月,赵鑫晔调离文献所,入职兴义民族师范学院。

2020年4月,马超于西南大学历史文化学院博士后流动站出站后来所工作。

2020年6月,《出土文献综合研究集刊》第十辑改版发行。孟蓬生任主编,王化平任编辑部主任,李发任常务副主编,胡波任副主编。

2020年8月,喻遂生教授主持的国家社科基金重大项目"纳西东巴文献字释合集"顺利结项,并获优秀等级。

2020年9月,联合计算机信息科学学院等单位共同筹备成立"西南大学古文字与出土文献信息处理"文科实验室。

2020年12月,喻遂生、杨亦花、李晓亮《俄亚、白地东巴文化调查研究》获重庆市第十次社科优秀成果奖二等奖(著作类)、孟蓬生《副词"颇"的来源及其发展》获三等奖(论文类)、邓章应《东巴文与水文比较研究》获三等奖(著作类)。

2021年3月,成功举办"出土《书》类文献研究高端学术论坛"。

2021年4月,张显成教授任首席专家的国家社科基金重大项目"简帛医书综合研究"成果鉴定会顺利召开,鉴定结果为优秀。

2021年5月,邓章应教授调离文献所,入本校文学院。

2021年6月,"出土文献综合研究集刊"微信公众号创刊。

2021年10月,"第三届汉语词汇史青年学者论坛"成功举办。

2021年11月,"简帛国际学术研讨会:《诗》类文献专题"成功举办。

2021年12月,喻遂生教授主编的《纳西东巴文献字释合集》入选国家新闻出版署"十四五"时期国家重点图书、音像、电子出版物出版专项规划。

2021年,《出土文献综合研究集刊》首次入选CSSCI(2021—2022)来源集刊目录,并首次被中国人民大学《复印报刊资料》转载。

2021年,文献所获"西南大学人文社科类科研工作先进单位"三等奖。

2021年,高魏入选2021年重庆英才青年拔尖人才计划。

2022年7月,袁伦强于首都师范大学博士毕业后来所工作。

2022年11月,成功"举办中国古文字研究会第二十四届年会"。

2022年10月,喻遂生教授主编的《纳西东巴文献字释合集》被列为全国古籍整理出版规划领导小组《2021—2035年国家古籍工作规划》重点出版项目。

2022年12月,李发主持的"基于数据库技术的殷商甲骨刻辞事类排谱、整理与研究"获得教育部哲学社会科学研究重大课题攻关项目。

2022年12月,何山"汉魏六朝碑刻文字通例研究暨字形全谱编撰"获得国家社科基金冷门绝学研究专项。

2022年12月,张显成教授、李发教授成果获重庆市第十一次社科优秀成果奖二等奖,王远杰副教授、马超副教授成果获优秀成果奖三等奖。

2023年3月,《出土文献综合研究集刊》首次被中国社会科学评价研究院评定为"2022年度中国人文社会科学集刊AMI综合评价"核心集刊。

2023年5月,文献所首届"五四"青年教师学术演讲会成功举行,杜锋、高魏、李晓亮、袁伦强、马超、胡波六位老师做了演讲。

2023年6月,《出土文献综合研究集刊》第二次被南京大学中国社会科学研究评价中心遴选为"中文社会科学引文索引来源集刊"(CSSCI)。

2023年7月,孟蓬生受聘继续担任所长,王化平任副所长。

2023年11月,文献所首届"高级职称演讲会"成功举行,何山、徐海东、李明晓、马超四位老师做了学术演讲。

2023年12月,文献所和文学院联合举办的"重庆市语言学会第十四届年会暨学术讨论会"成功举行。

2024年3月,张显成《简帛医书综合研究丛书》、高魏《方块壮字文献字形汇释》获国家出版基金项目资助。

2024年4月,唐光荣调离文献所,入本校图书馆。

2024年4月,高魏调离文献所,入广西师范大学。

2024年4月,何山调离文献所,入本校文学院。

2024年5月,徐海东调离文献所,入本校美术学院。

2024年7月,黄程伟于华东师范大学博士毕业后来所工作。

2024年7月,胡波辞去《出土文献综合研究集刊》副主编,由王化平兼任副主编。

2024年9月,王子鑫于复旦大学博士毕业后来所工作。

第三章 学术研究

一、科研项目

李运益"汉语大字典",承担《康熙字典》门部至鬲部的所有字头,国家"七五"重点科研项目。李运益任副主编,编委杨欣安、冯昌敏、张静书,参编侯昌吉、欧昌俊等。1986—1990年出版。

李运益"墨子校注",古委会项目,参加者刘继华、侯昌吉、漆泽邦、李禹阶、徐适端、齐仕蓉、秦学颀、黎邦正。

李运益、喻遂生、蒋宗福"先秦诸子专书词典",全国高校出版社"八五"重点出版项目,参编李海霞、侯昌吉、杨载武、欧昌俊、严志君。

李运益、蒋宗福、喻遂生"先秦汉语词汇研究",国家教委"八五"社科项目,研究人员毛远明、李海霞。

欧昌俊"六朝唐五代石刻俗字研究",中华社科基金1993年项目,参研李海霞。

徐适端"明实录·妇女史料卷",古委会1994年项目。

李琼英、张颖超"明实录·宗藩贵戚卷",古委会1994年项目。

刘重来"民国时期卢作孚乡村建设模式研究",国家社科基金1996年项目,研究人员周鸣鸣、曾小勇、苟翠萍、潘洵。

刘重来"中华大典·法律典",国家重点古籍整理项目,研究人员李琼英、朱华忠、李廷勇、徐适端、秦学颀、姜晓萍、张颖超等。

刘重来"《华阳国志》研究",古委会1997年直接资助项目。

刘重来"明实录类纂"整理5种,古委会项目。"四川史料卷"项目负责人黎邦正、刘重来。"司法监察卷"项目负责人刘重来,研究人员徐适端、郑家福等。"职官任免卷""明实录类纂·宗藩贵戚卷""明实录类纂·妇女史料卷"项目负责人刘重来,研究人员黎邦正、徐适端、刘韵叶、朱华忠、郑家福、徐大英、张明富、张颖超、姜晓萍、夏春芳、李琼英、杨光华、孔毅、秦学颀、李廷勇。

喻遂生"甲骨文与纳西东巴文比较研究",国家教委"八五"社科项目。

喻遂生"纳西东巴文研究",国家教委"九五"社科项目。

喻遂生"甲骨文语法研究",重庆市"九五"社科项目。

喻遂生"孟子词典",古委会2001年项目。

喻遂生"纳西东巴文应用性文献研究",教育部2002年项目。

喻遂生、毛远明"礼类儒典编纂与研究",国家社科基金2004年重大项目子项目。

喻遂生"殷墟花园庄东地甲骨语言文字研究",重庆市社科2006年项目。

喻遂生"俄亚、白地东巴文调查研究",国家社科基金2007年项目。

喻遂生"纳西东巴文献字释合集",国家社科基金2011年重大项目。

喻遂生"汉语文字学",重庆市研究生教育优质课程2012年项目。

张显成"秦汉简帛词汇研究",国家教委"九五"社科项目。

张显成"出土简帛文献二十一种",古委会1996年项目。

张显成"简帛合成词研究",重庆市"九五"社科项目。

张显成"两汉简帛异体字谱",古委会2004年项目。

张显成"简帛量词研究",国家社科基金2005年项目。

张显成"简帛通论",重庆市研究生重点课程、教材、案例库建设基金2008年项目。

张显成"中国古代文化与文献",西南大学研究生一级学科平台课教学资助课程2008年项目。

张显成"简帛儒家文献研究",教育部2008年项目。

张显成"尹湾汉墓简牍校理",古委会2008年项目。

张显成"秦汉简牍文字编",重庆市社科2009年项目。

张显成"基于简帛文字资料库的秦汉简帛异体字研究",教育部2010年项目。

张显成"秦汉简帛系列字形谱",国家社科基金2011年项目。

张显成"楚简帛、秦简逐字索引",古委会2011年项目。

张显成"简帛医书综合研究",国家社科基金2012年重大项目。

张显成"吐鲁番出土文书字形全谱(附原文及校释)",古委会2013年项目。

张显成"中华大典·农业典·园艺、药用作物分典",国务院重大文化工程2016年项目。

张显成"两汉碑刻字形全谱(附释文校勘记)",古委会2021年项目。

张显成"《巴渝文库》语文类文献典籍整理研究",重庆市2024年特别委托重点项目。

毛远明"汉魏六朝碑刻校注",古委会2001年项目。

毛远明"汉魏六朝石刻词汇研究",教育部2002年项目。

毛远明"唐代石刻校注",古委会2004年项目。

毛远明"汉魏晋南北朝石刻异体字研究",国家社科基金2006年项目。

毛远明"魏晋南北朝文字与文化研究",教育部2010年重大项目子项目。

毛远明"《儒藏》（精华编）经部礼类礼记之属7种"，教育部社科专项2010年委托重点项目。

毛远明"魏晋南北朝汉字史研究"，教育部2010年项目。

毛远明"唐代石刻校注续编"，教育部2010年项目。

毛远明"石刻文字搜集与整理"，新闻出版总署2011年重大招标项目。

毛远明"唐代石刻异体字研究、异体字典及语料库"，国家社科基金2011年项目。

毛远明"隋唐五代石刻文献语料库建设"，教育部2011年重大项目。

毛远明"魏晋南北朝汉字史"，国家社科基金2012年重大项目子项目。

蒋宗福"《金瓶梅词话》校释"，古委会1997年项目。

蒋宗福"近代汉语文献与四川方言词语考释"，重庆市"九五"社科项目。

蒋宗福"金瓶梅语言研究"，国家社科基金2001年项目。

蒋宗福"禅籍口语语法研究"，教育部2001年项目。

蒋宗福"汉语词缀研究"，国家社科基金2004年项目。

何锡光"《樊川文集》校注"，古委会1999年项目。

张颖超"实业兴邦"，古委会1995年项目。

杨文全"当代汉语'汉外融合词'新生词族的形成机制研究"，重庆市社科2017年重点项目。

杨文全"地名用字搜集整理、形音义研究与基础信息平台建设"，国家社科基金2018年重大项目子项目。

杨文全"当代汉语'汉外融合词'的族群化衍生路径与形成机制研究"，教育部2019年项目。

孟蓬生"汉字谐声大系"，国家社会科学基金2017年重大项目（2018年由原单位中国社科学院语言所转入文献所）。

孟蓬生"古文字与出土文献研究"，中央高校创新团队2020年项目。

邓章应"纳西东巴文与水族水文比较研究"，教育部2007年项目。

邓章应"纳西族哥巴文调查研究"，中央高校2009年项目。

邓章应"《维西见闻纪》校注与研究"，古委会2010年项目。

邓章应"东巴文谱系整理及历时演变研究"，教育部2011年项目。

邓章应"东巴文分域断代与历史层次研究"，国家社科基金2012年项目。

邓章应"语言文献类学术型研究生创新能力培养学术型平台的构建"，重庆市教委2012年项目。

邓章应"纳西东巴经跋语分类整理与研究",中央高校基本科研业务费2012年项目。

邓章应"汉字在民族地区的传播和影响研究",中央高校基本科研业务费2014年重大项目。

邓章应"汉字在西南民族地区的传播和影响",贵州省哲学社会科学2016年规划项目。

邓章应"文字学",中央高校基本科研业务费2017年团队项目。

邓章应"比较文字学概要",国家社科基金2018年后期资助项目。

邓章应"甲骨文与自源民族文字比较研究",教育部、国家语委2018年科研项目。

邓章应"新发现东巴文应用性文献的释读与研究",重庆市社科2018年重点项目。

邓章应"基于分域断代的东巴经用字全谱",中央高校基本科研业务费2018年重大项目培育项目。

邓章应"纳西哥巴文文字学研究",教育部哲学社会科学研究2019年后期资助项目。

邓章应"哥巴文字形整理与文字规范研究",重庆市语言文字2019年科研项目。

王化平"简帛文献所见孔子言论研究",重庆市2008年社科项目。

王化平"西南少数民族数占和数字卦的比较研究",教育部2009年项目。

王化平"20世纪以来《易经》新释的整理与研究",中央高校基本科研业务费2012年重大项目。

王化平"出土古文字材料与《周易》卦爻辞新释",重庆市社科2016年项目。

王化平"以出土文献为中心之先秦易学发生、发展及其流变研究",国家社科基金2017年项目。

王化平"《周易》六十四卦异文汇校与本义新解",中央高校基本科研业务费2019年后期资助项目。

王化平"赵大煊《易筌》",重庆市其他委托2022年项目。

王化平"古文字材料影响下的《周易》文献考证及其学术范式",教育部2024年项目。

邓飞"甲骨卜辞量范畴研究",中央高校基本科研业务费2009年项目。

邓飞"商代甲金文量范畴研究",重庆市社科2010年项目。

邓飞"甲骨卜辞量范畴研究",教育部2010年项目。

邓飞"甲金文时间表达式研究",中央高校基本科研业务费2011年重点项目。

邓飞"甲骨卜辞时间表达式的群组差异研究",重庆市博士后科研2013年特别资助项目(二等资助)。

邓飞"商代甲骨卜辞时间范畴的认知研究",中国博士后科学基金第53批面上2013年项目。

邓飞"殷商甲骨卜辞时间范畴的个性表达和断代演化研究",国家社科基金2013年项目。

邓飞"商代甲骨卜辞时间路径构式及其原型的跨域差异研究",中国博士后科学基金第七批2014年特别资助项目。

邓飞"殷商古文字古汉语国际教育建构预研究",中央高校基本科研业务费2015年重大培育项目。

邓飞"以甲金文树库建构为基础的商代汉语句法体系的描写和阐释",国家社科基金2018年项目。

邓飞"基于标准语料库的商代汉语语法系统研究",国家社科基金2024年重点项目。

陈荣杰"走马楼吴简经济类词语研究",教育部2011年项目。

陈荣杰"武威汉简文字研究",重庆市社科2011年项目。

陈荣杰"吴简词汇研究",中央高校基本科研业务费2012年重大项目。

陈荣杰"《嘉禾吏民田家莂》校理",古委会2015年项目。

陈荣杰"吴简嘉禾吏民田家莂",中央高校基本科研业务费2015年项目。

陈荣杰"走马楼三国吴简字形谱",中央高校基本科研业务费2017年重点项目。

陈荣杰"走马楼吴简异体字整理与研究",国家社科基金冷门绝学2019年个人项目。

陈荣杰"走马楼吴简异体字整理与研究",中央高校基本科研业务费2019年重大培育项目。

李发"重庆三峡库区现存石刻文献的调查、整理与研究",古委会2008年项目。

李发"商代甲骨军事卜辞语言研究",教育部2009年项目。

李发"甲骨军事卜辞的分期分类排谱、整理与研究",中央高校基本科研业务费2009年重点项目。

李发"甲骨军事卜辞的分期分类排谱、整理与研究",国家社科基金2010年项目。

李发"小屯村中村南甲骨分类排谱、整理与研究",中央高校基本科研业务费2013年重点项目。

李发"基于出土文献综合研究的文化推广工程",中央高校基本科研业务费2015年创新团队项目。

李发"基于数据库的商代祭祀资料的搜集、整理与研究",国家社科基金2018年项目。

李发"甲骨文字释总览暨数据库建设",中央高校基本科研业务费2019年项目。

李发"先秦蚕丝文化研究",仲恺农业工程学院2021年合作项目。

李发"基于数据库技术的殷商甲骨刻辞事类排谱、整理与研究",教育部2022年重大课题攻关项目。

何山"宋辽金元墓志纂注",教育部2011年项目。

何山"基于语料库的宋辽金元墓志复音词研究",重庆市社科2012年项目。

何山"基于语料库的宋元墓志词汇研究及语言词典",中央高校基本科研业务费2012年项目。

何山"宋辽金元石刻异体字研究及字形谱",国家社科基金2015年项目。

何山"隋唐五代石刻新见字形整理及字谱编纂",古委会2017年项目。

何山"汉至五代石刻新见字(字形)整理研究及字谱编纂",中央高校基本科研业务费2017年重大培育项目。

何山"基于大数据的汉至隋碑刻字形全谱编纂暨俗字源流疏证",中央高校基本科研业务费2020年重点(招标)项目。

何山"汉魏六朝碑刻文字通例研究暨字形全谱编撰",国家社科基金冷门绝学2022年研究专项。

何山"六朝至宋碑刻研究",教育部2022年后期资助项目。

何山"中国古代石刻文献著录总目·明清石刻目",国家社科基金2022年重大项目子项目。

何山"五代碑刻字形全谱及俗字源流演变研究",重庆市教委人文社会科学研究项目2022年重点项目。

杨亦花"木里依吉纳西东巴文化现状调查研究",中央高校基本科研业务费2014年项目。

杨亦花"纳西族的祭祖仪式和东巴文祭祖经典调查研究",国家社科基金2016年项目。

杨亦花"清代西藏游记三种校注及研究",古委会2016年项目。

杨亦花"东巴文字典文献书证的整理和研究",国家社科基金冷门绝学2020年创新团队项目子项目。

王远杰"定语标记'的'的隐现规律研究",教育部2010年项目。

王远杰"汉语音节-语法关联研究",中央高校基本科研业务费2017年项目。

王远杰"汉语韵律-语法界面的单双音节问题研究",重庆市社科2018年项目。

王远杰"汉语个性探索背景下的单双音节语法问题多维度研究",国家社科基金2019年项目。

李明晓"战国秦汉简帛法律文献整理与研究",古委会2007年项目。

李明晓"战国秦汉简牍虚词研究",教育部2008年项目。

李明晓"简帛语言研究:战国楚简虚词研究",重庆市社科2007年项目。

李明晓"出土先秦两汉法律文献整理与研究",国家社科基金2012年项目。

李明晓"新出唐-清买地券整理与研究",古委会2017年项目。

李明晓"巴蜀地区出土买地券整理与研究",中央高校基本科研业务费2018年重大项目。

李明晓"汉魏六朝镇墓文校释及相关问题研究",国家社科基金2019年后期资助项目。

廖强"隋至初唐墓志文字研究及字形库",教育部2010年项目。

廖强"隋代石刻文字研究及字形语料库",重庆市社科2010年项目。

廖强"隋代石刻文字研究",重庆市博士后科研2011年特别资助项目(二等资助)。

赵鑫晔"敦煌文字演变原因及规律研究",中央高校基本科研业务费2009年项目。

赵鑫晔"俄藏敦煌文献叙录",教育部2010年项目。

赵鑫晔"敦煌文字演变原因及规律研究",重庆社科2010年项目。

唐光荣"清代类书研究",古委会2012年项目。

唐光荣"西方19世纪与中国清代校勘学比较研究",西部地区2016年人才特别培养项目。

唐光荣"清代类书提要",国家社科2020年重大项目子项目。

唐光荣"康熙《重庆府志》辑佚与研究",重庆市社科2022年项目。

胡波"先秦两汉文献异文与词汇史研究",中国博士后科学基金2015年项目。

胡波"出土文献与上古汉语常用词的历时演变",中央高校基本科研业务费2015年项目。

胡波"先秦两汉文献异文与汉语史研究",中国博士后科学基金2016年项目。

胡波"先秦两汉出土简帛和传世典籍异文语言研究",国家社科基金2017年项目。

胡波"汉简逐字索引（附原文及校释）"，古委会2017年规划项目。

胡波"先秦两汉出土简帛与传世典籍互见资料汇编"，贵州省哲学社会科学规划2017年国学单列课题。

胡波"以出土文献为新材料的上古汉语核心词表的重新构建与历时演变研究"，中央高校基本科研业务费2017年重点项目。

胡波"秦简牍虚词研究与语法例释"，中央高校基本科研业务费2019年重点项目。

胡波"基于语料库构建的《秦简虚词通释》编纂"，国家社科基金2024年项目。

杜锋"以出土文献为中心之医学经典的形成发展研究"，中央高校基本科研业务费2018年博士启动项目。

杜锋"出土涉医文献与古医书经典化研究"，国家社科基金2019年项目。

李晓亮"《鸿泥杂志》校注与研究"，古委会2015年项目。

李晓亮"法国纳西学史研究"，中国博士后科学基金2015年项目。

李晓亮"美国哈佛大学藏纳西东巴古籍研究"，教育部2016年项目。

李晓亮"西方纳西学史"，国家社科基金2018年后期资助项目。

李晓亮"海外藏纳西东巴文献跋语的释读与研究"，中央高校基本科研业务费2019年项目。

李晓亮"西人所纂纳西东巴文字典研究"，西南大学人文社科2021年后期资助项目。

李晓亮"西人所纂东巴文辞书整理与研究"，国家社科基金2023年后期资助项目。

李晓亮"纳西东巴文与古埃及圣书字表词方式比较研究"，重庆市语委2023年重点项目。

徐海东"晚清碑派书法技法文献分类整理与研究"，教育部2014年项目。

徐海东"明代碑刻文献书论整理与研究"，中央高校基本科研业务费2014年项目。

徐海东"《古文四声韵》传抄古文研究"，中央高校基本科研业务费2015年项目。

徐海东"儒家石经文字研究"，中央高校基本科研业务费2017年项目。

徐海东"《许氏说文解字六书论正》校注"，古委会2021年项目。

徐海东"清代金石学稿抄本书法史料整理与研究"，重庆市社科2021年项目。

马超"霸国金文综合研究"，中央高校基本科研业务费2021年博士启动项目。

史淑琴"敦煌汉藏对音语言文献整理与研究"，国家社科基金2019年项目。

沈祖春"类篇校注"，古委会2011年项目。

郭丽华"甲骨文基本词汇分类整理与词义疏证"，教育部2011年项目。

郭丽华"西北屯戍汉简文书习用语研究",中央高校基本科研业务费2015年项目。

郭丽华"西北屯戍汉简文书习用语研究",教育部2019年项目。

高魏"基于人机交互式校勘平台的壮族么经《布洛陀》整理研究",中国博士后科学基金2016年项目。

高魏"壮族么教典籍《布洛陀》释文订补与研究",重庆市社科2017年博士项目。

高魏"西南民族文字方块壮字珍贵古籍译注研究",重庆市博士后2017年科研项目特别资助(一等)。

高魏"壮族么教典籍《布洛陀》汉译研究",中央高校基本科研业务费2017年一般项目。

高魏"基于字料库的新刊方块壮字文献字词整理与研究",教育部2018年项目。

高魏"新刊壮族古籍《布洛陀遗本》方块壮字整理研究",中央高校基本科研业务费2018年项目。

高魏"《鸡卜经》方块壮字汇释与研究",中央高校基本科研业务费2018年博士启动项目。

高魏"方块壮字濒危文献搜集、整理、汇释及数据库建设",国家社科基金冷门绝学2019年个人项目。

高魏"新刊壮族古籍整理研究",重庆市社会科学2022年项目。

高魏"方块壮字字形资料库建设与字形规范研究",重庆市语委2023年重点项目。

袁伦强"甲骨文异体字整理与研究",重庆市社科2022年博士和培育项目。

袁伦强"甲骨文字形全编及相关研究",教育部2023年项目。

袁伦强"殷墟甲骨文异体字字形表",中央高校基本科研业务费2023年项目。

二、科研成果

(一)专著

李运益副主编,杨欣安、冯昌敏、张静书编委,侯昌吉、欧昌俊参编《汉语大字典》,四川辞书出版社、湖北辞书出版社,1986年。

李运益等校注《墨子校注》,西南师范大学出版社,1992年。

李运益主编《汉语比喻大辞典》,四川辞书出版社,1992年。

李运益主编《论语词典》,西南师范大学出版社,1993年。

李运益等《穀梁传今注今译》,岳麓书社,1994年。

曹慕樊《杜诗选注》,西南师范大学出版社,1986年。

曹慕樊《东坡选集》,四川人民出版社,1987年。

曹慕樊《目录学纲要》,西南师范大学出版社,1988年。

曹慕樊《杜诗杂说续编》,巴蜀书社,1989年。

刘继华《墨子选译》,巴蜀书社,1988年。

刘继华等点校《左传正义》,海南国际新闻出版中心,1996年。

漆泽邦《南史选译》,巴蜀书社,1989年。

漆泽邦、孔毅《宋书选译》,巴蜀书社,1991年。

侯昌吉参编《巴蜀文苑英华》,四川人民出版社,1984年。

侯昌吉、钱安琪《史通选译》,巴蜀书社,1990年。

欧昌俊参编《秦汉魏晋篆隶字形表》,四川辞书出版社,1985年。

欧昌俊、李海霞《六朝唐代石刻俗字研究》,巴蜀书社,2004年。

齐世蓉点校《云仙杂记》,西南师范大学出版社,1990年。

徐适端整理《明实录类纂·妇女史料卷》,武汉出版社,1995年。

李琼英等整理《明实录类纂·宗藩贵戚卷》,武汉出版社,1995年。

刘重来主编《中国历史要籍介绍及选读》,西南师范大学出版社,1991年。

刘重来参编《中国历史文选教学研究》第二集,高等教育出版社,1993年。

刘重来等整理《明实录类纂·四川史料卷》,武汉出版社,1993年。

刘重来参编《中国古代文学家传记选注》,黑龙江教育出版社,1993年。

刘重来参编《中外文化俯瞰》,西南师范大学出版社,1993年。

刘重来参编《中国近代史学史概要》,广东高等教育出版社,1994年。

刘重来等编《明实录类纂·司法监察卷》,武汉出版社,1994年。

刘重来等整理《明实录类纂·职官任免卷》,武汉出版社,1995年。

刘重来等《御批历代通鉴辑览》,吉林人民出版社,1997年。

刘重来等参编《中国历史文选导读》,陕西人民教育出版社,1998年。

刘重来、张显成、徐难于等参编《中国历史文选》,陕西人民教育出版社,1998年。

刘重来《中国历史文献学·史源学·辨伪学》(部分),北京图书馆出版社,2003年。

刘重来主编《中国文化世家·巴蜀卷》,湖北教育出版社,2004年。

刘重来参编《近代以来重庆100件大事要览》,重庆出版社,2005年。

刘重来《卢作孚与民国乡村建设研究》,人民出版社,2007年。

刘重来主编《〈华阳国志〉研究》,巴蜀书社,2008年。

刘重来副主编《中华大典·法律典·刑法分典》,西南师范大学出版社,2012年。

刘重来《民国乡村建设思想研究》，中国社会科学出版社，2013年。

刘重来副主编《中国地域文化通览·重庆卷》，中华书局，2014年。

喻遂生参编《新语法概说及范文分析》，电子科技大学出版社，1993年。

喻遂生点校《尚书正义》，海南国际新闻出版中心，1996年。

喻遂生、张显成、蒋宗福点校《穀梁传注疏》，海南国际新闻出版中心，1996年。

喻遂生、蒋宗福、张显成等点校《礼记正义》，海南国际新闻出版中心，1996年。

喻遂生、毛远明主编《语言文史论集》，西南师范大学出版社，2000年。

喻遂生《甲金语言文字研究论集》，巴蜀书社，2002年。

喻遂生《纳西东巴文研究丛稿》，巴蜀书社，2003年。

喻遂生、毛远明主编《明史全译》，汉语大词典出版社，2004年。

喻遂生《纳西东巴文研究丛稿》第二辑，巴蜀书社，2008年。

喻遂生《文字学教程》，北京大学出版社，2014年。

喻遂生、杨亦花、曾小鹏、和继全、李晓亮、周寅《俄亚、白地东巴文化调查研究》，中国社会科学出版社，2016年。

喻遂生主编《纳西东巴文献字释合集》，重庆大学出版社，2023年。

张显成《简帛药名研究》，西南师范大学出版社，1997年。

张显成参编《骈文精华》，巴蜀书社，1999年。

张显成主编《李清照、朱淑真诗词合注》，巴蜀书社，1999年。

张显成《先秦两汉医学用语研究》，巴蜀书社，2000年。

张显成《先秦两汉医学用语汇释》，巴蜀书社，2002年。

张显成主编《简帛语言文字研究》第一辑，巴蜀书社，2002年。

张显成《简帛文献学通论》，中华书局，2004年。

张显成主编《简帛语言文字研究》第二辑，巴蜀书社，2006年。

张显成《简帛文献论集》，巴蜀书社，2008年。

张显成主编《简帛语言文字研究》第三辑，巴蜀书社，2008年。

张显成点校《大戴礼记卢辨注》，北京大学出版社，2009年。

张显成主编《简帛语言文字研究》第四辑，巴蜀书社，2010年。

张显成主编《简帛语言文字研究》第五辑，巴蜀书社，2010年。

张显成主编《简帛逐字索引大系：秦简逐字索引（附原文及校释）》，四川大学出版社，2010年。

张显成、周群丽《尹湾汉墓简牍校理》，天津古籍出版社，2011年。

张显成主编《简帛语言文字研究》第六辑，巴蜀书社，2012年。

张显成主编《简帛逐字索引大系：楚简帛逐字索引（附原文及校释）》，四川大学出版社，2013年。

张显成主编《继承与创新：庆祝西南大学汉语言文献研究所建立三十周年论文集》，西南师范大学出版社，2014年。

张显成主编《简帛逐字索引大系：秦简逐字索引（附原文及校释）》（修订本），四川大学出版社，2014年。

张显成主编《简帛语言文字研究》第七辑，巴蜀书社，2015年。

张显成主编《古汉语语法研究新论：出土文献与古汉语语法研讨会暨第九届海峡两岸汉语语法史研讨会论文集》，西南师范大学出版社，2015年。

张显成《秦汉简帛异体字研究》，人民出版社，2016年。

张显成、胡波主编《简帛语言文字研究》第八辑，巴蜀书社，2016年。

张显成《简帛量词研究》，中华书局，2017年。

张显成、胡波主编《简帛语言文字研究》第九辑，巴蜀书社，2017年。

张显成《吐鲁番出土文书字形全谱》，四川辞书出版社，2020年。

毛远明参编《巴蜀文化大典》，四川人民出版社，1998年。

毛远明《左传词汇研究》，西南师范大学出版社，1999年。

毛远明《语文辞书补正》，巴蜀书社，2002年。

毛远明《训诂学新编》，巴蜀书社，2002年。

毛远明主编《中国文化世家巴蜀卷》，湖北教育出版社，2004年。

毛远明《汉魏六朝碑刻校注》，线装书局，2008年。

毛远明《碑刻文献学通论》，中华书局，2009年。

毛远明《汉魏六朝碑刻总目提要》，线装书局，2009年。

毛远明主编，胥洪泉校点《大戴礼记补注》，北京大学出版社，2009年。

毛远明主编，章红梅校点《大戴礼记解诂》，北京大学出版社，2009年。

毛远明主编，何锡光校点《礼记集解》，北京大学出版社，2011年。

毛远明《汉魏六朝碑刻异体字研究》，商务印书馆，2012年。

毛远明主编《新编古代汉语教程》，北京师范大学出版社，2013年。

毛远明《汉魏六朝碑刻异体字典》，中华书局，2014年。

毛远明《西南大学新藏石刻拓本汇释》，中华书局，2019年。

李海霞《汉语动物命名研究》，巴蜀书社，2002年。

李海霞《汉语动物命名考释》,巴蜀书社,2005年。

蒋宗福参编《新文化古代汉语》,广西人民出版社,1994年。

蒋宗福点校《公羊传注疏》,海南国际新闻出版中心,1996年。

蒋宗福等《五灯会元白话全译》,西南师范大学出版社,1997年。

蒋宗福《四川方言词语考释》,巴蜀书社,2002年。

蒋宗福《语言文献论集》,巴蜀书社,2002年。

何锡光、虎维铎点校《周易正义》,海南国际新闻出版中心,1996年。

杨文全等《当代汉语日源外来语研究》,四川大学出版社,2021年。

孟蓬生主编《出土文献综合研究集刊》第十辑,巴蜀书社,2019年。

孟蓬生主编《出土文献综合研究集刊》第十五辑,巴蜀书社,2022年。

孟蓬生主编《出土文献综合研究集刊》第十六辑,巴蜀书社,2022年。

邓章应《〈跻春台〉方言词语研究》,巴蜀书社,2006年。

邓章应合著《中国文字家族》,大象出版社,2014年。

邓章应参编《学生常用古汉语词典》,华东师范大学出版社,2008年。

邓章应主编《学行堂语言文字论丛》第一辑,四川大学出版社,2011年。

邓章应主编《华西语文学刊》第五辑,四川文艺出版社,2011年。

邓章应主编《学行堂语言文字论丛》第二辑,四川大学出版社,2012年。

邓章应《西南少数民族原始文字的产生与发展》,人民出版社,2012年。

邓章应《〈维西见闻纪〉研究》,四川大学出版社,2012年。

邓章应《纳西东巴文分域与断代研究》,人民出版社,2013年。

邓章应《纳西东巴经跋语及跋语用字研究》,人民出版社,2013年。

邓章应主编《学行堂语言文字论丛》第三辑,四川大学出版社,2013年。

邓章应《文字学论著目录》,中西书局,2018年。

邓章应主编《学行堂语言文字论丛》第六辑,科学出版社,2018年。

邓章应《跨文化视野与汉字研究》,社会科学文献出版社,2018年。

王化平《帛书易传研究》,巴蜀书社,2007年。

王化平合编《秦汉帝国》,重庆出版社,2008年。

王化平《万物皆有数:数字卦与先秦易筮研究》,人民出版社,2015年。

王化平主编《出土文献综合研究集刊》第七辑,巴蜀书社,2018年。

王化平主编《出土文献综合研究集刊》第八辑,巴蜀书社,2019年。

王化平主编《出土文献综合研究集刊》第九辑,巴蜀书社,2019年。

王化平《〈周易〉卦爻辞校释》,西南师范大学出版社,2020年。

邓飞《商代甲金文时间范畴研究》,人民出版社,2013年。

邓飞主编《出土文献综合研究集刊》第三辑,巴蜀书社,2016年。

邓飞主编《出土文献综合研究集刊》第四辑,巴蜀书社,2016年。

邓飞主编《古文字研究》第三十四辑,中华书局,2022年。

陈荣杰《走马楼吴简佃田、赋税词语研究》,人民出版社,2016年。

陈荣杰主编《出土文献综合研究集刊》第五辑,巴蜀书社,2017年。

陈荣杰主编《出土文献综合研究集刊》第六辑,巴蜀书社,2017年。

陈荣杰《嘉禾吏民田家莂校注》,西南师范大学出版社,2018年。

陈荣杰《走马楼吴简词语研究丛稿》,西南师范大学出版社,2021年。

李发主编《出土文献综合研究集刊》第一辑,巴蜀书社,2014年。

李发主编《出土文献综合研究集刊》第二辑,巴蜀书社,2015年。

李发《甲骨军事刻辞整理与研究》,中华书局,2018年。

李发主编《出土文献综合研究集刊》第十辑,巴蜀书社,2019年。

李发主编《出土文献综合研究集刊》第十三辑,巴蜀书社,2021年。

李发主编《出土文献综合研究集刊》第十七辑,巴蜀书社,2023年。

何山《魏晋南北朝碑刻文字构件研究》,人民出版社,2016年。

李明晓《战国楚简语法研究》,武汉大学出版社,2010年。

李明晓等《战国秦汉简牍虚词研究》,四川大学出版社,2011年。

李明晓、赵久湘《散见战国秦汉简帛法律文献整理与研究》,西南师范大学出版社,2011年。

李明晓《散见出土先秦两汉法律文献校注》,西南师范大学出版社,2015年。

李明晓《明清买地券整理与研究》,西南师范大学出版社,2018年。

李明晓《新见魏晋至元买地券整理与研究》,人民出版社,2020年。

唐光荣《唐代类书与文学》,巴蜀书社,2008年。

唐光荣译《中国经学史·周代卷:孔子、〈六经〉与师承问题》,社会科学文献出版社,2018年。

胡波主编《出土文献综合研究集刊》第十四辑,巴蜀书社,2021年。

胡波主编《出土文献综合研究集刊》第十八辑,巴蜀书社,2023年。

李晓亮主编《比较文字学研究》第二辑,西南师范大学出版社,2017年。

李晓亮编译《鲁般鲁饶》,云南大学出版社,2021年。

李晓亮编译《大鹏与署的争斗》,云南大学出版社,2021年。

李晓亮编译《挽歌》,云南大学出版社,2021年。

李晓亮编译《手执油灯》,云南大学出版社,2021年。

徐海东《〈古文四声韵〉疏证》,西南师范大学出版社,2020年。

马超《出土文献释读与先秦史研究》,科学出版社,2019年。

虎维铎点校《礼记集说》,北大出版社,2009年。

朱华忠参编《资治通鉴大辞典》,吉林人民出版社,1994年。

朱华忠参编《明实录类纂·职官任免卷》,武汉出版社,1995年。

朱华忠参译《御批历代通鉴辑览》,吉林人民出版社,1997年。

朱华忠参编《中国学术通史·清代卷》,东方出版社,2002年。

朱华忠合著《游戏风情》,湖北教育出版社,2003年。

朱华忠《清代论语学》,巴蜀书社,2008年。

朱华忠、唐光荣点校《城口厅志》,重庆出版社,2011年。

苏文英参编《汉语成语辞海》,武汉出版社,1999年。

(二)主要学术论文

李运益《新印郭璞著〈尔雅音图〉质疑》,《西南师范大学学报(人文社会科学版)》1988年第1期。

李运益《关于汉语古音的拟测》,《西南师范大学学报(人文社会科学版)》1988年第3期。

严志君《〈荀子〉构词法初探》,《青海师专学报》1992年第2期。

李琼英《南朝世族的家庭教育》,《西南师范大学学报(人文社会科学版)》1994年第2期。

李琼英《〈晋书·谢安传〉辨误二则》,《文献》1996年第4期。

李琼英《论东晋外戚》,《西南师范大学学报(人文社会科学版)》1997年第2期。

刘重来《也应重视探讨史学家的弱点与失误》,《光明日报》1990年9月12日;《新华文摘》1999年第11期全文转载。

刘重来《应该重视对伪史的研究》,《光明日报》1991年3月13日。

刘重来《〈华阳国志〉中诗歌谚语的史料价值》,《史学史研究》1991年第1期。

刘重来《为了历史的真实:谈谈史疑在史学发展中的作用》,《光明日报》1994年2月21日。

刘重来《沈约〈宋书·范晔传〉考辨》,《文献》1995年第3期。

刘重来《石勒与史学》,《光明日报》1996年7月16日。

刘重来《试论司马迁的怀疑精神》,《西南师范大学学报(人文社会科学版)》1997年第6期。

刘重来《古文献记大熊猫食铁探析》,《文献》1997年第4期。

刘重来《历史回忆史料的珍贵与局限》,《光明日报》1998年3月25日。

刘重来《学术与美感的可贵结合:评〈唐代蚕桑丝绸研究〉》,《中国图书评论》1998年第2期。

刘重来《略论先秦诸子典籍的史料价值》,《文献》1998年第4期。

刘重来《中国二十世纪文献辨伪学述略》,《历史研究》1999年第6期。

刘重来《陈垣开设〈史源学实习〉课的启示》(第一作者),《光明日报》2002年5月18日。

刘重来《张舜徽先生文献学讲演录》,《历史文献研究》第18辑,华中师范大学出版社,1999年。

刘重来《胡适与〈章实斋年谱〉》,《历史文献学论集》,崇文书局,2003年。

刘重来《从史源学看加强历史文献学基本功训练的重要性——也谈历史文献学研究生的教学》,《历史教学问题》2004年第5期。

刘重来《20世纪〈华阳国志〉研究述略》(第一作者),《历史文献研究》第23辑,华中师范大学出版社,2004年。

刘重来《史源学应是历史文献学的一门分支学科》,《历史文献研究》第25辑,华中师范大学出版社,2006年。

刘重来《应将史源学置入中国古代史教学中:也谈高校中国古代史教学改革》,《高校中国古代史教学改革探讨》,重庆出版社,2007年。

刘重来《国学大师的风范:记最后一位朴学家张舜徽》,《历史文献研究》第26辑,华中师范大学出版社,2007年。

刘重来《试论中国史学"大一统"历史观:从〈华阳国志〉宣扬"大一统"思想说起》,《历史文献研究》第27辑,华东师范大学出版社,2008年。

刘重来《探究一个世纪中国知识分子的新尝试:简评陈晓华〈四库全书与十八世纪的中国知识分子〉》,《中华读书报》2010年12月22日。

刘重来《一门不该消失的学科——论陈垣先生创建的史源学》,《中国大学教学》2011年第1期。

刘重来《从吴宓"甚佩"张舜徽〈清人文集别录〉谈起:兼析张舜徽、吴宓对罗振玉、王国维之评论》,《历史文献研究》第31辑,华东师范大学出版社,2012年。

刘重来《中国文献辨伪学新思考——从传统文化角度审视》,《历史文献研究》第33辑,华东师范大学出版社,2014年第5期。

刘重来《梁漱溟与卢作孚——"精神上彼此契合无间"——兼议梁漱溟对卢作孚乡村建设的评价》,《孔子研究》2018年第4期。

喻遂生《东巴形声字的类别和性质》,《中央民族大学学报(哲学社会科学版)》1992年第4期。

喻遂生《两周金文韵文和先秦"楚音"》,《西南师范大学学报(人文社会科学版)》1993年第2期。

喻遂生《纳西东巴形声字、假借字音近度研究》,《语言研究》1994年增刊。

喻遂生《纳西东巴形声字研究纲要》,《四川大学学报丛刊》第70辑,四川人民出版社,1995年。

喻遂生《〈老子〉用韵研究》,《西南师范大学学报(人文社会科学版)》1995年第1期。

喻遂生《甲骨文"我"有单数说》,《古汉语研究》1996年第2期。

喻遂生《纳西东巴字字和字组的划分及字数的统计》,《语苑撷英:庆祝唐作藩教授七十寿辰学术论文集》,北京语言文化大学出版社,1998年。

喻遂生《纳西东巴字多音节形声字音近度研究》,《中国音韵学研究会第十次年会暨汉语音韵学第五次国际学术研讨会年会论文集》,《语言研究》1998年增刊。

喻遂生《甲骨语言的性质及其在汉语史研究中的价值》,《古典文献与文化论丛》第2辑,杭州大学出版社,1999年。

喻遂生《甲骨文动词和介词的为动用法》,《汉语史研究集刊》第2辑,巴蜀书社,2000年。

喻遂生《纳西东巴文应用性文献的考察》,《中国语言学报》第10期,商务印书馆,2001年。

喻遂生《一封最新的东巴文书信》,《纪念王力先生百年诞辰学术论文集》,商务印书馆,2002年。

喻遂生《甲骨文单个祭祀动词句的转换和衍生》,《语言研究》2002年第2期。

喻遂生《甲骨文的"至于"》,《中国语言学报》第11期,商务印书馆,2003年。

喻遂生《关于哥巴文字源考证的几点看法——读〈纳西族哥巴文字源流考〉》,《中国文字研究》第6辑,广西教育出版社,2005年。

喻遂生《东巴文卖拉舍地契约译释》,《中国文字学报》第1辑,商务印书馆,2006年。

喻遂生《纳西东巴文地契研究述要》,《一生有光:周有光先生百年寿辰纪念文集》,语文出版社,2007年。

喻遂生《〈木氏宦谱〉纳汉对音中的明代丽江汉语方音》,《中国音韵学:中国音韵学研究会南京研讨会论文集·2006》,南京大学出版社,2008年。

喻遂生《纳西东巴文疑难字词考释举例》,《中国语言学报》第13期,商务印书馆,2008年。

喻遂生《纳西东巴文文献学纲要》,《历史文献研究》第28辑,华东师范大学出版社,2009年。

喻遂生《甲骨文历日释读校正五则》,《纪念徐中舒先生诞辰110周年国际学术研讨会论文集》,巴蜀书社,2010年。

喻遂生《甲骨文三宾语句研究》,《语言文字与文学诠释的多元对话》,台湾东海大学,2011年。

喻遂生《也说"斤""锛"》,《古文字研究》第29辑,中华书局,2012年。

喻遂生《甲骨文"暨"有连词用法说》,《古汉语研究》2013年第4期。

喻遂生《东巴经的解读已成为学科发展瓶颈》,《中国社会科学报》,2014年7月11日。

喻遂生《甲骨文"于+谓词宾语"释例》,《出土文献综合研究集刊》第2辑,巴蜀书社,2015年。

喻遂生《白地阿明灵洞李霖灿题词考释》,《华西语文学刊》第13辑,四川文艺出版社,2016年。

喻遂生《纳西东巴文截取式假借探析》,《西南民族大学学报(人文社会科学版)》2015年第4期。

喻遂生《甲骨文的"二牝牡"和东巴经的"四脚手"》,《中国文字学报》第7辑,商务印书馆,2017年。

喻遂生《先秦传世文献"眔"组字用例调查》,《许慎文化研究》第3辑,江西人民出版社,2017年。

喻遂生《重庆酉阳传抄古文〈三字经〉的版本和年代》,《长江文明》第26辑,重庆出版社,2017年。

喻遂生《纳西东巴文同义换读研究》,《云南师范大学学报(哲学社会科学版)》2018年第4期。

喻遂生《甲金文东巴文比较研究札记三则》,《岭南师范学院学报》2019年第1期。

喻遂生《两周金文"眔"字语法研究》,《古汉语研究》2020年第1期。

喻遂生《甲金文的"皮""革"和东巴文的"皮"》,《甲骨文与殷商史》新10辑,上海古籍出版社,2020年。

喻遂生《〈纳西东巴文大字典〉编纂的几个问题》,《辞书研究》2020年第5期。

喻遂生《清华百年校庆东巴文贺词译释》,《中国文字学报》第10辑,商务印书馆,2020年。

喻遂生《西周金文"至"语法研究》,《古文字研究》第33辑,中华书局,2020年。

喻遂生《白地杨玉发东巴文书信译释》,*Journal of Chinese Writing System*,2021年第5期。

喻遂生《纳西东巴经选择性异读初探》,《中国文字学报》第11辑,商务印书馆,2021年。

张显成《"橐吾"即"鬼臼"——简帛医书研究札记》,《成都中医学院学报》1995年第1期。

张显成《"集大成"与"金声而玉振之"训释补正:帛书研究札记》,《古籍整理研究学刊》1996年第2期。

张显成《论中医学用语对全民语言的渗透影响》,《西南师范大学学报(哲学社会科学版)》1996年第2期。

张显成《从中医文献看传统训释——兼谈中医文献的语言研究》,《古汉语研究》1996年第3期。

张显成《马王堆医书释读札记》,《简帛研究》第2辑,广西教育出版社,1996年。

张显成《马王堆医书药名"汾囷"试考》,《中华医史杂志》1996年第4期。

张显成《马王堆医书药名试考》,《湖南中医学院学报》1996年第4期。

张显成《马王堆医书疑难词语释二则》,《甘肃中医学院学报》1996年第4期。

张显成《简帛文献对辞书编纂的价值》,《辞书研究》1998年第1期。

张显成《语言研究的历史比较法》(译文),《钦州学刊》1998年第1、2期连载。

张显成《论中医文献对语文辞书编纂的价值》,《汉语史研究集刊》第1辑,巴蜀书社,1998年。

张显成《论简帛文献的词汇史研究价值》,《简帛研究》第3辑,广西教育出版社,1998年。

张显成《谈"截"、"浆"、"截浆"的意义:权威辞书训释订误兼谈简帛文献的语料价值》,《西南师范大学学报(哲学社会科学版)》1999年第4期。

张显成《论简帛文献的新词新义研究价值》,《汉语史研究集刊》第2辑,巴蜀书社,2000年。

张显成《〈战国策〉"割挈马兔"校释：帛书研读札记》，《文献》2000年第3期。

张显成《尹湾汉简〈武库永始四年兵车器集簿〉名物释读札记》，《简帛研究》二〇〇一，广西师范大学出版社，2001年。

张显成《西汉遗址发掘所见"熏毒"、"熏力"考释》，《中华医史杂志》2001年第4期。

张显成《释尹湾汉简的"熏毒"：兼论"熏陆"一药的输入》，《文史》第57辑，2001年。

张显成《〈说文〉收字释义文献用例补缺：以简帛文献证〈说文〉》，《古汉语研究》2002年第3期。

张显成《述评文章要注重内容的科学性——读〈中国史研究动态〉2001年第7期两篇述评文章》，《中国史研究动态》2002年第6期。

张显成《简帛文献与先秦两汉汉语研究》，《简帛研究汇刊（第1辑）·第一届简帛学术讨论会论文集》，（台湾）中国文化大学史学系、简帛学文教基金会筹备处，2003年。

张显成《从马王堆医书俗字谈简帛俗字研究对后世俗字研究的意义》，《湖南省博物馆馆刊》第一期，《船山学刊》2004年第7期。

张显成《论简帛的中医药学史研究价值》，《简牍学研究》第4辑，甘肃人民出版社，2004年。

张显成《关于名实论述的最早出土资料》，《简帛研究》二〇〇二—二〇〇三，广西师范大学出版社，2005年。

张显成《简帛书籍标题研究》，《简帛研究》二〇〇四，广西师范大学出版社，2006年。

张显成《论简帛的文书档案史研究价值》，（台湾）《东海大学文学文科学报》（第47卷）2006年。

张显成《〈银雀山汉墓竹简（壹）〉校勘记》，《古籍整理研究学刊》2010年第2期。

张显成《论简帛量词的研究价值》，《简帛研究》二〇〇八，广西师范大学出版社，2010年。

张显成等《从副词发展史角度考马王堆医书成书时代》，《文献》2016年第2期。

张显成等《汉语量词语法化动因研究》，《西南大学学报（社会科学版）》2016年第5期。

张显成《修订〈汉语大字典〉所列古文字字形的必要性和建议》，《辞书研究》2019年第4期。

张显成《〈长沙尚德街东汉简牍〉181号木牍药方研究》，《出土文献综合研究集刊》第7辑，巴蜀书社，2018年。

张显成《张家山汉简〈算数书〉第143简算题释读综论》,《简帛研究》二〇一八(秋冬卷),广西师范大学出版社,2019年。

张显成《秦简〈归藏〉"苍苍其羽"新证》,《周易研究》2019年第6期。

张显成《词汇史上的"汉承秦制"现象:以秦汉简牍为新材料》,《出土文献语言研究》第3辑,暨南大学出版社,2020年。

张显成《释简帛医书方名"治……方"中的"治"——兼论句首语气词"治"的来源》,《古文字研究》第34辑,中华书局,2022年。

毛远明《段玉裁〈说文解字注〉校释群书述评》,《文献》1999年第1期。

毛远明《〈汉语大词典〉书证中的几个问题》,《中国语文》2000年第1期,《新华文摘》2000年第5期全文转载。

毛远明《段玉裁〈古文尚书撰异〉的文献价值》,《文献》2000年第2期。

毛远明《"席象"而非"席篆"辨》,《中国史研究》2000年第3期。

毛远明《〈史记〉田完、赵衰、赵盾谥辨正》,《文献》2001年第3期。

毛远明《释四川方言词"老革"》,《方言》2001年第3期。

毛远明《〈汉语大字典〉多音字处理献疑》,《语文研究》2003年第2期。

毛远明《〈汉语大词典〉同形字处理辨证》,《西南师范大学学报(人文社会科学版)》2004年第1期。

毛远明《字词考释两篇:从"息"、"媳"二字看形旁类化对词义的影响》,《中国语文》2006年第4期。

毛远明《读者来信:〈元睿墓志〉释文校正》,《考古》2006年第5期。

毛远明《汉字形旁类化研究》,《西南师范大学学报(人文社会科学版)》2006年第6期。

毛远明《汉字假借性质之历时考察》,《西南大学学报(社会科学版)》2010年第4期。

毛远明《隋代弘农华阴杨氏家族再考述》,《文献》2010年第1期。

毛远明《"兒"的俗变考察》,《中国语文》2010年第6期。

毛远明《汉字假借性质之历时考察》,《西南大学学报(社会科学版)》2010年第4期。

毛远明《汉魏六朝碑刻异体字研究的几个问题》,《古汉语研究》2012年第2期。

毛远明《典故破解与石刻文字考证》,《古汉语研究》2013年第3期。

毛远明《汉字源流与汉字研究的新视角》,《西南大学学报》2013年第6期。

毛远明《"曼"、"夒"构成的一组字的讹变考察》,《语言研究》2014年第2期。

毛远明《六朝石刻疑难字考释四题》，《古汉语研究》2014年第6期。

毛远明《唐代墓志行草书误辨举隅》，《中国文字研究》2016第1期。

李海霞《大型字词典鱼类词条补正》，《辞书研究》，1999年第5期。中国人民大学《复印报刊资料·语言文字学》2000年第3期转载。

李海霞《虫部字释义修正四则》，《中国语文》1999年第6期。

李海霞《唐代的正字运动》，《文史杂志》2001年第1期。

李海霞《对大型语文辞书动物词条释义改进的意见》，《辞书研究》2002年第1期。

李海霞《〈中国古代动物学史〉古动物名考误》，《自然科学史研究》2002年第1期。

李海霞《从分类概括看词汇的发展》，《南京社会科学》2002年第4期。

李海霞《动物名传统释名的弊病》，《渝西学院学报（社会科学版）》2002年第2期。

李海霞《方言词典动植物名称的收录和解释》，《辞书研究》2002年第5期。

李海霞《联绵词的来源和定义》，《庆祝刘又辛先生九十寿辰学术讨论会论文集》，西南师范大学出版社，2005年。

李海霞《词义的褒贬度》，《语文建设》2005年第5期。

李海霞《〈论语〉〈孟子〉〈老子〉〈庄子〉的全称和特称量限表达》，《重庆社会科学》2006年第10期。

李海霞《术语：词汇中爆炸的新星》，《汉语语言学探索》，浙江大学出版社，2007年3期

李海霞《〈论〉〈孟〉〈老〉〈庄〉的程度副词及其与明清的比较》，《西华大学学报（哲学社会科学版）》2007年第3期。

李海霞《名物性数量阶梯词语的发展》，《汉字文化》2009年第3期。

李海霞《"谢"的道谢义的性质和发展》，《西南大学学报》2009年第2期。

李海霞《汉英熟语比较：关于劳动观念》，《重庆教育学院学报》2010年第4期。

李海霞《汉语句子形式的演进趋势及其发展规律》，《重庆社会科学》2010年第12期。

李海霞《汉语"可能""必然"意义的表达的发展》，《重庆师范大学学报（哲学社会科学版）》2011年第4期。

李海霞《汉语将进入一个以三音词为主的发展阶段》，《西华大学学报（哲学社会科学版）》2013年第6期。

李海霞《对外汉语教学方面的大哥心态》，《北京之春》2014年第3期。

李海霞《对〈汉语文化语用学〉的商榷》，《苏州教育学院学报》2014年第2期。

李海霞《古籍鸟兽名称所指考16条》，《重庆师范大学学报（哲学社会科学版）》2014年第2期。

李海霞《汉语辞书释义的发展》，《辞书研究》2014年第5期。

蒋宗福《也说"角先生"》，《文史知识》1993年第10期。

蒋宗福《蔡邕〈独断〉命名的由来及其含义》，《中州古今》1993年第4期。

蒋宗福《〈金瓶梅词典〉的成就与不足漫议》，《辞书研究》1994年第4期。

蒋宗福《〈金瓶梅词话〉校补》，《文献》1995年第3期。

蒋宗福《"荒"有"治"义吗》，《辞书研究》1995年第3期。

蒋宗福《〈金瓶梅词话〉语词札记》，《文献》1997年第2期。

蒋宗福《释"隐"》，《中国语文》1998年第3期。

蒋宗福《中国传统文献与研究的现代转换》，《四川大学学报（哲学社会科学版）》2001年第3期。

蒋宗福《敦煌文献词语札记》，《古汉语研究》2002年第1期。

何锡光《东晋南朝隐士的经济和生活情况》，《文史知识》1994年第1期。

徐难于《论黄巾起义宗教色彩和规模巨大的成因》，《西南师范大学学报》1998年第2期。

杨文全《"云"族新词的衍生机制与认知阐释》，《全球华语》2017年第2期。

杨文全《当代网络流行语三字缩略词的生成机制》，《修辞研究》第2辑，暨南大学出版社，2017年。

杨文全《广告语言中"巨惠"和"钜惠"的变异与规范》，《语言文字应用》2018年第4期。

杨文全《"汉英融合词"的生成过程及其演化机制》，《语言文字应用》2018年第4期。

杨文全《外源性类词缀的身份演化路径及其对当代汉语词汇系统的影响》，《西南大学学报（社会科学版）》2019年第4期。

杨文全《"婆婆妈妈""婆妈"的嬗变与名词AABB式重叠》，《新疆大学学报（人文社会科学版）》2019年第3期。

杨文全《认知视域下的通感研究现状概观》，《修辞研究》第3辑，暨南大学出版社，2019年。

孟蓬生《吴国金文中"诸樊"之"诸"的构形与古音问题》，《吉林大学社会科学学报》2018年第1期。

孟蓬生《清华简〈厚父〉"者鲁"试释》,《古文字研究》第 32 辑,中华书局,2018 年。

孟蓬生《"象"字三探》,《中国文字》2019 年夏季号(总第 1 期),台湾万卷楼出版社,2019 年。

孟蓬生《〈尚书〉"寡命"补证》,《民俗典籍文字研究》第 24 辑,商务印书馆,2019 年。

孟蓬生《上博简〈艸茅之外(閒)〉初读》,《民俗典籍文字研究》第 25 辑,商务印书馆,2020 年。

孟蓬生《"匹""正"同形与古籍校读》,《中国语文》2021 年第 1 期。

孟蓬生《"反绝为继"成因试探》,《语文研究》2022 年第 1 期。

孟蓬生《韵母"o"应该怎么读》,《光明日报》2022 年 1 月 9 日。

孟蓬生《试论楚简中的"虘心"及相关字形》,《民俗典籍文字研究》第 29 辑,商务印书馆,2022 年。

孟蓬生《老官山医简〈六十病方〉字义拾渖》,《励耘语言学刊》第 36 辑,学苑出版社,2022 年。

邓章应《博格理文字在中国的创制与传播》,《中西文化交流学报》2009 年第 1 期。

邓章应《纳西东巴文语境异体字及其演变》,《中央民族大学学报(哲学社会科学版)》2009 年第 4 期。中国人民大学《复印报刊资料·语言文字学》2009 年第 11 期转载。

邓章应《浅议文字的濒危与消亡》,《构建多语和谐的社会语言生活:民族语文国际学术研讨会论文集》,民族出版社,2009 年。

邓章应《中国文字学观念的时代演进》,《中国海洋大学学报(社会科学版)》2010 年第 3 期。

邓章应《中国比较文字学研究的新进展》,《华西语文学刊》(比较文字学专辑),四川文艺出版社,2011 年。

邓章应《对象形文字和图画文字的认识历程》,《中国海洋大学学报(社会科学版)》2012 年第 1 期。

邓章应《文字学的学科地位和学科体系再思考》,《宁夏大学学报(人文社会科学版)》2013 年第 2 期。

邓章应《文字的命名理据与科学定名原则》,《中国文字学报》第 5 辑,商务印书馆,2014 年。

邓章应《纳西东巴经特殊字序研究》,《中央民族大学学报(哲学社会科学版)》2014 年第 4 期。

邓章应《比较文字学研究发现规律与差异》,《中国社会科学报》2014 年 8 月 4 日。

邓章应 Comparison and Analysis of Strokes in Modern Chinese Teaching Materials, *The Journal of Chinese Characters*, 2014. 06.

邓章应《内江市五星村清代字库略考》,《出土文献综合研究集刊》第1辑,巴蜀书社,2014年。

邓章应《多角度研究普通文字学》,《中国社会科学报》2014年11月17日。

邓章应《文字系统的构成及同一性研究》,《中国海洋大学学报(社会科学版)》2015年第6期。

邓章应《发展中的中国民族文字研究》,《中国社会科学报》2017年3月28日。

邓章应《东巴文研究需要对东巴经分域断代》,《中国社会科学报》2017年11月1日。

邓章应等《东巴文加威灵仪式证书译释》,《民族语文》2018年第5期。

邓章应《中空型字符对东巴文字序的影响及演变》,《中央民族大学学报(哲学社会科学版)》2018年第5期。

邓章应《比较文字学的研究范围、体系及与相关学科的关系》,*Journal of Chinese Writing Systems*,2018年第2期。

邓章应《从文字名称看文字功能、演变和传播》,《汉字研究》第22辑,2018年。

邓章应等《国立丽江师范学校校舍奠基纪念碑民族文字考释》,《中国文字研究》第28辑,上海书店出版社,2018年。

邓章应《〈甲骨年表〉存目文献考》,《甲骨文与殷商史》新9辑,上海古籍出版社,2019年。

邓章应《字与字符:字的同一性判断及字与字符的关系变化》,《语言研究》2019年第1期。

邓章应《周有光先生与中国比较文字学的建立》,《北斗语言学刊》第6辑,凤凰出版社,2020年。

王化平《刘咸炘先生目录学成就浅述》,《中华文化论坛》2009年第1期。

王化平《数字卦和〈周易〉》,《周易研究》2009年第2期。

王化平《上博简〈中弓〉与〈论语〉及相关问题探讨》,《北方论丛》2009年第4期。

王化平《读马王堆汉墓帛书〈衷〉篇札记》,《周易研究》2010年第2期。

王化平《刘咸炘论古籍辨伪》,《西南大学学报(社会科学版)》2011年1期。

王化平《从〈孔子家语〉与〈说苑〉〈礼记〉诸书的关系看其价值》,《古籍整理研究学刊》2011年第1期。

王化平《楚简数字卦画与〈左传〉〈国语〉所载 例的比较》,《考古》2011年第10期。

王化平《略述八种西南少数民族的数占》,《周易文化研究》第3辑,社会科学文献出版社,2011年。

王化平《论王注〈孔子家语〉两篇"后序"是魏晋时人伪撰》,《西南大学学报(社会科学版)》2013年第3期。

王化平《读清华简〈筮法〉随札》,《周易研究》2014年第3期。

王化平《鬼神信仰与数术——〈五十二病方〉中所见祝由术的解读》,《中医药文化》2016年第5期。

王化平《简帛古书中的分栏抄写》,《文献》2016年第4期。

王化平《论"伪书"的定义及判定原则》,《西南大学学报(社会科学版)》2016年第4期。

王化平《易经新释四则》,《周易研究》2017年第1期。

王化平《"贞"字疏》,《孔子研究》2018年第2期。

王化平《安大简〈诗经〉"侯六""魏九"浅析》,《北方论丛》2020年第1期。

王化平《马王堆汉墓房中书的儒家因素》,《中医药文化》2020年第2期。

王化平《清华简〈邦家处位〉〈治邦之道〉部分字词的训释》,《西部史学》第4辑,西南师范大学出版社,2020年。

王化平《汉魏六朝碑刻所引〈周易〉资料浅析》,《周易研究》2021年第1期。

王化平《视六十四卦为一重卦:试论今本〈周易〉卦序的排列原则》,《中华易学》第五卷,人民出版社,2020年。

王化平《民本与人性:"民可使由之不可使知之"新解》,《孔子研究》2023年第5期。

王化平《〈周易〉"屯"字音义辨析》,《文献语言学》第十六辑,中华书局,2023年。

邓飞《甲骨文、金文"追""逐"用法浅析》,《殷都学刊》2002年第4期。

邓飞《西周金文军事动词的来源和时代浅析》,《西华师范大学学报(哲学社会科学版)》2005年第2期。

邓飞《"余献妇氏(吕)壶"考辨》,《古汉语研究》2010年第4期。

邓飞《甲骨卜辞之"正"和"又正"》,《古籍整理研究学刊》2011年第1期。

邓飞《殷商"宗工"考》,《考古与文物》2011年第5期。

邓飞 On the Image Schemas of Time Expressions in the Oracle-Bone Inscriptions in the Shang Dynasty in the Ancient China, *Journal of Sino-Western Communications*, 2012, 02.

邓飞《两周军事铭文中的同义动词》,《西南大学学报(社会科学版)》2013年第1期。

邓飞《日本白鹤美术馆藏小子夆卣铭文时代考》，《文献》2013年第5期。

邓飞《殷商甲骨卜辞"今来"补论》，《考古与文物》2014年第1期。

邓飞《商代甲骨卜辞中的"今来"再论》，《中国语文》2014年第2期。

邓飞《甲骨卜辞"今来"补论》，考古与文物，2014年第1期。

邓飞On the War Culture of Rewarding, Management and Sacrificing in the Ancient China Zhou Dynasty Based on the War Inscriptions, *CROSS-CULTURAL COMMUNICATION*, 2015, 08.

邓飞To Explore the War Goal in the War culture Based on the Words Used in the Bronze Inscriptions in the Zhou Dynasty, *ASIAN SOCIAL SCIENCE*, 2015, 09.

邓飞Introduce to the Non-symmetry of Word Derivation between "Wenhua"and "Culture", *International Journal of Linguistics and Communication*, 2015, 12.

邓飞《系统体例、语义框架与古文献释读》，《西南大学学报（社会科学版）》2016年第2期。

邓飞《琱生器中心事件考辨》，《华夏考古》2017年第1期。

邓飞《小子夆卣铭文科读辨考》，《江汉考古》2016年第6期。

邓飞《一组甲骨卜辞中"翌"之意义推论》，《中国语言学报》2017年第2期。

邓飞《甲骨卜辞上午时称的个性分布研究》，《西南大学学报（社会科学版）》2018年第6期。

邓飞《甲骨卜辞下午时称的分布探析》，《绵阳师范学院学报》2018年第4期。

邓飞《甲骨占卜时间的选择倾向》，《殷都学刊》2019年第2期。

邓飞《甲骨卜辞中"多马羌"补论》，《甲骨文与殷商史》新9辑，上海古籍出版社，2019年。

邓飞《甲骨卜辞中干支修饰语的差异（On the differences of modifiers of Ganzhi 干支 in the Oracle bone inscriptions）》，《中国语言学报（*Hong Kong: Journal of Chinese Linguistics*》，2020，06，Vol.48，No.2。

邓飞《甲骨卜辞"在/于+时间"的差异》，《殷都学刊》2021年第2期。

邓飞《武丁卜辞"三父"补论》，《甲骨文与殷商史》新12辑，上海古籍出版社，2022年

邓飞《甲骨文"男"性别词补考》，《殷都学刊》2022年第4期。

邓飞《甲骨文"首祀"纪年考》，《殷都学刊》2023年第3期。

陈荣杰《武威汉简〈仪礼〉释文校勘九则》，《考古》2009年第4期。

陈荣杰《简本仪礼"腆"字研究》,《简帛语言文字研究》第5辑,巴蜀书社,2010年。

陈荣杰《〈嘉禾吏民田家莂〉田地词语的层级性》,《简帛语言文字研究》第6辑,巴蜀书社,2012年。

陈荣杰《仪徵胥浦〈先令券书〉再考》,《文献》2012年第2期。

陈荣杰《〈嘉禾吏民田家莂〉释文注释的数值问题》,《古籍整理研究学刊》2012年第2期。

陈荣杰《走马楼吴简"租田"及相关问题》,《中国农史》2013年第2期。中国人民大学《复印报刊资料·经济史》2013年第4期全文转载。

陈荣杰《吴简〈嘉禾吏民田家莂〉"旱田""熟田"考辨》,《中国经济史研究》2013年第2期。

陈荣杰《试论走马楼吴简中的"僦钱""地僦钱"》,《中国社会经济史研究》2014年第1期。

陈荣杰《走马楼吴简"朱表割米自首案"整理与研究》,《中华文史论丛》2017年第1期。

陈荣杰《走马楼三国吴简"傍人"考论》,《简帛》第14辑,上海古籍出版社,2017年。

陈荣杰《走马楼吴简"贼黄勋"考论》,《出土文献》第11辑,中西书局,2017年。

陈荣杰《论走马楼吴简词语的时代性和地域性》,《出土文献》第12辑,中西书局,2018年。

陈荣杰《论走马楼吴简中的亲属称谓"侄"》,《简帛》第16辑,上海古籍出版社,2018年。

陈荣杰《走马楼吴简疾病词语"刑"拾遗》,《中国社会历史评论》第20卷,2018年。

李发《甲骨文中的"微"及其地望考》,《考古与文物》2011年第3期。

李发《商代校阅礼初探》,《西南大学学报(社会科学版)》2012年第4期;又收入《历史文献研究》第31辑,华东师范大学出版社,2012年。

李发《对一群师小字卜辞中"方商"战争持续时间的测察》,《古文字研究》第29辑,中华书局,2012年。

李发《有关商与舌方关系的甲骨刻辞之整理与研究》,"语言文字与文学诠释国际学术研讨会"论文,台湾东海大学,2010年11月;后收入《语言文字与文学的多元对话》,东海大学中文系,2011年。

李发《甲骨文中的"丝"及相关诸字试析》,《丝绸》2013年第8期。

李发《跋〈奉籍归唐表〉等相关刻石》,《历史文献研究》第28辑,华东师范大学出版社,2009年。

李发《汉魏六朝墓志中品评人物的"聪明"词族》,《绵阳师范学院学报》2008年第10期。

李发《"后(後)"义补释》,《辞书研究》2006年第1期。

李发《文字训诂与古籍整理举隅》,《南昌航空大学学报(社会科学版)》2010年第1期。

李发《先秦蚕丝文化论》,《蚕业科学》2014年第1期。

李发《殷卜辞所见"夷方"与帝辛时期的夷商战争》,《历史研究》2014年第5期。

李发《甲骨文所见方方考》,《考古学报》2015年第3期。

李发《中国蚕丝文化的特质》,《蚕业科学》2015年第4期。

李发《我国古代"浴蚕"的功能文化学阐释》,《蚕业科学》2018年第1期。

李发等《释"扶"》,《出土文献》第15辑,中西书局,2019年。

李发等《历组卜辞时代问题补议》,《殷都学刊》2019年第2期。

李发 Primordial Unfolding: 120 Years of Periodization and Classification of the Oracle Bone Inscriptions, *Chinese Studies in History*, 2020, 04.

李发《说"A"与"B"(AB是两个甲骨文字形)》,《甲骨文与殷商史》新10辑,上海古籍出版社,2020年。

李发《甲骨文中两组义近祭名辨析》,《古汉语研究》2021年第3期。

李发《甲骨文"千森"解》,《中国文字》2021年夏季号。

李发 Sacrifice to the wind gods in late Shang China‐religious, paleographic, linguistic and philological analyses: An integrated approach, *Journal of Chinese Writing Stystems*, 2022, 06.

李发《从蚕的生命到艺术:中国古代生命观的哲学表达》,《丝绸》2022年第1期。

李发《战国楚简与殷墟卜辞对读二题》,《辽宁师范大学学报(社会科学版)》2023年第2期。

李发《说"埶"及相关问题》,《中国文字学报》第十三辑,商务印书馆,2023年。

李发《铜山丘湾立石"社"祀问题再探》,《历史研究》2024年第3期。

何山《汉魏六朝碑刻所见撰文人及其碑铭辑考》,《东亚文化研究》2011年第2期。

何山《宋代石刻及其研究概述》,《东亚文化研究》第9辑,2012年。

何山《略论利用碑刻文献进行跨学科研究》,《殷都学刊》2012年第2期。

何山《汉字的书写理据及汉字理据的二层划分》,《陕西师范大学学报(哲学社会科学版)》2014年第3期。

何山《碑刻合文考释两题》,《光明日报》,2014年11月12日第14版。

何山《碑刻注音材料浅论》,《古籍整理研究学刊》2015年第3期。

何山《〈说文偏旁字源〉研究》,《辞书研究》2016年第4期。

何山《六朝石刻异体字例释》,《中国文字研究》第25辑,上海书店出版社,2017年。

何山《古代碑刻文字缺刻问题研究》,《出土文献综合研究集刊》第7辑,巴蜀书社,2018年。

何山《〈陕西新见隋朝墓志〉录文斠读》,《励耘语言学刊》2019年第1期。

何山《流散碑志文献整理的典范之作》,《中华读书报》,2020年4月1日。

何山《唐代碑刻俗字考释十五题》,《中国文字研究》第33辑,华东师范大学出版社,2020年。

何山《隋唐碑刻疑难字考释十题》,《励耘语言学刊》2021年第1期。

何山《清代碑刻文献整理研究的回顾与前瞻》,《中国古代墓志研究》,社会科学文献出版社,2023年。

何山《六朝至唐墓志疑难字考释十二题》,《励耘语言学刊》2023年第2期。

杨亦花《和世俊东巴研究》,《丽江师范高等专科学校学报》2009年第3期。

杨亦花《纳西文化生活中的茶》,《丽江师范高等专科学校学报》2011年第3期。

杨亦花《半个世纪三代学人对玛丽玛萨文的探索》,《云南民族》2012年第10期。

杨亦花《两本新出的民国东巴文人情账簿》,《中国典籍与文化》2013年第1期。

杨亦花《纳西东巴文石刻述略》,《云南社会科学》2013年第2期。

杨亦花《玛丽玛萨文〈名物录〉译释》,《中央民族大学学报(哲学社会科学版)》2015年第5期。

杨亦花《俄亚机才高土东巴研究》,《纳西学研究》第1辑,民族出版社,2015年。

杨亦花 An Anthropological Study of Naxi's Censer: Building Ritual Taking Sanba Townships as an Example, *Asian Culture and History*, 2015, 07.

杨亦花《纳西族祭祖仪式调查研究》,《比较文字学研究》第2辑,西南师范大学出版社,2017年。

杨亦花《木里县依吉乡甲波村东巴文人情账簿译释研究》,《中国文字研究》第27辑,上海书店出版社,2018年。

杨亦花《木里县甲波村东巴文墓碑译释及研究》,《中国文字研究》第29辑,上海书店出版社,2019年。

王远杰《H. Diessel的指示词研究》,《当代语言学》2008年第4期。

王远杰《接受度的相对性标准》，《东方语言学》第12辑，上海教育出版社，2012年。

王远杰《句法组合松紧和"的"的隐现》，《汉语学习》2013年第4期。

王远杰 Subclasses of Chinese Noun Phrases and the Parallel Occurrence of de（汉语名词短语的子类和"de"的平行隐现），*Cognitive Linguistic Studies*，2014，12。

王远杰《英汉定中结构的韵律组配共性》，《外语教学与研究》2019年第6期。

王远杰《汉英复合词构造类型对比：基于封闭材料的穷尽研究》，《语言历史论丛》第16辑，巴蜀书社，2021年。

王远杰《近成体结构的惊险义和强主观性》，《汉语学习》2023年第2期。

李明晓《"饿鬼"考源》，《古汉语研究》2006年第4期。

李明晓《秦汉简帛文献中的特殊称数法考察》，《古籍整理研究学刊》2006年第5期。

李明晓《"骨朵"小考》，《历史文献研究》第28辑，华东师范大学出版社，2009年。

李明晓《从上博楚简武王践阼看大戴礼记》，《古籍整理研究学刊》2012年第6期。

李明晓《周家台秦简日书文献中的"日出时"考察》，《古文字研究》第30辑，中华书局，2014年。

李明晓《南唐、南吴出土买地木券辑考》，《中国简帛学刊》第2辑，齐鲁书社出版，2018年。

李明晓《东汉光和五年刘公墓券补释一则》，《古文字研究》第32辑，中华书局，2018年。

赵鑫晔《"云谣"浅解》，《图书馆杂志》2006年第5期。

赵鑫晔《敦煌愿文词语考释札记》，《敦煌学辑刊》2006年第2期。

赵鑫晔《敦煌文献训诂零拾》，《新疆师范大学学报（哲学社会科学版）》2007年第4期。

赵鑫晔《敦煌印沙佛文与燃灯文校录补正》，《古籍整理研究学刊》2007年第6期。

赵鑫晔《敦煌愿文段落及术语考辨》，《东亚文献研究》2007年创刊号。

赵鑫晔《俄藏敦煌文献缀合四则》，《文献》2008年第3期。

赵鑫晔《敦煌愿文校勘总论》，《艺术百家》2009年第6期。

赵鑫晔《俄藏敦煌残卷缀合八则》，《艺术百家》2010年第6期。

赵鑫晔《敦煌写本文字构件替换初探》，《第三届中日韩（CJK）汉字文化国际论坛论文集》，上海人民出版社，2012年。

赵鑫晔《俄藏敦煌文献整理中的几个问题》，《文献》2013年第2期。

赵鑫晔《敦煌册页装〈金刚经〉的整理和研究》,《文津学志》第十一辑,国家图书馆出版社,2018年。

赵鑫晔《伯二七○四"一七""二七"之释读及相关问题》,《敦煌吐鲁番研究》第18卷,上海古籍出版社,2019年。

唐光荣《中西方谱系法之比较》,《图书情报工作》2011年第15期。

唐光荣《历代类书的形态》,《阜阳师范学院学报(社会科学版)》2012年第4期。

唐光荣《〈十三经注疏校勘记〉中的两类校勘记》,《古籍整理研究学刊》2004年第3期。

唐光荣 Robinson Crusoe's Adventures in China, *US-China Foreign Language*, 2015, 05.

唐光荣《韩大伟著〈中国经学史·周代卷〉概略》,《中国经学》第23辑,广西师范大学出版社,2018年。

唐光荣《韩大伟教授谈他的〈中国经学史〉》,《汉学研究》秋冬卷,学苑出版社,2018年。

唐光荣《〈古今图书集成〉本〈重庆府志〉考》,《中国地方志》2021年第4期。

唐光荣《龚懋熙年谱(上、下)》,《重庆地方志》2023年第2-3期。

胡波《常用词借对假的历时替换》,《语言科学》2013年第2期。

胡波《汉语史研究中的语料使用问题:兼论系词"是"发展成熟时代》,《中国语文》2013年第4期。

胡波《"别枝"再谈》,《励耘语言学刊》第25辑,学苑出版社,2017年。

胡波《从先秦两汉文献看"肱"和"臂"的历时更替》,《汉语史学报》第17辑,上海教育出版社,2017年。

胡波《旁指代词"他、异、余、别"历时更替考》,《汉语史学报》第19辑,上海教育出版社,2018年。

胡波《先秦两汉"橐"、"囊"演变考:基于传世与出土文献的综合考察》,《励耘语言学刊》第29辑,中华书局,2018年。

胡波《常用词的使用与先秦文献时代考论》,《历史文献研究》第42辑,广陵书社,2019年。

胡波《先秦两汉"打猎"义动词更替考:基于出土文献、传世文献与异文材料的综合考察》,《语文研究》2022年第2期。

胡波《先秦两汉"舟、船"的历时更替及相关问题讨论》,《汉语史研究集刊》第33

辑,四川大学出版社,2022年。

杜锋、张显成《西汉九宫式盘与〈灵枢·九宫八风〉太一日游章研究》,《考古学报》2017年第4期。

杜锋、张显成《张家山汉简〈脉书〉"气勤则忧"之"忧"试考》,《古籍整理研究学刊》2017年第5期。

杜锋、张显成《"徙"字源流与"徙""从"形讹补考》,《出土文献》第12辑,中西书局,2018年。

杜锋《新材料与新观点:出土涉医文献研究综述》,《中医药文化》2017年第6期。

杜锋等《张家山汉简〈脉书〉"气勤则忧"之"气勤"考》,《中国针灸》2018年第6期。

杜锋等《考古发现与〈针灸避忌太一之图〉考源》,《中华中医药杂志》2018年第12期。

杜锋《花东卜辞中的"尞""心尞""鬼心"及相关问题》,《出土文献》第14辑,2019年。

李晓亮《说东巴文"鼻"字》,《学行堂语言文字论丛》第1辑,四川大学出版社,2011年。

李晓亮《洛克论著对哈佛东巴经整理翻译的价值和意义》,《中西文化交流学报》2013年第7期。

李晓亮 Study on He Hong's Dongba Manuscripts Collected by American Harvard-Yenching Library, *Advances in Anthropology*, Vol.4, N0, 1 2014, 2nd.

李晓亮《纳西东巴经在西方社会传播史略》,《求索》2014年第2期。

李晓亮《法国藏学家巴克的纳西学研究》,《西南民族大学学报》2014年第5期。

李晓亮《哈佛大学燕京学社图书馆藏和鸿东巴经抄本研究》,《中南民族大学学报(人文社会科学版)》2015年第1期。

李晓亮《纳西东巴文分域与断代研究中一些瓶颈问题的思考》,《西南学刊》,云南人民出版社,2015年。

李晓亮《纳西族日喜人及宗教文献》(译文),《纳西学研究》第1辑,民族出版社,2015年。

李晓亮《洛克的后继者:杰克逊》,《中西文化交流学报》2017年第1期。

李晓亮《纳西东巴文字迹研究初探》,《比较文字学研究》第2辑,西南师范大学出版社,2017年。

李晓亮《巴克〈么些研究〉字表校勘与考释》,《中国文字研究》第31辑,华东师范大学出版社,2020年。

李晓亮《西方纳西学研究述要》,《国际汉学》2022年第2期。

徐海东《上博七·武王践阼与大戴礼记》,《古籍整理研究学刊》2012年第6期。

徐海东《白鹤梁宋代题刻艺术特点及其书法意义》,《美术观察》2013年第2期。

徐海东《古代日常书写及其当代启示》,《中国书法》2014年第2期。

徐海东《程瑶田印学研究三题》,《美术观察》2015年第1期。

徐海东《陆俨少的书法观念》,《中国书法》2015年第5期。

徐海东《儒学思想影响下的书法观念:以曾国藩与李榕为例》,《中国书法》2016年第7期。

徐海东《沈曾植致王秉恩札》,《中国书法》2016年第9期。

徐海东《陆俨少的书画用笔观念》,《中国书法报》2023年第28期。

马超《旨扬镈与韩国世系校正》,《中州学刊》2020年第10期。

马超《释上石河鼎铭中的"娓"兼论楚文字"昆"的形体来源》,《简帛》第21辑,上海古籍出版社,2020年。

马超《改善鼎年代与国别质疑:兼谈箕国灭亡时间》,《四川文物》2020年第2期。

马超《试说金文中的"戜人(徒)"》,《古籍研究》第75辑,凤凰出版社,2022年。

马超《燕侯胺磬铭文补说》,《简帛》第24辑,上海古籍出版社,2022年。

马超《叶公臧鼎与叶公子高史事考论》,《西南大学学报(社会科学版)》2022年第2期。

马超《读〈倗金集萃〉札记》,《中国文字研究》第37辑,华东师范大学出版社,2023年。

马超《说楚文字中的"橐"》,《战国文字研究》第8辑,安徽大学出版社,2023年。

虎维铎《韩愈诗歌的创造性探索及其审美取向》,《西南师范大学学报·古籍整理与研究学术丛刊》,1993年。

虎维铎《陶渊明与道家思想》,《传统文化与古籍整理研究》,西南师范大学出版社,1994年。

虎维铎《传统与创新:杜甫的启示》,《杜甫研究学刊》1995年第1期。中国人民大学《复印报刊资料·中国古代近代文学研究》1995年第8期转载。

虎维铎《以学养心,以心立言:关于古代文论现代转化问题之管见》,《语言文史论集》,西南师范大学出版社,2000年。

335

朱华忠《〈再建丰碑〉与史学史研究的深化》,《浙江学刊》1996年第4期。

朱华忠《魏晋南北朝时期通史撰述探析》,《西南师范大学学报(哲学社会科学版)》1996年第2期。

朱华忠《张衡思想散论》,《江西社会科学》2002年(增刊)。

朱华忠《论焦循对汉学的批评》,《史学史研究》2005年第2期。

苏文英《〈古文观止〉的注释问题》,《古籍整理研究学刊》1998年第3期。

苏文英《再论甲金文中的"典""册"及简牍出现的时代》,《古籍整理研究学刊》2015年第1期。

苏文英 The Research Overview of Variant Chinese Characters, *CROSS-CULTURAL COMMUNICATION*, 2015, 07.

苏文英《乘蓝"走马驭人"补释》,《出土文献综合研究集刊》第15辑,巴蜀书社,2022年。

史淑琴《敦煌残卷本〈春秋左传正义〉的学术价值》,《敦煌学辑刊》2018年第1期。

史淑琴《〈仪礼〉中与"席"相关的几个问题》,《甘肃高师学报》2020年第1期。

郭丽华《"一病不起"辨》,《语文学习》2006年第9期。

郭丽华《你能理解这样的"混账"吗》,《语文建设》2007年第4期。

郭丽华《释甲骨文中的"生某月"》,《汉字文化》2008年第4期。

郭丽华《也说风俗》,《红楼梦学刊》2011年第4期。

郭丽华《涨价潮下的网络新词语》,《语文月刊》2011年第9期。

郭丽华《张家山汉墓竹简(释文修订本)补正》,《古籍整理研究学刊》2015年第5期。

郭丽华 A Brief Study on the Words from the Northwest China Garrison Han Dynasty Bamboo Slips, *CROSS-CULTURAL COMMUNICATION*, 2015, 11.

郭丽华等《西北屯戍汉简中的"就人"及其相关词语考论》,《中国社会经济史研究》2016年第2期。

郭丽华《释西北屯戍汉简中的"辱"》,《汉字文化》2021年第13期。

高魏等《方块壮字音形码输入法的设计与实现》,《中国文字研究》2016年第2期。

高魏等《方块壮字笔画计量分析与输入法编码设计》,《中国文字学报》第7辑,商务印书馆,2017年。

高魏等《论方块壮字的产生途径》,《中央民族大学学报(哲学社会科学版)》2018年第3期。

高魏等《从字频统计看秦简用字的相关性》,《中国文字研究》2019年第1期。

袁伦强《甲骨文"履"字补释》,《出土文献》2022年第2期。

袁伦强《说甲骨文中几组待识的异体字》,《中国文字博物馆集刊》第4辑,中州古籍出版社,2023年。

(三)科研获奖

李运益副主编《汉语大字典》,1986年获中国图书奖荣誉奖、全国图书"金钥匙"奖、西南西北地区版式设计一等奖、1987年获全国优秀图书畅销书奖、1988年获中国图书奖荣誉奖、第三届全国图书"金钥匙"奖、1990年获四川省委、四川省政府1997—1999年优秀图书荣誉奖。

1984年,曹慕樊著《杜诗杂说》,获四川省社科优秀成果奖三等奖、重庆市社科优秀成果奖三等奖。

1988年,曹慕樊主编《东坡选集》,获四川省社科优秀成果奖三等奖、重庆市社科优秀成果奖二等奖。

1988年,曹慕樊《杜诗选注》,获重庆市社科优秀成果奖优秀奖。

1988年,刘重来《说〈华阳国志〉》,获重庆市社科优秀成果奖优秀奖。

1990年,刘重来《也应重视探讨史学家的弱点与失误》,获重庆市社科优秀成果奖三等奖。

1991年,曹慕樊《目录学纲要》,获重庆市社科优秀成果奖三等奖。

1991年,李运益获"四川省教委优秀研究生指导教师"。

1992年,李运益主编《汉语比喻大辞典》,获四川省优秀图书奖。

1992年,喻遂生《重庆方言的"倒"和"起"》,获重庆市社科优秀成果奖优秀奖。

1994年,刘重来等整理《明实录类纂·四川史料卷》,获重庆市社科优秀成果奖三等奖。

1995年9月,李运益主编《论语词典》,获重庆市社科优秀成果奖一等奖、四川省优秀图书奖。

1996年,刘重来等整理《明实录类纂·司法监察卷》,获四川省社科优秀成果奖三等奖。

1997年,刘重来获"曾宪梓教育基金三等奖"。

1998年7月,张显成《简帛药名研究》,获重庆市最佳图书奖、重庆市第一次社科优秀成果奖二等奖。

1998年7月,喻遂生、蒋宗福、张显成、虎维铎、李海霞等点校《十三经注疏》(6种),获重庆市第一次社科优秀成果奖二等奖。

1998年7月,刘重来等整理《明实录类纂·四川史料卷》《明实录类纂·司法监察卷》

《明实录类纂·宗藩贵戚卷》,获重庆市第一次社科优秀成果奖三等奖。

1998年,在读研究生沈林同学获第五届中国古文献学奖学金二等奖。指导教师:喻遂生。

1999年8月,张显成《简帛药名研究》,获第二届全国古籍整理图书奖二等奖。

2000年,在读研究生甘露、杨阳同学分别荣获第六届中国古文献学奖学金硕士生二、三等奖。指导教师分别是喻遂生、蒋宗福。

2001年5月,毛远明《左传词汇研究》,获重庆市社科优秀成果奖二等奖、重庆市最佳图书奖。

2001年5月,刘重来《中国二十世纪文献辨伪学述略》,获重庆市第二次社科优秀成果奖二等奖。

2001年12月,喻遂生《纳西东巴文形声字研究》系列论文,获第九届王力语言学奖二等奖。

2001年12月,喻遂生、张显成、蒋宗福、毛远明《汉语史方向研究生课程的改革和创新》,获国家级教学成果奖二等奖、重庆市教学成果奖一等奖。

2003年4月,李海霞《汉语动物命名研究》,获重庆市第三次社科优秀成果奖三等奖。

2004年12月,喻遂生《纳西东巴文研究丛稿》,获重庆市第四次社科优秀成果奖二等奖。

2004年12月,张显成《先秦两汉医学用语研究》,获重庆市第四次社科优秀成果奖三等奖。

2006年12月,喻遂生《纳西东巴文研究丛稿》,获教育部第四届中国高校人文社会科学研究优秀成果奖三等奖。

2006年10月,张显成《简帛文献学通论》,获重庆市第五次社科优秀成果奖一等奖。

2008年6月,刘重来《卢作孚与民国乡村建设研究》,获重庆市第六次社科优秀成果奖一等奖。

2011年6月,毛远明《汉魏六朝碑刻校注》,获重庆市第七次社科优秀成果奖一等奖。

2011年,喻遂生《纳西东巴文研究丛稿》第二辑,获重庆市第七次社科优秀成果奖二等奖。

2011年,张显成《简帛文献论集》,获重庆市第七次社科优秀成果奖三等奖。

2012年12月,毛远明《汉魏六朝碑刻校注》,获教育部第六届人文社科优秀成果奖三等奖。

2012年9月,张显成《尹湾汉墓简牍校理》,获第27届优秀古籍图书奖二等奖。

2014年3月,张显成《尹湾汉墓简牍校理》,获重庆市第八次社会科学优秀成果奖三等奖。

2014年,毛远明《碑刻文献学通论》,获重庆市第八次社科优秀成果奖三等奖。

2015年,张显成《尹湾汉墓简牍校理》,获第31届全国优秀古籍图书奖二等奖。

2015年,毛远明《汉魏六朝碑刻异体字研究》,获第31届全国优秀古籍图书奖二等奖。

2015年,毛远明《汉魏六朝碑刻异体字研究》,获教育部第七届高等学校科学研究优秀成果奖(人文社会科学)三等奖。

2017年10月,毛远明《汉魏六朝碑刻异体字典》,获第十七届王力语言学奖二等奖。

2017年,杨文全《100年汉语新词新语大辞典》(工具书),获四川省第十七次社科优秀成果奖三等奖。

2017年,袁伦强、李发《释"扶"》,获第六届中国文字发展论坛优秀奖。

2018年6月,毛远明《汉魏六朝碑刻异体字典》,获重庆市第九次社科优秀成果奖二等奖。

2020年1月,毛远明《汉魏六朝碑刻异体字典》,获教育部第八届高等学校科学研究优秀成果奖(人文社会科学)二等奖。

2020年12月,喻遂生、杨亦花、李晓亮《俄亚、白地东巴文化调查研究》,获重庆市第十次社科优秀成果奖二等奖。

2020年12月,孟蓬生《副词"颇"的来源及其发展》,获重庆市第十次社科优秀成果奖三等奖。

2020年12月,邓章应《东巴文与水文比较研究》,获重庆市第十次社科优秀成果奖三等奖。

2021年12月,本所获西南大学人文社科类科研先进单位三等奖。

2022年12月,张显成《简帛量词研究》、李发《甲骨军事刻辞整理与研究》获重庆市第十一次社科优秀成果奖二等奖。王远杰《英汉定中结构的韵律组配共性》、马超《出土文献释读与先秦史研究》获重庆市第十一次社科优秀成果奖三等奖。

第四章　人才培养

文献所原来与文学院共有汉语言文字学和中国古代文学两个硕士学位点，经过多年的努力，于1995年与文学院共同申报获准中国古典文献学硕士学位点，2003年与云南丽江东巴文化研究所共同申报获准中国少数民族语言文学硕士学位点，2006年联合申报获准汉语言文字学博士学位点，2006年与历史文化学院共同获准历史文献学硕士学位点，2011年联合申报获准中国语言文学一级学科博士点，2012年联合申报获准中国语言文学博士后流动站。

(一)汉语言文字学博士点

从2007年开始招生，学术带头人为喻遂生教授。下设四个研究方向：1.古文字研究(方向带头人：喻遂生)；2.简帛语言文字研究(方向带头人：张显成)；3.碑刻语言文字研究(方向带头人：毛远明)；4.比较文字学(方向带头人：喻遂生)。

(二)汉语言文字学(原汉语史)硕士点

从1985年开始招生，学术带头人先后有李运益、喻遂生教授。目前下设两个研究方向：1.古代汉语；2.古文字研究。

(三)语言学及应用语言学硕士点

从2006年开始招生，目前下设三个方向：1.比较文字学；2.现代汉语语法；3.国际中文教育。

(四)中国古典文献学硕士点

学术带头人先后有曹慕樊、刘重来、张显成教授。目前下设两个方向：1.古籍整理研究与出版；2.出土文献整理与研究。

(五)中国少数民族语言文学硕士点

学术带头人为喻遂生教授。目前下设两个研究方向：1.民族语言文字研究(纳西东巴文)；2.民族文字比较研究。

(六)历史文献学硕士点

学术带头人为张显成教授。目前下设两个研究方向：1.简帛文献整理研究；2.碑刻文献整理研究。

(七)中国古代文学硕士点

曾招收3届研究生，现暂未招生。

(八)历史文献学博士点

曾招收3届博士后研究人员。

建所以来,先后招收汉语言文字学(原汉语史)、中国古代文学、中国古典文献学、中国历史文献学、中国少数民族语言文字学等硕士、博士研究生,并在2012年获建中国语言文学一级学科博士后流动站。本所从1985—2024年,已经培养硕士研究生641名,博士研究生95名,现有在读硕士、博士研究生96人。

一、历届全日制学科博士名录及论文

2010届

（共6位）

※喻遂生指导

 1.马锦卫:《彝文起源及其发展考论》

 2.钟耀萍:《纳西族汝卡东巴文研究》

※张显成指导

 1.李建平:《先秦两汉量词研究》

 2.龙仕平:《〈睡虎地秦墓竹简〉文字研究:以〈说文解字〉为主要参考系》

※毛远明指导

 1.何 山:《魏晋南北朝碑刻文字构件研究》

 2.安美娜:《现代汉语高频语素复合词研究》

2011届

（共8位）

※喻遂生指导

 1.邓 飞:《商代甲金文时间范畴研究》

 2.李 发:《商代武丁时期甲骨军事刻辞的整理与研究》

 3.曾小鹏:《俄亚托地村纳西语言文字研究》

※张显成指导

 1.李丰娟:《秦简字词集释》

 2.马 瑞:《西北屯戍汉简文字研究》

 3.赵久湘:《秦汉简牍法律用语研究》

※毛远明指导

 1.吕 蒙:《汉魏六朝碑刻古文字研究》

 2.吴为民:《汉语性别词研究》

2012届

（共7位）

※喻遂生指导

    1.和继全:《白地波湾村纳西东巴文调查研究》

    2.毛志刚:《殷商甲骨刻辞虚词专题研究》

    3.刘新民:《甲骨刻辞羌人暨相关族群研究》

※张显成指导

    1.陈荣杰:《走马楼吴简佃田、赋税词语汇考》

    2.周祖亮:《简帛医籍词语研究》

※毛远明指导

    1.董宪臣:《东汉碑隶文字研究》

    2.吴继刚:《七寺本〈玄应音义〉文字研究》

2013届

（共13位）

※喻遂生指导

    1.杨亦花:《纳西族东巴文祭祖经典调查研究》

    2.郭仕超:《甲骨文字形演变研究》

    3.雷缙碚:《殷商甲骨文字构形系统形义关系研究》

※张显成指导

    1.聂　丹:《西北屯戍汉简名物词语研究:以衣饰、器用、植物类词语为主要研究对象》

    2.熊昌华:《简帛副词研究》

    3.蔡惠敏:《汉泰经贸词语互译研究:以〈泰汉—汉泰经贸词典〉补正为例》

※毛远明指导

    1.黄　敏:《汉魏六朝石刻乡里词语的整理与研究》

    2.魏　萍:《汉语体貌美丑常用词研究》

    3.徐海东:《〈古文四声韵〉疏证(一二三卷)》

    4.秋　兰:《〈老残游记〉副词研究》

    5.徐妙珍:《现代汉泰语修辞格对比研究》

    6.刘秀梅:《汉魏六朝石刻语素研究》

    7.白俊奎:《梅江苗语调查研究:兼论苗语和汉语的接触》

2014届

（共8位）

※喻遂生指导

    1.李晓亮:《西方纳西学史研究(1867—1972)》

※张显成指导

    1.杨艳辉:《楚地汉简帛医书假借字研究》

    2.马克冬:《简帛兵书军事用语研究》

    3.黄华迎:《马来西亚华语词语研究》

    4.武氏惠:《现代汉、越语名量词对比研究》

※毛远明指导

    1.周北南:《魏晋南北朝敦煌写卷异体字研究》

    2.李薛妃:《隋唐刻房山石经与同名佛经异文研究》

    3.姜同绚:《唐代墓志文化词语专题研究》

2015届

（共4位）

※喻遂生指导

    1.周　寅:《纳西东巴文构形分域研究》

    2.张　杨:《商周日常生活行为动词演变研究:以居住、盥洗、饮食、睡眠、休息概念场动词为研究对象》

※张显成指导

    1.胡　琳:《两汉简帛医书复音词系统研究》

※毛远明指导

    1.宋　婷:《石刻文献中唐代洛阳乡里村坊名考》

2016届

（共11位）

※喻遂生指导

    1.苏文英:《西周金文异体字研究》

    2.郑邦宏:《出土文献与古书形近讹误字校订综论:以出土先秦秦汉文献为主》

※张显成指导

    1.明茂修:《重庆方言声调实验研究》

    2.刘春语:《汉简帛医书十三种字词集释》

    3.胡　娟:《汉简帛医书五种字词集释》

    4.程文文:《简帛医书虚词研究》

    5.高　魏:《麽经方块壮字字形整理与专题研究》

    6.李　烨:《西北屯戍汉简文字编》

※毛远明指导

    1.郭洪义:《晋唐间佛教石刻文字词语研究》

    2.邱　亮:《唐碑整理与研究》

    3.张海艳:《唐代非汉民族碑刻整理与谱系研究》

2017届

（共7位）

※张显成指导

    1.王奇贤:《散见涉医简字词研究》

    2.张丽萍:《西北屯戍汉简通假字新考》

    3.王　丹:《壮族麽经宗教用语研究》

    4.刘晓蓉:《湘西保靖县宝卷调查整理与研究》

    5.李世持:《秦简人名整理与命名研究》

※毛远明指导

    1.吴氏映雪:《越南李朝碑刻整理与研究》

※胡长春指导

    1.马　超:《2011至2016新刊出土金文整理与研究》

2018届

（共4位）

※喻遂生指导

    1.邹　渊:《甲骨文对贞选贞卜辞语义语用研究》

※张显成指导

    1.周艳涛:《汉代肩水及居延两都尉辖境出土简牍释文校补与相关问题研究》

2.顾　盼:《魏晋汉字研究:以出土文献材料为中心》

※胡长春指导

    1.邢建丽:《春秋时期青铜鼎铭文整理与研究》

2019届

（共5位）

※张显成指导

    1.李真真:《北美中国简帛学研究:以语言文字研究为主》

    2.陈松梅:《基于释文校补、文书断代的居延甲渠候官简牍文书分类编年》

    3.郭丽华:《西北屯戍汉简文书习用语研究》

※毛远明、邓章应指导

    1.敖玲玲:《唐代墓志文献校勘研究:以〈唐代墓志汇编〉为中心》

※邓章应指导

    1.吴　平:《〈西双版纳傣文与伊桑经书文比较研究〉》

2020届

（共4位）

※张显成指导

    1.田佳鹭:《西北屯戍汉简词汇专题研究》

    2.刘　婕:《〈汉语大字典〉收字释义例证订补:以简帛为订补材料》

    3.邢　华:《简帛日书用语研究》

    4.马永萍:《简帛医学用语专题研究及〈简帛医学辞典〉编纂》

2021届

（共6位）

※张显成指导

    1.路　炜:《睡虎地秦简法律文献词汇研究》

    2.李志文:《秦简俗字整理研究》

※张显成、阮建海指导

    1.祝永新:《汉简〈苍颉篇〉及"苍颉"相关问题研究》

※邓章应指导

    1. 段卜华:《子弟书俗字研究》

    2. 刘　贺:《黑水城汉文文献疑难俗字考释与研究》

    3. 和根茂:《纳西族汝卡东巴文献调查与研究》

<h2 style="text-align:center">2022届</h2>

（共5位）

※张显成指导

    1. 周序林:《简牍数学文献集成、校释及英译》

    2. 蒋　艳:《简帛医书用字研究》

※邓章应指导

    1. 孟　闯:《金代汉文碑刻字词研究与文献校理》

※王化平指导

    1. 欧　佳:《简帛文献所见非驯养类动物及相关问题研究》

※杨文全指导

    1. 杨氏检:《现代汉语越南语程度副词对比研究》

<h2 style="text-align:center">2023届</h2>

（共3位）

※孟蓬生指导

    1. 叶　磊:《东周汉字谐声谱》

※张显成指导

    1. 张　松:《两汉简帛医书单音词研究》

※邓章应指导

    1. 曾玉洪:《〈武威汉代医简〉词语集注与研究》

<h2 style="text-align:center">2024届</h2>

（共4位）

※毛远明、邓章应指导

    1. 张　毅:《纳西东巴经〈黑白战争〉不同版本用字比较研究》

※邓章应指导

    1. 常丽丽:《唐代塔铭墓志词语专题研究》

※邓飞指导

    1.王　博:《商、西周甲金文容器字族整理与研究》

※杨文全指导

    1.杨　璐:《方言地名用字整理与研究》

二、全日制学科硕士名录

1988届

(共6位)

※李运益、刘继华指导

    1.顾之川:《〈通雅〉转语研究》

    2.吴泽顺:《从王氏四种看先秦文献语言的音转规律》

    3.吴福祥:《论郑玄在训诂实践中对训诂理论的运用和发展》

    4.汪启明:《章太炎的转注假借理论和他的字源学》

    5.李　岗:《〈尔雅〉邢昺疏郑樵注的比较研究》

    6.周继琛:《试论戴侗〈六书故〉中关于词义引申的学说》

1989届

(共2位)

※李运益指导

    1.钱　光:《〈墨子〉复音词初探》

    2.严志君:《〈荀子〉构词法初探》

1990届

(共2位)

※曹慕樊指导

    1.黄　鹏:《贾岛诗论》

    2.刘　怡:《论韩偓的人和诗》

1994届

(共3位)

※李运益指导

    1.金传富:《〈邓析子〉研究》

    2.李廷勇:《〈慎子〉校释与研究》

3.吴平潮:《〈司马法〉研究》

1995届

(共2位)

※李运益指导

    1.郦千明:《〈晏子春秋〉复音词简论》

    2.赵变亲:《〈商君书〉单音词词义初探》

1996届

(共3位)

※喻遂生指导

    1.陈年福:《甲骨文动词词汇研究》

    2.郑继娥:《甲骨文动词语法研究》

※刘重来指导

    1.吴国升:《〈华阳国志〉民族与经济问题研究》

1997届

(共4位)

※喻遂生指导

    1.巫称喜:《甲骨文名词词汇研究》

    2.刘　青:《甲骨文句型研究》

※刘重来指导

    1.刘固盛:《〈华阳国志〉与有关巴蜀文化问题的研究》

    2.徐光煦:《〈华阳国志〉民俗研究》

1998届

(共2位)

※喻遂生指导

    1.梁银峰:《甲骨文语言研究两篇》

    2.沈　林:《甲骨文动词断代研究》

2000届

（共5位）

※刘重来指导

    1.沈利斌:《〈华阳国志〉人物传记与汉晋巴蜀社会人文概况研究》

    2.赵俊芳:《〈华阳国志〉版本考述》

※张显成指导

    1.余　涛:《〈银雀山汉墓竹简(壹)〉特殊用字研究》

    2.苟晓燕:《银雀山汉简兵书二种词汇研究》

※蒋宗福指导

    1.杨　阳:《郑玄〈礼记〉注释研究》

2001届

（共3位）

※喻遂生指导

    1.甘　露:《甲骨文数量、方所范畴研究》

※刘重来指导

    1.陈晓华:《〈华阳国志〉作者常璩的政治思想及史学思想研究》

※蒋宗福指导

    1.唐光荣:《〈十三经注疏校勘记〉圈("〇")后案语作者问题考论》

2002届

（共4位）

※喻遂生指导

    1.朱习文:《甲骨文位移动词研究》

    2.张国艳:《甲骨文副词研究》

※张显成、喻遂生指导

    1.赵立伟:《〈睡虎地秦墓竹简〉通假字、俗字研究》

※张显成、毛远明指导

    1.王建民:《〈马王堆汉墓帛书〉(肆)俗字研究》

2003届

（共16位）

※喻遂生指导

    1. 贾燕子：《甲骨文祭祀动词句型研究》

    2. 郭凤花：《甲骨文谓宾动词研究》

    3. 董艳艳：《商代金文语言研究》

    4. 邓　飞：《两周金文军事动词研究》

    5. 唐建立：《〈论语〉名词语法研究》

    6. 孟美菊：《武威汉简〈仪礼〉异文研究》

    7. 张正霞：《〈五十二病方〉构词法研究》

※毛远明指导

    1. 刘小文：《〈尉缭子〉军事用语研究》

    2. 于正安：《〈荀子〉动词语法研究》

    3. 唐　瑛：《〈墨子〉形容词研究》

    4. 李明晓：《〈睡虎地秦墓竹简〉法律用语研究》

    5. 廖　强：《〈韩非子〉否定副词研究》

    6. 周　勤：《〈晏子春秋〉名词研究》

    7. 陈练军：《居延汉简量词研究》

    8. 吴开秀：《汉语颜色词研究》

    9. 刘　刚：《〈诗毛传〉语法研究》

2004届

（共10位）

※喻遂生指导

    1. 邓章应：《西周金文句法研究》

    2. 王　娟：《甲骨文时间范畴研究》

    3. 范常喜：《甲骨文纳西东巴文会意字比较研究初探》

    4. 刘盛举：《魏晋南北朝墓志铭用韵初探》

※蒋宗福指导

    1. 李苑静：《王念孙〈读书杂志〉校勘方法研究》

    2. 彭达池：《钱曾及其〈读书敏求记〉研究》

3.傅荣贤:《历代〈汉书·艺文志〉研究源流考略》

※毛远明指导

1.王盛婷:《汉魏六朝碑刻礼俗词语研究》

2.魏　平:《汉魏南北朝墓志同根词研究》

3.魏　萍:《南北朝墓志铭简体异体字研究》

2005届

（共13位）

※喻遂生指导

1.郭晓红:《甲骨文同位短语研究》

2.雷缙碚:《西周金文与传世文献同词异字研究》

3.门　艺:《西周甲骨文研究》

4.韩剑南:《甲骨文攻击类动词研究》

※蒋宗福指导

1.李小茹:《王应麟〈急救篇补注〉及相关问题研究》

2.徐　凌:《孙诒让〈札迻〉文献校读研究》

※毛远明指导

1.赵　修:《北朝造像记词语研究》

2.金小栋:《魏晋南北朝石刻年龄词语研究》

3.郝晋阳:《魏晋南北朝墓志中的假借字研究》

※李海霞指导

1.牟玉华:《先秦儒家法律用语研究》

2.李玫莹:《〈三国志〉和〈世说新语〉谦敬语探索》

3.孙尊章:《先秦时间副词研究》

4.张　静:《先秦汉语方位词研究》

2006届

（共18位）

※喻遂生指导

1.孟　琳:《〈殷墟花园庄东地甲骨〉词汇研究》

2.李　静:《〈殷墟花园庄东地甲骨〉文字研究》

3.邓统湘:《〈殷墟花园庄东地甲骨〉句型研究》

4.曾小鹏:《〈殷墟花园庄东地甲骨〉词类研究》

※张显成指导

1.贺　强:《马王堆汉墓遣策整理研究》

2.刘芳池:《〈悬泉诏书〉整理研究》

3.武晓丽:《〈石药尔雅·卷上〉校注》

4.陈荣杰:《〈武威汉简·仪礼〉整理研究》

5.沈祖春:《〈马王堆汉墓帛书(壹)〉假借字研究》

6.胡忆涛:《张家山汉简〈算数书〉整理研究》

※毛远明指导

1.章红梅:《汉魏六朝石刻典故词研究》

2.李利芳:《魏晋南北朝碑刻文字构件变异研究》

3.黄　敏:《魏晋南北朝亲属称谓研究》

4.李　发:《汉魏六朝墓志人物品评词研究》

5.李明龙:《〈长沙走马楼三国吴简〉账户词语研究》

※李海霞指导

1.王家宏:《〈红楼梦〉称谓语研究》

2.张惠民:《〈海国图志〉的对外关系用语和新词语研究》

3.王　琴:《〈红楼梦〉骂詈语研究》

2007届

(共23位)

※喻遂生指导

1.卢燕秋:《王襄甲骨文论著研究》

2.贺琼:《叶玉森甲骨文论著研究》

3.邹　渊:《甲骨文器物字研究》

※喻遂生、李静生指导

1.刘沕雪:《纳西东巴经〈大祭风·超度男女殉情者·制作木身〉字释及研究》

2.孔明玉:《纳西东巴经〈给死者换寿岁〉字释及研究》

3.张　毅:《纳西东巴经〈黑白战争〉字释及研究》

※张显成指导

　　1.韩丽亚:《楚简文书音韵研究:以通假字为研究对象》

　　2.凌　云:《〈居延汉简〉动词研究》

　　3.周群丽:《尹湾汉墓简牍整理研究》

　　4.何丽敏:《马王堆史书、医书通假字研究》

　　5.杨艳辉:《〈敦煌汉简〉整理研究》

　　6.李丰娟:《〈银雀山汉墓竹简(壹)〉形声字研究》

※毛远明指导

　　1.龙仕平:《〈说文解字〉训释语常用词研究》

　　2.解　芳:《〈宋书〉偏正式复合词研究》

　　3.杨双群:《魏晋南北朝碑刻人名研究》

　　4.胡　俊:《〈新唐书·宰相世系表〉校补》

　　5.何　山:《汉魏六朝碑刻记号字研究》

　　6.江　岚:《历代碑刻辨伪研究综述》

　　7.解伦锋:《东魏碑刻文字构件变异研究》

※李海霞指导

　　1.温　静:《〈醒世姻缘传〉行为动词研究》

　　2.张彩琴:《〈三国志〉和〈世说新语〉时间副词研究》

　　3.李树春:《〈楚辞〉形容词研究》

　　4.龙　慧:《敦煌变文心理动词研究》

2008届

（共26位）

※喻遂生指导

　　1.邢　华:《甲骨文假借字分类研究》

　　2.郭丽华:《甲骨文字词典基本词汇释义疏证》

　　3.宋　微:《甲骨文形声字分期研究》

　　4.刘新民:《殷墟甲骨第一期卜辞文例研究》

※喻遂生、李静生指导

　　1.莫　俊:《纳西东巴经〈九个天神和七个地神的故事〉字释及研究》

　　2.陈　霞:《纳西东巴经〈恩恒尼汝、高勒高趣的故事〉字释及研究》

※张显成指导

　　1.赵久湘:《张家山汉简异体字研究》

　　2.张茂发:《〈睡虎地秦墓竹简〉动词配价研究》

　　3.叶庆红:《〈阜阳汉简〉文字研究二题》

　　4.叶声波:《〈居延汉简〉异体字研究》

　　5.高二焕:《张家山汉简六种与〈说文〉对比研究》

　　6.刘国庆:《〈居延新简〉释文合校》

　　7.雷长巍:《〈额济纳汉简〉注释》

※毛远明指导

　　1.张　双:《两汉魏晋碑刻简体字研究》

　　2.李中侠:《魏晋碑刻复音词研究》

　　3.吴为民:《六朝碑刻丧葬词语研究》

　　4.吕　蒙:《北魏碑刻引用〈诗经〉研究》

　　5.季　芳:《〈新中国出土墓志·重庆卷〉校补及研究》

　　6.郭洪卫:《〈潜研堂金石文跋尾〉研究》

※李海霞指导

　　1.幸　亮:《〈水浒传〉男性描写词语研究》

　　2.应　利:《〈全唐诗〉颜色词语研究》

　　3.石利华:《佛教词语的汉化》

※周刚指导

　　1.李　周:《反问句的三个平面研究》

　　2.杨　洋:《现代汉语执拗类语气副词研究》

　　3.叶秋生:《现代汉语协同副词研究》

　　4.陈　健:《绵阳方言语气词研究》

2009届

（共35位）

※喻遂生指导

　　1.苟国利:《先秦汉语暗量范畴研究》

　　2.霍文杰:《上古汉语"在"词性研究》

3.暴慧芳:《汉语古文字合文研究》

4.王利霞:《古汉语"亡""无"用法研究》

5.蔡文静:《罗振玉的甲骨学研究》

※喻遂生、李静生指导

1.卓　婷:《纳西哥巴文字符体系研究》

2.梁　进:《纳西东巴经〈哥来秋招魂的故事〉版本比较研究》

3.张　杨:《纳西东巴舞谱〈舞蹈的出处与来历〉研究》

※张显成指导

1.黄伟锋:《〈长沙东牌楼东汉简牍〉书法浅论》

2.赵国华:《〈长沙走马楼三国吴简·竹简〉称谓语研究》

3.杨继文:《周家台秦简文字字形研究》

4.高　明:《随州孔家坡汉墓简牍〈日书〉虚词研究》

5.覃继红:《〈长沙走马楼三国吴简·竹简〉俗字研究》

6.李　莉:《〈嘉禾吏民田家莂〉文字构形系统研究》

7.胡苏姝:《〈嘉禾吏民田家莂〉人名研究》

8.吴　婷:《〈武威医简〉形声字研究》

※毛远明指导

1.蔡子鹤:《汉至唐宋买地券语言研究》

2.吴会灵:《汉魏六朝石刻偏正式复合词研究》

3.刘　燕:《魏晋南北朝墓志高频构词语素研究》

4.王轶高:《〈诗人玉屑〉诗歌评论用语研究》

5.林志杰:《魏晋南北朝碑刻同义并列复合词研究》

6.王存禹:《〈唐代墓志汇编〉武周部分校补及研究》

7.晁胜杰:《〈论语〉中隐含的"权力"关系》

8.时维超:《〈礼记·礼运〉中的礼治思想研究》

9.万大卫:《贞观墓志校补及研究》

10.杨　婧:《唐代开元墓志释文校补及研究》

※李海霞指导

1.李　娟:《联绵词考源和性质探讨》

2.鄢　丹:《元明纺织用语研究》

3.廖　敏:《中国古代农具命名研究》

4.杨文胜:《韩国学生汉语学习常见问题及解决办法研究》

5.喻　莲:《清代三小说礼貌用语及其与现代的比较》

※周刚指导

1.张玉苹:《"上下""左右""前后"的空间隐喻研究》

2.翟　彤:《现代汉语连动句的谓语动词研究》

3.徐　洁:《再肯定连接成分"的确"多视角研究》

4.周　荔:《面向对外汉语的离合词研究》

2010届

（共33位）

※喻遂生指导

1.杨亦花:《白地和志本东巴家祭祖仪式和祭祖经典研究》

2.杨　阳:《纳西东巴文动物字研究》

3.白小丽:《殷商甲骨文与两河流域原始楔形文字造字机制比较研究》

4.刘春娟:《甲骨文对贞卜辞的语用研究》

5.杨　亚:《甲骨文常用字字形分期演变浅论》

6.章　念:《殷墟甲骨第二至五期卜辞文例研究》

7.张　勇:《甲骨文取予类动词研究》

8.赵　兵:《甲骨文修饰语研究》

9.栾维权:《古汉字形声字发展史简论》

10.徐小林:《现代汉语"本来""原来"研究》

11.王娇娇:《泰国学生使用汉语结果补语偏误分析》

※张显成指导

1.陆喜英:《魏晋南北朝志怪小说量词研究》

2.王大莹:《〈后汉书〉量词研究》

3.庄利果:《〈郭店楚简〉儒家文献注译》

4.胡　波:《秦简副词研究》

5.余　剑:《〈诸病源候论〉〈黄帝内经太素〉量词研究》

6.刘飞飞:《〈敦煌汉简〉(1-1217)选释》

7.熊昌华:《〈龙岗秦简〉语法研究》

8.赵　强:《银雀山汉简〈六韬〉词汇研究》

※毛远明指导

1.黄晓伟:《魏晋南北朝墓志复音形容词研究》

2.秦照英:《唐元和至开成墓志复音词研究》

3.龚　隽:《〈唐代墓志汇编〉(肃宗至顺宗)校补及研究》

4.王辉霞:《武后及武周时期墓志异体字研究》

5.张海艳:《〈唐代墓志汇编〉(武宗至哀帝年间)校补及谱系整理》

6.陈杏留:《金元明清买地券词语研究》

7.赵黎明:《唐天宝年间墓志典故用词研究》

8.李继刚:《〈歧路灯〉惯用语研究》

※李海霞指导

1.张红雨:《汉维谚语对比》

2.程建伟:《〈牡丹亭〉与〈紫钗记〉形容词研究》

3.刘　彤:《〈镜花缘〉女性描写词语研究》

4.李　娜:《〈元刊杂剧三十种新校〉形容词研究》

5.孙艳丽:《〈元曲选〉称谓语研究》

6.杜　鑫:《清朝对外关系用语研究》

2011届

(共45位)

※喻遂生指导

1.黄　成:《上古汉语三组常用词演变研究》

2.徐　琳:《对贞卜辞省略现象的语用分析》

3.李秀丽:《殷墟师组卜辞语言文字研究》

4.杨　美:《甲骨女性卜辞语言文化分期比较研究》

5.何　英:《岛邦男〈殷墟卜辞综类〉研究:兼论甲骨文索引类工具书的编纂》

6.王星星:《〈汉语大字典〉〈书法大字典〉甲骨文字形校订》

7.郝雯雯:《郭沫若的甲骨学研究》

8.王亚静:《汉语常用单音节形容词的发展变化》

9.李晓亮:《洛克〈纳西语英语百科辞典〉研究》

10.何宝芝:《〈纳西东巴古籍译注全集〉婚俗经典研究》

11.毛雪蓉:《现代汉语"来"的分布及用法研究》

12.陈　婧:《东巴文〈民歌范本〉研究》

※张显成指导

1.蒋　艳:《曾侯乙墓简文注释》

2.毛　静:《汉墓遣策校注》

3.朱灵芝:《〈长沙走马楼三国吴简·竹简三〉异体字研究》

4.郭小东:《〈长沙走马楼三国吴简·竹简(贰)〉文字编》

5.常俪馨:《秦简异体字研究》

6.沈　娟:《敦煌写本社邑文书词语研究二题》

7.孙惠惠:《〈长沙走马楼三国吴简·竹简(叁)〉形声字及字体研究》

8.孙海燕:《张仲景医籍俗字研究》

9.杨锡全:《出土简帛文献中的"是＝"句及相关问题研究》

10.马秋红:《〈吐鲁番出土文书〉异体字研究》

11.乔　鑫:《敦煌医籍医学用语研究》

12.何　琴:《英藏敦煌文献(s10-s522)量词研究》

※毛远明指导

1.罗　曼:《隋代墓志词语专题研究》

2.王金翠:《隋唐造像记发愿文整理与研究》

3.尚磊明:《唐代碑刻行草书构形研究》

4.黄小蓉:《〈金匮要略〉复音词研究》

5.郭中滨:《魏晋南北朝石刻复音新词新义研究》

6.文　丽:《〈干禄字书〉与魏晋南北朝碑刻俗字对比研究》

7.李婷玉:《海东汉文碑词语研究》

8.周宗旭:《唐代摩崖校勘与研究》

9.牛秀芳:《宋以前道教碑刻词语研究》

10.杨　帆:《水利石刻词语研究》

※李海霞指导

1.刘　云:《〈红楼梦〉心理词语研究》

2.冀　娜:《〈元刊杂剧三十种新校〉副词研究》

3.杨　欢:《中英诗歌比喻对比:中国唐诗、现代诗和英国近现代诗抽样研究》

4.吕信兵:《〈官场现形记〉与〈沧浪之水〉社会称呼语研究》

5.李金芳:《现当代散文中男女作家词语运用的对比研究》

6.徐　薇:《新兴商业颜色名称研究》

7.吉　宇:《古汉语矿物命名研究》

8.王　鹏:《古汉语委婉语研究》

※邓章应指导

1.李俊娜:《女书、假名及谚文比较研究》

2.刘红妤:《傈僳竹书与纳西哥巴文造字机制比较研究》

3.李　佳:《〈纳西东巴古籍译注全集〉祝福语用字研究》

2012届

（共45位）

※喻遂生指导

1.李　玺:《古文字意符演变研究》

2.郑　一:《于省吾〈双剑誃殷契骈枝〉与〈甲骨文字释林〉释字比较研究》

3.刘成龙:《〈甲骨文字典〉所引材料校订》

4.李　霞:《〈甲骨文合集分组分类总表〉重片组类校订及研究》

5.王　英:《甲骨文和〈尚书·商书〉比较研究》

6.李林林:《甲骨文祭祀动词专题研究》

7.桂　晨:《甲骨文字的美学研究》

8.张　军:《金文字词典常用词释义辨正》

9.龙正海:《西周赏赐铭文用词与句式研究》

10.戴红蓉:《古文字"止"类字研究》

11.周　寅:《纳西族古代天文历法研究》

12.董元玲:《纳西东巴经〈鲁般鲁饶〉字释及研究》

※张显成指导

1.段晓华:《孔家坡汉简文字研究二题》

2.范红丽:《〈银雀山汉墓竹简［贰］〉通假字研究》

3.刘文芬:《〈北史〉量词研究》

4.莫　斐:《尹湾汉简字体及用字研究》

5.杨　帆:《英藏敦煌契约、社邑文书名量词研究》

6.张新云:《〈银雀山汉墓竹简[贰]〉异体字研究》

7.赵　德:《居延汉简文字释读研究》

8.左　青:《〈侯马盟书〉字形字义与〈说文〉对比研究》

9.刘曦蔚:《汉碑用字考察》

10.李亮良:《西北屯戍汉简中常见的吏卒爵位与西汉民爵制初探》

11.潘梦丽:《〈吐鲁番出土文书〉校补及字形谱》

※毛远明指导

1.周玉芳:《〈尔雅·释宫〉建筑词语研究》

2.顾　盼:《明清以来苏州工商业词汇研究——以江苏省明清以来工商业碑刻为材料》

3.郭洪义:《南北朝至唐僧侣石刻词语研究》

4.刘光蓉:《吐鲁番出土砖志异体字研究》

5.王玉洁:《〈洛阳新获墓志续编〉(唐代部分)异体字研究》

6.闻　鸣:《六朝碑刻女性词语研究》

7.张彦莉:《〈内蒙古辽代石刻文研究〉中的汉文碑专名研究》

8.王　翌:《自贡方言语音词汇研究》

9.敖玲玲:《元代白话碑同名异译词研究》

※李海霞指导

1.黄　鹤:《网络媒介在非目的语环境汉语学习中的运用:以泰国孔敬大学学生使用QQ为例》

2.杨　娟:《〈西游记〉神魔描写词语研究》

3.曾明奎:《〈三国志〉赞颂语研究》

4.孙　琳:《〈牡丹亭〉爱情描写词语研究》

5.曲美丽:《中国古代冷兵器命名研究》

6.孙亚东:《初中教师对学生的要求用语调查研究》

7.谭永燕:《〈诗经〉祝愿语研究》

※邓章应指导

1.黄艳萍:《两岸三地现行汉字字形研究与书同文》

2.王玉秋:《大学校园BBS论坛ID名个案探析》

3.郭红雨:《语言类硕士研究生毕业论文常见语病研究》

4. 王 粲:《"部件—整字—字族"对外汉字教学方法探索》

5. 张春凤:《玛雅文与纳西东巴文音补的比较研究》

6. 郑长丽:《〈纳西东巴古籍译注全集〉跋语研究》

2013届

（共39位）

※喻遂生指导

1. 郑邦宏:《战国东方六国铜器文字构形演变研究》

2. 刘孝杰:《甲骨文同义表达研究》

3. 逢方慧:《甲骨文非祭祀动词句型研究》

4. 邓 尧:《殷墟子组卜辞语言文字研究》

5. 张 娟:《甲骨文兼语句的整理与研究》

6. 黄劲伟:《甲骨刻辞数量表达式分类、断代整理与研究》

7. 王先晓:《甲骨文选贞卜辞研究》

8. 史晶英:《东巴文仪式规程文献研究》

※和力民、喻遂生指导

1. 郭佳丽:《纳西东巴文人体字研究》

2. 马文丽:《李霖灿的东巴文化研究》

※张显成指导

1. 李学渊:《汉语高频语素"小"意义发展研究》

2. 李 烨:《〈肩水金关汉简（壹）〉研究三题》

3. 臧 磊:《〈岳麓书院藏秦简（壹）〉校注》

4. 王玉蛟:《两汉简帛异体字研究》

5. 王锦城:《〈岳麓书院藏秦简（壹）〉文字整理研究》

6. 倪娅岚:《〈睡虎地秦简〉用字频度研究》

7. 李迎莉:《秦简三种之异体字研究》

8. 房相楠:《楚简帛用字研究》

※张显成、吉仕梅指导

1. 汪 颖:《〈睡虎地秦简文字编〉勘补》

2. 田佳鹭:《西北屯戍汉简虚词研究》

※毛远明指导

    1.孙　俏:《甘肃交通石刻词语研究》

    2.吴杨芝:《社、印本〈绿野仙踪〉异文研究》

    3.李雨萧:《〈常山贞石志〉跋尾研究》

    4.王艳秀:《〈胜天王般若波罗蜜经〉异文研究》

    5.曾照军:《宋代教育碑刻词语研究》

    6.郑　屹:《两汉至唐韦氏宗族研究》

    7.方其乐:《〈淳化阁帖〉行草书研究》

    8.李春梅:《西南地区古代法律碑刻词语研究》

※李海霞指导

    1.王阿琴:《古代动物描写用语研究》

    2.张颖颖:《〈世说新语〉和唐传奇42篇定语研究》

    3.罗　娟:《古代草部植物描写用语的发展》

    4.武莉娜:《〈儒林外史〉称呼语研究》

    5.曾李丽:《大陆、台湾和英美图书作者简介对比研究》

※邓章应指导

    1.徐　宁:《海峡两岸宋体楷体字形比较研究》

    2.范　玲:《现行汉字笔划分布及特征研究》

    3.王春晓:《现代汉字合体字研究》

    4.王　攀:《现代汉字笔划规范与教学应用》

※王远杰指导

    1.孙艳华:《也谈"差不多"和"差点儿"》

    2.冯建珍:《现代汉语单双音节名动形的语法功能差别》

2014届

（共32位）

※喻遂生指导

    1.李静丽:《甲骨文副词研究综论》

    2.赵　静:《〈甲骨文简明词典:卜辞分类读本〉研究》

    3.董双印:《〈甲骨文合集〉(1、2)释文四种对比校订》

4.徐艳利：《殷墟小屯村中村南甲骨整理及文字研究》

5.李　真：《〈殷墟小屯村中村南甲骨〉词汇、句型研究》

6.李樟花：《甲骨文运动动词"来、往"研究》

※张显成指导

1.谢　坤：《岳麓书院藏秦简〈数〉校理及数学专门用语研究》

2.潘克锋：《长沙走马楼三国吴简一见字研究》

3.陈　燕：《浙大简与其他楚简字形对照专题研究》

4.谢小丽：《秦简时间范畴研究》

5.杨景然：《人教版高中语文（必修）文言课文版本及注释研究》

6.雍宛苡：《楚简帛助动词研究》

※毛远明指导

1.杜　莹：《〈汉魏六朝碑刻校注〉未收北魏碑刻整理与研究》

2.王迟迟：《〈汉魏六朝碑刻校注〉未收石刻整理与研究：三国两晋及南朝时期》

3.周　祥：《走马楼吴简所见〈说文〉未收录新见字形整理与研究》

4.杨　宁：《近五年（2008—2012）新见汉魏六朝石刻搜集与整理》

5.邹　虎：《魏晋南北朝石刻新出字形研究》

6.陈　玲：《唐代墓志所见关中乡里词语研究》

7.朱　遂：《〈汉魏六朝碑刻校注〉未收北齐北周碑刻辑补》

※李海霞指导

1.张玲玲：《〈儒林外史〉儒生描写词语研究》

2.张　文：《〈开明国语课本〉与人教版〈小学语文〉选文对比研究》

3.杨　帆：《当代诗歌修辞的情感表达研究》

※邓章应指导

1.王耀芳：《东巴经〈超度死者·献肉汤〉（下卷）字释选释及文字研究》

2.常丽丽：《纳西东巴经〈请神压端鬼·端鬼的来历〉用字研究》

3.张　凤：《方块布依文初步研究》

4.李玉玲：《〈关死门仪式·开坛经〉文字研究》

5.李晓丹：《文字学术语及其英译规范研究》

6.李延新：《东巴经〈攘垛鬼仪式·烧嘎巴火把驱鬼经〉造字及用字研究》

※王化平指导

    1. 鲁普平：《秦简官箴文献研究》

    2. 孙淑霞：《汉简〈仓颉篇〉辑校》

※王远杰指导

    1. 高　敏：《共素同义单、双音节名词的语法差别：基于现代汉语语料库的实例考察》

    2. 赵文敏：《"巴不得""恨不得"使用的异同和不对称》

2015届

（共36位）

※喻遂生指导

    1. 李亚茹：《东巴文与甲骨文圆形构字比较研究》

    2. 张　月：《殷商甲骨文独体象形字素研究》

    3. 郭婷婷：《甲骨文金文阜部字研究》

    4. 韩胜伟：《甲骨卜辞占辞研究》

    5. 金　洋：《吉德炜的甲骨学研究》

    6. 蒋　红：《两周金文时间范畴研究》

    7. 高会彬：《吕大临的铜器铭文研究》

※张显成指导

    1. 陈迎娣：《上博简字词与两部大型语文辞书订补》

    2. 张晓芳：《吴简词语与〈汉语大词典〉订补研究》

    3. 王明明：《〈汉语大词典〉补正研究：以秦简为主要材料》

    4. 张东东：《西北屯戍汉简四种所见词语与〈汉语大词典〉订补》

    5. 邱　晨：《〈江陵凤凰山西汉墓简牍〉文字整理研究》

    6. 周艳涛：《居延简词语与〈汉语大词典〉订补研究》

    7. 陈顺容：《遣策词语与〈汉语大词典〉订补研究》

    8. 马　骥：《战国楚简标点符号研究》

    9. 李晓梅：《上博简与清华简诗赋文献校注》

※毛远明指导

    1. 杨薇薇：《〈汾阳市博物馆藏墓志选编〉整理与研究》

    2. 段卜华：《〈1996—2012北京大学图书馆新藏金石拓本菁华〉隋唐五代部分整理与研究》

3.谭　平:《〈洛阳出土鸳鸯墓志辑录〉女性词语研究》

4.王富久:《明清地震碑刻词语研究》

5.刘新晖:《〈秦晋豫新出墓志搜佚〉(东汉至隋)墓志研究》

6.付小燕:《〈洛阳新获七朝墓志〉(开元—天宝年间)文字词汇研究》

7.邓艳平:《〈秦晋豫新出墓志搜佚〉初唐墓志整理与研究》

8.周　玲:《〈秦晋豫新出墓志搜佚〉晚唐墓志整理与研究》

※李海霞指导

1.张小芳:《宋代文学中描述体貌美的九大单音词词义对比分析》

2.赵　宇:《〈水浒传〉与〈红楼梦〉饮食用语研究》

※邓章应指导

1.刘　婕:《哥巴文异体字研究》

2.田玲玲:《纳西东巴经神名用字研究》

3.余　攀:《哥巴文经用字研究》

4.杨　蕾:《纳西东巴经数量词用字研究》

※王化平指导

1.周婵娟:《秦汉简帛所见妇女史资料整理》

2.杨　帆:《〈管子〉成书问题研究史》

3.田雪梅:《睡虎地秦简〈日书〉、孔家坡汉简〈日书〉比较研究》

4.王丹凤:《秦汉简帛历谱研究综述》

※王远杰指导

1.王林玉:《"除""非""除非"的词义演变研究》

2.毛玉梅:《现代汉语七组颜色类形容词的语法功能考察:基于现代汉语语料库的实例分析》

2016届

(共32位)

※喻遂生指导

1.聂亭婷:《商周同铭器铭文异文的整理与研究》

2.刘伟真:《古文字字形对称现象探析研究》

3.刘艳娟:《对贞卜辞同字异形现象整理与研究》

4.王崇月：《宾组甲骨刻辞行款研究》

5.高　攀：《殷墟无名组卜辞文字、词汇整理研究》

6.齐乐园：《甲骨文习刻研究》

7.张　沙：《甲骨文字形间架结构研究》

8.和学璋：《东巴文地名的调查整理与语言文字研究》

※张显成指导

1.申佳丽：《从词汇史角度考〈素问〉"七篇大论"的撰成时代》

2.叶　欢：《〈汉语大词典〉订补：以汉魏六朝碑刻为主要材料》

3.张诗虞：《从词汇史角度考〈灵枢经〉的撰成时代》

4.王　艳：《从词汇史角度考〈素问〉的撰成时代》

5.高罕钰：《〈新获吐鲁番出土文献〉（文书）文字编及逐字索引》

※张显成、吉仕梅指导

1.朱　芳：《放马滩秦简文字整理与研究》

※毛远明指导

1.杨鹜麒：《〈中国西北地区历代石刻汇编〉（汉代至唐代）整理与研究》

2.汤亚琴：《唐代墓志军事词语研究》

3.罗　顺：《〈全唐文补遗〉字词斟补与研究》

4.龙俊旭：《唐代墓志中的名典问题研究》

※邓章应指导

1.高春华：《纳西东巴经封面形制和文字》

2.马　跃：《纳西东巴经称谓词语用字研究》

3.谭松菊：《东巴经走兽类动物词语用字研究》

※王化平指导

1.江　玲：《〈汉书·艺文志·数术略〉研究及补编》

2.邱雯蓉：《简帛古书体例与古书整理研究专题》

3.张文库：《北斗齐秦，南战荆楚：清华简〈系年〉所见晋国史事研究》

4.高　月：《20世纪以来〈彖传〉和〈象传〉研究综论》

※陈荣杰指导

1.贾利青：《走马楼吴简亲属称谓语研究》

2.王亚利：《走马楼吴简疾病词语研究》

※李发指导

　　1.杨秀芬：《古文字"启"的形义关系研究》

　　2.李　齐：《甲骨文形近字字际关系考辨八组》

※王远杰指导

　　1.张红梅：《现代汉语粘合式定中短语和同根词的语法比较：基于语料库的实例分析》

　　2.杨　林：《现代汉语并列类同根名词的语法功能比较："书、书籍"等三组词的实例考察》

　　3.张亚婷：《现代汉语定中类同根名词的语法功能比较："花""鲜花"等三组词的实例考察》

2017届

（共33位）

※张显成指导

　　1.陶　浩：《吐鲁番文书著作两种文字编及逐字索引》

　　2.罗汶君：《中学语文教材古诗文版本及相关问题研究：以人教版初中语文教材为研究对象》

　　3.吴　琳：《〈张家山汉简〉法律文献用字研究》

　　4.侯建科：《清华简（壹–陆）异体字整理与研究》

　　5.杨　淋：《古代茶书中的茶学用语研究》

　　6.张文玥：《马王堆汉墓简帛新刊材料数据库研制及用字研究》

　　7.刘媛岑：《〈张家山汉简〉医学文献用字研究》

　　8.孔德超：《出土简帛所见驱鬼术研究》

　　9.许红梅：《〈睡虎地秦简〉文字新编》

※张显成、赵鑫晔指导

　　1.苏思远：《俄藏敦煌文献佛教疑伪经叙录》

　　2.陈明珠：《敦煌写本包首研究》

　　3.刘利娜：《敦煌写本兑废稿研究》

　　4.朱义霞：《敦煌写本〈斋琬文〉研究》

　　5.李奇斌：《〈秦晋豫新出墓志搜佚〉天宝至元和年间墓志整理与研究》

6.李成满：《敦煌印本文献整理研究》

※毛远明指导

  1.和艳芳：《唐墓志所见山西乡里山水名研究》

  2.白艳章：《〈西安碑林博物馆新藏墓志续编〉整理与研究》

  3.徐　梅：《〈秦晋豫新出墓志搜佚续编〉(汉魏六朝部分)字词专题研究》

※邓章应指导

  1.苌丽娟：《纳西东巴经五组头部动作词语用字研究 》

  2.贺振宇：《纳西东巴经方位词语用字研究》

  3.张正霞：《纳西东巴经法器字词研究》

  4.郭　瑜：《〈纳西东巴古籍译注全集〉器具类词语用字研究》

  5.苟开青：《纳西东巴经熟语"三族善算"用字研究》

  6.吕　敏：《东巴经植物字整理与专题研究》

※王化平指导

  1.郝花萍：《〈清华大学藏战国竹简(陆)〉郑国三篇集释》

  2.贺璐璐：《出土简帛所见堪舆文献的整理与研究》

  3.常丽梅：《简帛祝由方研究综论》

※邓飞指导

  1.王　栋：《甲骨卜辞连动结构研究》

  2.钟红丹：《甲骨卜辞焦点表现手段研究》

※陈荣杰指导

  1.王震华：《〈长沙走马楼三国吴简·竹简[柒]〉人名研究》

※李发指导

  1.罗祥义：《出土先秦文献语气词研究》

  2.李晓晓：《甲骨卜辞灾咎义词语研究》

  3.武亚帅：《甲骨刻辞"虫/又"字句研究》

2018届

(共27位)

※张显成指导

  1.李明山：《甲金及楚简帛合文的整理与研究》

  2.徐佳文：《〈肩水金关汉简(伍)〉文字编》

3. 黄　悦:《〈肩水金关汉简(肆)〉文字编》

4. 李颖梅:《〈肩水金关汉简(贰)〉文字编》

5. 黄　悦:《〈肩水金关汉简(叁)〉文字编》

6. 张文建:《〈肩水金关汉简(壹)〉文字新编及残简缀合》

7. 谷雪洋:《吐鲁番文书文字全编》

8. 孙旭萌:《汉匈博弈下月氏、乌孙的求存策略:以西北屯戍汉简为新材料》

※毛远明、何山指导

1. 周　阳:《〈全北魏东魏西魏文补遗〉北魏文校考》

2. 肖　游:《〈秦晋豫新出墓志搜佚续编〉晚唐墓志整理及词语专题研究》

3. 王　羽:《〈全北齐北周文补遗〉北齐墓志字词专题研究》

4. 钟　珏:《〈全隋文补遗〉所见碑志字词专题研究》

5. 胡楷奇:《〈安阳墓志选编〉字词专题研究》

※邓章应指导

1. 和根茂:《白地吴树湾村汝卡东巴文献调查研究》

2. 李　雷:《西夏文构件研究》

3. 李二配:《方块白文文献用字研究》

※王化平指导

1. 李俊楠:《〈逸周书〉形容词研究》

2. 李　薇:《基于词汇史的〈逸周书〉三篇之传世及出土本撰成时代考》

3. 范育均:《从出土易学文献看〈左传〉〈国语〉中的涉易材料》

4. 欧　佳:《汉赋名物新证十则》

5. 解冠华:《清华简"书"类文献之政治思想探论》

※邓飞指导

1. 秦亚男:《〈全上古三代秦汉三国六朝文〉之先秦钟鼎类铭文校理》

※陈荣杰指导

1. 张译丹:《〈长沙走马楼三国吴简·竹简[柒]〉文字编》

2. 吴云霞:《〈长沙走马楼三国吴简·竹简[捌]〉文字编》

3. 郝蒲珍:《走马楼吴简许迪割米案整理与研究》

※李发指导

1. 袁伦强:《〈新甲骨文编〉(增订本)校补》

2. 唐英杰:《春秋战国有铭铜鬲研究》

（共 29 位）

※张显成指导

　　1.倪元芳:《〈肩水金关汉简〉文字研究》

　　2.王雅昕:《〈汉语大字典〉(第二版)"一部"至"歺部"古文字字形订补》

　　3.唐　萍:《〈汉语大字典〉(第二版)"牙部"至"竹部"古文字字形订补》

　　4.滕胜霖:《〈清华大学藏战国竹简(七)〉集释及相关问题研究》

　　5.王竟一:《〈汉语大字典〉(第二版)"臼部"至"龟部"古文字字形订补》

※毛远明、何山指导

　　1.张　敏:《唐代隶书碑刻异体字研究》

　　2.狄梦珊:《安阳出土北朝墓志整理与异体字研究》

　　3.彭慧萍:《〈秦晋豫新出墓志搜佚续编〉盛唐墓志校注及研究三题》

※胡长春指导

　　1.叶　磊:《晋国金文整理与研究》

　　2.王晓美:《吴越文化圈列国金文整理与研究》

※邓章应指导

　　1.徐艳茹:《古埃及圣书字字符形成机制研究》

　　2.王军军:《魏晋时期笔画演变研究》

　　3.魏媛媛:《玛雅文文字单位专题研究》

　　4.蒋佳玲:《〈玛雅象形文字:动词〉动词表研究》

　　5.张永惠:《魏晋南北朝石刻字形与音义关系研究》

　　6.陈曼曼:《秦简牍文字形体混同现象研究》

　　7.吴宇:《西夏文〈同义〉体例探索与文字考订》

　　8.杨四梅:《丽江署明村民国东巴文积谷账簿译释与研究》

※王化平指导

　　1.宁雪敏:《战国简帛中的史类文献与先秦史学史》

　　2.段雅丽:《清华简〈系年〉文献学问题及其史学思想探微》

　　3.翁　倩:《清华简〈越公其事〉与传世先秦两汉典籍中的勾践形象比较研究》

※陈荣杰指导

　　1.陈笑笑:《〈长沙尚德街东汉简牍〉集释及字形谱》

　　2.丽　妃(留学生):《汉泰语定中结构标记词比较研究》

3. 张东旭:《〈长沙走马楼三国吴简·竹简[肆]〉异体字整理与研究》

※邓飞指导

1. 杨继军:《甲骨文兼类词研究》

2. 唐　焘:《商代甲骨卜辞月份时间的整理与研究》

3. 任　静:《甲骨卜辞使令义场词语研究》

※李发指导

1. 杨　熠:《殷墟YH127坑宾组龟腹甲兆序的整理与研究》

2. 李丹杨:《甲骨天神地祇卜辞整理与研究》

2020届

(共21位)

※张显成指导

1. 晏　丽:《〈肩水金关汉简〉虚词研究》

2. 李　蓉:《〈岳麓书院藏秦简(伍)〉集释及相关专题研究》

3. 何义军:《上博竹书释读补正》

4. 唐　强:《〈里耶秦简(壹)〉释文校补》

※邓章应指导

1. 唐镱珍:《乌纳斯金字塔铭文文字研究》

2. 孙　颖:《〈汉魏六朝碑刻校注〉所收造像记校补》

3. 吴长新:《近代汉字构件的特殊形成与组合方式研究》

※王化平指导

1. 王佳慧:《清华简"书"类文献与相应传世文献对读》

2. 邵　琪:《清华简所见墨家思想研究》

3. 高佳敏:《清华简〈摄命〉集释》

※邓飞指导

1. 张学澜:《殷墟甲骨典宾类卜辞单句句法研究》

2. 蒋艾君:《殷墟师组卜辞句法研究》

3. 何　欢:《历组卜辞句法研究》

※陈荣杰指导

1. 贾凯丽:《〈长沙走马楼三国吴简·竹简[捌]〉姓名研究》

2. 曾蔺莎:《〈长沙走马楼三国吴简·竹简[柒]〉形声字整理与研究》

3.徐　雪:《〈长沙走马楼三国吴简·竹简[柒]〉职官称谓语研究》

※李发指导

1.龚家琦:《花东卜辞祭祀方式整理与研究》

2.曹甜甜:《殷墟YH127坑子卜辞祭祀资料的整理与研究》

3.冉　茜:《历组祭祀卜辞整理与研究》

※何山指导

1.黄程伟:《〈洛阳新获墓志二〇一五〉盛唐至晚唐墓志整理及异体字研究》

2.熊晓宇:《〈洛阳新获墓志二〇一五〉北魏至初唐墓志整理及文字考释》

2021届

(共21位)

※张显成指导

1.张　乐:《秦汉简牍疗伤与解毒方辑注》

※孟蓬生指导

1.王　雪:《〈广韵声系〉钝音字谐声关系订误》

※邓章应指导

1.娄　妍:《西夏文〈大般涅盘经〉卷三十译释研究》

2.李　颖:《西夏语否定成分研究》

3.桑　纤:《纳西东巴经肢体动作类词语用字研究》

※王化平指导

1.庞健凯:《清华简〈成人〉集释》

2.黄春蕾:《清华简〈治政之道〉〈治邦之道〉集释》

3.郑　婧:《安大简〈诗经〉文献学研究》

※杨文全指导

1.徐旗旅:《当代汉语前空型汉英融合词语研究》

2.江天祺:《当代汉语后空型汉英融合词语研究》

※邓飞指导

1.陈彩红:《殷墟甲骨卜辞为动句研究》

2.徐　清:《甲骨卜辞中"于"的组合研究》

※陈荣杰指导

1.彭桂莉:《〈长沙走马楼三国吴简·竹简[陆]〉文字构件研究》

2.耿晓晴:《〈长沙走马楼三国吴简·竹简[陆]〉地名整理与研究》

※李发指导

1.庞　苗:《殷墟卜辞所见受祭先王研究》

2.赵嘉琪:《商代祭祀场所资料的整理与研究》

3.韩瞳瞳:《殷墟卜辞所见非牲类祭祀物品研究》

※何山指导

1.彭明虹:《〈洛阳流散唐代墓志汇编续集〉释文校补及异构字研究》

2.邵秀梅:《新见唐代墓志(2009—2019)整理与字词考释》

3.谭　桥:《五代石刻文字构件变异研究》

4.殷小波:《北魏碑刻文字直接表音构件研究》

2022届

(共18位)

※孟蓬生指导

1.刘萧冬:《〈广韵声系〉锐音字谐声关系订误》

2.张荣琴:《出土文献所见之部字通转关系辑证》

※邓章应指导

1.杜雨昕:《魏晋南北朝造像记讹混俗字研究》

2.兰晓杰:《西夏文〈大宝积经·贤护长者会〉译释与研究》

3.王　丹:《东巴文同形结构研究》

4.徐　文:《西夏文〈大宝积经〉异体字研究》

5.张　乐:《〈通用规范汉字表〉一级字表楷书字形溯源及形体流变研究》

※王化平指导

1.钱　丽:《〈老子〉虚词异文研究》

※杨文全指导

1.郝敖翔:《国外知名品牌译名的汉语化研究》

※邓飞指导

1.杨润龙:《殷墟甲骨卜辞"叀""唯"研究》

2.钟佩炘:《出土先秦文献"农耕"类动词研究》

※陈荣杰指导

1.杨　兰:《〈长沙走马楼三国吴简·竹简[伍]〉文字笔形研究》

※李发指导

　　1.安怡静:《殷墟宾组卜辞同文例整理与研究》

　　2.李金晏:《殷墟无名组占辞的整理与研究》

　　3.卢慧琳:《殷墟王卜辞大小字符刻辞共版现象研究》

　　4.邹　亚:《殷墟卜辞所见用牲法研究》

※何山指导

　　1.廖新冬:《北魏墓志俗字源流演变研究》

　　2.杨莹霞:《隋代墓志字形与音义关系研究》

2023届

（共27位）

※孟蓬生指导

　　1.吕舒宁:《北魏韵部系统研究》

　　2.王　祎:《北朝后期墓志铭用韵研究》

　　3.马文杰:《西周金文韵部通转关系辑证》

　　4.董婉婷:《秦文字谐声系统所反映的上古声母关系研究》

　　5.廖俊豪:《汉代文字谐声考辨》

※邓章应指导

　　1.熊　娟:《纳西东巴经东巴名用字研究》

　　2.李　硕:《纳西东巴经鬼名用字研究》

　　3.刘香坊:《纳西东巴经地名用字研究》

※王化平指导

　　1.任　谊:《清华简〈四告〉文献整理与研究》

　　2.刘峻杉:《清华简与早期黄老思想研究》

　　3.史梦云:《秦法律文献一词多形现象研究》

　　4.邓艳玲:《上博简事语类文献叙事研究》

※杨文全指导

　　1.李玉凤:《现代汉语通感词及其构造研究:以〈现代汉语词典〉（第七版）为例》

　　2.文楚薇:《自然科学用语的泛化研究》

　　3.沈雪梅:《"X效应"构式的结构、语义与认知研究》

4.苟乌果:《主观极量构式"XX中的XX"之多维考察》

※陈荣杰指导

1.夏　恩:《长沙走马楼吴简法律文献整理与研究》

2.刘　馨:《〈长沙走马楼三国吴简竹简·[玖]〉文书习用语研究》

3.卢　玲:《长沙走马楼吴简数量词研究》

4.李岚玲:《〈长沙走马楼三国吴简·竹简[玖]〉文字研究》

※李发指导

1.闫佳琳:《甲骨文同义动词研究五组》

2.罗文静:《殷墟王宾卜辞再研究》

3.喻　威:《出土先秦秦汉文献与古书形近讹误字校订专题研究》

※何山指导

1.赵瑞娟:《唐开元至贞元(714—805)墓志同源典故词语研究》

2.罗　琦:《唐末(805—907)墓志字形与音义关系研究》

3.陈荟宇:《北朝至隋墓志同义对举词语研究》

4.范文阳:《初唐墓志地名研究:基于语言文字角度考察》

2024届

(共26位)

※孟蓬生指导

1.连忆芸:《晚唐五代墓志铭文用韵研究》

2.银茂娟:《〈五音集韵〉与相关韵书比较研究》

3.谢林津:《盛唐墓志铭用韵考》

4.向　倩:《宋代墓志铭文用韵研究》

※邓章应指导

1.管金粮:《越南汉籍〈新镌海上医宗心领全帙〉俗字整理与研究》

2.赵天瑞:《纳西东巴经祖先名研究》

3.罗　融:《东巴文文字单位的组合方式研究》

※王化平指导

1.周广凌:《出土黄老思想文献所见因循思想研究》

※杨文全指导

1.王　元:《义近用异的"大咖"词群考察》

2.马　婷:《新冠疫情背景下的汉语新创语词研究》

3.孙文芳:《"V的就是N"构式研究》

4.陈　苗:《高量级主管评价构式"如此之X"研究》

※邓飞指导

1.高俊霞:《甲骨文名词及名词短语语法研究》

2.丁笑艳:《殷墟甲骨文副词研究》

3.张　鑫:《甲骨文动词论元结构研究》

※陈荣杰指导

1.王梦婧:《〈长沙五一广场东汉简牍〉(壹—叁)异体字研究》

2.陈琅枭:《〈长沙五一广场东汉简牍〉疑难词语个案研究》

3.陆婵媛:《〈长沙五一广场东汉简牍〉字词关系研究》

※李发指导

1.穆　娟:《殷墟卜辞中贞人"出"的相关材料整理与研究》

2.刘加超:《甲骨文所见长柲类兵器字研究》

3.吴宇飞:《甲骨文所见生产工具字研究》

※何山指导

1.高晓洁:《隋唐五代砖铭文字专题研究》

2.宋　莉:《唐代墓志典故词语源、形、义关系综合研究:以新见唐代墓志为主要材料》

3.刘　荣:《隋唐僧尼墓志塔铭词语专题研究》

※胡波指导

1.冯玲芝:《〈史记〉与先秦两汉文献异文的语言学考察:以词汇、语法为中心》

※李明晓指导

1.孙梦钰:《新刊西北汉简词语丛考》

三、历届高师硕士名录

2009届

（共15位）

※喻遂生指导

1.吴媛媛:《电视传媒中的方言现象及发展策略初探》

2.张利花:《泸州方言三音节词语研究》

3.钟　卫:《宜宾话语音调查和研究》

※张显成指导

 1.周　静:《2007年汉语新词语研究》

 2.张潇潇:《〈西游记〉量词研究》

 3.彭万勇:《对外汉字字源教学法构建研究》

 4.宋　蓉:《文献学术语的语言学阐释》

 5.邓　进:《〈红楼梦〉女性命名研究》

 6.钱闰建:《〈隋书〉数量词研究》

※毛远明指导

 1.梁书瀚:《网络语言的社会化研究》

 2.谢　峰:《网络语言的社会语言学研究》

 3.熊炜炜:《广告语言的说服策略研究》

 4.杜松柏:《〈红楼梦〉对举嵌置式四字格研究》

 5.凌　娟:《广告语言的文化研究》

※李海霞指导

 1.王晓阳:《〈红楼梦〉女性描写词语研究》

2010届

（共4位）

※张显成指导

 1.刘　敏:《〈商君书〉单音节形容词同义关系研究》

※毛远明指导

 1.巫桂英:《〈广韵〉又音字研究》

 2.许闻君:《〈天工开物〉纺织词研究》

※李海霞指导

 1.向　君:《金庸小说武功名称研究》

2011届

（共6位）

※喻遂生指导

 1.陈玉兰:《2008年度汉语新词语研究》

※张显成指导

　　1.段晓先:《〈黄帝内经〉单音节形容词同义关系辨析》

　　2.郭祖莲:《〈诗经〉单音节同义形容词的辨析及词义发展研究》

※毛远明指导

　　1.陈荣杰:《〈裴铏传奇〉复音词研究》

　　2.孔飞祥:《杨伯峻〈论语译注〉今译研究》

　　3.刘华俊:《李调元〈方言藻〉疏证》

2012届

(共6位)

※喻遂生指导

　　1.付　霖:《〈新序〉副词研究》

※张显成指导

　　1.林　璐:《〈宋书〉量词研究》

　　2.周独奇:《〈陈书〉量词研究》

　　3.冯　宇:《〈浮生六记〉动词专题研究》

　　4.薛　莲:《〈水浒传〉程度副词研究》

※李海霞指导

　　1.刘安荣:《中兽医病名研究》

2013届

(共4位)

※张显成指导

　　1.薛　莲:《〈黄帝内经〉〈神农本草经〉医学词语研究》

　　2.罗雯怡:《〈春秋公羊传〉单音节形容词同义、反义关系研究》

　　3.张　松:《国外分类词研究前沿成果译评:以〈分类词—名词分类系统的类型学研究〉为主要材料》

　　4.何　蔚:《〈黄帝内经〉单音节动词同义关系辨析》

2014届

(共3位)

※喻遂生指导

　　1.彭怡可:《〈礼记·乐记〉音乐词语研究》

※张显成指导

　　1.吴晓红:《〈列子〉单音节动词同义关系辨析》

※毛远明指导

　　1.董晨峰:《〈镜花缘〉量词研究》

四、教材建设情况

编写高质量的教材是提高教学水平的一项重要措施。为了提高教学质量,改进教学方法,本所组织导师把讲义整理出来,打印成册,供学生使用。目前已整理印制的讲义有:

1.《甲骨文选读》,喻遂生编,1989年。

2.《商周金文选读》,喻遂生编,1991年。

3.《纳西东巴文概论》,喻遂生编,2002年。

4.《简牍帛书概论》,张显成编,1996年(已出版《简帛文献学通论》,中华书局,2004年)。

5.《近代汉语》,蒋宗福编,1997年。

6.《训诂学》,毛远明编,1998年(已出版《训诂学新编》,巴蜀书社,2002年)。

7.《汉语音韵学》,毛远明编,1998年。

8.《现代汉语语法专题》,喻遂生编,2000年。

9.《语言与文化》,蒋宗福编,2000年。

10.《甲骨文语法研究》,喻遂生编,2001年。

11.《文字学》,喻遂生编,2011年。

12.《新编古代汉语教程》,毛远明主编,北京师范大学出版社,2013年。

13.《文字学教程》,喻遂生编,北京大学出版社,2014年。

五、开设课程

说明:此部分记载的是各位老师曾经和现在仍在开设的课程,因培养方案迭经变化,课程名称的记录难以完备,仅能反映文献所40年以来所开设研究生课程的概貌。带星号者为博士课程,其他皆为硕士课程。

李运益

语言学理论、现代汉语、古代汉语、音韵学、训诂学、目录学、中国古代语言文字学名著导读

刘继华

古代汉语、古代汉语语法专题研究、说文解字导读、汉文字学

喻遂生

纳西东巴文概论、商周金文选读、甲金专题研究、古文字学专业专题研究、东巴文专业专题研究、东巴文专题研究、传统语言学（文字学）、甲骨文选读、甲金专书导读、甲金通论、东巴文专书导读、汉语汉字史专题研究*、汉语语料学*、专业专题研究*（此为导师课程，课程名称相同，由不同导师授课，后同）

张显成

汉语史（语法史）、简帛语言文字专题研究、简帛语言文字专业专题研究、中国语言学史、方术文献语言文字专业专题研究、中国古代文献与文化（曾与苏文英合开）、简帛通论（简帛文献学）、简帛文献专书导读、简帛语言文字专书导读、文献学专题研究、简帛文献专题研究*、专业专题研究*、简帛语言文字研究*

毛远明

碑刻通论、碑刻文献专题研究、传世文献语言文字专题研究、碑刻语言文字专业专题研究、汉语词汇学、古汉语词汇专业专题研究、传统语言学（训诂学）、传统语言学（音韵学）、碑刻文献专书导读、传世文献专书导读、碑刻语言文字研究*、专业专题研究*

李海霞

科学思维训练、汉语史（词汇史）、语言思维与文化、汉语词源学、语言与文化专书导读

邓章应

文字理论与应用专题研究、文字理论与应用专书导读、民族古文字研究、语言文字应用与规划专书导读、比较文字学、比较文字学专题研究

王化平

出土文献与《周易》研究、中国古代文化与文献、出土文献与典籍专书导读、出土文献与典籍专题研究、传世文献研读、出土文献研读（战国）、简帛文献研读*

王远杰

语言理论专题研究、专书导读、汉语词汇学、现代汉语词汇语法研究、修辞理论、西方语言学流派

翟时雨

汉语方言学(民族语言调查)

朱华忠

文献学理论与文献学史

苏文英

古文字选读

李明晓

汉语史(语音史)、训诂学

刘重来

中西文化比较、古籍考证与辨伪、中国古代史学史

蒋宗福

文献学、近代汉语词汇研究、计算机与传统文化研究、汉语语料学、宗教文献词汇语法研究、近代汉语研究

孟蓬生

音韵学(上古音)、古文字与上古音专题研究※、《说文》研读

杜　锋

出土文献研读(战国)、传世文献研读(以上两门课程分别与孟蓬生、王化平合开)

李　发

出土文献研读(商)、《说文》偏旁与古文字字形源流(与马超合开)

马　超

中外主文献研读※(与邓飞、李发、王化平三人合开)、玺印陶文等古文字材料选读

何　山

出土文献研读(汉—唐石刻)、碑刻语言文字研究、近代汉字研究

胡　波

汉语语法史专题研究、汉语词汇史专题研究、古汉语语料学

苏文英

出土文献研读(周)

李明晓

出土文献研读(秦汉)

陈荣杰

出土文献研读(吴简)、简帛文献通论、汉语语料学※(与孟蓬生、邓飞等合开)、简帛文献与词汇研究

邓　飞

出土文献研读(商)、甲骨金文语法专题研究※

杨亦花

纳西东巴文概论、民族文献和语言文字田野调查、东巴文文献选读

李晓亮

东巴文文献选读

史淑琴

汉语音韵学

六、教学优秀成果奖

1991年,李运益获"四川省教委优秀研究生指导教师"。

1993年,喻遂生获"西南师范大学1993年度优秀教师奖"。

1996年,蒋宗福获"西南师范大学教师基本功大赛三等奖"。

1997年,刘重来获"曾宪梓教育基金三等奖"。

1997年,蒋宗福获"西南师范大学1996—1997年度优秀教师奖"

2000年,毛远明获"西南师范大学1998—2000年度优秀教师奖"。

2001年12月,喻遂生、张显成、蒋宗福、毛远明《汉语史方向研究生课程的改革和创新》,获国家级教学成果二等奖、重庆市教学成果一等奖。

2004年,毛远明获"西南师范大学2002—2004年度优秀教育工作者"。

2011年,毛远明获"西南大学'十一五'优秀研究生指导教师"。

2024年,王化平获"西南大学优秀研究生指导老师"称号。

七、研究生所获项目

研究生近年获国家社科基金项目、教育部人文社科一般项目、中央高校基本科研业务费项目情况:

钟耀萍"纳西语言调查研究及有声数据库建设",国家社科基金2010年项目。

和继全"纳西族藏语音读东巴古籍文献的整理与研究",国家社科基金2010年项目。

李发"甲骨军事刻辞的分期分类排谱、整理与研究",国家社科基金2010年项目。

吕蒙"战国至隋出土文献引经辑证"，国家社科基金 2011 年项目。

邓飞"甲骨卜辞量范畴研究"，教育部 2010 年项目。

周祖亮"简帛医药文献词汇研究"，教育部 2010 年项目。

杨亦花"纳西东巴文祭祖经典调查研究"，中央高校基本科研业务费 2011 年项目。

杨艳辉"西北屯戍汉简词语研究"，中央高校基本科研业务费 2011 年项目。

刘新民"殷商甲骨刻辞羌人资料整理与研究"，中央高校基本科研业务费 2011 年项目。

董宪臣"东汉碑刻词汇研究"，中央高校基本科研业务费 2011 年项目。

魏萍"长江上游石刻整理研究及语料库建设"，中央高校基本科研业务费 2011 年项目。

周北南"常用汉字区别性特征研究"，中央高校基本科研业务费 2011 年项目。

王玉蛟"两汉简帛异体字研究"，中央高校基本科研业务费 2011 年项目。

黄劲伟"甲骨文卜辞数量表达式分组断代研究"，中央高校基本科研业务费 2011 年项目。

聂丹"西北屯戍汉简名物词语研究"，教育部 2012 年项目。

聂丹"肩水金关汉简名物词语研究"，国家社科基金 2013 年项目。

马克冬"简帛兵书军事用语分类整理与研究"，国家社科基金 2013 年项目。

李晓亮"巴克《么些研究》的整理与研究"，中央高校基本科研业务费 2013 年项目。

徐艳利"《殷墟小屯村中村南甲骨》基础整理研究"，中央高校基本科研业务费 2013 年项目。

金洋"吉德炜的甲骨学研究"，中央高校基本科研业务费 2013 年项目。

杨宁"近五年(2008—2012)新见汉魏六朝石刻整理与研究"，中央高校基本科研业务费 2013 年项目。

谢坤"出土简帛数学文献专门用语研究"，中央高校基本科研业务费 2013 年项目。

周祥"长沙走马楼吴简新出字研究"，中央高校基本科研业务费 2013 年项目。

李晓丹"文字学术语及其英译规范研究"，中央高校基本科研业务费 2013 年项目。

明茂修"重庆方言声调的实验研究"，中央高校基本科研业务费 2013 年项目。

雍宛苡"楚简助动词研究"，中央高校基本科研业务费 2013 年项目。

陈玲"唐代墓志所见关中乡里词语研究"，中央高校基本科研业务费 2014 年项目。

常丽丽"纳西东巴经《请神压端鬼·端鬼的来历》用字研究"，中央高校基本科研业务费 2014 年项目。

郭洪义"魏晋南北朝至隋佛教造像记整理与研究",中央高校基本科研业务费2014年项目。

和学璋"纳西东巴古籍中的地名整理与研究",中央高校基本科研业务费2014年项目。

李烨"基于秦汉简牍字形库的《汉语大字典》字形收列补正研究",中央高校基本科研业务费2014年项目。

陈燕"浙大藏楚简与其他简字形对比研究",中央高校基本科研业务费2014年项目。

谢小丽"秦简时间范畴研究",中央高校基本科研业务费2014年项目。

杜莹"《汉魏六朝碑刻校注》未收北魏碑刻整理与研究",中央高校基本科研业务费2014年项目。

罗顺"《全唐文补遗》校考",中央高校基本科研业务费2014年项目。

张丽萍"敦煌汉简通假字整理研究及语音研究",中央高校基本科研业务费2014年项目。

周北南"贵州碑刻文献整理与研究",国家社科基金2014年项目。

张杨"殷商—春秋战国生活行为动词词汇演变研究",中央高校基本科研业务费2014年项目。

齐乐园"甲骨文习刻及特殊刻写形式的整理与研究",中央高校基本科研业务费2015年项目。

朱芳"天水放马滩秦简文字研究:以《说文》为参照系",中央高校基本科研业务费2015年项目。

王丹"壮族么教文献宗教用语研究",中央高校基本科研业务费2015年项目。

张海艳"唐代非汉民族家族墓志搜集、整理与谱系研究",中央高校基本科研业务费2015年项目。

郭洪义"晋唐间佛教造像记搜集整理与研究",重庆市研究生教育2015年创新项目。

孔德超"出土简帛中所见驱鬼术研究",重庆市研究生教育2015年创新项目。

周阳"全北魏东魏西魏文补遗",中央高校基本科研业务费2016年项目。

袁伦强"新甲骨文编(增订本)校订暨殷墟甲骨文字形整理研究",中央高校基本科研业务费2016年项目。

祝永新"基于文艺形式的'古籍数字化'科学普及",中央高校基本科研业务费

2016年项目。

周艳涛"汉代居延、肩水两都尉辖境出土简牍释文整理研究",重庆市研究生教育2016年项目。

王丹"壮族么教文献宗教用语研究",中央高校基本科研业务费2016年项目。

马超"2011年至2016年新出金文整理与研究",中央高校基本科研业务费2016年项目。

刘晓蓉"保靖民间道坛文献调查研究",中央高校基本科研业务费2016年项目。

李海峰"西南大学新藏石刻拓片汇释",古委会2016年项目。

李海峰"宋代碑刻书法文献整理及研究",中央高校基本科研业务费2016年项目。

张文玥"马王堆汉墓帛书新刊材料数据库研制及用字研究",中央高校基本科研业务费2016年专项资金项目。

郭瑜"纳西东巴古籍中的器具类词研究",中央高校基本科研业务费2016年项目。

吕敏"纳西东巴文植物类字研究",中央高校基本科研业务费2016年项目。

侯建科"清华大学藏战国竹简异体字研究",中央高校基本科研业务费2016年项目。

徐梅"《秦晋豫新出墓志搜佚续编》汉魏六朝碑刻整理与研究",中央高校基本科研业务费2016年项目。

钟红丹"甲骨卜辞焦点问题研究",中央高校基本科研业务费2016年项目。

周艳涛"长沙尚德街东汉简牍校补与研究",中央高校基本科研业务费2017年项目。

陈松梅"居延汉简日迹簿整理研究",中央高校基本科研业务费2017年项目。

敖玲玲"《全唐文补编》墓志整理与研究",中央高校基本科研业务费2017年项目。

徐艳茹"甲骨文与古埃及圣书字字符形成机制比较研究",中央高校基本科研业务费2017年项目。

欧佳"出土文献、文物与汉赋名物新证",中央高校基本科研业务费2017年项目。

唐英杰"春秋战国有铭铜鬲研究",中央高校基本科研业务费2017年项目。

郝蒲珍"走马楼吴简许迪割米案整理研究",中央高校基本科研业务费2017年项目。

李雷"西夏文的字符形成机制与文字规则研究",中央高校基本科研业务费2017年项目。

李薇"基于词汇史的清华简之《逸周书》三篇撰成时代研究",中央高校基本科研业务费2017年项目。

王晓美"吴越文化圈列国金文整理与研究",中央高校基本科研业务费2017年项目。

叶磊"晋文化圈列国金文整理与研究",中央高校基本科研业务费2017年项目。

杨四梅"民国时期珍稀东巴文民间应用性文献调查研究",重庆市研究生科研创新2017年项目。

杨四梅"民国时期珍稀东巴文应用性文献调查研究",四川省高校人文社科重点研究基地2017年项目。

祝永新"汉简牍所见字书整理与研究",重庆市研究生科研创新2017年项目。

陈松梅"居延汉简日迹薄整理研究",中央高校基本科研业务费2018年项目。

敖玲玲"《全唐文补编》墓志整理与研究",中央高校基本科研业务费2018年项目。

李真真"北美地区简帛学研究",中央高校基本科研业务费2018年项目。

张永惠"魏晋南北朝碑刻字词关系研究",中央高校基本科研业务费2018年项目。

段雅丽"清华大学藏战国竹简《系年》的编撰成书及其史学成就研究",中央高校基本科研业务费2018年项目。

杨熠"殷墟YH127坑宾组龟腹甲序辞的整理与研究",中央高校基本科研业务费2018年项目。

张东旭"《长沙走马楼三国吴简·竹简[肆]》文字整理与研究",中央高校基本科研业务费2018年项目。

唐焘"商周甲金文月份时间整理与研究",中央高校基本科研业务费2018年项目。

叶磊"晋文化圈列国金文整理与研究",中央高校基本科研业务费2018年项目。

王晓美"吴越文化圈列国金文整理与研究",中央高校基本科研业务费2018年项目。

蒋艳"简帛医书用字研究",中央高校基本科研业务费2019年项目。

王佳慧"从近出简帛文献与传世文献对读看古书成书",中央高校基本科研业务费2019年项目。

杨璐"基于透明度理论的汉语缩略语语法语义功能嬗变及规范研究",中央高校基本科研业务费2019年项目。

和根茂"纳西族汝卡支系东巴传承规程文献调查与研究",四川省高校基本科研业务费2019年项目。

八、研究生获奖情况

1996年，陈年福获第四届中国古文献学奖学金三等奖(硕士生组)。

1998年，沈林获第五届中国古文献学奖学金二等奖(硕士生组)。

2000年，杨阳获第六届中国古文献学奖学金三等奖(硕士生组)。

2000年，甘露获第六届中国古文献学奖学金二等奖(硕士生组)。

2006年，章红梅获第九届中国古文献学奖学金二等奖(硕士生组)。

2008年，刘新民获第十届中国古文献学奖学金三等奖(硕士生组)。

2009年，晁胜杰被评为重庆市优秀毕业研究生。

2010年，李发获第十一届中国古文献学奖学金三等奖(博士生组)。

2010年，陈杏留获第十一届中国古文献学奖学金三等奖(硕士生组)。

2010年，陈杏留被评为重庆市优秀毕业研究生。

2010年，白小丽获第十一届中国古文献学奖学金二等奖(硕士生组)。

2011年，蔡文静《罗振玉的甲骨学研究》获重庆市优秀硕士论文。

2012年，黄艳萍获第十二届中国古文献学奖学金三等奖(硕士生组)。

2012年，刘新民获第十二届中国古文献学奖学金三等奖(博士生组)。

2012年，和继全获第十二届中国古文献学奖学金三等奖(博士生组)。

2014年，谢坤获第十三届中国古文献学奖学金三等奖(硕士生组)。

2014年，马克冬获第十三届中国古文献学奖学金三等奖(博士生组)。

2016年，高魏获第十四届中国古文献学奖学金三等奖(博士生组)。

2016年，刘伟真获第十四届中国古文献学奖学金三等奖(硕士生组)。

2017年，袁伦强、李发获第六届中国文字发展论坛优秀奖。

2018年，周艳涛获第十五届中国古文献学奖学金三等奖(博士生组)。

2018年，杨熠、欧佳获第十五届中国古文献学奖学金三等奖(硕士生组)。

2019年，杨熠被评为重庆市优秀毕业研究生。

2020年，何义军被评为重庆市优秀毕业研究生。

2020年，黄程伟获第十六届中国古文献学奖学金三等奖(硕士生组)。

2021年，庞健凯被评为重庆市优秀毕业研究生。

2021年，唐强学位论文被评为重庆市优秀学位论文。

2021年，2020级喻威获西南大学"瑞田古汉语"助学金。

2022年，欧佳被评为重庆市优秀毕业研究生。

2022年,李金晏学位论文被评为重庆市优秀学位论文。

2022年,欧佳获第十七届中国古文献学奖学金三等奖(博士生组)。

2022年,喻威获第十七届中国古文献学奖学金二等奖(硕士生组)。

2023年,喻威被评为重庆市优秀毕业研究生。

2023年,管金粮获西南大学"瑞田古汉语"助学金。

2024年,管金粮获第十八届中国古文献学奖学金三等奖(硕士生组)。

2024年,常丽丽被评为重庆市优秀毕业研究生。

第五章　人物名录

一、教授名录

李运益

男,1924年生,汉族,重庆铜梁人,教授,中共党员。1947年毕业于四川大学文科研究所研究生班,分配到西南师范学院汉语言文学系任教,1983年评聘为教授。1984年任汉语言文献研究所所长,硕士研究生导师。曾任四川省高等学校教师高级职称评审委员会中国语言文学学科评审组成员,国家教委全国高等院校古籍整理研究工作委员会第二、三届委员,中国训诂学会研究会第一、二、三届常务理事,四川省语言学会学术委员会副主任。1994年8月退休。

主要从事汉语史的教学与研究和古籍整理、辞书编纂工作。担任过语言学理论、现代汉语、古代汉语、音韵学、训诂学、目录学、中国古代语言文字学名著导读等课程,并任汉语史专业硕士研究生导师。主编、点校著作5部,在《西南师范大学学报(社会科学版)》等刊物发表论文20余篇,主持项目5项,1991年荣获"四川省教委优秀研究生指导教师"称号,享受国务院政府特殊津贴。

刘继华

男,1924年生,汉族,陕西西乡人,教授。1948年毕业于西北大学中文系,获学士学位。1952年毕业于四川大学文科研究所中国语言文学专业研究生班。1956—1984年,在西南师范学院汉语言文学系任教。1984年调汉语言文献研究所。1988年评聘为教授,曾任文献所汉语研究室主任。

主要从事汉语史的教学与研究和古籍整理工作。担任过古代汉语、古汉语语法专题研究、汉文字学、《说文解字》导读等课程,任汉语史专业硕士研究生导师。在四川人民出版社、巴蜀书社等出版社出版专著5部,在《西南师范大学学报(社会科学版)》等刊物发表论文10余篇。

曹慕樊

男,1912年生,汉族,四川泸州人,教授,民革党员。1943年毕业于金陵大学图书馆专业。1949年前在北碚勉仁文学院中文系任副教授及教育行政工作,研究佛道二家思想,发表有关陶渊明研究的文章。1949年后曾任教育行政工作。1953年调西南师范学院图书馆任副馆长。1955年调汉语言文学系任教,曾任现代文选、写作教研室主任,外国文学教研室主任。1986年调汉语言文献研究所,任中国古代文学教研室主任。1987年评聘为教授。

主要从事唐宋文学的教学与研究。曾教授杜甫研究、苏轼研究、韩愈研究、目录学等课程,任硕士研究生导师,培养三届硕士生,共7人。在四川人民出版社、西南师范大学出版社等出版专著5部,在《西南师范大学学报》等刊物发表论文数十篇。

杨欣安

男,1909年生,汉族,河北获鹿人,教授,民盟盟员。1935年毕业于北京师范大学国文系。曾先后执教于西安高中、河北正定师范学校、国立一中、国立四中、成都私立大中中等学校。抗日战争胜利后,在重庆中央工业专科学校和国立女子师范学院任语文讲师、副教授。1952年调西南师范学院汉语言文学系,任汉语言文学系和汉语言文献研究所副教授、教授。曾担任过汉语言文学系汉语教研室副主任和系务委员,中国语言学会理事、四川省语言学会常务理事。

刘重来

男,1941年生,汉族,山东青州人,教授,农工党党员。1964年毕业于南开大学历史系。1978年,调西南师范学院历史系任教。1984年结业于华中师范大学历史文献研究班。曾任历史文选教研室主任。1990年,调汉语言文献研究所任所长。1991年,晋升教授,1992年获国务院政府特殊津贴。2002年被评为重庆市首届学术技术带头人。曾任校学术委员会委员、校学位委员会委员和校务委员会委员、《西南大学学报》(社科版)编委会副主任,四川省历史学会理事,曾被选为重庆市3届人大代表、重庆市人大常委会委员、人大常委会法规委员会委员、政协重庆市北碚区副主席,第九届全国人民代表大会代表、中国农工民主党重庆市委副主委、中国农工民主党第十二届中央委员等。2003年,被重庆市人民政府聘为重庆市文史研究馆馆员,现为中国历史文献研究会常务理事,重庆市文史书画研究会副会长。

主要从事中国古代史学史、中国历史文献学、中国传统文化的教学与研究和古籍整理工作。为本科生、研究生讲授中国历史文献学、中国古代史学史、中国历史要籍介绍及选读、文献考据与辨伪、中西文化比较、古代汉语等课程,并曾为中央教育电视台卫星电视教学讲授中国历史要籍介绍及选读课。在人民出版社、中华书局、高等教育出版社等出版专著8部,在《中国社会科学》《历史文献研究》《历史研究》等刊物上发表论文70余篇。其中,10篇被中国人民大学《复印报刊资料》转载,4篇被《新华文摘》转载转摘。主持省部级项目7项。获得各种奖励20余项。

喻遂生

男,1948年生,汉族,重庆巴南人,教授,博士生导师。1982年7月毕业于北京大学中文系汉语专业,任重庆交通学院基础部语文教研室教师。1984年7月调西南师范学院中文系,曾任系语言研究室主任。1990年调汉语言文献研究所任副所长,1999—2012年任所长。1992年任副教授、汉语史专业硕士导师。1996年任教授、校汉语言文字学专业重点学科带头人。2002年任重庆市学术技术带头人(汉语言文字学),2003年任中国少数民族语言文学专业硕士导师,2006年任汉语言文字学专业博士导师。1993年开始招收汉语史专业(后改汉语言文字学专业)硕士研究生,2004年开始招收中国少数民族语言文学专业硕士研究生,2007年开始招收汉语言文字学专业博士研究生。主讲文字学、甲骨文选读、商周金文选读、甲金语法研究、纳西东巴文概论、专业专书导读等课程。曾任校学位委员会委员、校学术委员会委员,中国语言学会常务理事、中国音韵学研究会理事、中国文字学会理事、国际纳西学学会常务理事、重庆市语言学会学术委员会主任,担任《中国语言学》《中国文字研究》《古汉语研究》《西南大学学报》等编委会编委,中国文字博物馆学术委员会委员,重庆市语言文字工作委员会副主任、重庆市古籍保护工作专家委员会顾问。

主要研究方向为甲金语言文字和纳西东巴文,兼及音韵、方言和古籍整理。在巴蜀书社、西南师范大学出版社等出版专著8部,在《方言》《西南师范大学学报》《中国语言学报》等刊物上发表论文130余篇。主持省部级以上科研项目10项。获得国家级省部级科研教学成果奖8项。

2007年获国务院政府特殊津贴;2009年获"西南大学突出贡献奖";2012年被重庆市人民政府授予"重庆市第四届先进工作者"荣誉称号。

张显成

男,1953年生,汉族,四川成都人,教授、博士生导师,出土文献综合研究中心研究员,贵州大学、重庆三峡学院兼职教授,华东师范大学中国文字研究与应用中心兼职研究员,中国训诂学会常务理事,中华医学会医史文献分会委员,中国语言学会理事、中国文字学会理事、重庆市语言学会学术委员会副主任。1978年考入阿坝师范专科学校读中文专科。1980年毕业到马尔康师范学校任教。1983年考入四川教育学院读中文本科。1985年毕业到马尔康中学任教,兼教导主任。1989年考入四川大学,师从经本植教授攻读硕士学位并于1992年获文学硕士学位,同年师从四川大学赵振铎教授攻读博士学位,并于1995年获得文学博士学位。同年,到西南师范大学汉语言文献研究所工作,先后担任中国古文献学、简帛文献学概论、中国语言学史、文献学专题研究、专业专题研究、专业专书导读、语料学等课程的教学。1997年开始招收硕士研究生,招收专业为汉语言文字学、中国古典文献学、历史文献学;2007年开始招收博士研究生,招生专业为汉语言文字学、中国古典文献学。2011年任"简帛整理研究中心"主任,2013年任"出土文献综合研究中心"主任。2008年任汉语言文献研究所副所长,2012年任所长。

主要从事简帛文献和中医文献的语言文字研究以及文献学研究,主编不定期刊物《简帛语言文字研究》。在中华书局、巴蜀书社、天津古籍出版社等出版专著22部,其中独著8部,主编10部,合作4部。在《文史》《文献》《简帛研究》《中华医史杂志》《古汉语研究》等刊物发表论文110余篇。主持完成和正在主持的国家级、省部级科研项目13项,重庆市教改项目2项。获国家级部省级科研教学奖8项。

毛远明

男,1949年生,汉族,四川简阳人,中共党员,教授,曾任西南大学汉语言文献研究所副所长,博士生导师。1982年毕业于四川师范学院中文系,到阿坝师范专科中文系工作。1987年结业于西南师范大学汉语史研修班,1997年调西南师范大学汉语言文献研究所工作。先后师从余行达教授、刘又辛教授学习文献学和汉语史,主攻文字训诂。中国语言学会会员,中国音韵学会会员,中国训诂学会会员,重庆市语言学会学术委员会常务理事。主要研究方向为古汉语词汇、碑刻语言文字研究、古籍整理。主讲研究生课程4门:训诂学、音韵学、古汉语词汇学、碑刻文献研究;讲授本科生课程3门:古代汉语、现代汉语、文字学。

在中华书局、商务印书馆、巴蜀书社、西南师范大学出版社等出版专著13部,其中独立完成7部,主编6部。在《中国语文》《中国史研究》《考古》《文献》等刊物上发表论文100余篇,主持国家级、省部级科研项目19项,"石刻文字的搜集与整理"为国家重大文化工程"中华字库"第8包,科研经费1500余万元,为西南大学文科所获科研经费之最。获得各类奖项16项。《汉魏六朝碑刻异体字研究》获教育部第七届高等学校科学研究优秀成果奖(人文社会科学)三等奖,《汉魏六朝碑刻异体字典》(中华书局2014年出版)荣获第十七届王力语言学奖二等奖。

李海霞

女,1954年生,汉族,江苏阜宁人,教授。1982年毕业于重庆第一师范学校高师班,毕业后任教中学。1989年在西南师范学院获硕士学位,同年留校工作,任图情系教师。2000年获浙江大学文学博士学位,同年回西南师范大学工作,任职于汉语言文献研究所。

喜欢研究语言和人性,认为追求真善美乃人生最大的快乐,从来不想也不曾任过什么官职。从未拿过政府一分钱科研费,从无课题获政府奖,独立搞科研。主要学术观点:追求真理的品性(理性)是做人之本,一个民族先进与落后的深层原因在于理性的高低。儒道四经典伦理道德词语表现了其强势中心观。语言学上,测得现代形声字声符表音率约93%,形符表义率为91.2%;根据动物"语言"和命名实验等,认为原生词的音义原则上有联系;提出联绵词大多数是由合成词失去语素义变来的;提出"名素分析法"并用之测得汉语动物命名对圆形意象的偏好;认为中国传统动物名称反映了思维的具体性、模糊性和人类中心观;把术语按理性成分的多少,分为想象性、经验性和科学性术语,指出中国传统思维产生的是前两种术语;提出"词义的褒贬度"概念,调查统计了几十个词语的褒贬度;发现上古表示高大强的程度副词、必然性用语和全称命题等都有强烈的感性倾向,后代理性增加;道谢的"谢"大多针对地位高者,说明它主要是一种适应社会的手段,自觉的感激心理有待发展;从先秦、明清和现代的语料中统计出,汉语缺省现象逐步减少,主语、量项、被动标志、系词、介词和复句关联词等皆然,可见"意合"并非汉语的优点,汉语必然要走世界语言共同的完整化精确化的道路;预测孤立语词长度会持续增加,汉语约400年后将进入一个以三音词为主的阶段。

在《中国语文》《自然科学史研究》等杂志上发表语言学论文70篇,出版语言学专著2.5部。

孟蓬生

男,1962年生,汉族,河北武安人。1978年秋—1981年夏在张家口师范专科学校中文科学习。1986年秋—1989年夏就读于吉林大学中文系,师从许绍早先生学习汉语史,获硕士学位。1995年秋—1998年夏就读于北京师范大学中文系,师从王宁先生学习汉语文字学,获博士学位。

现任西南大学汉语言文献研究所所长、教授、博士生导师,《出土文献综合研究集刊》主编。西南大学人文学部学术委员会委员,《西南大学学报(哲学社会科学版)》编委。国家标准《普通话异读词审音表》主要起草人之一、国家社科基金重大项目"汉字谐声大系"首席专家。重庆市语言学会会长、中国语言学会常务理事、中国语言学会历史语言学分会常务理事、中国训诂学会常务理事、中国文字学会理事、中国社会科学院辞书编纂中心学术咨询委员会委员。《汉字汉语研究》学术委员会委员、《文献语言学》学术委员会委员、《中国语文》等多家知名语言学期刊(集刊)审稿人。

曾任河北省武安师范学校语文教师(1981年8月—1986年8月),河北省社会科学院语言文学助理研究员和副研究员(1989年7月—2000年2月),中国社会科学院语言研究所副研究员和研究员(2000年3月—2018年6月)、所学术委员会委员、所职称评审委员会委员,中国社会科学院院创新工程项目"上古汉语综合研究"首席研究员,中国社会科学院语言研究所历史语言学研究一室(原古代汉语研究室)主任,中国社会科学院研究生院语言学系教授、博士生导师,中国社会科学院文哲学部高级职称评审委员会委员,中国社会科学院特殊学科简帛语言文字研究学科带头人,《上古汉语研究》主编、《字源》编委、《辞源(第三版)》卯集分主编。2018年7月由中国社会科学院语言研究所调入西南大学汉语言文献研究所工作。

从事汉语言文字学研究,主要研究成果有《上古汉语同源词语音关系研究》等专著和学术论文90余篇,曾获得中国社会科学院优秀成果奖三等奖两次、重庆市社会科学优秀成果奖三等奖一次。

杨文全

男,1963年生,汉族,文学博士,历史学博士后,四川乐山人,民进会员。现为西南大学汉语言文献研究所教授,语言学与应用语言学专业博导、博士后导师,所学术委员会委员。2007年度教育部新世纪优秀人才入选者。

曾任四川大学文学与新闻学院副院长(主管科研与研究生教育),语言学与应用语言学专业教研室主任、学科点负责人,教授、博导、博士后导师。西南交通大学人文学院(原艺术与传播学院)院长,语言学与应用语言学专业博士生导师,西南交通大学校学术委员会委员、校研究生工作指导委员会委员、研究生学位评定分委员会主席。兼任中国语文现代化学会常务理事(全国一级学会),中国修辞学会副会长(全国一级学会),全国语言理论与教学研究学会副理事长(全国二级学会),四川省语言学会常务理事及学术委员会副主任。

先后在西华师范大学中文系汉语言文学专业读本科(1979年9月—1983年7月)、北京师范大学中文系现代汉语专业读硕士研究生(1990年9月—1993年7月)、四川大学中文系汉语史专业读博士研究生(1995年9月—1999年7月),分别获文学学士、文学硕士和文学博士学位;先后师从著名语言学家史锡尧教授、王宁教授、伍铁平教授和赵振铎教授。2000年12月—2003年6月在四川大学历史文化学院历史学博士后流动站从事博士后研究工作(师从著名历史学家、国务院学科评议组成员、四川大学文科杰出教授、北京大学历史系博导和博士后导师罗志田教授),并获博士后证书。2008年9月—2009年7月在南开大学文学院语言学与应用语言学专业做访问学者,师从著名语言学家马庆株教授,并获访问学者证书。2009年9月—2010年9月赴韩国首尔东国大学中文系(科)及研究生院担任汉语客座教授一年。

曾兼任民进四川大学基层委员会副主委,民进成都市委委员,民进成都市委教育专门委员会主任,民进四川省委文化工作委员会委员,民进西南交大基层委员会副主委。

王化平

男,1976年生,汉族,湖南邵阳人。主要研究历史文献学、简帛文献、易学及其他经典文献,现为研究员、博士生导师,《出土文献综合研究集刊》副主编、重庆市孔子儒学研究会副会长、中国历史文献研究会理事、中国周易研究会理事、重庆市语言学会理事。1996年,入湖南师范大学文学院学习。2000年入四川大学历史文化学院学习,先后师从魏启鹏、彭邦本和彭裕商三位教授。2006年四川大学博士毕业,同年入职西南大学汉语言文献研究所。2012年6月起任汉语言文献研究所副所长,2015—2016年在美国宾夕法尼亚大学东亚语言与文明系任访问学者。2023年起兼任汉语言文献研究所教职工支部书记。

在巴蜀书社、西南师范大学出版社出版专著4部,在《考古》《文献》《周易研究》等刊物上发表论文50余篇,主持各类科研项目十多项。

陈荣杰

女,1980年生,汉族,河南驻马店人,博士,教授,博士生导师,出土文献综合研究中心副研究员,中国训诂学会会员,中国历史文献学会会员,重庆市语言学会会员。1999年考入河南信阳师范学院读中文本科。2003年考入西南师范大学汉语言文献研究所,师从张显成教授攻读硕士学位。2006年获文学硕士学位并留校在汉语言文献研究所资料室工作。2008年6月晋升为中级职称。2009年9月在职师从张显成教授攻读博士学位。2012年6月博士毕业并获得文学博士学位。2012年7月晋升为副研究员。2012年11月调离资料室,专职从事教学科研工作。2013年承担简帛文献学概论的教学工作,并于同年开始招收硕士研究生,所招专业为汉语言文字学。2019年被聘为研究员,2020年被聘为博士生导师。

主要从事简帛文献整理及简帛语言文字研究。在《考古》《文献》《中国经济史研究》《中国农史》《古籍整理研究学刊》《中国社会经济史研究》等刊物公开发表论文数十篇,主持国家级、省部级科研项目十多项。

邓飞

男,1972年生,汉族,四川资中人,教授、博士生导师,出土文献综合研究中心研究员,中国文字学会会员、中国历史文献学会会员。教育部学位论文匿名评审专家,国家社科基金项目通讯评审专家,国家社科基金项目结项成果评审专家。

1993年,考入四川师范学院(现西华师范大学)中文本科,1997年大学毕业后到四川攀枝花市攀煤集团第一中学任教。2000年考入西南师范大学,师从喻遂生教授读古文字方向硕士研究生,2003年获文学硕士学位并留校从事科研工作。2007年继续跟从喻遂生教授读古文字方向博士研究生,2011年获文学博士学位。2012年12月—2016年9月跟从文旭教授在西南大学哲学博士后流动站从事甲骨文的认知研究。2013年6月晋升副研究员,2013年10月被遴选为硕士研究生导师。2014年10月—2015年9月,在沈培教授指导下,在香港中文大学作访问学者。2017年12月—2018年2月,在林若望特聘研究员指导下,在台湾"中研院"语言所做访问学者。2018年6月晋升研究员,2018年12月被遴选为博士研究生导师。

主要从事殷商甲骨文和殷周青铜器铭文的语言文字研究。主持国家社科基金项目3项(重点、一般、西部各1项)、国家社科重大招标子项目2项、部省级项目4项、中央高校级项目10项。在《中国语文》《语文研究》《古汉语研究》《考古与文物》《江汉考古》《文献》,以及 Journal of Chinese Linguistics,The Journal of Chinese Character Studies,Journal of Chinese Writing Systems 等专业学术期刊上发表论文50多篇,其中A&HCI/SSCI、CSSCI、SCOPUS、KCI等检索类论文20多篇。已出版专著1部,主编集刊2辑。

李 发

男,1974年生,汉族,四川营山人,汉语言文献研究所研究员,中希文明互鉴中心副主任、特聘教授,"古文字与中华文明传承发展工程"复旦大学出土文献与古文字研究中心特聘研究员,中国语言学会会员、中国文字学会会员,重庆市语言学会常务理事、副秘书长。1997年阿坝师范专科学校中文系毕业,1997—2003年于四川省营山中学校任教高中语文,2003年考入西南师范大学,师从毛远明教授攻读硕士学位,于2006年获文学硕士学位并留校工作,2007年被聘为助理研究员,2008年师从喻遂生教授攻读博士学位,于2011年获文学博士学位,同年被聘为副研究员,2021年被聘为研究员。现担任甲骨文选读、专业专题研究、专业专书导读等课程的教学。2013年开始招收汉语言文字学硕士研究生。

主要从事甲金文和石刻语言文字研究及历史研究,在《考古》《文物》《历史研究》《考古学报》等期刊发表学术论文数十篇。主持教育部社科重大项目、国家社科基金项目等多项,获古委会"中国古文献学奖学金"1项、重庆市社科奖二等奖1项。

二、副教授名录

冯昌敏

女,1932年生,汉族,四川新都人。1955年7月毕业于西南师范学院历史系。1955年8月—1959年7月在四川省内江高级中学任教。1959年8月调西南师范学院历史系。1984年起在西南师范学院汉语言文献研究所工作。1987年评聘为副研究员。1989年12月退休。

主要从事文献学教学和古籍整理与辞书编纂工作。曾为本所研究生开设"小学文献要略"(训诂部分)课程。参编字典2部,在《西南师范大学学报(社会科学版)》等刊物上发表论文10余篇。

侯昌吉

男,1931年生,汉族,四川宜宾人,中共党员。1960年毕业于西南师范学院汉语言文学系,留校从事教学管理工作。1984年到西南师范学院汉语言文献研究所工作。1987年任副研究员,曾任党支部书记、代理所长。1993年12月退休。

在巴蜀书社、四川人民出版社等出版专著5部,在《西南师范大学学报》等刊物发表论文数十篇。

欧昌俊

男,1944年生,汉族,重庆合川人,中共党员。1976年毕业于西南师范学院汉语言文学系,同年参加国家"七五"重点科研课题《汉语大字典》的编撰工作。1984年任西南师范学院汉语言文献研究所资料室主任。1992年评聘为副研究员。1998年10月兼任办公室主任。2004年退休。

主要从事汉语辞书编写和古籍整理研究。在湖北辞书出版社、西南师范大学出版社等出版专著6部,在《西南师范大学学报(社会科学版)》等刊物上发表论文数十篇,主持国家级项目1项。

胡 波

男,1981年生,湖南永兴人,2014年毕业于浙江大学,获文学博士学位。现为西南大学汉语言文献研究所、出土文献综合研究中心副教授,硕士生导师,主要从事汉语词汇史、汉语语法史、简帛文献整理与语言文字研究,在《中国语文》《语文研究》《语言科学》《汉语史学报》《汉语史研究集刊》《励耘语言学刊》《历史文献研究》等刊物上发表多篇论文,主持或完成国家社科基金及其他各类项目多项。

李晓亮

男,1983年生,汉族,河南鹤壁人。2014年于西南大学汉语言文献研究所获博士学位,同年入本校历史文化学院博士后流动站,2016年入文献所工作。现为西南大学汉语言文献研究所、民族古文字研究中心副教授,民族古文字研究中心主任,汉语言文献研究所学术委员会委员,硕士生导师,文学博士,历史学博士后,美国布朗大学访问学者,中希文明互鉴中心兼职研究员。

主要从事纳西东巴文、普通文字学和比较文字学研究。中国文字学会会员、中国民族古文字研究会会员、重庆语言学会会员。发表论文20余篇,主持国家级、省部级科研项目多项。

马 超

男,1988年生,汉族,河南开封人,副教授,巴渝学者青年学者。2011年毕业于商丘师范学院,获学士学位。2014年毕业于安徽大学汉字应用与发展研究中心,获硕士学位。2017年毕业于西南大学汉语言文献研究所,获博士学位。2017年9月进入西南大学历史文化学院中国史博士后流动站工作。2019年12月博士后出站。2020年入职汉语言文献研究所,2022年晋升副教授。

主要从事商周金文、战国文字以及先秦史研究,共主持国家社科基金青年项目、教育部人文社科青年项目等各类课题8项,在《历史研究》《文物》《出土文献》《古文字研究》等刊物发表学术论文30余篇,出版有专著1部,即《出土文献释读与先秦史研究》,论文与专著曾分别获重庆市社科优秀成果奖一等奖与三等奖。

杜 锋

男,1981年生,湖北人,医学硕士,文学博士,博士后,副教授,主要从事出土文献、古文字和中医学研究。曾获北京中医药大学医学硕士,在首都师范大学获得文学博士,导师是黄天树先生。2015年12月—2017年12月,在西南大学汉语言文献研究所从事博士后研究,合作导师是张显成教授。2018年1月至今,在西南大学汉语言文献研究所工作。发表论文10余篇,主持科研项目3项。

杨亦花

女,1973年生,纳西族,云南丽江人,副教授,西南大学民族古文字研究中心核心成员,中国文字学会会员。2007年考入西南大学汉语言文献研究所,师从喻遂生教授学习中国少数民族语言文学专业,2010年获文学硕士学位。2010年师从喻遂生教授学习比较文字学专业,2013年获文学博士学位。2013年7月留校任教担任科研人员。

主要从事纳西族语言文字研究,从2006年起,到滇川藏偏远的纳西族地区进行了

10余次田野调查,并根据实实在在的田野调查资料,在《丽江文化》《丽江师专学报》《大理学院学报》《云南民族》《纳西学刊》《云南社会科学》《长江文明》《中国文字研究》《中国典籍与文化》等刊物上发表了近30篇学术论文,主持科研项目3项。

李明晓

男,1976年生,汉族,山东沂南人,副教授,中国文字学会会员、重庆市语言学会会员。1996年考入曲阜师范大学中文系。2000年考入西南师范大学汉语言文献研究所,师从毛远明教授、张显成教授攻读硕士学位并于2003年获文学硕士学位,同年师从中山大学陈伟武教授攻读博士学位并于2006年获得文学博士位学位。

主要从事简帛语言文字研究以及出土法律文献整理研究。在武汉大学、西南师范大学出版社等出版专著3部,其中独著1部,合作2部;在《古籍整理研究学刊》《古汉语研究》等刊物发表论文10余篇;主持完成和正在主持的国家级、省部级科研项目4项。

王远杰

男,1974年生,汉族,重庆巫山人,副教授。1993年巫山县中等师范学校毕业后到重庆市巫山县白果小学任教。1998年到重庆市巫山县兴隆中学任教。1995年自学考试汉语言文学专科毕业。1998年自学考试汉语言文学本科毕业。2001年考入四川师范大学攻读硕士学位,于2004年获文学硕士学位。同年到重庆教育学院中文系工作。2005年考入首都师范大学攻读博士学位,于2008年获文学博士学位。同年到西南大学汉语言文献研究所工作,先后担任语言理论专题研究、专业专题研究、专业专书导读等课程教学。2010年开始招收硕士研究生,专业为语言学及应用语言学。

主要从事现代汉语语法研究,在《中国语文》《当代语言学》《东方语言学》《汉语学习》等刊物发表论文数篇。主持国家社科基金等科研项目3项。

三、讲师名录

赵家怡

男,1928年生,汉族,重庆江津人。1949年肄业于四川大学中文系。曾在江津二中任教,1986年调入西南师范大学汉语言文献研究所工作,任讲师,1988年退休。在《文学遗产》《西南师范大学学报》等刊物上发表论文数篇。

虎维铎

男,1964年生,汉族,宁夏固原人,助理研究员。1989年四川大学中文系毕业,获硕士学位。

主要从事古籍整理及古代文学研究工作。在北京大学出版社、河北人民出版社等出版专著6部,在《西南师范大学学报》《杜甫研究学刊》等刊物上发表论文数十篇。讲授过古代文学、《四书》等课程。

朱华忠

男,1968年生,汉族,四川资中人,历史学博士,讲师,农工党党员。1994年北京师范大学历史系研究生毕业,分配到西南师范大学汉语言文献研究所工作,1999年考入华中师范大学历史系在职攻读博士学位,2002年毕业。

主要从事中国古代史和古籍整理工作。2012年10月调资料室工作。

在吉林人民出版社、武汉出版社等出版专著7部,其中参编5部。在《浙江学刊》《史学史研究》《西南师范大学学报》等刊物上发表论文数十篇。参研省部级以上科研项目4项。

苏文英

女,1972年生,汉族,四川自贡人,讲师,出土文献综合研究中心助理研究员。1990年考入长沙水电师范学院(现长沙理工大学)中文系就读,1994年毕业获文学学士学位,同年到重庆狮子滩水电总厂子弟校任教。1996年考入湖北大学古籍所中国古典文献学专业,师从汪耀楠教授。1999年毕业获文学硕士学位,同年到西南师范大学汉语言文献研究所任教。2000年评为讲师,担任中国古典文献学概论、金文选读等课程的教学。2002年兼任文献所办公室主任。2011年考入西南大学汉语言文献研究所汉语言文字学专业,师从喻遂生教授攻读博士学位。

主要从事甲金文献的语言文字研究和传世古籍的整理与研究,参编《明史白话全译》。主持西南大学青年基金项目和中央高校青年基金专项项目各1项。

郭丽华

女,1979年生,汉族,河南安阳人。西南大学汉语言文献研究所讲师,出土文献综合研究中心助理研究员,文学博士。2008年6月西南大学汉语言文献研究所硕士毕业并留校工作,担任研究生辅导员,兼任教学秘书。2014年9月在职读博,2019年6月博士毕业获文学博士学位。2019年12月转至教学科研岗。发表论文10余篇,主持科研项目7项。

史淑琴

女,1975年生,汉族,河南洛阳人,史学博士。民盟盟员,中国音韵学研究会会员,世界汉语教育史研究学会会员。2010年6月,毕业于兰州大学文学院,获汉语言文字学专业硕士学位。2013年6月,毕业于兰州大学敦煌学研究所,获历史文献学(敦煌学)专业博士学位。2016年9月,从厦门大学中文系博士后出站,至今在西南大学汉语言文献研究所工作。研究方向为汉语音韵学、敦煌文献语言研究,开设硕士研究生"汉语音韵学"课程,本科生"诗词格律""走近敦煌学"通识课。完成教育部项目1项、兰州市社科项目1项,主持国家社科基金项目1项,出版论著2部,在《小说评论》《敦煌学辑刊》《敦煌研究》《甘肃社会科学》《南开语言学刊》等发表论文数篇。

袁伦强

男,1991年生,重庆大足人。2015年9月—2018年6月,就读于西南大学汉语言文献研究所,师从李发教授,获文学硕士学位。2018年9月—2022年6月,就读于首都师范大学文学院,师从黄天树教授,获文学博士学位。2022年7月,入职西南大学汉语言文献研究所任讲师。主要从事甲骨文等古文字研究。

黄程伟

男,1992年生,河南睢县人,文学博士,主要关注文字、训诂及出土碑志文献的整理研究。曾获西北民族大学2017届"优秀毕业生"、西南大学2020届"优秀毕业研究生"、华东师范大学中文系"优秀共产党员"、上海市普通高等学校2024届"优秀毕业生"、教育部全国高等院校古籍整理研究工作委员会第十六届"中国古文献学奖学金"硕士生三等奖等荣誉称号。国家新闻出版总署重大招标项目"中华字库工程"第8包"石刻文字的搜集与整理(0610-1041BJNF2328/08)"等项目的课题组成员,在《中国语文》《中国文字研究》《汉字汉语研究》等刊物发表论文数篇。

王子鑫

男,1994年生,汉族,河南荥阳人,讲师,中国训诂学会会员。2013年起先后就读于南京师范大学、浙江大学、复旦大学,分别获得文学学士、硕士、博士学位,主要研究方向为敦煌学,曾获复旦大学2024届"优秀毕业生"称号,参与国家社科基金重大招标项目(14ZDB095)《敦煌变文全集》、国家哲学社会科学十四五规划"敦煌文献系统性保护整理出版工程"项目《敦煌文献语言大词典》编纂工作(任编委),在《出土文献》《历史文献研究》《敦煌吐鲁番研究》等刊物发表学术论文数篇。

四、工作人员名录

黄立凌

女,1957年生,汉族,云南人。1974年6月高中毕业,11月知识青年下乡到云南省弥渡县五一公社头邑村,1978年底知识青年返城,分配到弥渡县农机公司,任仓库管理员。1986年元旦调入西南师范大学汉语言文献研究所,任办公室秘书、科研秘书、教学秘书,兼研究生班主任。2007年退休。

李学渊

女,1987年生,重庆人,硕士研究生,西南大学汉语言文献研究所办公室职员。2013年6月毕业于西南大学汉语言文献研究所,同年7月留所工作。主要从事办公室日常、财务、人事等工作。

吴燕林

女,1986年生,汉族,四川巴中人,西南大学汉语言文献研究所办公室职员。2009年本科毕业于西南大学历史文化学院。2015年于重庆师范大学取得硕士学位。2021年9月进入汉语言文献研究所工作,担任研究生教学秘书兼辅导员。

五、调离人员名录

说明:曾在本所工作,后又调离的人员目前总计有30位。这30位人员在所工作无论时间长短,均对文献所的发展作出了贡献,理应在此一一记录。不过,考虑到此份"所志"前面已有大事记、论著、科研项目方面的记录,且在短时间内难以搜集全部调离人员的详备资料,所以在此只是简略记载。在以下所记22位人员之外,还有张静书、齐仕蓉、李景白、刘萍、黎邦正、王大炎、许答应、霍永恒共8位人员的资料暂时缺载,希望以后能找机会补足。以下人员以入所工作时间先后为序。

徐适端

女,汉族,1985—1988年在本所工作。

张明富

男,1964年生,汉族,四川通江人。1990—1993年在西南师范大学汉语言文献研究所工作。1993年考取东北师范大学在职博士研究生。1996年获历史学博士学位,同年调入西南师范大学历史系工作。

张颖超

女,1964年生,汉族,吉林人。1990—1996年在西南师范大学汉语言文献研究所工作。1996年7月调西南师范大学学报编辑部工作。

严志君

男,汉族,1989年毕业于本所,获硕士学位,留所工作。1998年调至重庆市社科院工作。

李琼英

女,1964年生,1990—1999年在西南师范大学汉语言文献研究所工作。1999年考取北京师范大学博士研究生。2002年到华南师范大学工作。

蒋宗福

男,1957年生,汉族,四川梓潼人,教授。1990年毕业于四川大学中文系古典文献学专业,获硕士学位,同年到西南师范大学汉语言文献研究所工作。1999年考入四川大学中文系在职攻读博士学位,2002年毕业。2006年调至四川大学工作。

徐难于

女,1955年生,汉族,四川武胜人,教授。1991年于北京大学历史系硕士研究生课程进修班结业。1996年入西南师范大学汉语言文献研究所工作。2001年于四川大学历史系获博士学位。2003年调至西南大学历史文化学院工作。

何锡光

男,汉族,1953年生,四川宜宾人。1988年毕业于南京大学中文系古典文学专业,获硕士学位。1991—2005年在西南师范大学汉语言文献研究所工作,后调至三峡学院工作。

庞俊

女,汉族,1997—2000年在西南师范大学汉语言文献研究所工作。1998年考取北京师范大学历史系,在职攻读博士研究生。2001年毕业后到首都师范大学工作。

刘青

女,1966年生,汉族,山东栖霞人。1997年毕业于西南师范大学汉语言文献研究所,获硕士学位,同年留所工作。1999年考入复旦大学中文系,在职攻读博士学位。2004年调至昆明师范学院。

陈晓华

女,汉族,2001年于西南师范大学汉语言文献研究所获硕士学位,同年留所工作。2004年于北京师范大学获历史学博士学位,同年12月由西南师范大学调入首都师范大学历史学院。

唐光荣

男,1975年生,汉族,重庆万州人,副教授。1998年西南师范大学历史系历史学专业本科毕业,2001年于西南师范大学汉语言文献研究所获中国古典文献学硕士学位,然后留所工作。2004年于北京师范大学文学院获博士学位,2024年4月调至本校图书馆工作。

董艳艳

女,1977年生,汉族。2003年毕业于西南师范大学汉语言文献研究所,获硕士学位,同年留所工作。2005年调至郑州大学。

陈蕊

女,1961年生,汉族。2003—2006年在西南大学汉语言文献研究所资料室工作。2006年调至四川大学工作。

廖强

男,1974年生,四川广安人,汉族。2003年西南师范大学汉语言文献研究所硕士毕业后留所任教。2012年3月调至本校文学院工作。

邓章应

男,1977年生,四川开江人,教授、博士生导师。2007年于华东师范大学中文系获文学博士学位,同年由内江师范学院调入西南大学汉语言文献研究所工作。2008年起任副所长,2017年5月—2019年7月以副所长身份主持全所工作。2021年调入西南大学文学院工作。

沈祖春

男,汉族,四川大竹人。2006年西南大学汉语言文献研究所硕士毕业,在重庆文理学院工作。2009年调至西南大学汉语言文献研究所工作。2012年3月调至西南大学文学院工作。

赵鑫晔

女,1982年生,汉族,江苏靖江人。2009年于南京师范大学博士毕业。2009年7月—2019年12月在西南大学汉语言文献研究所工作。2020年调至兴义民族师范学院工作。

何 山

男,1973年生,汉族,四川仪陇人,副研究员,硕士研究生导师。分别于2007年和2010年于西南大学汉语言文献研究所获得文学硕士、博士学位。2010年7月进入西南大学汉语言文献研究所工作。2024年4月调至西南大学文学院工作。

伏俊琏

男,1960年生,汉族,教授。2014年9月—2015年3月在本所工作。2015年3月调至西华师范大学工作。

徐海东

男,1984年生,汉族,山东临沂人,中国书法家协会会员,西泠印社社员,副教授。2013年于西南大学汉语言文献研究所获博士学位,同年入博士后流动站。2015年博士后流动站出站后留所工作。2024年5月调至西南大学美术学院工作。

高 魏

男,1987年生,壮族,广西梧州人,讲师。在所工作期间曾获"重庆英才·青年拔尖人才"等称号,中国民族语言学学会会员、重庆市语言学学会会员。2016年于西南大学汉语言文献研究所获博士学位,同年入西南大学历史文献学博士后流动站。2018年博士后流动站出站后到所工作。2024年4月调至广西师范大学工作。